CLAVES PARA LA COMPRENSION DE
HISTORIA UNIVERSAL

JAMES KILLORAN
STUART ZIMMER
MARK JARRETT

Translated by
Hanna Kisiel

 JARRETT PUBLISHING COMPANY

East Coast Office:
19 Cross Street
Ronkonkoma, NY 11779
516-981-4248

West Coast Office:
10 Folin Lane
Lafayette, CA 94549
925-906-9742

1-800-859-7679   Fax (516) 588-4722
www.jarrettpub.com

ISBN 1-882422-42-2
Copyright 1999 Jarrett Publishing Company
Printed in the United States of America
First Edition
10 9 8 7 6 5 4 3 2 1 02 01 00 99

ABOUT THE AUTHORS

James Killoran is a retired New York Assistant Principal. He has written *Government and You*, and *Economics and You*. Mr. Killoran has extensive experience in test writing for the New York State Board of Regents in Social Studies and has served on the Committee for Testing of the National Council of Social Studies. His article on social studies testing has been published in *Social Education*, the country's leading social studies journal. In addition, Mr. Killoran has won a number of awards for outstanding teaching and curriculum development, including "Outstanding Social Studies Teacher" and "Outstanding Social Studies Supervisor" in New York City. In 1993, he was awarded an Advanced Certificate for Teachers of Social Studies by the N.C.S.S. In 1997, he became Chairman of the N.C.S.S. Committee on Awarding Advanced Certificates for Teachers of Social Studies.

Stuart Zimmer is a retired New York Social Studies teacher. He has written *Government and You*, and *Economics and You*. He served as a test writer for the New York State Board of Regents in Social Studies, and has written for the National Merit Scholarship Examination. In addition, he has published numerous articles on teaching and testing in Social Studies journals. He has presented many demonstrations and educational workshops at state and national teachers' conferences. In 1989, Mr. Zimmer's achievements were recognized by the New York State Legislature with a Special Legislative Resolution in his honor.

Mark Jarrett, is a former Social Studies teacher and a practicing attorney at the San Francisco office of Baker and McKenzie. Mr. Jarrett has served as a test writer for the New York State Board of Regents, and has taught at Hofstra University. He was educated at Columbia University, the London School of Economics, the Law School of the University of California at Berkeley, and Stanford University, where he is a doctoral candidate in history. Mr. Jarrett has received several academic awards including the Order of the Coif at Berkeley and the David and Christina Phelps Harris Fellowship at Stanford.

ALSO BY KILLORAN, ZIMMER, AND JARRETT

The Key To Understanding Global History
The Key To Understanding U.S. History and Government
Mastering Global Studies
Mastering U.S. History and Government
Comprende tu mundo: su historia, sus culturas
Historia y gobierno de los Estados Unidos
Mastering Ohio's 9th Grade Citizenship Test
Mastering Ohio's 12th Grade Citizenship Test
Los Estados Unidos: su historia, su gobierno

Mastering the Social Studies M.E.A.P. Test: Grade 5
Michigan: Its Land and Its People
Making Connections: Michigan and the Wider World
Nuestro mundo: su historia, sus culturas
Ohio: Its Land and Its People
Ohio: Its Neighbors Near and Far
Principios de economía
Texas: Its Land and Its People
New York: Its Land and Its People
North Carolina: The Tar Heel State

ACKNOWLEDGMENTS

The authors would like to thank the following educators who reviewed the English version of the manuscript, and whose comments and suggestions proved invaluable: **D. Joe Corr,** Shaker High School, Latham, NY; **Steve Goldberg,** New Rochelle High School, New Rochelle, NY; **Theresa Noonan,** West Irondequoit High School, Rochester, NY; **Kevin Sheehan,** Oceanside High School, Oceanside, NY; **Al Sive,** Walton High School, Walton, NY; and **Rhoda Weinstein**, Franklin K. Lane High School, Brooklyn, NY. We also thank **Dr. Joel Fischer** for his insightful comments on the manuscript. Our thanks also to **Edith Lopez,** Bilingual Social Studies teacher at Martin Luther King, Jr. High School for her diligent review of the Spanish-language manuscript.

Artistic illustrations by Ronald Zimmer. Maps by Morris Kantor and Computerized Cartography. Layout, graphics and typesetting by Maple Hill Press, Huntington, NY.

ILLUSTRATION CREDITS

Cover: Starting in the 1500s, the Inca ruled an empire centered in Peru's Andes Mountains. In 1911 an American explorer discovered the fortress-like city of Machu Picchu. Because of its remote location, one and a half miles up a mountain and reached only by a long bridge across a deep canyon, the city was never discovered by the Spanish. Although Machu Picchu's original use is unclear, its beautiful stone buildings stand as monuments to the skill of Inca builders. Photo: SuperStock, Inc.

Page 16, Library of Congress; page 44, Jarrett Archives; page 60, United Nations; page 74, Israeli Department of Tourism; page 81, Library of Congress; page 104, Pitlik Collection; page 114, Israeli Department of Tourism; page 126, Alex Gardega; page 141, Library of Congress; page 143 (t and b), Jarrett Archives; page 144 (t, m, and b), Jarrett Archives; page 145, (t) Jarrett Archives, (m) National Museum of African Art, (b) Mexican Government Tourist Office; page 146, (t) Indian National Tourist Office, (m) Smithsonian Museum, (b) Japanese National Tourist Office; page 152, Library of Congress; page 154, Japanese National Tourist Office; page 165, Jarrett Archives; page 166, Mexican Government Tourist Office; page 173, Jarrett Archives; page 183, Library of Congress; page 184, Jarrett Archives; page 185, Library of Congress; page 192, Asian Museum, San Francisco; page 200, Library of Congress; page 201, Library of Congress; page 228, Japanese National Tourist Office; page 237, Library of Congress; page 238, Library of Congress; page 244, Library of Congress; page 252, Library of Congress; page 264,Embassy of Poland; page 280, United Nations; page 327,United Nations; page 358, Jarrett Archives; page 366, Library of Congress; page 367, Library of Congress.

This book is dedicated

...to my wife Donna and my children Christian, Carrie, and Jesse — *James Killoran*
...to my wife Joan and my children Todd and Ronald — *Stuart Zimmer*
...to my wife Goska and my children Alexander and Julia — *Mark Jarrett*

CONTENIDO

PARTE 1: ESTRATEGIAS PARA TOMAR EXAMENES

CAPITULO 5: INSTRUMENTOS PARA CONOCER LA HISTORIA UNIVERSAL

PARTE 2: RESEÑAS HISTORICAS

CAPITULO 6: EL COMIENZO DE LA CIVILIZACION, 3500 - 500 a. de J.C.

CAPITULO 7: CIVILIZACIONES CLASICAS, 500 a. de J.C. - 500 d. de J.C.

CAPITULO 8: NUEVOS CENTROS DE CULTURA EN TIEMPOS TURBULENTOS. 500 - 1200 114

CAPITULO 9: LOS INVASORES ASIATICOS Y EL RENACIMIENTO DE EUROPA, 1200 - 1500 141

CAPITULO 10: SURGE EL MUNDO MODERNO, 1500 - 1770 166

PARTE 3: REPASO FINAL Y EXAMEN DE PRACTICA

COMO USAR ESTE LIBRO

Para cumplir con las exigencias de exámenes de historia universal tienes que aprender y recordar mucha información sobre el tema. El propósito de este libro se puede expresar mejor con el siguiente precepto chino: "Si le das a alguien un pescado, lo alimentas un día; pero si le enseñas a pescar, lo alimentas por toda la vida."

El énfasis de este libro es enseñarte *cómo* contestar cada tipo de pregunta. Con este libro como guía verás que los exámenes se hacen más fáciles y hasta divertidos.

PARTE 1: ESTRATEGIAS PARA TOMAR EXAMENES

En la primera parte del libro se ofrecen sugerencias para ayudarte a salir bien en los exámenes.

CAPITULO 1: COMO RECORDAR INFORMACION IMPORTANTE
En el capítulo de introducción se presentan métodos eficaces para recordar información importante.

CAPITULO 2: INTERPRETACION DE DIFERENTES TIPOS DE DATOS
Los exámenes de historia universal contienen distintos tipos de preguntas basadas en datos. En este capítulo se explica cómo interpretar una variedad de formas de datos: mapas, tablas, gráficas lineales, cronológicas y de barras, caricaturas políticas y lecturas escogidas.

CAPITULO 3: PREGUNTAS DE RESPUESTAS MULTIPLES Y RESPUESTAS REDACTADAS BREVES
En este capítulo se explica cómo dirigirse a este tipo de preguntas. Aprenderás a reconocer los modelos de preguntas de selección múltiple y a responder a preguntas relacionadas a términos, conceptos, sucesos, generalizaciones, comparaciones y también problemas de causa y efecto.

CAPITULO 4: COMO ESCRIBIR ENSAYOS
Este capítulo te ayudará a comprender qué se pide en el planteo del ensayo y cómo resolverlo. Se muestra cómo organizar, preparar el bosquejo y escribir un ensayo.

PARTE 2: RESEÑAS HISTORICAS

En la segunda parte del libro hay un capítulo que presenta los instrumentos necesarios para la comprensión de historia universal. Le siguen ocho reseñas sobre los acontecimientos históricos de importancia.

CAPITULO 5: INSTRUMENTOS PARA LA COMPRENSION DE HISTORIA UNIVERSAL

En este capítulo verás cómo los sociólogos investigan la sociedad humana para conocer los modelos fundamentales de sucesos y las relaciones que existen entre ellos. También hay una breve revista de las regiones geográficas del mundo que eran centros de acontecimientos históricos importantes.

CAPITULOS 6-14: RESEÑAS DE LAS EPOCAS HISTORICAS

En cada reseña se resumen los acontecimientos principales de una época de historia universal. A menudo, en distintas regiones del globo, hay sucesos importantes para esa región; sin embargo, estos sucesos también llegan a influir en lo que ocurre en otras partes del mundo. Cada reseña se divide en secciones idénticas:

✦ **Introducción al capítulo.** Cada reseña se presenta con una introducción a la época. Hay una ilustración que vincula los sucesos y personajes principales con los temas importantes. También hay una línea cronológica que ofrece la vista de los acontecimientos que se presentan más adelante; esta gráfica sirve para relacionar los sucesos que ocurren simultáneamente en las distintas partes del mundo.

✦ **En qué debes concentrarte.** El propósito de este sector es ofrecer un panorama de la época al familiarizarte con el fondo de esos tiempos. Esto se lleva a cabo por medio de preguntas que te guiarán en la lectura.

✦ **Sección de "Examen de...".** Esta sección ofrece la base para comprender el tema principal presentado en el capítulo. Por ejemplo, te enteras de la influencia de la geografía al estudiar el surgimiento de las civilizaciones antiguas en los valles fluviales.

✦ **Acontecimientos históricos principales.** En estas secciones se resumen los sucesos principales de cada época que debes conocer y comprender. Esto se facilita con mapas, diagramas y dibujos que recalcan el contenido. El uso frecuente de mapas aguzará tu destreza en interpretarlos; esto es necesario para resolver muchos problemas en exámenes de historia universal.

- **Resumen de tu comprensión.** En esta sección se te presenta la oportunidad de aplicar de forma activa los conocimientos que hayas adquirido. Tendrás que resumir los términos, conceptos y otra información importante del capítulo.

- **Comprueba tu comprensión.** El capítulo se concluye con una prueba que consiste en preguntas de selección múltiple, respuestas redactadas breves, un ensayo temático y práctica de ensayo basado en documentos.

CAPITULO 14: CUESTIONES DE ALCANCE MUNDIAL

En el capítulo final de la sección de reseñas se examinan los problemas, las cuestiones y las tendencias actuales de alcance mundial.

PARTE 3: REPASO FINAL Y EXAMEN DE PRACTICA

En esta parte tienes la oportunidad de comprobar tu conocimiento de historia universal y también identificar los puntos que necesitas repasar.

CAPITULO 15: REPASO FINAL

En esta sección hay varios instrumentos de repaso:

- Un breve **glosario** que explica los conceptos importantes.

- Una **lista de verificación** de términos históricos importantes; es útil en el repaso ya que se indican las páginas donde se explica el término.

- **Guías de estudio por regiones** para el Medio Oriente y Africa del Norte, Africa al sur del Sahara, Asia, las Américas, Europa y Rusia. En estas guías se presentan en orden cronológico los sucesos históricos principales de cada región.

CAPITULO 16: EXAMEN FINAL

El último capítulo del libro es un examen de práctica completo de historia universal. Igual que un examen estatal, este examen ejemplar contiene preguntas de selección múltiple, respuestas redactadas breves, ensayos temáticos y ensayos basados en documentos. Debes tomar este examen bajo las mismas condiciones que un examen verdadero; de este modo podrás reconocer tus debilidades y desarrollar tu confianza.

Si lees el libro con cuidado y completas todos los ejercicios y pruebas de cada capítulo, notarás mejores resultados en la prueba. Al usar este libro, prestar mucha atención a tus maestros y completar tus tareas, tendrás éxito en el examen de historia universal.

CAPITULO 1

COMO RECORDAR INFORMACION IMPORTANTE

En los exámenes a menudo hay preguntas que ponen a prueba tu conocimiento de términos, conceptos y personajes importantes. Para recordar esta información es necesario participar activamente en el proceso de asimilarla. En este capítulo se presenta el método que te ayudará a recordar toda la información necesaria y a salir bien en los exámenes.

PARA RECORDAR TERMINOS IMPORTANTES

Hay muchos términos importantes utilizados en la historia universal. A continuación hay varios de los distintos tipos de términos:

- *documento* — Carta de la ONU
- *época* — Dinastía Ming
- *religión* — hinduísmo
- *grupo* —siervos

- *acontecimiento* ataque a Pearl Harbor
- *política*— rusificación
- *organización* — OPEP
- *guerra* — Segunda Guerra Mundial

Lo que estos términos tienen en común es que se refieren a algo *específico* que sucedió o existió, ya sea un documento que se ha firmado, un grupo que fue establecido o una guerra que tuvo lugar. Con las preguntas sobre un término se trata de comprobar si sabes:

- lo que es o fue
- su propósito

- sus causas y efectos
- su importancia

1

Te resultará más fácil recordar un término si apuntas la información principal y luego haces un dibujo para ilustrarla. Cada vez que estudies un término, concepto o persona famosa, debes completar una tarjeta* de 3" por 5" parecida a la siguiente:

CARTA MAGNA

¿QUE ES? Es un documento firmado en 1215 por el Rey Juan de Inglaterra; obligaba al rey a compartir el poder con la nobleza.

CAUSA PRINCIPAL: Los nobles se oponían al poder excesivo del rey.

EFECTO PRINCIPAL: La Carta Magna vino a ser la base del sistema jurídico inglés al declarar que los súbditos del rey tenían ciertos derechos fundamentales.

(Tu dibujo puede aparecer en este o en el otro lado de la tarjeta.)

* Si tienes acceso a una computadora podrías establecer una base de datos sobre estos términos.

PARA RECORDAR CONCEPTOS FUNDAMENTALES

Los conceptos son palabras o frases que indican **categorías de información**, y nos permiten organizar grandes cantidades de esa información. A diferencia de términos que identifican cosas específicas, los conceptos son ideas abstractas que identifican las relaciones dentro de **grupos** de cosas. En las preguntas sobre conceptos generalmente se pide la definición o un ejemplo del concepto. Por lo tanto, al estudiar un concepto debes recordar:

• su definición   • un ejemplo

Otra vez, te será más fácil recordar el concepto si en una tarjeta de 3" por 5" apuntas su definición, un ejemplo y luego haces un dibujo para ilustrarlo. La siguiente tarjeta trata del concepto *democracia representativa*.

DEMOCRACIA REPRESENTATIVA

DEFINICION: Es un sistema en el cual el pueblo se gobierna a sí mismo por medio de representantes elegidos.

EJEMPLO: El sistema de gobierno por funcionarios elegidos en los Estados Unidos.

PARA RECORDAR A INDIVIDUOS FAMOSOS

El estudio de la historia universal también requiere el conocimiento de personas famosas. Para responder a las preguntas sobre estos individuos generalmente es necesario saber quiénes son y por qué son conocidos. Por consiguiente, es importante que sepas lo siguiente sobre cada uno:

- el lugar y el tiempo en que vivió esa persona
- sus antecedentes o posición
- sus alcances y la influencia de éstos

Es más fácil recordar la información sobre cada individuo famoso si la apuntas en una tarjeta de 3" por 5" y haces un dibujo como en el ejemplo siguiente:

MAHATMA GANDHI

LUGAR/TIEMPO: India, primera mitad del siglo XX

ANTECEDENTES: Líder político en la lucha por la independencia de la India del dominio británico.

ALCANCES/INFLUENCIA: Sus métodos de "desobediencia civil" sin violencia resultaron en la independencia de la India en 1947. El ejemplo de Gandhi inspiró a otros líderes en las colonias asiáticas y africanas.

En cada capítulo de este libro, los términos, conceptos y personajes aparecen en letra **negrilla**. También, al final de la reseña sobre cada época, hay un "Resumen de tu comprensión" que contiene una lista de términos, conceptos y personajes del capítulo. Al preparar una tarjeta para cada uno de éstos a medida que leas el capítulo, se te hará más fácil el estudio y tendrás un instrumento valioso para el repaso al fin de curso.

EL SENTIDO DE LUGAR Y TIEMPO

La historia universal abarca un enorme período de tiempo, desde los comienzos de la humanidad hasta el presente, y tiene que ver con todas las partes del mundo. Por lo tanto, para conocerla necesitas tener un fuerte sentido de cronología y de las distintas regiones del mundo. Con este fin debes:

- **Primero**, conocer las regiones principales del mundo donde tuvieron lugar sucesos importantes;

- **Segundo**, llegar a conocer las épocas fundamentales en la historia del mundo, inclusive las tecnologías desarrolladas, las ideas y los contactos entre sociedades.

Para orientarte en las regiones físicas principales del mundo, éstas se identifican y se describen brevemente en el Capítulo 5. Para ayudarte a desarrollar el sentido de cronología, las reseñas sobre las distintas épocas se introducen con una línea cronológica que muestra los acontecimientos simultáneos en varias sociedades. También tú mismo debes preparar líneas cronológicas para usarlas en el repaso de cada era presentada en este libro. También puedes preparar líneas cronológicas individuales para cada región llevándolas a través de varias épocas históricas. Además, la mayoría de los exámenes de cada unidad contienen por lo menos una pregunta relacionada a la cronología.

CAPITULO 2

INTERPRETACION DE DISTINTOS TIPOS DE DATOS

Muchos problemas en los exámenes se basan en la información contenida dentro del problema mismo. Esta información, o *datos*, pueden tener la forma de un mapa, una tabla, caricatura política, gráfica lineal, circular o de barras, línea cronológica o una lectura escogida.

Para tener éxito en este tipo de problemas es esencial tener experiencia con distintos tipos de datos y saber interpretarlos. En este capítulo se examinan los diez distintos tipos de datos usados en exámenes:

- Mapas
- Gráficas de barras
- Gráficas lineales
- Gráficas circulares
- Tablas

- Líneas cronológicas
- Caricaturas políticas
- Bosquejos
- Preguntas basadas en debate
- Lecturas escogidas

MAPAS

¿QUE ES UN MAPA?

El mapa es un diagrama que representa una superficie de terreno, y puede mostrar distintos tipos de información:

✦ Los **mapas políticos** generalmente muestran fronteras entre países, provincias o estados.

✦ Los **mapas físicos** presentan las características físicas de una región, tales como ríos, vegetación, montañas y elevación sobre el nivel del mar.

✦ Los **mapas económicos** muestran los recursos naturales y la producción agrícola e industrial de una región.

✦ Los **mapas temáticos** pueden ofrecer información sobre casi cualquier tema: precipitación, densidad de población, lenguas o puntos de interés.

CLAVES PARA INTERPRETAR UN MAPA

Título. El título de un mapa generalmente indica la región mostrada y cualquier información especial que se presente. El título del mapa dado es: *Densidad de población de América Latina*, y se muestra el número de personas por milla cuadrada en las distintas partes del continente.

Leyenda. La leyenda (o clave) interpreta los símbolos usados en el mapa. Para nuestro mapa, los cuadros de la leyenda indican que:

* las áreas blancas tienen menos de 2 habitantes por milla cuadrada
* las áreas grises claras tienen entre 2 y 25 habitantes por milla cuadrada
* las áreas grises oscuras tienen entre 25 y 125 habitantes por milla cuadrada
* las áreas negras tienen más de 125 habitantes por milla cuadrada.

Dirección. Para encontrar las direcciones en el mapa se usa el indicador de direcciones que generalmente tiene la forma de un pequeño compás. Señala las cuatro direcciones principales: norte, sur, este y oeste. Si el mapa no tiene indicador, puede asumirse que el norte está en la parte de arriba.

Escala. La escala muestra la proporción que existe entre el mapa y la superficie que éste representa; se puede usar para calcular las distancias entre dos puntos en el mapa. Generalmente es una línea marcada en millas o kilómetros; en este mapa una pulgada representa 1500 millas.

VERIFICA TU COMPRENSION

Usa el mapa en la página 6 para contestar las siguientes preguntas:

1. ¿Cuál región tiene la menor densidad de población? _____

2. ¿Qué regiones tienen la mayor concentración de habitantes? _____

_____

GRAFICAS DE BARRAS

¿QUE ES UNA GRAFICA DE BARRAS?

Es un cuadro compuesto de barras o listas paralelas de diferentes tamaños. Se usa para comparar dos o más cosas o para mostrar cómo algo cambia con el tiempo.

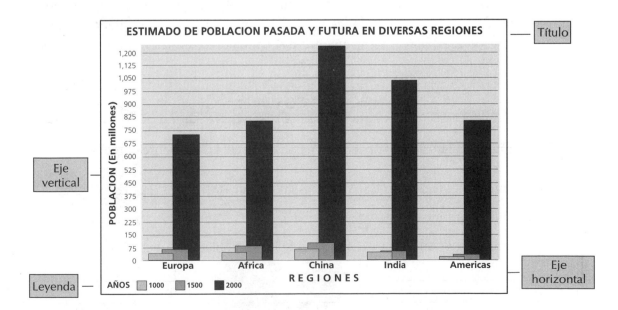

CLAVES PARA LA COMPRENSION DE UNA GRAFICA DE BARRAS

Título. El título da el tema general de la gráfica. El título de esta gráfica es *Estimado de población pasada y futura en diversas regiones*. La gráfica muestra el cálculo de población hecho para cinco de las regiones del mundo en distintas épocas.

Leyenda. La leyenda nos dice lo que representa cada barra según su color:

- el gris claro representa las poblaciones calculadas para 1000 d. de J. C.
- el gris oscuro representa las poblaciones calculadas para 1500 d. de J. C.
- el negro representa las poblaciones calculadas para 2000 d. de J. C.

Eje vertical y horizontal. Cada gráfica de barras tiene un eje vertical y un eje horizontal.

- El **eje vertical** va desde abajo hacia arriba, y en esta gráfica indica la población calculada en millones. Así, la primera barra gris claro para Europa (1000 d. de J. C.) representa una población de unos 40 millones (un poco más de la mitad de la distancia entre 0 y 75).

- El **eje horizontal** va desde la izquierda hacia la derecha y nos dice lo que representa cada barra. En este caso se refiere a cinco regiones del mundo: Europa, Africa, China, la India y las Américas.

Tendencias. A veces una gráfica puede indicar una **tendencia**, o sea una dirección general que toman los acontecimientos. A menudo se puede ver la tendencia en las dimensiones de las barras. Una de las tendencias que vemos en esta gráfica es que la población en todas estas regiones aumentó tremendamente en los últimos 500 años.

VERIFICA TU COMPRENSION

Usa la gráfica de barras en la página 7 para contestar las siguientes preguntas:

1. ¿Cuál fue la población de las Américas en el año 1000? _____

2. ¿Cuál fue la población de Africa en el año 1500? _____

3. ¿Qué región tuvo el aumento más grande en su población? _____

_____

GRAFICAS LINEALES

¿QUE ES UNA GRAFICA LINEAL?

Una gráfica lineal es un diagrama compuesto de una serie de puntos unidos por una línea. A menudo se usa para mostrar cómo algo cambió a lo largo del tiempo. Algunas gráficas tienen más de una línea.

CLAVES PARA LA COMPRENSION DE UNA GRAFICA LINEAL

Título. El título declara el tema. El título de la gráfica que sigue es *Estimado de la población indígena de México, 1518-1593*. Esto significa que la gráfica muestra los cambios en la población indígena de México durante 75 años, entre 1518 y 1593.

Eje horizontal y vertical. Las gráficas lineales incluyen un eje vertical y un eje horizontal.

- **Eje vertical.** El eje vertical va desde abajo hacia arriba y generalmente indica cantidades. Nota que los números aumentan hacia arriba. Ya que la población se muestra en millones, "25" significa 25 *millones* de indígenas.

- **Eje horizontal.** El eje horizontal va desde la izquierda hacia la derecha, y a menudo muestra el pasaje del tiempo. En esta gráfica el eje horizontal se refiere a años; el primer año es 1518, y las fechas se indican en intervalos de quince años hasta 1593.

Leyenda. Si la gráfica tiene varias líneas, la leyenda explica el significado de cada una. Si hay sólo una o dos líneas, como en nuestra gráfica, la información se da directamente en el diagrama.

Tendencias. A menudo una gráfica lineal puede mostrar una tendencia o un modelo. La tendencia que se ve en esta gráfica es una rápida reducción en la población indígena en México después del año 1518.

VERIFICA TU COMPRENSION

Contesta las siguientes preguntas a base de la gráfica en la página 9:

1. ¿Cuál fue la población indígena de México en 1533? _____

2. ¿Qué muestra el eje vertical? _____

GRAFICAS CIRCULARES

¿QUE ES UNA GRAFICA CIRCULAR?

Una gráfica circular consiste en un círculo dividido en sectores de diferentes dimensiones. A menudo se usa para mostrar la relación entre un entero y sus partes. A veces se usan varios círculos para hacer comparaciones.

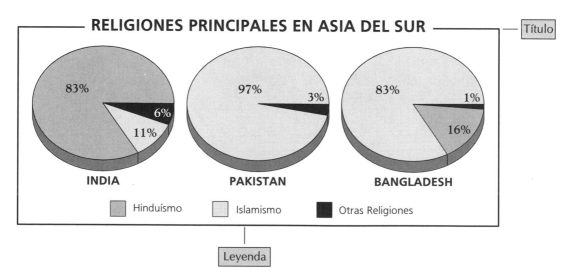

CLAVES PARA LA COMPRENSION DE UNA GRAFICA CIRCULAR

Título. El título da el tema general de la gráfica. En nuestro ejemplo, el título es *Religiones principales de Asia del Sur*. Los tres círculos muestran los distintos grupos religiosos de la región y las proporciones relativas de estos grupos.

Sectores. Cada sector muestra el tamaño o la relación entre las partes y el círculo entero. El círculo representa 100% de algo; todos sus sectores llegan a un total de 100%. Cada círculo de la gráfica en la página 10 tiene tres sectores; dos de ellos representan el hinduísmo y el islamismo; el tercero representa otras religiones.

Dimensión de cada sector. El tamaño de cada sector indica las proporciones de cada grupo religioso. Así vemos que los hindús son el grupo más grande en la India, mientras que los musulmanes predominan en Pakistán y Bangladesh.

Leyenda. Una gráfica circular puede tener una leyenda, pero en muchas de ellas no es necesaria porque la información se encuentra en los sectores mismos.

VERIFICA TU COMPRENSION

Usa la gráfica circular de la página 10 para responder a las siguientes preguntas:

1. ¿Qué porcentaje de la población de Bangladesh profesa el hinduísmo? _____

2. ¿Cuál de los tres países tiene el porcentaje más alto de musulmanes? _____

TABLAS

¿QUE ES UNA TABLA?

Una tabla es una ordenación de palabras o números en líneas y en columnas paralelas. Sirve para organizar mucha información que así se puede localizar y comparar fácilmente.

CONDICIONES ECONOMICAS EN LA AMERICA LATINA, 1997 —— Título

Países	Población (en millones)	PIB per capita (en dólares)	Mortalidad infantil por 1.000	Alfabetización (%)	Expectativa de vida (años)
Bolivia	7.1	2,370	68	80	60
Brasil	162.6	5,580	55	83	62
Costa Rica	3.4	5,050	14	95	76
Haití	6.7	870	104	45	49
México	95.7	7,900	25	90	74
Venezuela	21.9	8,670	30	91	72

CLAVES PARA LA COMPRENSION DE UNA TABLA

Título. El título da el tema general, como en el caso de la tabla en la página 11 es *Condiciones económicas en América Latina, 1997.* La tabla proporciona datos relacionados a la economía de seis países en 1997.

Categorías. Una tabla se compone de varias categorías de información. Cada columna representa una categoría enumerada en los encabezamientos en la parte superior de la tabla. En nuestro ejemplo hay seis categorías: países, población, producto interno bruto por persona, mortalidad infantil, índice de alfabetización y expectativa de vida. Cada línea representa un país en la América Latina. Para encontrar información específica, escoge una categoría y procede hacia abajo en la columna hasta encontrar la línea del país que te interesa.

Inferencias a base de datos. Al examinar una tabla, a menudo es posible notar tendencias o llegar a ciertas conclusiones. La alta mortalidad infantil y la baja expectativa de vida en Haití indican posibles problemas en la sanidad pública.

VERIFICA TU COMPRENSION

Usa la tabla de la página 11 para responder a las siguientes preguntas:

1. ¿Cuál país tiene la población más grande? _____

2. ¿Qué país tiene el índice de alfabetización más alto? _____

3. ¿Cuál es el país más pobre? _____ ¿Qué categorías lo indican?

   _____

LINEAS CRONOLOGICAS

¿QUE ES UNA LINEA CRONOLOGICA?

Una línea cronológica presenta una serie de sucesos colocados en orden cronológico a lo largo de una línea, así que el suceso más remoto es el primero en la línea. Las distancias entre los acontecimientos generalmente están en proporción al tiempo transcurrido entre estos sucesos. Una línea cronológica puede abarcar un tiempo breve o miles de años, y sirve para mostrar la relación entre los distintos sucesos.

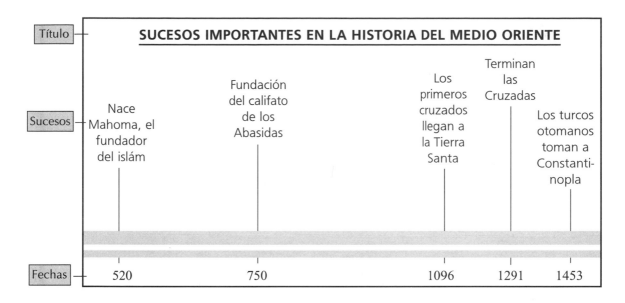

Título — **SUCESOS IMPORTANTES EN LA HISTORIA DEL MEDIO ORIENTE**

Sucesos —
Nace Mahoma, el fundador del islám

Fundación del califato de los Abasidas

Los primeros cruzados llegan a la Tierra Santa

Terminan las Cruzadas

Los turcos otomanos toman a Constantinopla

Fechas —
520   750   1096   1291   1453

CLAVES PARA LA COMPRENSION DE UNA LINEA CRONOLOGICA

Título. El título da el sentido general del tema. El título de la gráfica dada es *Sucesos importantes en la historia del Medio Oriente*, y se enumeran varios acontecimientos importantísimos en la región.

Sucesos. Todos los acontecimientos en la línea tienen que ver con el título de la gráfica.

Fechas. Los sucesos aparecen en la línea de acuerdo a su fecha. Esta línea comienza con el nacimiento de Mahoma en 520 A.D. y continúa hasta 1453, cuando Constantinopla fue tomada por los turcos otomanos.

Si quisieras agregar la reconquista de Jerusalén por el sultán árabe Saladino en 1187, colocarías este suceso entre 1096 y 1291. Sin embargo, este punto estaría más cerca de 1096 (*91 años*) que de 1291 (*104 años*).

Términos especiales. Para comprender bien las preguntas sobre épocas o sobre líneas cronológicas tienes que recordar que:

- Una **década** es un período de 10 años.

- Un **siglo** es un período de 100 años.

- Un **milenio** abarca un período de 1.000 años.

Nota: Ten presente que al hablar del siglo XX nos referimos a los años 1900 — los cien años desde 1901 hasta 2000. Este método se usa en Europa, las Américas y en la mayoría de otras partes del mundo.

Los siglos de la era común comienzan con el año en que se supone que nació Cristo (el año 1). El primer siglo abarcó los años 1-100; el segundo 101-200; el tercero 201-300, y así sucesivamente. El siglo XXI, y el tercer milenio, en realidad comenzará el primero de enero de 2001. Sin embargo, la mayoría de la gente celebrará su llegada en enero de 2000 a causa del cambio dramático de fechas desde 1999 a 2000.

División entre a. de J. C. y d. de J. C. El método generalmente usado para indicar las fechas se basa en el año del nacimiento de Jesucristo. Ese año divide las fechas en dos grupos:

- A. de J. C., o antes de Jesucristo, se refiere al tiempo anterior al nacimiento de Cristo (algunos dicen "antes de la era común").

- D. de J. C. o A.D., después de Jesucristo o Anno Domini ("año del Señor" en latín) se refiere al tiempo que sigue el nacimiento de Cristo. Algunos usan el término "era común".

Siempre se usa "a. de J. C." al referirse al tiempo anterior al nacimiento de Cristo. Cuando se trata de fechas *después* de su nacimiento, sólo se escribe el año; si el año corriente es 2000 d. de J. C., simplemente se escribe 2000.

VERIFICA TU COMPRENSION

Usa la línea cronológica en la página 13 para contestar las siguientes preguntas:

1. ¿Cuántos años abarca esta línea cronológica? _____

2. ¿Cuál suceso ocurrió antes, la caída de Constantinopla o la invasión de la Tierra Santa por la Primera Cruzada? _____

3. ¿Entre qué dos sucesos colocarías la destrucción de Bagdad por los mongoles en 1258? _____

CARICATURAS POLITICAS

¿QUE ES UNA CARICATURA POLITICA?

Una caricatura política es un dibujo que expresa una opinión sobre un tema o cuestión. Aunque pueden ser humorísticas, las caricaturas presentan observaciones serias.

CLAVES PARA LA COMPRENSION DE UNA CARICATURA POLITICA

Título o subtítulo. La mayoría de las caricaturas tienen un título que ayuda a comunicar el mensaje de su autor.

Medio. Los caricaturistas tratan de persuadir al público que apoye su punto de vista. Con este propósito exageran las proporciones de los objetos y las expresiones faciales, y usan palabras para burlarse de algo o para favorecer ciertas asuntos.

Símbolos. A menudo los caricaturistas usan símbolos, o sea objetos que representan otras cosas.

¿El futuro del precio de petróleo en el mundo? — Título

Personas. Los individuos a menudo se asocian con cuestiones importantes, y los caricaturistas los retratan con facciones exageradas que hacen fácil su identificación. Te conviene reconocer a los personajes históricos importantes ya que éstos a menudo aparecen en caricaturas políticas.

Adolfo Hitler   José Stalin   Fidel Castro   Mao Zedong

VERIFICA TU COMPRENSION

Usa la caricatura de la página 15 para responder a las siguientes preguntas:

1. ¿Qué objetos, personas o símbolos se usan en la caricatura? _____

2. ¿Qué elementos fueron exagerados? _____

3. ¿Qué situación se presenta en el dibujo? _____

4. ¿Cuál es la idea principal de la caricatura? _____

OTRAS IMAGENES VISUALES

En el contexto de exámenes de historia universal también aparecen fotografías, ilustraciones y diagramas que muestran una escena, persona, situación o proceso.

Fotografías e ilustraciones. Las fotos y los dibujos son particularmente útiles para comprender el pasado. Ya que muestran la apariencia de la gente, sus trajes e indican su modo de vivir, nos dan el sentido de otro tiempo o lugar. Dado que la técnica de fotografía se desarrolló apenas a mediados del siglo XIX, dependemos de dibujos y pinturas para visualizar los hechos históricos anteriores al desarrollo de la fotografía.

Examina esta foto de prisioneros judíos en un campo de concentración nazi en 1945. ¿Qué nos dicen sus detalles sobre cómo se trató a los prisioneros en campos de concentración alemanes durante la Segunda Guerra Mundial?

VERIFICA TU COMPRENSION

Usa la fotografía en la página 16 para responder a las preguntas siguientes:

1. ¿A qué conclusiones llegas al ver el número de personas en cada tarima?

   _____

2. ¿Cómo eran las condiciones en los campos a juzgar por la apariencia del prisionero parado y del que se asoma desde la tarima? _____

   _____

3. A base de la fotografía, describe cómo fue la vida de los judíos y otros prisioneros en los campos de concentración alemanes durante la Segunda Guerra Mundial. _____

   _____

Diagramas. Un diagrama es un dibujo que muestra la forma de organización de algo o el funcionamiento de un proceso específico.

Examina el diagrama a la derecha que muestra la estructura de un gobierno parlamentario. Los Estados Unidos tienen un sistema de gobierno presidencial en el que los votantes eligen tanto al jefe del estado como la legislatura. En contraste, la mayoría de los países democráticos del mundo tienen sistemas parlamentarios.

Este diagrama muestra las distintas ramas del gobierno parlamentario e indica sus nombres. También muestra cuáles funcionarios del sistema parlamentario son elegidos directamente por los votantes.

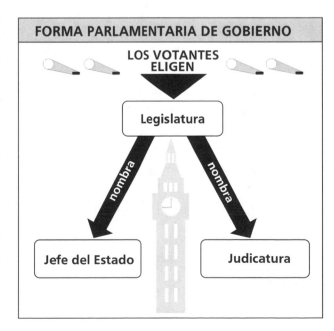

FORMA PARLAMENTARIA DE GOBIERNO

LOS VOTANTES ELIGEN

Legislatura

nombra   nombra

Jefe del Estado   Judicatura

VERIFICA TU COMPRENSION

Usa el diagrama en la página 17 para contestar las siguientes preguntas:

1. ¿Quién elige a los miembros del parlamento? _____

2. ¿Quién nombra al jefe del estado (*primer ministro*)?_____

3. ¿Quién escoge la judicatura en un gobierno parlamentario?_____

BOSQUEJOS

¿QUE ES UN BOSQUEJO?

Un bosquejo, o esquema, es un breve plan de trabajo escrito donde el tema o la idea principal queda dividida en unidades más pequeñas. Su propósito principal es mostrar las relaciones lógicas entre un tema (*idea principal)* y sus partes, y puede servir de guía en la organización de tu ensayo.

CLAVES PARA LA COMPRENSION DE UN BOSQUEJO

Título. El título identifica el tema general del esquema.

Forma. La mayoría de los bosquejos siguen una forma que permite comprender rápidamente cómo fue dividido el tema.

- **Números romanos.** Las primeras divisiones importantes del tema reciben números romanos (I, II, III, etc.).

- **Letras mayúsculas.** Si el tema designado por un número romano necesita ser subdividido, estas subdivisiones se denominan con letras mayúsculas (A, B, C, etc.).

- **Números arábigos.** Si los temas se dividen aún más, se les da números arábigos (1, 2, 3, etc.). Asume que quieres escribir sobre las guerras europeas en el siglo XX; el bosquejo del ensayo podría delinearse de la siguiente forma:

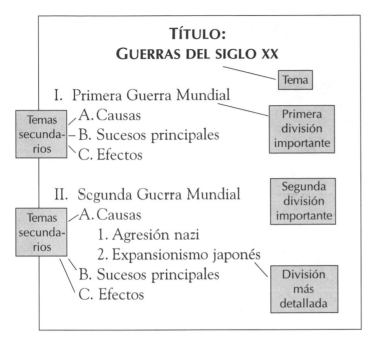

TÍTULO:
GUERRAS DEL SIGLO XX

Tema

I. Primera Guerra Mundial

Temas secunda-rios

   A. Causas
   B. Sucesos principales
   C. Efectos

Primera división importante

II. Segunda Guerra Mundial

Temas secunda-rios

   A. Causas
      1. Agresión nazi
      2. Expansionismo japonés
   B. Sucesos principales
   C. Efectos

Segunda división importante

División más detallada

Recuerda que en los bosquejos se procede de lo general a lo específico: se divide una idea grande en unidades cada vez más pequeñas.

En este ejemplo, cada unidad más pequeña nos ayuda a desarrollar el concepto más amplio: la información sobre las causas, los sucesos y los efectos de la Primera Guerra Mundial ayuda a explicar de qué trataba la guerra. El esquema podría tener aún más detalles sobre cada uno de los subtemas.

Del mismo modo, la información sobre las dos guerras mundiales lleva a la explicación del vasto tema de las guerras del siglo XX.

La preparación de un bosquejo te puede ayudar no sólo en los exámenes, sino que también provee un mecanismo para tomar apuntes y organizar información.

VERIFICA TU COMPRENSION

Usa el bosquejo dado para responder a las siguientes preguntas:

1. ¿Qué unidades principales forman el tema "Guerras del siglo XX"? _____

    _____

2. ¿Qué unidades componen el tema "Segunda Guerra Mundial"? _____

    _____

3. Si tuvieras que agregar detalles en la categoría de "Efectos" en "Segunda Guerra Mundial", ¿usarías números romanos, letras o números arábigos? _____

    _____

PREGUNTAS BASADAS EN DEBATES

¿QUE ES UNA PREGUNTA BASADA EN DEBATE?

Una pregunta de este tipo presenta una serie de declaraciones hechas por varios individuos. Generalmente hay cuatro discursantes identificados por las letras A, B, C y D, y el propósito de la pregunta es presentar un debate en el que se expresan distintos puntos de vista.

Interlocutor A: Dimos a esta colonia atrasada un futuro brillante. Su pueblo se benefició mucho con la introducción de nuestro sistema de gobierno y nuestras leyes. Todo lo que pedimos a cambio es el derecho de vender nuestros bienes manufacturados allí.

Interlocutor B: Los problemas que encontramos hoy día en la tierra de nuestros antepasados no los creamos nosotros. Habíamos vivido en paz por siglos enteros. Los extranjeros esclavizaron a muchos de nosotros, tomaron nuestra tierra y destruyeron nuestra herencia.

Interlocutor C: Nuestro pueblo tiene que unirse. Se abusaron nuestros derechos. No se nos permite votar ni expresarnos libremente en nuestra propia tierra. Los europeos nos tratan como ciudadanos de segunda clase. Por medio de desobediencia civil tenemos que persuadir a que los extranjeros salgan de nuestra patria.

Interlocutor D: Debemos pensar del día en que tengamos nuestra independencia. Desesperadamente necesitaremos inversiones y tecnología extranjera. Tenemos que mantener relaciones amistosas con todos los países, inclusive a los que nos gobiernan ahora.

CLAVES PARA LA COMPRENSION DE UNA PREGUNTA BASADA EN DEBATE

Para comprender mejor este tipo de pregunta recuerda que la aseveración de cada interlocutor expresa una opinión sobre un término, concepto o situación presentada en los estudios sociales. Empieza con hacerte las siguientes preguntas acerca de cada polemista:

- ¿Qué término, concepto o situación se describe o debate por esta persona? Por ejemplo, el Interlocutor A describe el sistema del imperialismo — el control de un país por otro.

- ¿Qué dice el Interlocutor A sobre el imperialismo?

- Nota que los debatientes tienen opiniones distintas. ¿Por qué están en desacuerdo?

- Las opiniones de los interlocutores, ¿te recuerdan de los puntos de vista de algunos grupos o individuos que ya conoces?

VERIFICA TU COMPRENSION

Usa los comentarios de los polemistas en la página 20 para contestar a las siguientes preguntas:

1. ¿Qué concepto se discute por el Interlocutor C? _____

2. ¿Cuál es el desacuerdo fundamental entre los interlocutores?_____

_____

3. ¿Cuál de los hablantes tiene opiniones más parecidas a las de Mahatma Gandhi? _____

LECTURAS ESCOGIDAS

¿QUE ES UNA LECTURA ESCOGIDA?

Una lectura escogida es un trozo breve que generalmente presenta la opinión del individuo sobre un tema dado. Para contestar preguntas basadas en en estos trozos de lectura es necesario que leas y comprendas una cita o un párrafo breve.

Nadie en Francia ... tiene dudas sobre los beneficios de la colonización y las ventajas que ésta ofrece tanto a la madre patria que la emprende como a los que la reciben. Todos están de acuerdo que las colonias ofrecen mercados de materias primas, medios de producción, productos de que carece la madre patria; que abren mercados a todo el comercio y a todas las industrias de la madre patria, por los deseos, por las necesidades del pueblo con el que se relacionan...

— *Paul Leroy-Beaulieu*
La ideología del imperialismo francés, 1871-1881

CLAVES PARA LA COMPRENSION DE UNA LECTURA ESCOGIDA

En una selección de lectura, el escritor generalmente presenta una serie de de aseveraciones relacionadas que expresan sus opiniones sobre un tema. Debes hacerte las siguientes preguntas sobre cada lectura:

1. ¿Qué se sabe acerca del escritor?

2. ¿Cuál es el término, concepto o situación que se discute?

3. ¿Qué dice el escritor sobre el término, concepto o situación?

4. ¿Qué hechos presenta el escritor para apoyar sus opiniones?

5. ¿Cuál es la idea principal del trozo?

VERIFICA TU COMPRENSION

Usa la lectura escogida de la página 21 para responder a las siguientes preguntas:

1. ¿Cuál es la idea principal del trozo? _____

   _____

2. ¿Qué término o concepto discute el escritor? _____

   _____

CAPÍTULO 3

PREGUNTAS DE SELECCION MULTIPLE Y PROBLEMAS CON RESPUESTAS BREVES REDACTADAS

El propósito de este capítulo es familiarizarte con preguntas de selección múltiple y problemas que requieren una respuesta redactada por el alumno. Vamos a examinar las variaciones que hay dentro de estas formas.

COMO CONTESTAR PREGUNTAS DE SELECCION MULTIPLE

Estas preguntas componen una gran parte de muchos exámenes. Pueden agruparse en dos tipos principales:

✦ Las **preguntas de declaración** comienzan con una pregunta seguida de cuatro posibles respuestas, o una aseveración incompleta seguida de cuatro posibles formas de completarla.

✦ Las **preguntas basadas en datos** presentan datos o información para introducir la pregunta. Luego se te pide que escojas la respuesta correcta de entre cuatro posibilidades.

Las preguntas con respuestas múltiples y problemas que requieren respuestas breves redactadas comprueban tus conocimientos de la historia universal y tu capacidad de analizar, sintetizar y formular hipótesis. A continuación se presentan ejemplos de preguntas formuladas para comprobar tu comprensión de una variedad de temas.

CONOCIMIENTO DE INFORMACION IMPORTANTE

Las preguntas declarativas generalmente comprueban tu conocimiento de términos, conceptos y personas importantes. Pueden tener las siguientes formas:

- El concepto de [*imperialismo*] puede ilustrarse mejor con ...
- ¿Cuál aseveración sobre la [*Revolución Francesa*] es la más acertada?
- Nombra dos creencias asociadas con [*el budismo*].

Para ayudarte a reconocer los términos, conceptos y personajes importantes, se usa la negrilla al nombrarlos por primera vez en las reseñas históricas. También aparecen hacia el final del capítulo en la sección *Resumen de tu comprensión*.

COMPRENSION

Hay preguntas basadas en datos cuyo objetivo es simplemente comprobar tu comprensión de la información presentada como parte del problema. Pueden tomar las siguientes formas:

- ¿Qué sistema está representado en la caricatura por [*el martillo y la hoz*]?
- De acuerdo a la tabla, ¿en qué período fue más grande [*la producción de arroz*]?
- De acuerdo a la gráfica, ¿en qué país hubo [*aumento de población*]?

El factor esencial para contestar las preguntas de comprensión es poder identificar y comprender la información específica presentada en los datos. A través del libro hay preguntas de este tipo que te dan la práctica necesaria.

CONCLUSION O GENERALIZACION

En algunas preguntas se te pide que hagas una generalización o que llegues a una conclusión basada en tus conocimientos. A continuación hay preguntas típicas de esta clase:

- ¿Cuál es una conclusión válida que se puede hacer sobre [*la estructura de la familia japonesa*]?
- La idea de que [*la geografía de un país puede influir mucho en su economía*] queda ejemplificada con...

- En un bosquejo, uno de los estos es el tema principal y los otros son secundarios. ¿Cuál es el tema principal?

> Para ayudarte a responder a este tipo de pregunta, a través del libro se usan generalizaciones que resumen el tema principal en cada sección. Además, este tipo de pregunta aparece en las pruebas al fin de cada reseña. Las generalizaciones se examinan en detalle en el Capítulo 4.

COMPARACION Y CONTRASTE

El acto de comparar y contrastar nos permite realzar y separar sucesos, ideas y conceptos específicos, y enfocarlos con mayor claridad. Las preguntas con este énfasis pueden tener la siguiente forma:

- [Alejandro Magno] y [Ghengis Khan] se parecen porque los dos ...
- Una distinción importante entre [el antiguo Egipto] y [Mesopotamia] era...
- Una investigación de [la Primera Guerra Mundial] y [la Segunda] muestra que los dos acontecimientos...

> A medida que leas cada reseña, comprueba tu comprensión al comparar y contrastar los **nuevos** nombres y términos con los que ya conoces para ver lo que tienen en común y cómo difieren.

CAUSA Y EFECTO

La historia consiste en una serie de sucesos que llevan a otros. Las explicaciones causales dan a la historia una gran parte de su sentido, y por medio de las preguntas con este enfoque se trata de comprobar tu comprensión de la relación entre una acción o un suceso y sus correspondientes efectos. Ten cuidado de notar si se pide *la causa* o *el efecto* en las preguntas de este tipo:

- ¿Cuál fue una causa importante del [colonialismo]? (se pide *una causa*)
- ¿Cuál es un resultado directo de la [revolución industrial]? (se pide *un efecto*)
- Si continúa la tendencia mostrada en la tabla, ¿cuál será su efecto en las condiciones en [la India]? (se pide *un efecto*)

> Para ayudarte con este tipo de pregunta, en cada reseña se identifican las relaciones importantes entre causa y efecto. Además, éstas a menudo se presentan en los diagramas de las secciones de repaso.

CRONOLOGIA

La cronología trata del orden en que ocurren los acontecimientos. Una lista de sucesos en orden cronológico comienza con el suceso más remoto y progresa hacia el más reciente. Esta ordenación nos permite visualizar las normas y la sucesión de los acontecimientos. Las preguntas sobre cronología pueden tomar la siguiente forma:

- *¿Cuál orden de sucesos presenta mejor el desarrollo histórico de [Mesoamérica]?*
- *¿Cuál grupo de acontecimientos está en orden cronológico correcto?*

Para ayudarte con este tipo de pregunta, se presentan líneas cronológicas al principio de cada capítulo y en una sección especial al final del libro. Además, la mayoría de las secciones *Comprueba tu comprensión* tienen por lo menos un problema de selección múltiple o de respuesta redactada breve donde se trata de la cronología.

HECHOS Y OPINIONES

En ciertas preguntas se te pide que distingas entre hechos y opiniones.

✦ Un **hecho** es algo cuya exactitud se puede verificar al consultar otras fuentes de información. Por ejemplo, la siguiente es una declaración de hecho: "La Segunda Guerra Mundial comenzó en Europa en 1939."

✦ Una **opinión** expresa la convicción de alguien y las verificaciones no vienen al caso aquí, como en el siguiente ejemplo: El líder más grande de Francia fue Napoleón Bonaparte.

Las preguntas en las que se te pide que distingas entre hecho y opinión pueden ser como las siguientes:

- *¿Cuál aseveración sobre la [dinastía T'ang] sería la más difícil de comprobar?*
- *¿Cuál declaración sobre el [Código de Hammurabi] expresa una opinión y no un hecho?*

Es importante saber la diferencia entre un hecho y una opinión. Para ayudarte en las preguntas que lo requieren, varias secciones de *Comprueba tu comprensión* tienen por lo menos una pregunta de selección múltiple sobre el tema.

USO DE LIBROS DE CONSULTA

Para saber lo que sucedió en el pasado y lo que ocurre en el presente a través del mundo se usa una variedad de fuentes. En algunas preguntas se te pide que nombres un libro especializado. Un libro de consulta usado comúnmente es el **atlas**, que contiene una colección de mapas. También puede tener información sobre topografía, recursos naturales, población, ciudades y otros temas. Las **enciclopedias** y los **almanaques** son otros libros de consulta.

- ¿Qué fuente usarías para encontrar información sobre la [*topografía*] de una región?

> Es esencial conocer las diferencias entre los varios tipos de libros de referencia. Para ayudarte a contestar preguntas sobre fuentes de información, algunas secciones de *Comprueba tu comprensión* tienen preguntas de selección múltiple sobre el tema.

COMO ESCRIBIR RESPUESTAS BREVES REDACTADAS

En el caso de algunos problemas en los exámenes se requiere que el estudiante redacte su propia respuesta en vez de escoger una de varias respuestas posibles. Estos problemas comienzan con una base de datos igual que muchas preguntas de selección múltiple. Una pregunta o serie de preguntas sigue estos datos. Sin embargo, se requiere que redactes la respuesta, en vez de meramente reconocerla. Estos problemas se conocen como **problemas con respuestas redactadas,** y aparecen en dos formas principales:

CONOCIMIENTO DE CONTENIDO

✦ **"Nombrar" algo.** En este tipo de problema, tienes que *nombrar* o *identificar* una o más causas, características o cambios. Algunas preguntas claves usadas en este tipo de problema son *nombrar, identificar, dar, quién, qué, cuándo* y *dónde. Enumerar o alistar* se usa cuando se pide más de un elemento.

✦ **"Explicar" algo.** En esta forma de problema tienes que hacer más que meramente nombrar algo. Se te pide que escribas una o dos oraciones para declarar o dar razones para algo.

ANALISIS Y REFORMULACION DE DATOS

En los problemas con respuestas redactadas también se puede comprobar tu capacidad de analizar y reformular datos de los siguientes modos.

✦ **Organizar, analizar y presentar información**. Se te puede pedir que completes alguna información, parecido a lo que aprendiste en el Capítulo 2. Por ejemplo tendrás que preparar un bosquejo o completar una línea cronológica. Los problemas pueden tener la siguiente forma: *Coloca las fechas siguientes en el orden en que ocurrieron a lo largo de una línea cronológica*, o *Prepara un bosquejo sobre los sucesos de la lectura que acabas de hacer.*

✦ **Clasificar información.** Cuando la información se presenta como parte de la formulación de un problema que requiere una respuesta redactada, se te puede pedir que arregles la información en categorías. Típicamente, habrá una serie de categorías y cierta información que tendrás que clasificar según el siguiente proceso:

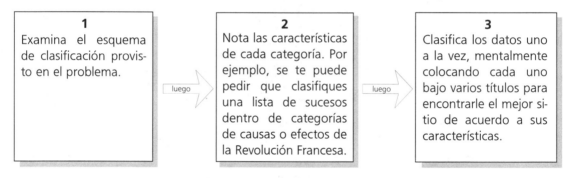

1		**2**		**3**
Examina el esquema de clasificación provisto en el problema.	luego	Nota las características de cada categoría. Por ejemplo, se te puede pedir que clasifiques una lista de sucesos dentro de categorías de causas o efectos de la Revolución Francesa.	luego	Clasifica los datos uno a la vez, mentalmente colocando cada uno bajo varios títulos para encontrarle el mejor sitio de acuerdo a sus características.

EJEMPLOS DE PROBLEMAS CON RESPUESTAS REDACTADAS

EJEMPLO #1: ANALISIS DE LINEA CRONOLOGICA

1. Coloca el *número* de cada suceso en su sitio apropiado en la línea cronológica.

1 Gorbachev introduce la perestroika	3 Stalin inicia una serie de planes quinquenales
2 La URSS aplasta la reformación húngara	4 Los bolcheviques toman el poder

☐   ☐   ☐   ☐

1900	1920	1940	1960	1980

2. Describe un efecto de uno de estos sucesos en la historia de Rusia. _____

EJEMPLO #2: ANALISIS DE UN MAPA

1. ¿Qué países del sur de Asia reciben más de 45 pulgadas de lluvia?

    _____

2. ¿ Cuál país tuvo más lluvia: Nepal o China ?

    _____

3. ¿En qué dirección soplan los vientos monzones?

    _____

    _____

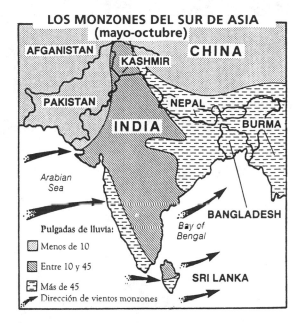

4. Los monzones pueden ser una " bendición" o "maldición" para los pueblos del sur de Asia.

    Nombra una "bendición" de los monzones: _____

    Nombra una "maldición" de los monzones: _____

EJEMPLO #3: COMPLETACION DE UN BOSQUEJO

Los elementos dados se refieren a la sociedad china antes y después de 1949. Debes usarlos para preparar el bosquejo en la página 30.

> Al morir, el jefe de la familia dejaba propiedades a sus hijos.
> El bienestar de la comunidad era más importante que el bienestar de la familia.
> Cambios drásticos en la sociedad china.
> Todo lo escrito o publicado tenía que fomentar el comunismo.
> La gente veneraba a sus antepasados.
> La familia era el centro principal de la autoridad.
> Los retratos de Mao Tse Tung se exhibían a través de China.

TITULO: _____

China antes del régimen comunista

_____

_____

_____

China bajo el régimen comunista

_____

_____

_____

EJEMPLO #4: CLASIFICACION DE ASEVERACIONES

El Medio Oriente y Africa al sur del Sahara fueron dos regiones del mundo que vivieron el imperialismo europeo a fines del siglo XIX y la primera parte del XX. Identifica lo que tenían en común estas dos regiones y cómo diferían. En los espacios apropiados de los círculos apunta los *números* de la lista de experiencias.

1   La mayoría de la población es musulmana.

2   El Canal de Suez es un vínculo importante con otras regiones.

3   Inglaterra, Alemania, Francia e Italia tenían intereses coloniales en la región.

4   Los europeos percibían la región como un sitio para vender sus bienes manufacturados.

5   El surgimiento del nacionalismo con el tiempo llevó a la exigencia de autonomía.

6   Hubo un movimiento para unificar a todos los pueblos de la región en un solo estado.

7   La mayor parte de la región en un tiempo estuvo bajo el control del Imperio Otomano.

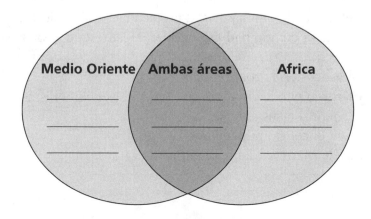

EJEMPLO #5: ANALISIS DE UNA CARICATURA POLITICA

"¡Chitó! ¡Ahora estará tranquilo — quizás!"

1. ¿A quién representa el "bebé" en la cuna? _____

2. ¿Quién fue Neville Chamberlain? _____

3. ¿Qué política externa se ilustra aquí? _____

4. Indica el año en que tuvo lugar el suceso de la caricatura:

   1908   1928   1937   1948

EJEMPLO #6: ANALISIS DE CITAS DE TEXTOS

Ansiosamente deseamos liberar a Italia de dominación extranjera. Estamos de acuerdo en que tenemos que poner a un lado las diferencias insignificantes [entre nosotros] para llegar al fin más importante. Queremos echar fuera a los extranjeros ... porque deseamos que nuesto país sea fuerte y glorioso.

—*Conde Camillo di Cavour, 1810-1861*

> ... insistimos que en Ghana ... no haya referencia a los fanti, ashanti, ewe, gas, dagomba [nombres de tribus], "extranjeros", y ... que todos nos llamemos ciudadanos de Ghana, todos hermanos, miembros de la misma comunidad, el estado de Ghana.
>
> —*Kwame Nkrumah, 1961*

> Palestina, la patria del pueblo árabe palestino, es una parte inseparable de la gran patria árabe ... Sólo el pueblo árabe palestino tiene derecho legítimo a su patria, y ejercerá ... autonomía después de la liberación de su patria.
>
> —*Carta Constitucional Palestina, 1968*

1. Señala el término que describe más acertadamente la idea principal de estas citas:

      aislacionismo   nacionalismo   socialismo

2. Escoge una de las citas y discute las circunstancias en que surgió el texto. _____

EJEMPLO #7: ORGANIZACION DE INFORMACION

Reorganiza la siguiente información mostrando su tema principal, las generalizaciones importantes bajo este tema y ejemplos que ilustran cada uno de ellos. Usa un bosquejo (*véase página 19*), diagrama (*véase página 75*) u otra forma de llevar apuntes.

> La revolución industrial causó grandes cambios en la vida y en el trabajo de la gente. Mientras que en un tiempo los artesanos trabajaban en su casa, los obreros industriales trabajaban ahora en las fábricas. Además, una gran parte del trabajo anteriormente hecho a mano, ahora se podía hacer con máquinas movidas a vapor. Usando maquinaria, los obreros industriales podían producir mucho más que los artesanos de antes.
>
> La revolución industrial también afectó el modo de vivir de los trabajadores. A medida que había adelantos en la agricultura y aumentaba el número de fábricas, la gente comenzó a mudarse a las ciudades. Al principio las condiciones en las fábricas eran muy duras. Los artesanos pre-industriales tenían una cierta medida de control sobre sus vidas, pero los obreros de fábricas tenían que estar a paso con las máquinas que nunca se cansaban. Las fábricas también contaminaban el aire, los ríos y los lagos. Estas condiciones insalubres, combinadas con el atestamiento y mala sanidad de las ciudades, causaban enfermedades y muerte prematura entre los obreros.

CAPÍTULO 4

COMO REDACTAR ENSAYOS

Aparte de preguntas con respuestas múltiples y respuestas breves redactadas, en los exámenes de historia universal también se pide que los estudiantes escriban ensayos. En este capítulo se presentan dos clases de estos ensayos: el ensayo temático y el ensayo basado en documentos.

ENSAYOS TEMATICOS

Un ensayo temático es el que se concentra en un tema o una generalización específica. A continuación hay un ensayo típico de este género:

Tema: El efecto de las revoluciones

> Las revoluciones son grandes sucesos que no sólo cambian las condiciones dentro de un país, sino que también influyen en el resto del mundo.

Desarrollo:

- Define "revolución".
- Muestra cómo las revoluciones en dos países llegaron a influir en la región y en el mundo.

Instrucciones: Escribe un ensayo bien organizado que incluya un párrafo de introducción, unos cuantos párrafos que presenten el desarrollo y una conclusión.

Sugerencias: Puedes usar cualquier ejemplo de la historia del mundo. Considera la Revolución Francesa, Rusa, China, Cubana e Iraní. Sin embargo **no** tienes que limitarte a estas sugerencias.

Nota que el planteo de un ensayo comienza con una declaración general, que en este caso se refiere a la influencia de las revoluciones. Luego tienes que completar el desarrollo, y en las instrucciones se te dice la forma en que tiene que ser escrito el ensayo. Las sugerencias proporcionan ejemplos que puedes usar en tu ensayo para apoyar la introducción, pero **no** tienes que limitarte a esos ejemplos. En esencia debes:

(1)   mostrar tu comprensión de una generalización al presentar hechos específicos para apoyarla;

(2)   escribir un ensayo bien organizado que incluye una introducción, varios párrafos que presentan el desarrollo y una conclusión.

¿QUE ES UNA GENERALIZACION?

Las **generalizaciones** resumen grandes cantidades de información en una forma simplificada. Para comprender la naturaleza de una generalización, primero lee la siguiente lista de datos:

✦   La antigua civilización egipcia surgió a las orillas del Río Nilo.

✦   Las civilizaciones de la Mesopotamia surgieron entre los ríos Tigris y el Eufrates.

✦   La civilización china comenzó a lo largo de las orillas del Huang He.

✦   La civilización india tuvo origen en las márgenes del Río Indo.

Estos son cuatro hechos referentes a distintas civilizaciones antiguas, que sin embargo tienen algo en común: todas comenzaron en valles fluviales. Las generalizaciones muestran un molde común. Veamos cómo esta generalización podría presentarse en un diagrama:

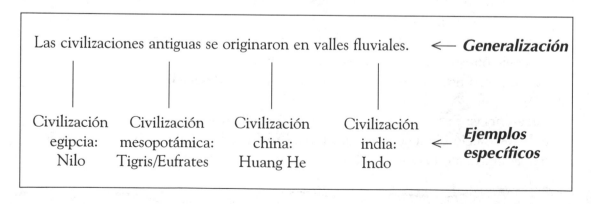

"PALABRAS DE ACCION"

En los planteos de ensayos se requiere que comprendas ciertas palabras claves. Las "palabras de acción" contienen las instrucciones exactas sobre lo que debes hacer al redactar tu respuesta. Las palabras de acción más comunes son:

- Describir o discutir
- Explicar o mostrar *cómo*
- Explicar o mostrar *por qué*
- Evaluar

DESCRIBIR O DISCUTIR

Describir o **discutir** significa "ilustrar algo en palabras o hablar de ello". Estas palabras se usan cuando se te pide el "**quién**", "**qué**", "**cuándo**" y "**dónde**" del asunto. No todos los temas requieren los cuatro elementos, pero tu respuesta tiene que consistir en más de una palabra o frase. Una respuesta redactada tiene que consistir en varias oraciones para responder de forma apropiada a la pregunta. (*Nota*: Un ensayo tiene que consistir en varios párrafos.) Los siguientes son ejemplos de "describir" y "discutir":

- *Describe* un alcance científico que tuvo lugar durante el Renacimiento.

- *Describe* dos cambios que resultaron de la Revolución Francesa.

- *Discute* las diferencias religiosas entre los hindúes y los musulmanes.

Fíjate en una posible respuesta al primero de los problemas en que tienes que "describir" algo:

Respuesta ejemplar: *Por siglos enteros la Iglesia Católica enseñaba a los europeos que el sol giraba alrededor de la tierra, y que la tierra era el centro del universo. Durante el Renacimiento, Nicolás Copérnico, un astrónomo polaco, investigó cuidadosamente el movimiento de los planetas, los astros y la luna. Llegó a la conclusión de que el sol, no la tierra, era el centro de nuestro sistema solar. Este fue un alcance científico importante.*

Nota cómo la respuesta describe un logro específico. La descripción crea una imagen de **quién** (Nicolás Copérnico), **qué** (su conclusión sobre el sol como centro del sistema solar), **cuándo** (el Renacimiento) y **dónde** (Europa). Cuando tienes que *describir*   o *discutir* algo, repasa mentalmente la lista de *quién*, *qué*, *dónde* y *cuándo*.

EXPLICAR Y MOSTRAR

Explicar y **mostrar** a menudo se vinculan con *cómo* o *por qué* y a veces en estas expresiones se usa una en vez de la otra. En las preguntas que incluyen estas "palabras de acción" es importante determinar si debes hablar de *cómo* o de *por qué* sucedió algo.

EXPLICAR CÓMO / MOSTRAR CÓMO

En ciertas preguntas, una declaración general sigue la frase "explica cómo" o "muestra cómo" algo funciona o se relaciona a algo. Veamos dos ejemplos:

- *Explica cómo* los adelantos en la tecnología a menudo afectan el desarrollo social y económico de un país.

- *Muestra cómo* el feudalismo medieval resultó en un nuevo sistema de gobierno en Europa.

En cada caso debes proporcionar hechos y ejemplos que demuestran la veracidad de la declaración. Veamos cómo se puede responder a la segunda pregunta con su requisito de "mostrar cómo":

Respuesta ejemplar: *Con la caída del Imperio Romano el gobierno central fuerte desapareció de Europa occidental por varios siglos. Para el siglo VIII, la tribu germana de los francos estableció control de Francia y del norte de Italia. Los francos establecieron el sistema feudal en el que el señor les otorgaba a sus vasallos el uso de la tierra a cambio de lealtad y servicio. Esto aumentaba el poder de los señores y proporcionó estabilidad política y social. En Europa el feudalismo fue la base de un sistema de gobierno descentralizado, en el que los señores gobernaban con la ayuda de vasallos y caballeros. El pueblo esperaba protección y justicia de sus señores locales.*

Nota que la respuesta proporciona hechos y ejemplos para "mostrar cómo" la declaración es acertada. Los hechos presentados en la respuesta son los siguientes (1) cuándo se desarrolló el feudalismo; (2) por qué vino a existir; (3) cómo funcionaba el nuevo sistema; y (4) cómo llegó a proporcionar un nuevo sistema de gobierno. Imagínate el "mostrar cómo" en la forma de varias columnas que sostienen la aseveración general.

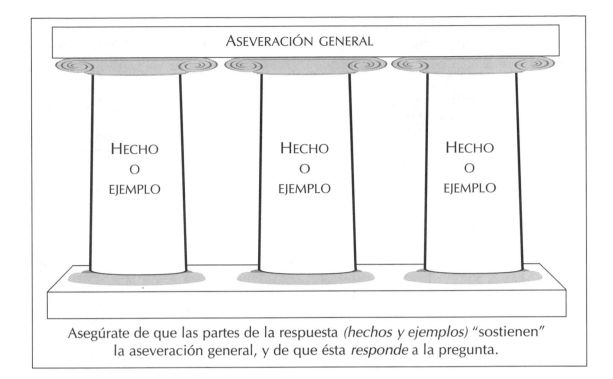

ASEVERACIÓN GENERAL

HECHO
O
EJEMPLO

HECHO
O
EJEMPLO

HECHO
O
EJEMPLO

Asegúrate de que las partes de la respuesta *(hechos y ejemplos)* "sostienen" la aseveración general, y de que ésta *responde* a la pregunta.

EXPLICA POR QUÉ / MUESTRA POR QUÉ

Para explicar *por qué* sucedió algo o mostrar por qué existió la relación presentada en el problema se necesita presentar y explicar las razones. Las preguntas que piden que se *explique por qué* o que se *muestre cómo* se concentran en las causas de hechos y relaciones:

- *Explica por qué* surgieron las primeras civilizaciones hace cinco o seis mil años.

- *Muestra cómo* la revolución industrial comenzó en Inglaterra.

En cada caso debes presentar razones o causas para explicar *por qué* ocurrió el suceso, como en el ejemplo siguiente:

Respuesta ejemplar: *Las primeras civilizaciones surgieron en Mesopotamia, Egipto, India y China hace unos 5.000 o 6.000 años. Este desarrollo tuvo lugar cuando los humanos llegaron a cultivar plantas comestibles y domesticar animales. En las llanuras fértiles a lo largo del Eufrates y Tigris, del Nilo, del Indo y del Huang He, hubo excedentes de cosecha. Esto permitió a algunos individuos a seguir otras ocupaciones, y llevó a la existencia de sociedades capaces de construir ciudades, desarrollar sistemas de escritura y adquirir nuevas destrezas tecnológicas.*

Nota cómo la respuesta "explica" las razones que apoyan (sostienen) la aseveración sobre el "por qué" del surgimiento de las civilizaciones:

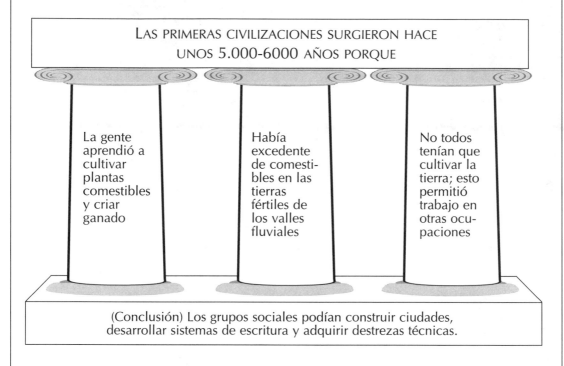

LAS PRIMERAS CIVILIZACIONES SURGIERON HACE
UNOS 5.000-6000 AÑOS PORQUE

La gente aprendió a cultivar plantas comestibles y criar ganado

Había excedente de comestibles en las tierras fértiles de los valles fluviales

No todos tenían que cultivar la tierra; esto permitió trabajo en otras ocupaciones

(Conclusión) Los grupos sociales podían construir ciudades, desarrollar sistemas de escritura y adquirir destrezas técnicas.

Cuando tienes que explicar el "por qué" de algo, repasa la lista de las varias razones o causas para asegurarte de que resultan en una explicación satisfactoria.

EVALUAR

Evaluar significa "examinar y juzgar con cuidado", y en las preguntas de evaluación se te pide que hagas un juicio. Por lo tanto tienes que considerar los criterios que deben seguirse al hacer este juicio y luego aplicar esos criterios a los hechos. Examinemos un problema típico de esta categoría: "*Evalúa* el efecto general del imperialismo en Africa."

Para resolver este problema tienes que:

1. conocer algunos de los efectos del imperialismo en Africa

2. comparar los efectos positivos y negativos del imperialismo; y

3. juzgar si su efecto total fue positivo o negativo.

Veamos una respuesta ejemplar a este problema.

Respuesta ejemplar: *El imperialismo es el control de un país por otro. En 1900, unos cuantos países europeos controlaban la mayor parte de Africa. En los africanos, este control tuvo efectos tanto positivos como negativos. Los europeos mejoraron la nutrición e introdujeron medicina moderna, con lo que aumentó la longevidad de muchos africanos. También se introdujeron nuevas técnicas, lenguas y sistemas legales. Sin embargo, los colonizadores ignoraron una gran parte de la cultura y de tradiciones africanas. Las tribus fueron divididas entre las distintas colonias europeas, y los africanos perdieron su independencia y eran tratados como socialmente inferiores. Se empleaban en trabajos forzados.*

SI CREIAS QUE EL EFECTO DEL IMPERIALISMO FUE

MÁS POSITIVO QUE NEGATIVO, PODRÍAS CONTINUAR DEL SIGUIENTE MODO:

Al considerar su efecto total, el imperialismo puso a Africa en contacto con el resto del mundo —un paso necesario en el desarrollo del continente. Los beneficios de la colonización sobrepasan las desventajas porque se abrieron nuevas oportunidades para las generaciones futuras de africanos.

MÁS NEGATIVO QUE POSITIVO, PODRÍAS CONTINUAR DEL SIGUIENTE MODO:

Al considerar su efecto total, las desventajas del imperialismo claramente sobrepasan los beneficios. Bajo el sistema colonial, Africa se desarrolló económica y culturalmente de un modo que fue menos beneficioso a los africanos nativos y de mayor ventaja a las potencias imperiales europeas.

Nota cómo primero se define el imperialismo, y luego se enumeran los efectos positivos y negativos en los africanos. Finalmente se llega a una conclusión general sobre el efecto general de la colonización. Cuando tomes una posición en tu respuesta, asegúrate de ofrecer información para apoyarla.

REDACCION DE UN ENSAYO BIEN ORGANIZADO

Con saber lo que es una generalización y conocer las palabras de acción estás listo a escribir un ensayo temático. Comienza al fijarte en el "Desarrollo" en la página 33 para asegurarte de lo que debes hacer. Luego subraya las "palabras de acción" en el Desarrollo. También haz un círculo alrededor de la *cantidad de ejemplos* pedidos en el Desarrollo para apoyar tu declaración del tema.

APUNTES PARA TU ENSAYO

Te conviene tomar apuntes para organizar tu ensayo. Usa el siguiente ejemplo como guía:

Para escribir la declaración temática presenta la generalización del "Tema" en tus propias palabras

La revolución en un país puede tener influencia regional y hasta mundial.

Definición del término: *Revolución* ← en Desarrollo

Se da el nombre de revolución a los grandes y repentinos cambios políticos en un país.

Ejemplos de apoyo: *Proporciona dos ejemplos* ← en Desarrollo

Ejemplo #1: *La Revolución Francesa (1789-1799)* ← tu selección

Palabras de acción: *Muestra cómo* ← en Desarrollo

Información específica: de tu conocimiento de historia universal

- *Los revolucionarios abolieron la monarquía, quitaron los privilegios a la nobleza, establecieron una república que garantizaba los derechos de los ciudadanos.*
- *El establecimiento de la República Francesa trajo guerra a Europa.*
- *La Revolución Francesa inspiró a los latinoamericanos a luchar por la independencia.*

Ejemplo #2: *La Revolución Iraní (1979)* ← tu selección

Palabras de acción: *Muestra cómo* ← en Desarrollo

Información específica: de tu conocimiento de historia universal

- *Los revolucionarios derribaron al sha y establecieron una república islámica.*
- *Irán tomó rehenes estadounidenses.*
- *La Revolución Iraní llevó al esparcimiento del fundamentalismo islámico.*

APLICACION DEL METODO DE "CHEESEBURGER"

Usemos ahora la información contenida en tus apuntes para escribir el ensayo. Imagínate que tu ensayo se parece a un cheeseburger: el panecillo de arriba es tu **declaración temática** (introducción); el queso es la **frase de transición**; los albondigones constituyen el **cuerpo del ensayo** con sus declaraciones de apoyo; y el panecillo de abajo es la **conclusión**.

Primer párrafo

La revolución en un país puede tener influencia regional y hasta mundial.

Se da el nombre de revolución a los cambios grandes y repentinos en un país. Esto se puede ver al examinar dos ejemplos, la Revolución Francesa y la Iraní.

Párrafos principales

La Revolución Francesa (1789-1799) causó cambios importantes en el mundo. Rechazó la idea del derecho divino de los monarcas y los privilegios de la nobleza. La Declaración de los Derechos del Hombre aseveró que todos los individuos tenían derechos y libertades iguales. Estas ideas se esparcieron a muchos otros países y llevaron a 20 años de guerras en Europa. Los latinoamericanos también fueron inspirados a luchar por liberarse del dominio europeo.

En la Revolución Iraní (1979), los jefes religiosos, hostiles a la cultura occidental, derribaron al sha. Rompieron los vínculos de Irán con el Occidente, y tomaron en rehenes por dos años a los empleados de la embajada estadounidense. La Revolución Iraní también llevó al esparcimiento del fundamentalismo islámico en otras partes del Medio Oriente, y a una guerra con Iraq que duró nueve años.

Conclusión

Por lo tanto, podemos ver de estos dos ejemplos que la revolución en un país puede tener efectos en el resto de la región y hasta en el mundo entero.

Estos constituyen el primer párrafo

PANECILLO DE ARRIBA (ORACION TEMATICA)
En la primera oración proporcionas la introducción al tema que puede ser una generalización tomada del "Tema" y expresada en tus propias palabras.

TAJADA DE QUESO (FRASE DE TRANSICION)
La frase de transición del "queso" vincula el tema con la información específica que vas a presentar más adelante.

ALBONDIGONES (ORACIONES PRINCIPALES)

En esta sección los ejemplos específicos apoyan la frase de introducción. Nota como estos dos párrafos corresponden a los ejemplos del esquema.

PANECILLO DE ABAJO (FRASE DE CONCLUSION)

La última oración de tu ensayo debe parecerse a la introducción, excepto que ahora se expresa como conclusión, y puede comenzar de varias formas: *"Por lo tanto, podemos ver que..."* o *"Es claro que..."*. Sirve para recordar lo que acabas de explicar.

ENSAYOS BASADOS EN DOCUMENTOS

A veces tendrás que escribir un **ensayo basado en documentos** para demostrar tu capacidad de interpretar documentos históricos y llegar a conclusiones a base de su contenido. Como ejemplo usaremos un tema tratado anteriormente: la Revolución Francesa.

PROBLEMA EJEMPLAR

Instrucciones:

El siguiente problema se basa en los documentos 1-3 que lo acompañan. Algunos de ellos fueron revisados. El objetivo de este problema es comprobar tu capacidad de manejar documentos históricos. Al analizarlos toma en cuenta su fuente y el punto de vista del autor.

Escribe un ensayo bien organizado que incluya tu análisis de los documentos. *De ningún modo debes simplemente citarlos o hacer una paráfrasis.* Debes incluir detalles históricos específicos y puedes discutir documentos no presentados en el planteo del ensayo.

Contexto histórico:

En la última parte del siglo XVIII, hubo en Francia una revolución que influyó mucho no sólo en ese país, sino también en el resto del mundo.

Problema: **Discute los cambios políticos y sociales causados por la Revolución Francesa.**

Después de leer los documentos, completa la Parte A.

Parte A — respuesta breve

Los siguientes documentos se relacionan a los cambios acarreados por la Revolución Francesa. Examina cada documento cuidadosamente y luego contesta la pregunta clave que lo sigue.

Nota: En este tipo de problema puede haber hasta ocho trozos de datos. Por lo menos dos de ellos no serán un texto, sino caricaturas, ilustraciones, etc. Para simplificar la explicación, usamos sólo tres documentos en el problema ejemplar.

DOCUMENTO 1

"1. Los hombres nacen y permanecen libres e iguales en derechos; las distinciones sociales pueden establecerse sólo para el bien común.

2. El objeto de cada asociación política es la conservación de los derechos naturales del hombre; estos son derechos a la libertad, propiedad, seguridad y resistencia a la opresión.

3. La fuente de la soberanía está en la esencia de la nación; ningún grupo, ningún individuo, puede ejercer autoridad que no surge de ella expresamente."

Declaración de los Derechos del Hombre y del Ciudadano
Agosto 20-26, 1789

1. De acuerdo al documento, ¿cuál es el propósito de cada gobierno?_____

_____

DOCUMENTO 2

"La Asamblea Nacional declara que la nobleza hereditaria queda abolida para siempre; en consecuencia, los títulos de príncipe, duque, conde, marqués, vizconde ... barón, caballero ... y todos títulos parecidos, no serán tomados por nadie, ni otorgados a nadie."

Decreto de la Asamblea Nacional
Junio 19, 1790

2. ¿Qué efecto llegó a tener este decreto en la nobleza de Francia? _____

_____

Documento 3

3. ¿Qué significado tuvo la ejecución
   de Luis XVI?

_____

_____

_____

Luis XVI en la guillotina

Parte B — Respuesta en forma de ensayo

En un ensayo discute los cambios políticos y sociales causados por la Revolución Francesa.

Tu ensayo debe ser bien organizado, con un párrafo de introducción que presente tu posición sobre el asunto. Desarrolla tu posición en los párrafos siguientes y luego escribe una conclusión. En el ensayo incluye detalles históricos particulares y refiérete a los documentos específicos analizados en la Parte A. También debes incluir información adicional de tus conocimientos de historia universal.

Nota que los planteos de ensayos basados en documentos se componen de las siguientes partes:

    (1) instrucciones sobre cómo escribir el ensayo;
    (2) una generalización histórica que sirve de fondo para el problema;
    (3) el desarrollo que debes llevar a cabo, presentado en forma de pregunta;
    (4) Parte A, deben analizarse hasta 8 documentos; y
    (5) Parte B, que consta del ensayo final.

Para escribir bien un ensayo basado en documentos tienes que considerar tres aspectos muy importantes: (1) examen del desarrollo, (2) análisis de los documentos y (3) redacción del ensayo.

EXAMEN DEL DESARROLLO

Comencemos con examinar un ejemplo de planteo típico de un ensayo.

EJEMPLO 1:

Contexto histórico:
A fines del siglo XVIII, tuvo lugar en Francia una revolución importante que tenía un gran efecto no sólo en Francia sino también en el resto del mundo.

Problema: **Discute los cambios políticos y sociales causados por la Revolución Francesa.**

Nota que el Problema contiene dos instrucciones importantes:

    (1) una "palabra de acción" que debes seguir; y
    (2) las áreas a las que debes dirigirte.

Palabra de acción: "Discute"

Campos a incorporar: Tienes que dirigirte a dos tipos de cambio:
                       (1) político   (2) social

Con esta información sabes cuántos párrafos debes escribir. Todos los ensayos deben tener una introducción y una conclusión. Lo que varía es el número de párrafos necesarios para cumplir con los *requisitos del problema*. Aquí necesitas por lo menos dos párrafos, uno para cada tipo de cambio causado por la Revolución Francesa. El ensayo debe por lo tanto contener a lo menos cuatro párrafos:

- **Párrafo 1** debe incluir la declaración del tema y la frase de transición.

- **Párrafo 2** debe tratar de los cambios *políticos* causados por la Revolución Francesa. (Puede ser más de un párrafo de acuerdo a los hechos y ejemplos que puedas proporcionar.)

- **Párrafo 3** debe tratar de los cambios *sociales* resultantes de la Revolución Francesa. (También puede ser más de un solo párrafo.)

- **Párrafo 4** debe finalizar el ensayo con tus conclusiones.

ANALISIS DE LOS DOCUMENTOS

Un planteo de ensayo basado en documentos puede tener hasta 8 de ellos: citas breves, líneas cronológicas, caricaturas, tablas y pasajes de lectura. Conviene organizar la información, y el método recomendado es el **Cuadro de análisis**.

CUADRO DE ANALISIS EJEMPLAR

Documento	Idea principal	Aspecto político	Aspecto social
Derechos del hombre	*El fragmento citado contiene la declaración que los seres humanos nacen libres y con derechos iguales, y que el propósito del gobierno es proteger estos derechos. También se asevera que la fuente del poder político es el pueblo.*	✓	✓
Decreto de la Asamblea Nacional	*Este decreto abolió la nobleza hereditaria en Francia.*		✓
Ejecución de Luis XVI	*En 1793 el rey fue decapitado, y esto estableció la dirección de los sucesos. El fervor republicano se esparció por el país. Se usaba el título de «ciudadano» y las pelucas cayeron en desuso. La ropa sencilla reemplazó la fina.*	✓	✓
Información relacionada adicional			

- *Durante la revolución había caos y violencia a través del país.*
- *Francia entró en guerra contra las monarquías europeas.*
- *Durante el "Reinado de Terror" fueron ejecutados muchos nobles y sacerdotes.*

Examinemos la información en el cuadro de análisis:

- En la columna de **Documento** debe apuntarse el término breve o la frase que identifique el documento. Ya que aquí se usa una cita de la *Declaración de los Derechos del Hombre* se usó "Derechos del Hombre" en el primer cuadro.

- En la columna **Idea principal**, describe brevemente la idea de cada documento.

- Las últimas columnas dependen de lo que debes abarcar en tu ensayo. Ya que el primer documento trata del aspecto **político** y **social** de la Revolución Francesa, se colocaron marcas en las dos columnas.

- Nota que en las direcciones se te pidió que incluyeras de datos adicionales; es aquí que necesitas recurrir a tu conocimiento de la historia de esa época según se muestra en los ejemplos del cuadro de análisis.

REDACCION DEL ENSAYO

Ahora tienes que organizar y escribir el ensayo. Al hacerlo, debes seguir las reglas generales como para escribir ensayos temáticos, excepto que debes incluir referencias a los documentos.

- **Párrafo de introducción.** Se necesita una oración que identifique el contexto histórico (*establece el tiempo y el lugar*). Luego viene la oración temática basada en el problema; por ejemplo: "La Revolución Francesa de fines del siglo XVIII resultó en muchos cambios políticos y sociales." Luego una frase de transición vincula esta oración con la parte principal del ensayo. Por ejemplo: "Esto se puede ver al examinar con detalle algunos de los sucesos de la revolución y sus consecuencias."

- **Párrafos principales** o cuerpo del ensayo. Cada párrafo debe tratar de un aspecto de la oración temática. También debes usar tus análisis de documentos e información adicional para apoyar tus conclusiones.

- **Conclusión.** La forma de concluir el ensayo depende de la "palabra de acción" usada en el planteo:

Discutir. Si las instrucciones incluyen esta palabra, la conclusión debe reiterar la oración temática; por ejemplo, "Así podemos ver que la Revolución Francesa resultó en muchos cambios políticos y sociales." Para reforzar tu posición puedes agregar un breve resumen de lo que ya escribiste: "La eliminación de la monarquía y nobleza ofrece evidencia de la extensión de estos cambios."

Evaluar. Si se pide una evaluación, debes pesar los efectos positivos y negativos del objeto del ensayo, y luego hacer un juicio. Por ejemplo, para "evaluar" los efectos de la Revolución Francesa, debes juzgar las ventajas de eliminar la monarquía y garantizar los derechos individuales en oposición a las desventajas de la guerra, el Reinado del Terror y el subsiguiente mando de Napoleón.

CAPITULO 5

INSTRUMENTOS PARA CONOCER LA HISTORIA UNIVERSAL

La historia universal tiene dos características fundamentales: primero, es una rama de historia; y segundo, trata del mundo entero. En este capítulo se examinan en detalle las implicaciones de estas dos características.

¿QUE ES LA HISTORIA?

La historia es el estudio del pasado de los humanos. Los historiadores son las personas que tratan de comprender los sucesos del pasado y de conocer las ideas, acciones y creencias de los individuos y grupos que vivieron antes de nuestros tiempos. El estudio de la historia permite a la sociedad recordar su pasado y conocer su dirección futura. Igual que la vida de un individuo no tendría sentido si no tuviera memoria de quién es o lo que habrá hecho, las sociedades encuentran el sentido de su identidad en la memoria del pasado.

FUENTES HISTORICAS

En muchos aspectos los historiadores son como detectives que buscan información sobre el pasado. La encuentran en dos tipos de fuentes:

- Las **fuentes primarias** son las anotaciones originales de un suceso. Incluyen documentos que dejaron los testigos, actas redactadas en el tiempo del acontecimiento, textos de discursos y reportajes, cartas, pinturas, fotografías y artefactos.

- Las **fuentes secundarias** son los escritos y las interpretaciones de historiadores y otros escritores. A menudo, las fuentes secundarias como libros y artículos proporcionan un resumen de la información contenida en las fuentes primarias.

EPOCAS HISTORICAS

La corriente continua de sucesos se divide en **épocas históricas** — segmentos de tiempo que tienen ciertas características, circunstancias, acontecimientos o personajes en común. No hay un acuerdo exacto sobre las fechas de estas épocas, que varían según el sitio. Por ejemplo, la Edad Media se asocia con Europa, mientras que la dinastía Ming denota un cierto tiempo en la historia de China.

En el estudio de la historia universal se relacionan los acontecimientos en las distintas regiones para mostrar su interacción. Al juntar los cuadros históricos de las diferentes culturas del mundo surge una imagen interesantísima. La humanidad pasó por varias épocas históricas, y en este libro se presentan ocho de estas épocas, cada una con sus rasgos característicos. Además, hay un capítulo sobre los asuntos que vinculan todas las regiones del globo.

— EPOCAS HISTORICAS DEL MUNDO —

- ✦ Comienzos de la civilización, 3500 a. de J. C. a 500 a. de J. C.

- ✦ Civilizaciones clásicas, 500 a. de J. C. a 500 d. de J. C.

- ✦ Nuevos centros de cultura en tiempos turbulentos, 500 a 1200

- ✦ Los invasores asiáticos y el despertar de Europa, 1200 a 1450

- ✦ El nacimiento del mundo moderno, 1450 a 1770

- ✦ Nuevas corrientes: revolución, nacionalismo, imperialismo, 1770 a 1900

- ✦ El Mundo en guerra, 1900 a 1945

- ✦ De la guerra fría a la interdependencia mundial, 1945 al presente

GEOGRAFIA Y LA HISTORIA UNIVERSAL

La historia universal trata de la historia de la actividad humana alrededor de nuestro planeta. La diversidad de localidades físicas en que tuvieron lugar estos acontecimientos es de suma importancia.

Para comprender bien la historia universal es importante conocer la geografía — las diversas regiones del mundo y sus distintas características físicas. A lo largo de la historia ciertas regiones claves fueron centros de desarrollo. Examinemos algunos de ellos.

Los **continentes** son las masas terrestres principales del mundo: Asia, Africa, América del Norte, América del Sur, Antártida, Europa y Australia.

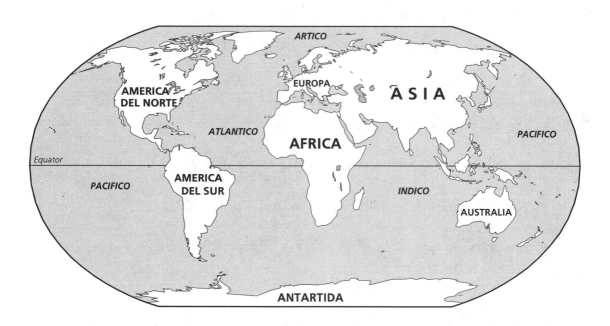

América del Norte, América del Sur y parte de Antártida están en el **Hemisferio Occidental**. Asia, Africa, Europa, Australia y parte de Antártida se encuentran en el **Hemisferio Oriental**.

Los océanos cubren la mayor parte de la superficie del globo terrestre. El **océano** es una extensión grandísima de agua salada. Hay cuatro océanos: (1) Atlántico, (2) Pacífico, (3) Indico y (4) Artico.

AMERICA DEL NORTE

Este continente ocupa el tercer puesto en cuanto a sus dimensiones. Está rodeado de tres océanos: Atlántico, Pacífico y Artico. Al sur de México, la masa continental se enangosta y forma la América Central unida a América del Sur.

Influencia de la geografía.

Por muchísimo tiempo, a causa de su localización América del Norte se encontraba aislada de las civilizaciones de Africa, Asia y Europa.

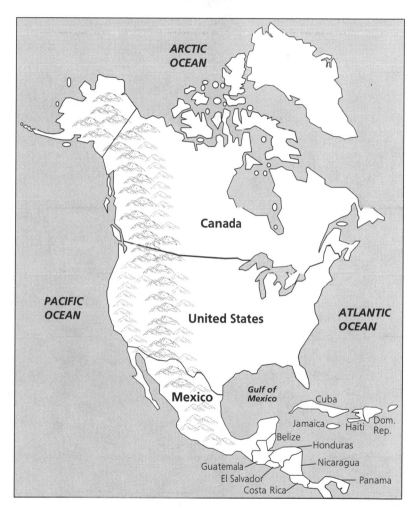

Las cadenas montañosas del continente se encuentran a lo largo de la parte occidental, desde Alaska a través del Canadá y los Estados Unidos hasta México. Hacia el este de esas montañas hay llanuras de tierras fértiles. América del Norte tiene una gran variedad de climas. En el norte, los inviernos son muy fríos en invierno, mientras que en el sur el clima es generalmente caluroso. En México, la mayoría de la población se concentra en una meseta alta en el centro del país porque allí el clima es más fresco.

Por estar cerca de la América Central, los Estados Unidos ejercieron en el siglo XIX una gran influencia sobre la región; entre otras actividades se construyó el Canal de Panamá para facilitar el transporte entre el océano Atlántico y el Pacífico.

AMERICA DEL SUR

América del Sur es un gran continente rodeado por los océanos Pacífico y Atlántico.

> **Nota**: El nombre de "América Latina" a menudo se aplica a las Américas al sur de los Estados Unidos: México, América Central, las Indias Occidentales (*el Caribe*) y América del Sur. Se usa el nombre **América Latina** porque los idiomas dominantes de la región, el portugués y el español, son derivados del latín.

Influencia de la geografía.

Muchas regiones de la América del Sur son calurosas por su proximidad al **ecuador**. El río más grande es el **Amazonas**, el segundo del mundo en cuanto a sus dimensiones. La selva húmeda amazónica ocupa la mayor parte del noreste del continente. Las selvas, montañas y tierras áridas impiden la agricultura en una gran parte del continente. Dos regiones agrícolas y ganaderas importantes son las **pampas** y los **llanos** en el sureste y noreste.

La **Cordillera de los Andes**, una de las formaciones más altas del mundo y de unas 4.500 millas de largo, se encuentra en la parte occidental del continente. En el pasado los Andes constituían una barrera entre los distintos pueblos, pero hace un cierto tiempo el gran imperio de los incas tenía su sede en los Andes.

La **América Central** donde surgió una de las primeras civilizaciones indígenas, está en gran parte cubierta de selvas húmedas. Al noreste de esta región se encuentran las **Antillas**, o **Indias Occidentales**. Los estados independientes en las islas son Cuba, Jamaica, y en la Española — Haití y la República Dominicana. En los tiempos coloniales, estas islas producían la mayor parte de todo el azúcar del mundo.

AFRICA

En cuanto a sus dimensiones, Africa es el segundo continente; tiene una superficie tres veces más grande que los Estados Unidos. En el presente está dividida en más de cincuenta países, generalmente separados en dos regiones distintas: Africa del norte y Africa al sur del Sahara.

✦ **Africa del norte** tiene una población principalmente árabe que profesa el islamismo; se percibe más estrechamente vinculada con el Medio Oriente que con otras partes del continente.

✦ **Africa al sur del Sahara** de clima, topografía y población étnicamente muy distinta se considera como una región aparte de Africa del Norte.

Influencia de la geografía.
Africa del Norte, tiene un clima seco y caluroso, parecido a algunas otras regiones que rodean el Mar Mediterráneo el que constituye su límite en el norte. El **Sahara**, el desierto más grande del mundo, ocupa una gran parte de la región, y por siglos enteros en gran parte separaba los pueblos del norte de los del sur.

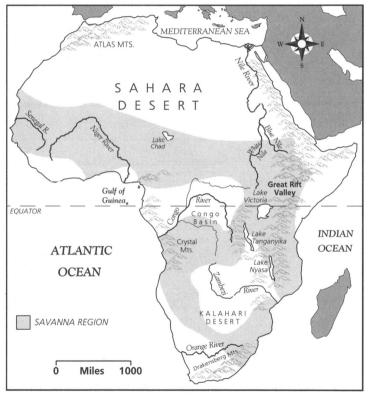

Una gran parte de Africa al sur del Sahara es la **sabana**; sus tierras de altas hierbas naturales se presta a la agricultura y ganadería. Las montañas y los desiertos del continente separaban los diferentes grupos de habitantes lo que llevó al desarrollo de culturas, lenguas y tradiciones distintas. La mayor parte de Africa tiene veranos calurosos e inviernos templados. La parte sur de Africa occidental y una gran parte de la central está cubierta de **selva húmeda tropical**, que anualmente tiene entre 60 y 100 pulgadas de lluvia.

EUROPA

Europa y Asia comparten la misma masa continental. En el este, la línea divisoria corre a lo largo de los Montes Urales, el Río Ural y el Mar Caspio y en el sur a lo largo de la cadena del Cáucaso. También en el sur está el Mar Negro y el Mediterráneo; en el oeste el Océano Atlántico y en el norte el Artico.

Influencia de la geografía.

Algunas cadenas montañosas como los Pirineos y los Alpes separaban los grupos que desarrollaron lenguas y culturas distintas. Al mismo tiempo, la proximidad a Africa y al Medio Oriente permitieron intercambio cultural con esas regiones.

Una gran parte de Europa consiste de una gran llanura fértil que en el este ofrece pocas fronteras defendibles. Es por eso que había cambios constantes en las fronteras entre Rusia, Polonia y Alemania. La densidad de población resulta en la proximidad de distintos grupos étnicos lo que a su vez lleva a frecuentes guerras.

ASIA

Asia es el continente más grande del mundo y en el presente contiene más de dos terceras partes de la población del mundo. Por su gran tamaño y su gran diversidad de culturas se divide en varias regiones muy distintas entre sí.

EL MEDIO ORIENTE

El Medio Oriente, situado en el suroeste de Asia, es la "encrucijada de tres continentes", donde entran en contacto Africa, Asia y Europa; algunos incluyen el norte de África en esta región.

Impacto de la geografía.

Una gran parte de esta región es desértica y de clima caluroso, y por lo tanto la población se concentra en los valles fluviales donde la disponibilidad de agua facilita la agricultura. Los tres ríos más grandes de la región son el **Nilo** (el más largo del mundo), el **Tigris** y el **Eufrates**, y desde la antigüedad sus valles eran muy

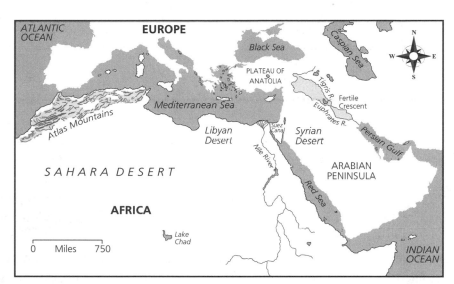

fértiles. Ciertas partes de la región producen la mitad del petróleo del mundo.

ASIA CENTRAL Y DEL NORTE

Asia del Norte está ocupada por Rusia que se extiende desde el este de Europa hasta el Océano Pacífico en el oeste. Aunque tres cuartas partes de su población, industrias y tierras agrícolas se encuentran en Europa, la mayor parte de los territorios rusos están en Asia. Siberia, en el noreste, es una región fría cubierta de grandes bosques que contiene muchísimas riquezas minerales. **Asia Central** es un gran "corredor" de desiertos y **estepas**, llanos de vegetación herbácea al norte de Irán, India y China. Lo ocupan Mongolia y varios países de la Comunidad de Estados Independientes.

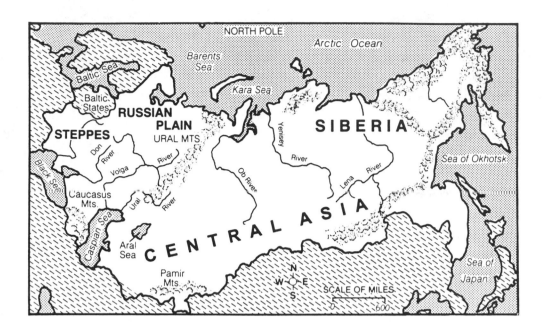

Impacto de la geografía.

Rusia tiene inviernos largos y fríos, y veranos cortos y templados. En el norte, se encuentra la región de la **tundra**, región donde la tierra está congelada la mayor parte del año igual que el Océano Arctico; al sur Rusia está cercada de tierra. Esta falta de acceso al mar fue una de las razones para la dominación de territorios vecinos hacia el este y el oeste a lo largo de la historia del país. La distancia de la Europa occidental resultó en una gran influencia cultural de Bizancio y de los conquistadores mongoles.

Asia Central por mucho tiempo fue atravesada por las rutas comerciales entre China, India, Medio Oriente y Europa. Las estepas proporcionan excelente tierra de pastoreo, lo que facilitó el desarrollo de la ganadería y de la crianza de caballos. Desde estas estepas, guerreros montados a caballo incursionaban las regiones alrededor para conquistarlas.

ASIA ORIENTAL

El este de Asia incluye tres países importantes: (1) China, (2) Corea y (3) Japón.

China tuvo una de las civilizaciones más antiguas del mundo y en cuanto a dimensiones es el tercer país del mundo: sólo Rusia y el Canadá son más grandes. Durante la mayor parte de su historia, China había sido el país más poblado del mundo. **Corea** ocupa una península que se extiende de la costa noreste de China.

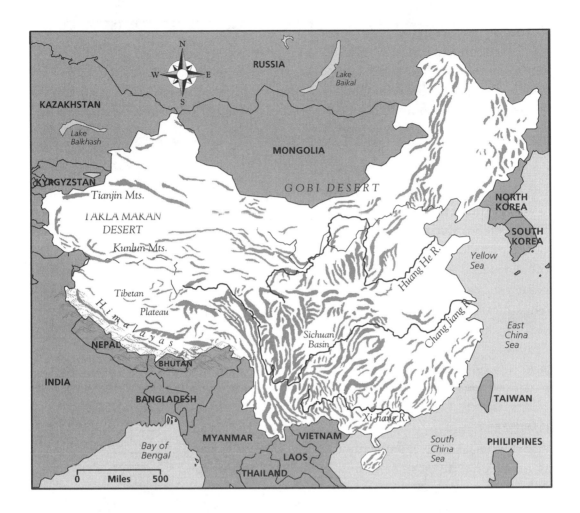

Impacto de la geografía.

La frontera china en el sur está delineada por las montañas más altas y rugosas del mundo, Himalayas, Kuenlun (Kunlun) y Tianchan (Tianjin), que en gran parte protegían y aislaban a China del mundo exterior.

El **Desierto de Gobi** en el norte y el Océano Pacífico en el este contribuyeron también a este aislamiento y al desarrollo de una cultura uniforme y totalmente independiente de otros centros de civilización en el mundo.

Esto llevó a la centralización del poder y concentración de recursos, convirtiendo a China en la civilización más avanzada del mundo durante miles de años. En el este del país se encuentra un gran llano de valles fluviales fértiles que contiene la mayor parte de la población del país.

El **Japón** se encuentra al este de la masa continental, y está separado de Corea y Rusia por el Mar del Japón. Consiste de cuatro islas principales y miles de otras más pequeñas dispersadas a lo largo de unas 1.500 millas.

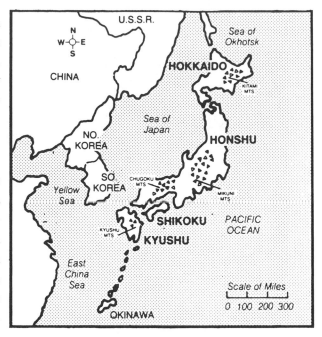

Impacto de la geografía.

El Japón es un país pequeño y un 85% de su superficie es montañosa. Sin embargo, tiene una población relativamente grande, lo que promovió la intimidad social y la capacidad para trabajar en grupos. El país carece de muchos recursos naturales necesarios para sus industrias y tiene que importar muchas materias primas. En el pasado relativamente reciente, el país recurría a conquistas militares con este mismo fin.

ASIA DEL SUR

El sur de Asia es un **subcontinente** (una masa terrestre enorme, pero más pequeña que un continente) en forma de un triángulo grande que se proyecta hacia el Océano Indico. Contiene la India, Pakistán, Bangladesh y varios países más pequeños.

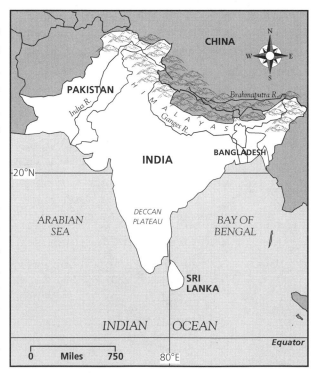

Impacto de la geografía.

Los **Montes Himalaya** son los más altos del mundo y separan el Subcontinente Indio del resto de Asia. Los ríos principales de la región son el **Indo** y el **Ganges** y eran cunas de civilizaciones muy antiguas. La proximidad al Medio Oriente resultó en la difusión del islamismo en muchas partes de esta región.

ASIA DEL SUDESTE

Esta región también consiste en una gran península en la parte sudeste del continente y muchas islas que la rodean en el sur y el este. Los países peninsulares e insulares principales son Tailandia, Vietnam, Indonesia, Malaysia, y las Filipinas. Los ríos de importancia son el Mekong, Salween y el Irawaddy.

Impacto de la geografía.

La región se encuentra en la ruta más corta entre los océanos Pacífico e Indico. Por consiguiente recibió mucha influencia de los distintos grupos que llegaron allí, especialmente de los indios, chinos, árabes y europeos. Las islas, conocidas como Indias Orientales, exportan muchas especies usadas en la cocina a través del mundo: pimienta, canela y nuez moscada. En

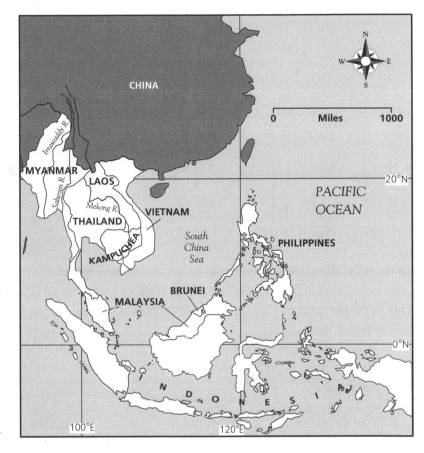

parte, fue el aprecio y el gran valor de estas especias, usadas en Europa y el Medio Oriente para la conservación de alimentos, lo que llevó a la colonización europea de la región.

La característica más importante del clima tanto de esta región como del Subcontinente Indio son los **monzones**, vientos que traen precipitación intensa. Las lluvias son necesarias para los cultivos, pero su exceso resulta en inundaciones, daños y muerte.

CAPITULO 6

EL COMIENZO DE LA CIVILIZACION,
3500 a. de J.C. - 500 a. de J.C.

Pirámide en Giza, Egipto

(a. de J.C.)	3500	3000	2500	2000	1500	1000	500

MEDIO ORIENTE	**CIVILIZACIONES DE MESOPOTAMIA:**						
	SUMERIOS			**BABILONIOS**	**HITITAS**	**ASIRIOS**	
				CIVILIZACION HEBRAICA			
INDIA			**CIVILIZACION DEL INDO**				
CHINA				**CIVILIZACION DEL HUANG HE**			
AFRICA DEL NORTE		**CIVILIZACION EGIPCIA**					
						KUSH (Nubia)	

(a. de J.C.)	3500	3000	2500	2000	1500	1000	500

EN QUE DEBES CONCENTRARTE

En este capítulo verás cómo los primeros humanos aparecieron hace millares de años y gradualmente se esparcieron alrededor del mundo. Luego desarrollaron la agricultura y otras formas más avanzadas de civilización, especialmente en los valles fluviales de Africa y Asia.

Al estudiar esta época podrás apreciar mejor el pasado común que compartimos todos. La investigación de los orígenes humanos y de las civilizaciones antiguas nos ayuda a comprender el problema fundamental encontrado por todas las sociedades: cómo deben organizarse para cumplir con las necesidades humanas.

Cuando investigamos las civilizaciones del pasado, también desarrollamos más consciencia de la tremenda deuda que tenemos con los que existieron antes de nosotros. La invención de la escritura, por ejemplo, permitió que una gran cantidad de conocimientos humanos llegara a pasar de una generación a otra.

Muchísimos aspectos de nuestra vida están bajo la influencia de este legado de las culturas antiguas: idiomas, alimentos y estilos de ropa. Las leyes, artes, formas literarias, creencias religiosas y los alcances de la ciencia y las matemáticas se deben en gran parte a lo desarrollado en la antigüedad.

Al prepararte para exámenes de historia universal, ten presente la probabilidad de preguntas sobre los siguientes temas relacionados a las civilizaciones antiguas:

- ¿Cuáles fueron las consecuencias de la revolución neolítica?

- ¿Qué factores contribuyeron al surgimiento de las primeras civilizaciones?

- ¿Cuáles fueron los alcances más importantes de las civilizaciones antiguas?

Las respuestas a estas preguntas te ayudarán a descubrir los factores que fomentan la prosperidad, estabilidad e innovación hoy día tal como lo hicieron en el pasado.

UN EXAMEN DE LA GEOGRAFIA

Los factores geográficos tuvieron un papel importante en el desarrollo de la agricultura y de las primeras grandes civilizaciones. En esta sección se examina la naturaleza especial de la geografía, preparándote así para solucionar problemas sobre el tema.

LOS CINCO ELEMENTOS DE LA GEOGRAFIA

La palabra *geografía* viene del griego antiguo y se refiere a dibujos o escritos acerca de la tierra. Los conocimientos de la materia fueron organizados en cinco temas principales.

SITUACION

Se refiere al lugar donde algo está localizado con relación a otras cosas. Por ejemplo, ¿dónde está Mesopotamia en relación a Egipto? Para facilitar la localización de un lugar en la tierra se establecieron líneas imaginarias verticales y horizontales en la superficie terrestre.

LONGITUD
La longitud se establece por los meridianos, las líneas verticales entre el Polo Norte y el Polo Sur.

El **primer meridiano**, o meridiano del medio, tiene la longitud de cero grados (0°), y divide el globo en dos hemisferios: occidental y oriental. A partir del primero, los meridianos tienen números que fijan las distancias hacia el este y el oeste del primer meridiano.

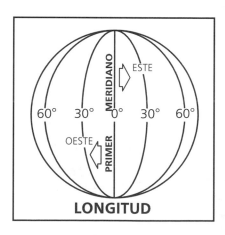

LATITUD

La latitud se mide basándose en los paralelos, las líneas horizontales.

El **ecuador**, o paralelo del medio, tiene la latitud de cero grados (0°), y divide el globo en hemisferios norte y sur. Los paralelos están numerados y establecen las distancias hacia el norte y el sur del ecuador.

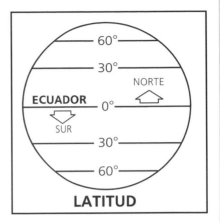

LUGAR

Este tema se refiere a las características específicas de una localidad que la hacen distinta a las de otras localidades. Por ejemplo, ¿en qué tipo de lugar se encontraba la antigua Babilonia? ¿Era un lugar cálido o fresco? ¿Llano o montañoso? Se usan términos especiales para describir las características físicas de un lugar. Se examina la **topografía** (características de la superficie del terreno), y el **clima** (condiciones del tiempo a lo largo de un período considereable.) Cada lugar también tiene sus propios **recursos naturales** (tales como minerales, tierra fértil o agua dulce.

REGION

La región es una parte de la tierra que tiene características parecidas y cuya población tiene más contactos entre sí que con la de afuera. El concepto de la región es relativamente flexible y puede variar según el punto de enfoque. Al estudiar una región debes preguntarte: ¿qué define esta región, y cuáles son sus rasgos comunes?

INTERACCION ENTRE EL HOMBRE Y EL AMBIENTE

En este tema se trata de la influencia mutua entre el lugar y los humanos que viven allí. Desde los tiempos más remotos la gente cultiva la tierra y construye ciudades. La cultura de una sociedad que se desarrolla en un desierto es distinta a la cultura de un pueblo que vive en la selva húmeda tropical.

MOVILIDAD

A lo largo de la historia, ciertas regiones tienen ciertos recursos y bienes en abundancia, mientras que en otras regiones estos bienes son escasos. Estas diferencias estimulan el comercio y otros contactos entre los pueblos, y es importante comprender ese movimiento de bienes, servicios, ideas y personas de un lugar a otro.

COMO SOLUCIONAR PROBLEMAS BASADOS EN LA GEOGRAFIA

Los ensayos sobre geografía a menudo se concentran en cómo el ambiente físico de un territorio afecta el desarrollo de su población. Con este tipo de problema ten presente que la **situación geográfica** es muchas veces crítica al determinar la interacción entre gente de diferentes regiones. El tipo de **lugar**, con su topografía, clima y recursos, generalmente determina cómo la gente llega a satisfacer sus necesidades: víveres, agua y albergue. La densidad poblacional generalmente es más grande a lo largo de las costas marinas, los valles fluviales y en las llanuras fértiles.

La cultura se forma de acuerdo a los recursos disponibles a la población y a su vez, afecta el desarrollo de la tecnología que permite a los humanos alterar su ambiente.

SUCESOS HISTORICOS PRINCIPALES

LA PRIMERA SOCIEDAD HUMANA

Los **antropólogos** que investigan el origen, las costumbres y los creencias de la humanidad, creen que el **Valle del Great Rift** (Gran Falla) en Africa Oriental fue su cuna. Muchos creen que el **homo sapiens** apareció hace entre 400.000 y 200.000 años.

LA IMPORTANCIA DE LA CULTURA

Los seres humanos tienen varias ventajas importantes sobre los otros animales: gran inteligencia, el uso de las manos para hacer utensilios, y la capacidad de comunicación por medio del idioma. Ya que los humanos tenían estas formas de comunicar, recordar y hacer las cosas, podían transmitir lo que aprendieron a sus hijos y los otros miembros de su grupo. De esta forma se desarrollaron las primeras culturas humanas.

> **Cultura** se refiere al modo de vivir de la gente. Incluye tales cosas como lengua, ropa, albergues, organización de la familia, ritos y alimentos. La cultura también incluye la artesanía, las artes y las creencias religiosas.

Las primeras sociedades humanas se componían de individuos que se sostenían con la caza, la pesca y las plantas silvestres que recogían. Conocían el fuego y aprendieron a hacer canoas y lanzas con puntas de hueso o piedra. Ya que esta gente hacía utensilios de piedra, los historiadores se refieren a las primeras sociedades humanas como culturas de la **edad de piedra**. A lo largo de miles de años, algunos pueblos de la edad de piedra también desarrollaron la alfarcría y domesticaron perros.

Ya que la actividad principal de los primeros humanos era obtener alimento, tenían que ir hacia donde pudieran encontrarlo. Esto resultó en migraciones desde Africa a otras partes del mundo, inclusive las Américas y Australia; pero dondequiera que fuesen, los humanos se adaptaban a las condiciones locales.

LA REVOLUCION NEOLITICA

Hace unos 10.000 años tuvo lugar uno de los momentos críticos en la historia humana. Los hombres, de cazadores y recogedores se convirtieron en productores de comestibles. Esto vino a suceder porque la gente aprendió a cultivar granos y a criar animales.

Los antropólogos creen que este cambio pudo haber ocurrido primero en el sudoeste de Asia (generalmente conocido como el Medio Oriente), donde abundaban el trigo y la cebada silvestre. La gente se dio cuenta que se podía esparcir las semillas de estas plantas y luego recoger cosechas. También aprendieron a juntar en manadas los animales como cabras, ovejas y vacas. Estos adelantos se conocen como la **revolución neolítica**.

Dondequiera que se introducía la agricultura, la gente ya no tenía que vagar en busca de comida. Podía construir viviendas y poblados permanentes, y aumentaron las poblaciones. Aunque se cree que las primeras sociedades agrícolas surgieron en el sudoeste de Asia, también aparecieron independientemente entre sí, en China del presente, en el sureste de Asia, en Africa y en las Américas.

La revolución neolítica resultó tanto en beneficios como en problemas: se podía producir más alimento que antes, pero los poblados permanentes eran más vulnerables a ataques porque se encontraban en un sitio fijo. A medida que se desarrollaron las poblaciones, surgieron nuevos grupos sociales: los guerreros y los sacerdotes. Ya que las aldeas tenían necesidad de defensa, se necesitaba una clase guerrera. El sacerdocio surgió para conducir ritos religiosos con el fin de proteger las cosechas y el poblado.

EL SURGIMIENTO DE LAS CIVILIZACIONES DE LOS VALLES FLUVIALES

A medida que las sociedades agrícolas se desarrollaban y crecían, cambiaba su modo de vivir. Cerca de 4000 a. de J. C., surgieron las primeras civilizaciones del mundo.

La **civilización** es una forma avanzada de cultura en la que algunas personas viven en las ciudades, tienen instituciones sociales complejas, usan una forma de escritura y tienen destrezas científicas y tecnológicas.

Las primeras civilizaciones se desarrollaron en cuatro diferentes **valles fluviales**. Cada uno de ellos tenía un clima benigno y ofrecía una ruta a otros lugares. De gran importancia eran las inundaciones anuales que al dejar un depósito de tierra fértil en la llanura aseguraban abundantes cosechas que podían mantener poblaciones numerosas y culturas avanzadas. A continuación se describen brevemente cuatro de estas civilizaciones antiguas.

MESOPOTAMIA (3500 a. de J. C.-1700 a. de J. C.)

Los **arqueólogos**, que estudian los artefactos de las culturas pasadas, creen que la pri-

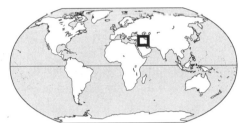

mera civilización de valle fluvial se desarrolló hace entre 5.000 y 6.000 años en Mesopotamia, la región situada entre los ríos **Tigris** y **Eufrates** (*Iraq de hoy*). Esta terreno es parte de una región más grande llamada **Medialuna de las tierras fértiles**, un arco que se extiende entre el Mar Mediterráneo y el Golfo Pérsico.

Aunque la región es seca y calurosa, sus habitantes aprendieron a irrigar las tierras al desviar el agua del Tigris y Eufrates. La irrigación permitió el florecimiento de las comunidades agrícolas y aumentó la producción de comestibles. Ya que la gente podía producir más comida, algunas personas se especializaron en las actividades como la alfarería, tejeduría y metalurgia.

Los **sumerios**, pueblo del sur de Mesopotamia, construyeron varias ciudades, y al principio tenían sus propios gobernantes y dioses locales. Más tarde, esos estados fueron unidos bajo un solo soberano, y para 2000 a. de J. C. la ciudad de Ur llegó a tener unos

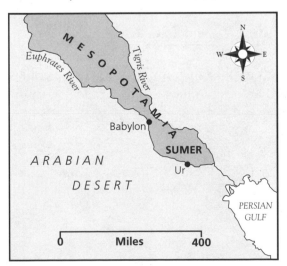

10.000 habitantes. Sin embargo, ya que los sumerios vivían en una llanura, estaban expuestos a invasiones por pueblos vecinos.

A principios del siglo XIX a. de J. C., los amorreos o amoritas, guerreros nómadas, conquistaron a los sumerios y fundaron Babilonia, haciéndola su capital. Más tarde, la región fué conquistada sucesivamente por los hititas, asirios, caldeos y persas.

INVENTOS, CIENCIAS Y MATEMATICAS

Fue en la antigua Mesopotamia que surgieron algunos de los inventos más importantes de la historia. Los sumerios forjaron utensilios y armas de cobre y bronce, y probablemente inventaron la rueda y el velero. También desarrollaron la escritura simbólica **cuneiforme**, usando para ello tablitas de arcilla; su calendario fue dividido en 12 meses. El sistema numérico babilonio se basaba en 60, lo que nos dio la división de la hora en minutos y éstos en segundos.

ARQUITECTURA

Los sumerios fueron los primeros constructores de ciudades en el mundo. No disponían de piedras ni de madera, y por lo tanto usaban ladrillos de barro amasado con caña triturada; construyeron ciudades rodeadas de murallas, templos con arcos y torres escalonadas con terrazas, conocidas como **zigurats**.

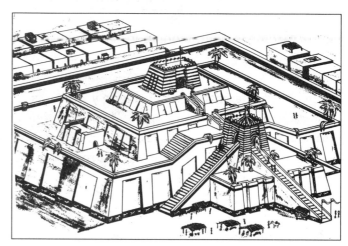

Un zigurat sumerio

SISTEMA DE LEYES

Los pueblos de la región establecieron un sistema legal complejo, y cuando Hammurabi, soberano de Babilonia conquistó toda Mesopotamia, impuso el **Código de Hammurabi**, el primer código legal escrito que se conoce. Este trataba de casi todos los aspectos de la vida diaria con el propósito de asegurar el orden, proteger a los débiles y combatir el mal con castigos cuyo principio era "ojo por ojo, diente por diente".

ANTIGUO EGIPTO (3200 a. de J. C. - 1200 a. de J.C.)

Egipto está situado en el norte de Africa, y el gran **Nilo** solía inundar las tierras por las que recorría. Al volver a su lecho, el río dejaba en pos humus fértil (mantillo) que, junto con la abundancia de agua, permitía buenas cosechas. Los agricultores fueron capaces de producir comida suficiente para alimentar a muchos artesanos, guerreros, nobles y sacerdotes. La facilidad del transporte a lo largo del río fomentó el desarrollo de un gobierno centralizado, mientras que el desierto que rodeaba el país era una barrera a las invasiones.

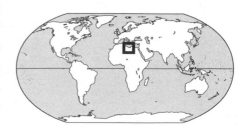

SISTEMA SOCIAL

El **faraón** (*rey*) era un soberano absoluto. Mandaba el ejército y controlaba la irrigación y el surtido de grano. Sus súbditos lo consideraban un dios. El orden social tenía en su cumbre a los sacerdotes, seguidos de guerreros, nobles, escribanos, mercaderes y artesanos. La clase más baja incluía a los campesinos y esclavos, que se ocupaban de cultivar la tierra, cuidar el ganado y trabajar en la construcción de imponentes edificios destinados a glorificar al faraón.

CREENCIAS RELIGIOSAS

Los egipcios creían en la vida después de la muerte, y por lo tanto trataban de conservar el cuerpo de los personajes difuntos. Al morir el faraón, se embalsamaba su cuerpo y se lo encerraba en un recinto especial dentro de tumbas enormes de piedra, llamadas **pirámides**. Aquí los muertos estaban rodeados de oro, joyas y otros objetos preciosos para usarlos en la siguiente vida que los egipcios creían ser muy parecida a la vida en la tierra.

Medicina. El proceso de embalsamar resultó en conocimiento de la anatomía humana. No sólo se curaban quebraduras, sino que también se practicaba cirugía.

Escritura jeroglífica. Una de las más antiguas, se basaba en figuras y símbolos. Aparece en las paredes de edificios y en rollos de **papiro**.

ALCANCES DE LOS ANTIGUOS EGIPCIOS

Arquitectura. Los ingenieros, arquitectos y escultores planearon pirámides, palacios, templos y estatuas, magníficas obras realizadas en piedra.

Geometría y astronomía. Las ciencias físicas se aplicaron a la arquitectura y la observación de los cielos hizo posible un calendario de 365 días.

VALLE DEL RIO INDO (2500 a. de J. C. - 1500 a. de J. C.)

Hace más de 5000 años, el valle del Río Indo fue otro de los antiguos centros de civilización; en superficie sobrepasó tanto Mesopotamia como Egipto. Igual que en las otras regiones, las inundaciones fertilizaban las tierras.

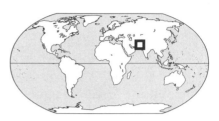

Los campesinos cultivaban trigo, cebada, dátiles y melones, y alimentaban a los habitantes de Mohenjo-Daro y Harappa. Cada una de estas ciudades tenían más de 30.000 habitantes, y casi todas sus casas tenían agua y alcantarillas municipales.

El comercio era una parte importante de la economía, y los arqueólogos descubrieron muchas pequeñas vasijas de arcilla, probablemente usadas en intercambio comercial.

También se encontraron hornos de alfarero y evidencia de uso de metales. Además de ser los primeros en tejer algodón, los habitantes de Harappa tenían una escritura aún no descifrada por los eruditos. No se sabe exactamente por qué decayó la civilización del Indo, pero fue un acontecimiento repentino. Algunos creen que las tribus arias de Asia central atravesaron el Paso de Khyber y conquistaron a los pueblos del valle del Indo.

HUANG HE (2000 a. de J. C. - 1027 a. de J. C.)

Unos 500 años después de que los Harappa se radicaran en el valle del Indo, surgió la primera civilización china en los llanos fértiles a lo largo del Huang He (*Río Amarillo*).

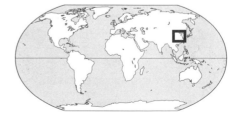

NOTA: En la escritura china tradicional se usa un sistema de pictogramas (imágenes simbólicas) más bien que un alfabeto para representar los sonidos individuales. En 1979, el gobierno chino adoptó un sistema llamada "Pinyin" de deletrear los nombres de personas y lugares en inglés con major fidelidad a los sonidos originales. En la versión original de este libro (en inglés) en casi todos los casos se usó el sistema Pinyin. Por ejemplo: Mao Tse Tung aparece como Mao Zedong y la dinastía que antes se demoninaba Chou aparece como Zhou. Por supuesto, en español la forma tradicional es Chu, y fonéticamente refleja el sonido de la transcripción anterior en inglés. En esta traducción, para facilitar al estudiante el reconocimiento de los nombres en su nueva forma, ésta se incluirá en paréntesis al lado de las formas anteriores. Se hará lo mismo con los nombres comunes como en el caso de "taoismo" cuya consonante inicial lo rinde más parecido a "daoismo".

Tal como en el caso del Nilo y del Indo, las inundaciones del Huang He contribuían a la fertilidad de su valle. Alrededor de 4500 a. de J. C., comenzó allí el cultivo del mijo y luego de soja; también se criaban pollos, perros y puercos. Cerca de 1500 a. de J. C., los habitantes de la región del Huang He emigraron hacia el Yang Tse en el sur, donde aprendieron a cultivar arroz.

REGIMEN POLITICO

Cerca de 1760 a. de J. C., la **dinastía** (*familia soberana*) de los **Chang** (Shang) asió el poder. Los Chang hicieron construir las primeras ciudades en China, y establecieron su capital en Anyang. Con el apoyo de los nobles poderosos, la dinastía Chang rigió hasta aproximadamente 1120 a. de J. C.

ALCANCES

Los chinos eran muy diestros en muchas artes, lo que se ve particularmente en los muchos objetos de bronce de esa época. También iniciaron la industria de seda, construyeron sistemas de irrigación y establecieron un calendario preciso. Igual que los egipcios y sumerios, desarrollaron una forma de escritura basada en imágenes simbólicas.

LA EXPANSION DE LA CIVILIZACION

Las civilizaciones de Egipto y Mesopotamia gradualmente llegaron a influir en las regiones adyacentes. La influencia de Egipto llegó a sentirse en el reino de Kush, nombre antiquísimo de Nubia, situada en la parte superior del Nilo; tanto Mesopotamia como Egipto influyeron en los israelitas y fenicios.

LA CIVILIZACION DEL KUSH (750 a. de J. C. -350 a. de J. C.

Kush, conocido también como Nubia, era un reino situado al sur de Egipto (en el norte de Sudán de hoy). Aunque los nubienses eran pastores nómadas, comerciaban con Egipto. En ciertas épocas, los faraones egipcios enviaban ejércitos, administradores y comerciantes para conquistar y ocupar los territorios de Kush.

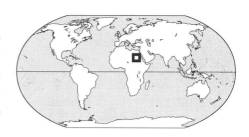

ACONTECIMIENTOS IMPORTANTES

En 750 a. de J. C. Kush conquistó a Egipto, pero su victoria fue de relativamente poca duración: 80 años más tarde los nubienses fueron desplazados por los asirios llegados desde Mesopotamia. Kush mantuvo su independencia y riqueza que provenía del comercio y de la producción del hierro. La influencia egipcia fue notable en el arte, lengua y religión; los nubienses construyeron pirámides en Meroë, su capital. Hacia 300 d. de J. C., Kush se debilitó repentinamente y ofreció una conquista fácil para Axum, un reino vecino.

LAS PRIMERAS CIVILIZACIONES AFRICANAS

MEDITERRANEAN. SEA
MESOPOTAMIA
EGYPT
0   Miles   500
KUSH
RED SEA
Meroë
SAHARA DESERT
Nile River
PERSIAN GULF
Adulis
Axum
Lalibela
AXUM
Zaire River
Lake Rudolf
INDIAN OCEAN

ALCANCES PRINCIPALES

En la antigüedad, Kush era un centro de producción de hierro.

Las caravanas se dirigían allí para obtener arados y puntas de lanza. Los nubienses también se enriquecían con la venta de marfil, ébano, pieles y esclavos. Su escritura al principio era muy parecida a los jeroglíficos egipcios, pero más tarde fue desarrollado un alfabeto distinto.

LA CIVILIZACION DE LOS FENICIOS E ISRAELITAS

Los hititas derrotaron a los babilonios cerca de 1600 a. de J. C. Lo lograron porque tenían armas de hierro superiores a las armas de bronce de otros pueblos. El imperio de los hititas decayó y en su lugar surgieron varios estados más pequeños, como los de los fenicios y de los israelitas.

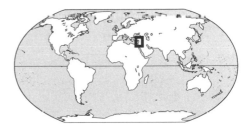

LOS FENICIOS

Fenicia se encontraba en la costa del Mediterráneo en la región del Líbano del presente. Para 1200 a. de J. C. los fenicios, que se hicieron conocer como mercaderes, establecieron centros comerciales en Italia, España y el norte de Africa, inclusive en la ciudad de Cártago. Desarrollaron un método de escribir usando sólo 22 símbolos, a diferencia de la escritura cuneiforme de 600 símbolos. En poco tiempo, el alfabeto fenicio llegó a usarse a través de toda la región del Mediterráneo. Con la introducción de unas cuantas letras adicionales, y ciertas variaciones en algunos idiomas, se usa en el mundo occidental hoy día. Hasta la palabra "alfabeto" es derivada del nombre de sus primeras dos letras: *alef* y *beta*.

LOS ISRAELITAS

La civilización hebraica (*o judía*) surgió cerca de 2000 a. de J. C. en la región al sur de Fenicia, en lo que hoy son Israel, Líbano y Jordania. A causa de su proximidad, Mesopotamia y Egipto influyeron mucho en los israelitas de la antigüedad.

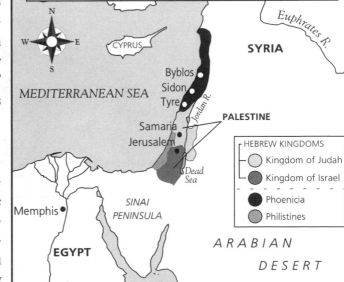

REINOS DE LOS FENICIOS Y JUDIOS, cerca de 920 a. de J.C.

Su religión, el **judaísmo,** a su vez tuvo gran influencia en las civilizaciones que se desarrollaron más tarde.

Algunos pueblos antiguos eran animistas, o sea creían que cada cosa tenía su espíritu; otros, al creer en varios dioses eran politeístas. Los judíos creían en un solo Dios; esta creencia, o monoteísmo, vino a ser la base del cristianismo y del islamismo.

CARACTERISTICAS PRINCIPALES DEL JUDAISMO

La historia de los israelitas y de su relación con Dios se encuentra en los primeros libros de la Biblia, llamados Antiguo Testamento por los cristianos, Tora por los judíos.

Los Diez Mandamientos, que según la Biblia Dios dio a Moisés, establecen normas de conducta; dicen lo que se debe hacer y prohiben malas acciones como el robo y asesinato.

El Exodo. De acuerdo a la tradición, para escapar la carestía, los israelitas emigraron a Egipto en 1800 a. de J. C. Permanecieron allí varios siglos y fueron esclavizados. Finalmente, **Moisés** los sacó de Egipto, y esta salida se conoce como el **Exodo.** Fue durante esta marcha que, según la Biblia, Moisés recibió de Dios los Diez Mandamientos que presentó a su pueblo.

La Diáspora. Cuando cerca de 1000 a. de J. C. los judíos regresaron a Israel, las tierras estaban ocupadas por los filisteos. Esto llevó a una serie de guerras en las que los judíos llegaron a reconquistar a Israel y establecer su capital en Jerusalén donde construyeron su templo. Más tarde, los asirios, griegos y romanos sucesivamente dominaron las tierras de Israel. Cuando los israelitas se sublevaron contra los romanos, éstos destruyeron el templo de Jerusalén y mu-

Muro de las Lamentaciones — parte de la pared del antiguo templo de Jerusalén

chos judíos se refugiaron en otras partes de Asia, Europa y Africa. Esta dispersión se conoce como la **Diáspora.**

RESUMEN DE TU COMPRENSION

TERMINOS, CONCEPTOS Y PERSONAJES

Prepara una tarjeta de vocabulario para cada uno de los términos, conceptos y personajes siguientes:

cultura	revolución neolítica	Moisés	jeroglíficos
valles fluviales	Mesopotamia	Código de Hammurabi	dinastía
civilización	medialuna de las tierras fértiles	faraón	monoteísmo

COMPLETAMIENTO DE UN DIAGRAMA

Escoge una civilización antigua presentada en este capítulo y usa la información para completar el siguiente diagrama:

Descripción de su localización: _____

_____

CIVILIZACION ANTIGUA ESCOGIDA: _____

Rasgos geográficos:

_____

_____

Su efecto en el estilo de vida:

_____

_____

COMPLETACION DE LA ESTRUCTURA DE UN PARRAFO

Las primeras civilizaciones tuvieron efectos duraderos y contribuciones importantes para la humanidad. Escoge **una** civilización antigua presentada en este capítulo y **muestra cómo** esta civilización contribuyó a la posteridad. Para ayudarte a redactar este ensayo se proporciona un esquema de la estructura de un párrafo.

NOTA: Ya que éste es el primer "esqueleto" de párrafo de tipo "muestra cómo", fue comenzado como ejemplo. Completa el resto de su estructura.

Selección: [*El antiguo Egipto*] tuvo una influencia importante y duradera en la humanidad.

Ejemplo(s): Entre las contribuciones principales se encuentra [*su sistema de escritura*]. Los egipcios desarrollaron [*los jeroglíficos, una de las escrituras más antiguas, que usaba imágenes para representar ideas, palabras y letras*]. **Conexión:** [*El desarrollo de la escritura permitió que una cultura pasara su historia y sus valores de una generación a otra.*].

Otro ejemplo: Otra contribución del antiguo Egipto fue [_____ _____ .]

Conexión: [_____ .]

Conclusión: Al examinar estos alcances, vemos que [*la civilización del antiguo Egipto*] tuvo gran influencia en la humanidad y en el progreso de la civilización en el mundo.

COMPRUEBA TU COMPRENSION

Comprueba tu comprensión de este capítulo al resolver los siguientes problemas:

PREGUNTAS DE SELECCION MULTIPLE

1   En el sentido más amplio, el término "cultura" se refiere a
   1 museos de arte y orquestas sinfónicas
   2 los idiomas más complejos que tienen las sociedades en desarrollo
   3 una forma de gobierno centralizado que organiza y dirige la economía
   4 un modo de vida y conducta distinto adquirido por los miembros de una sociedad

2   Durante la revolución neolítica la gente llegó a
   1 establecer sistemas de escritura
   2 cultivar plantas y domesticar animales
   3 usar fuego
   4 hacer armas de bronce

3 El trabajo de un estudiante contiene los siguientes temas: medialuna fértil, Sumeria y Huang He. Con más probabilidad el trabajo trata de

1. grupos religiosos
2 las primeras escrituras
3 civilizaciones de valles fluviales
4 gobernantes dinásticos

4 Las investigaciones arqueológicas recientes apoyan la teoría que

1 los primeros humanos evolucionaron en el valle del Great Rift en el este de Africa
2 las sociedades agrícolas se desarrollaron antes de las sociedades de cazadores y recogedores
3 todos los continentes fueron poblados al mismo tiempo
4 la rueda fue usada por todas las sociedades antiguas

5 ¿Cuál encabezamiento sería apropiado en el espacio que sigue?

> **I.** _____
> A. zigurats - sumerios
> B. utensilios de hierro - nubienses
> C. alfabeto - fenicios

1 Cambios económicos en el mundo antiguo
2 Edificios de las civilizaciones antiguas
3 Logros de las civilizaciones antiguas
4 Las primeras civilizaciones y sus reformas

6 Los valles fluviales del Tigris y Eufrates, del Nilo y del Indo eran centros de civilización porque

1 tenían grandes depósitos de hierro y hulla
2 estaban aislados de otras influencias culturales
3 tenían tierras fertilizadas por las inundaciones anuales
4 eran fáciles de defender de las invasiones

7 ¿Cuál grupo de fechas está arreglado en orden cronológico correcto?

1   567 a. de J. C. → 214 a. de J. C. → 567 d. de J. C. → 1865 d. de J. C.
2   123 a. de J. C. → 124 a. de J. C. → 18 a. de J. C.   → 1985 d. de J. C.
3   37 a. de J. C.   → 38 a. de J. C.   → 98 d. de J. C.   → 1995 d. de J. C.
4   557 d. de J. C. → 234 a. de J. C. → 56 d. de J. C.   → 22 a. de J. C.

8 ¿Cuál característica se aplica a las antiguas civilizaciones de Egipto y de China?

1 estilo nómada de vida   3 religión monoteísta
2 influencia de culturas europeas   4 formas escritas de comunicación

9   ¿Cuál aseveración sobre el Egipto antiguo es una opinión y no un hecho histórico?
1 Los egipcios tenían un método de escribir.
2 El antiguo Egipto estaba protegido de las invasiones por el desierto que lo rodeaba.
3 Los egipcios produjeron las obras de arte más bellas de la antigüedad.
4 Las pirámides eran sepulturas de los faraones.

10 "Si un señor (noble) de un golpe le rompe un diente a otro señor de su mismo rango,
se le sacará un diente. Pero si le rompe el diente a un plebeyo, tendrá que pagar un ter-
cio de mina de plata."

—*Código de Hammurabi*

¿Qué actitud de la antigua Babilonia refleja esta parte del código de Hammurabi?

1 Todos son iguales ante la ley.
2 Las multas son preferibles a castigo físico.
3 Hay diferencias entre clases sociales.
4 La violencia siempre debe ser castigada con violencia.

11 A continuación hay una lista de sucesos en los comienzos de la historia humana.

> A. Los primeros habitantes llegan a partes de América del Norte.
> B. Comienza la revolución neolítica.
> C. Aparece el primer homo sapiens.
> D. Las primeras sociedades humanas hacen utensilios de piedra.

¿Cuál es el orden cronológico correcto de estos acontecimientos?

1   A → B → C → D   3   A → B → D → C

2   D → C → A → B   4   C → D → A → B

12 Una razón para el surgimiento de la civilización a lo largo del Huang He fue que
1 su localización la protegía de las invasiones desde la tierra
2 el suelo fértil a lo largo del río era ideal para la agricultura
3 el río proporcionaba una ruta directa entre Europa y Asia
4 el río desembocaba en el Mar Mediterráneo

13 Un grupo de hombres de ciencia descubrieron los siguientes artículos en una excavación arqueológica:

> * jeroglíficos en murallas de piedra
> * una momia bien conservada
> * una máscara de oro, joyas y una corona de oro

Con mayor probabilidad encontraron el sitio donde había

1 una sepultura de faraón egipcio 3 ruinas antiguas en Israel
2 un antiguo templo nubio 4 una sepultura de un soberano chino

14 El alfabeto occidental moderno en gran parte se basa en el alfabeto de los

1 fenicios 3 egipcios
2 harappas 4 sumerios

15 Una característica importante del judaísmo es la creencia en

1 muchos dioses 3 la reencarnación
2 un solo Dios 4 el Nuevo Testamento

RESPUESTAS BREVES REDACTADAS

1 Nombra dos civilizaciones antiguas que tuvieron su origen en valles fluviales.

A _____

B _____

2 Las primeras civilizaciones del mundo tuvieron su origen en los valles fluviales. Nombra **dos** ejemplos de evidencia histórica que explican el atractivo que tenían estos valles para los pueblos de la antigüedad.

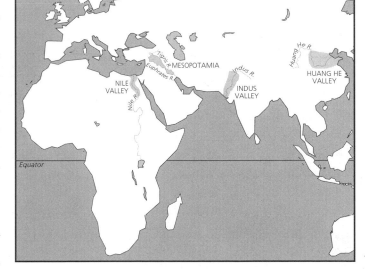

A _____
_____

B _____
_____

3 Identifica las similitudes y las diferencias entre las civilizaciones antiguas de Mesopotamia y Egipto. Escribe el *número* de las características de la siguiente lista en la columna correspondiente del cuadro. Usa la columna del medio si el rasgo es aplicable a AMBAS civilizaciones.

1   esta civilización se desarrolló en un valle fluvial
2   situada en las tierras entre el Río Tigris y Eufrates
3   individuos especializados en actividades aparte de la agricultura
4   localización en el Iraq del presente
5   el faraón gobernaba el país como soberano absoluto
6   desarrolló una forma de escritura
7   cultivo de tierras a lo largo del Río Nilo

MESOPOTAMIA	AMBAS CIVILIZACIONES	ANTIGUO EGIPTO

PROBLEMA DE ENSAYO TEMATICO

En este problema y otros parecidos a través del libro, llegarás a practicar la redacción de ensayos temáticos. Si no sabes cómo escribirlos, vuelve a leer el Capítulo 4.

Tema: Civilizaciones de valles fluviales

> Los rasgos geográficos específicos de una región a menudo influyen en los acontecimientos históricos que tienen lugar allí.

Desarrollo:

> Muestra cómo una característica geográfica influyó en dos civilizaciones del pasado.

Instrucciones: Escribe un ensayo bien organizado que incluya un párrafo de introducción con la oración temática, varios párrafos explicados en el Desarrollo y una conclusión.

Sugerencias: Puedes usar los ejemplos que quieras de la historia del mundo. Podrías considerar: Mesopotamia, Egipto, o las civilizaciones del valle del Indo o del Huang He. **No** tienes que limitarte a estas sugerencias.

CAPITULO 7

Alejandro Magno

CIVILIZACIONES CLASICAS,
500 a. de J.C. —
500 d. de J.C.

	500 a. de J.C.	300		100		100 d. de J.C.	300		500

GRECIA	CIUDADES-ESTADO	EPOCA HELENISTICA						
ROMA	REPUBLICA ROMANA		IMPERIO ROMANO					
ASIA	IMPERIO PERSA							
	DINASTIA CHU	QIN	DINASTIA HAN					
	REINOS ARIOS	IMPERIO MAURYA			IMPERIO GUPTA			
RELIGIONES Y CREENCIAS				CRISTIANISMO				
	CONFUCIANISMO							
	HINDUISMO							
	BUDISMO							

500 a. de J.C.	300		100		100 d. de J.C.	300		500

EN QUE DEBES CONCENTRARTE

En este capítulo se presenta un examen de las civilizaciones clásicas del mundo. En esta época, las civilizaciones se esparcieron más allá de los valles fluviales. Algunas sociedades alcanzaron fuerza militar suficiente para conquistar a sus vecinos y también para establecer grandes imperios.

Comenzaron las reflexiones sobre la moralidad y el sentido de la vida, lo que dio origen a varias religiones importantes del mundo. Consecuentemente, se desarrollaron instituciones, sistemas de pensamiento y estilos culturales cuya influencia alcanza el tiempo presente. Las artes y la literatura alcanzaron niveles tan altos que luego se usaron para juzgar obras de tiempos posteriores. Esta es la razón por la que se describen estas civilizaciones como *clásicas*.

El **Imperio Persa** fue el primero que abarcó varias civilizaciones y estableció ese modelo para imperios futuros.

En **Grecia** se razonó sobre la condición humana y la naturaleza, estableciendo cimientos para una gran parte de la cultura occidental.

VISTA GENERAL DE LAS CIVILIZACIONES CLASICAS

El **Imperio Romano** esparció la cultura griega en Europa occidental, dejando su legado del idioma, de leyes y del cristianismo.

En **China** los grandes filósofos establecieron el tono del pensamiento y de las tradiciones culturales de la región.

En la **India** florecieron las culturas derivadas del hinduímo y budismo esparcidos por una gran parte del sur y sudeste de Asia.

Al repasar la información sobre esta época ten presente que en los exámenes con mucha probabilidad habrá problemas relacionados con:

- La importancia del poder militar, tecnología y transportación en el desarrollo de los grandes imperios como el de Persia, China y Roma.
- Los alcances culturales principales de estas civilizaciones.
- Los factores que contribuyeron a la decadencia de las civilizaciones clásicas.
- La forma en que estas civilizaciones fueron influidas por sus creencias y su sistema religioso.

EXAMEN DE LAS RELIGIONES DEL MUNDO

Al examinar el desarrollo de ciertas religiones importantes en el mundo debemos fijarnos en la forma en que cada religión se relaciona con la sociedad.

Todas las sociedades tienen ciertas creencias religiosas. Ya que la religión tiene que ver con las ideas sobre el sentido de la vida, tiene una gran influencia en la conducta humana y por consiguiente en la historia.

¿QUE ES LA RELIGION?

Aunque no hay una definición *precisa* de "religión", hay tres elementos que aparecen en la mayoría de las definiciones:

Un conjunto de creencias sobre la naturaleza del universo, la existencia de Dios o de varios dioses y el sentido de la vida.

CARACTERISTICAS DE UNA RELIGION

Costumbres y prácticas relacionadas al culto de Dios o varios dioses, y una serie de reglas para una conducta apropiada.

Una organización, tal como una iglesia o templo que está encargada de conducir prácticas y ceremonias religiosas.

Por ejemplo, los judíos y los cristianos creen en un solo Dios y tienen sus propias formas de culto. Al examinar una religión debe hacerse estas tres preguntas fundamentales:

¿CUALES SON LAS CREENCIAS?

¿Se cree en un solo Dios, o en varios? ¿Hay profetas o santos? ¿Se cree en la vida después de la muerte? ¿Qué se cree de la creación del mundo? ¿Cuáles son las creencias con respecto al sentido de la vida humana?

¿CUALES SON LAS COSTUMBRES Y PRACTICAS?

¿Hay reglas de conducta moral? ¿Hay lugares sagrados o días santos en el año? ¿Hay comidas o acciones prohibidas a los fieles? ¿Qué reglas hay sobre el matrimonio y el divorcio?

¿HAY ORGANIZACIONES RELIGIOSAS?

¿Hay sacerdocio o una organizaión de jefes religiosos? ¿Cuáles son sus facultades y obligaciones? ¿Existe un solo jefe, como el papa? ¿Hay edificios dedicados al culto, como iglesias, mezquitas o sinagogas?

CLASIFICACION DE LAS RELIGIONES PRINCIPALES

Una forma de examinar las religiones del mundo es organizarlas de acuerdo a su desarrollo histórico. Por ejemplo, el cristianismo y el islamismo surgieron del judaísmo y en estas religiones hay creencia en un solo Dios. La división del cristianismo dio lugar a la ortodoxia y el catolicismo; y en el siglo XVI, la Reforma resultó en el protestantismo con su subsiguiente fragmentación.

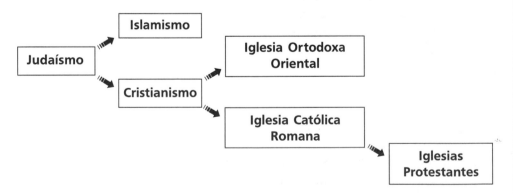

En la India se desarrolló otro grupo de religiones. El budismo brotó el hinduismo. El sikhismo fue un intento de fundir las creencias hindúes con las musulmanas. El budismo-zen es una forma de budismo que floreció en el Japón.

Esta forma de agrupar las religiones deja ver cómo cada nueva religión toma ideas y prácticas de las religiones de las que brotó.

LA RELIGION Y LAS ARTES

Ya que la religión está íntimamente vinculada a nuestros más profundos sentimientos, el arte, la música y la literatura en gran parte tienen un fondo religioso. Las pinturas antiguas de las cuevas se relacionaban con la creencia en espíritus. También las máscaras y danzas tribales africanas y americanas eran intentos de apaciguar a los espíritus. Los antiguos templos griegos y romanos se construyeron para rendir culto a los dioses. En la Europa medieval, la música, escultura y arquitectura gótica servían para glorificar a Dios, y una gran parte del arte renacentista tenía inspiración religiosa. Por lo tanto, el conocimiento de la religión es necesario para comprender muchos de los alcances culturales más grandes del mundo.

COMO RESPONDER A PROBLEMAS RELACIONADOS A LA RELIGION

Muchos de los problemas sobre la religión se concentrarán en dos cuestiones principales:

- los credos fundamentales de la religión y cómo influyeron en la historia o cultura
- los conflictos sociales que a menudo surgen de las diferencias religiosas. Más adelante en este libro se explorarán estos conflictos.

Los planteos de ensayos sobre la religión generalmente se introducirán con una aseveración general sobre el papel de la religión en la sociedad. Por ejemplo, "En muchas regiones, la religión tuvo una influencia importante en la vida de la gente." Luego se te pedirá que discutas las creencias o prácticas de una o más religiones. Además, se puede pedir que indiques cómo las creencias y prácticas afectaron la historia o cultura de un país o región particular.

SUCESOS HISTORICOS PRINCIPALES

SURGIMIENTO DE LAS CIVILIZACIONES CLASICAS

EL IMPERIO PERSA (2000 A. DE J. C. - 100 A. DE J. C.)

Los medos y los persas eran habitantes de la meseta de Irán situada entre el Mar Caspio
y el Golfo Pérsico. En 55 a. de J. C., **Ciro el
Grande** de persia impuso el dominio persa en la
región; luego extendió su imperio hacia el oeste al
conquistar a Lidia y Babilonia, y hacia el este conquistó territorios hasta el Río Indo. Su hijo conquistó Egipto, muriendo durante la invasión de
Nubia (Kush). El soberano que le siguió, **Darío,**
hizo construir una red de caminos, introdujo un sistema uniforme de pesas y medidas,
y estableció varias ciudades capitales.

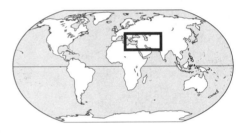

Persa llegó a ser más grande que cualquier otro imperio hasta ese tiempo. Se extendía
por más de 3.000
millas, desde el
Nilo hasta el Indo.
Los persas contro-
laban los vastos te-
rritorios con divi-
dirlos en provin-
cias, cada una go-
bernada por un
grupo de funcio-
narios del lugar
leales al soberano
persa. Las provin-
cias pagaban im-

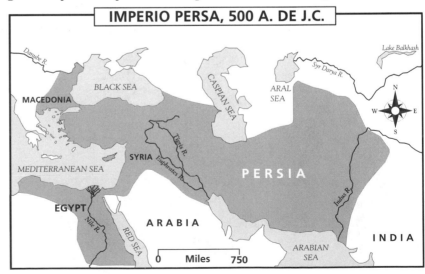

puestos y tributos a los persas, pero también se beneficiaban al participar en el extenso
comercio del imperio.

Los persas rendían culto a muchos dioses hasta que en 570 a. de J. C. **Zoroastro** inició una nueva religión. En el **zoroastrismo** hay sólo dos dioses: el dios de la verdad, luz y bondad y el dios de la oscuridad y del mal. Todo el universo se considera como campo de batalla entre estas dos fuerzas. Los que lleven una vida recta irán al cielo y los otros estarán condenados al fuego del infierno.

GRECIA (1000 A. DE J. C. - 150 A. DE J. C.)

INFLUENCIA DE GRECIA ANTIGUA

La Grecia antigua tuvo una influencia duradera en la civilización del mundo. Fue allí donde surgió el primer sistema de gobierno democrático. También fue allí que la fe en la razón humana y el ánimo de libre escrutinio llevó a grandes alcances en matemáticas, ciencia, arte, literatura y filosofía.

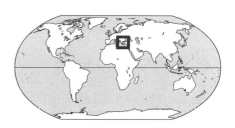

INFLUENCIA DE LA GEOGRAFIA

En la antigüedad, Grecia ocupaba la península montañosa, la costa de Asia Menor (*Turquía del presente*) y muchas islas en el Mar Egeo. La mayoría de la población vivía a lo largo de las costas con muchos excelentes puertos naturales. El clima benigno permitía el cultivo de la viña y aceitunas; el vino y el aceite, junto con la alfarería eran objeto de comercio con otros pueblos de la región del Mediterráneo.

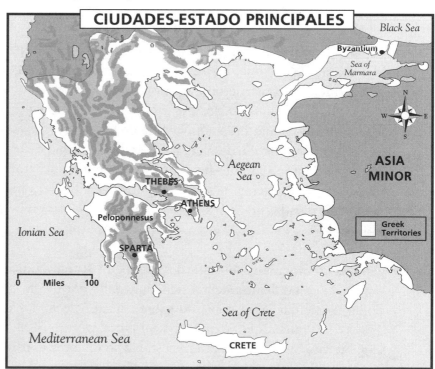

CIUDADES-ESTADO PRINCIPALES

Black Sea

Byzantium

Sea of Marmara

Aegean Sea

ASIA MINOR

Greek Territories

THEBES

ATHENS

Peloponnesus

Ionian Sea

SPARTA

0   Miles   100

Sea of Crete

Mediterranean Sea

CRETE

Por medio de estos contactos los griegos adquirieron conocimientos de matemáticas, astronomía, navegación y técnicas de construcción. Tomaron el alfabeto de los fenicios y el uso de moneda acuñada de Lidia.

ANTIGUA CIVILIZACION GRIEGA

La cultura clásica griega resultó de dos civilizaciones anteriores: minoica y micénica. La minoica floreció entre 2000 y 1400 a. de J. C. en la isla de Creta; se construían naves, se desarrolló una forma de escritura y había uso de cobre y bronce. Esta civilización llegó a un fin misterioso cerca de 1400 a. de J. C. La cultura micénica, llamada así por la ciudad de Micenas, prosperó en la península griega y la costa de Asia Menor entre 1400 y 1200 a. de J. C. Al fin de esta época los dorios, venidos desde el norte, conquistaron estas tierras.

SURGIMIENTO DE LAS CIUDADES-ESTADO

Ya que las montañas y el mar separaban los centros de población, éstos llegaron a desarrollarse como **ciudades-estado**, cada una con su propio gobierno y sistema de leyes. Sin embargo, las vinculaba la lengua y religión, los intereses económicos y las tradiciones. Cada cuatro años, todas las *polis* tomaban parte en juegos en honor de Zeus y otros dioses que se creían residir en el monte Olimpo. Dos de las ciudades-estado más importantes eran Esparta y Atenas.

✦ **Esparta totalitaria.** Esparta estaba situada en la parte sur de la Península, llamada Peloponeso. En 725 a. de J. C. los espartanos conquistaron la vecina Helos y convirtieron a los **ilotas** en esclavos. Ya que éstos los sobrepasaban en números, los espartanos tenían que controlarlos por la fuerza; debido a esta situación, la vida de los espartanos estaba organizada de forma militar. Se desalentaba el individualismo e ideas nuevas, y se daba gran valor a la autodisciplina y obediencia estricta, y los varones vivían en cuarteles militares desde niños hasta los 30 años. Si los infantes recién nacidos no eran sanos, se los dejaba morir en la ladera de una montaña.

✦ **Atenas democrática.** Atenas desarrolló un sistema único de gobierno conocido como **democracia**. Cada ciudadano por medio de voto directo podía participar en el gobierno sobre asuntos decididos por la ciudad-estado. Las mujeres, los extranjeros y los esclavos no podían participar en el gobierno. Sin embargo, Atenas estableció un modelo para las democracias que surgieron más tarde.

EL TRIUNFO Y LA CAIDA DE LAS CIUDADES-ESTADO

Entre 490 y 404 a. de J. C., las ciudades-estado griegas primero se unieron para luchar contra la invasión persa, y luego hicieron guerra entre sí.

✦ **Guerras médicas (500 - 479 a. de J. C.).** Cuando los persas avanzaron hacia el oeste y las ciudades-estado griegas en Jonia (*costa de Asia Menor*), Atenas y las otras polis enviaron ayuda militar. En desquite, los persas despacharon un gran ejército para conquistar a Grecia, fracasando en dos intentos de tomar la península. Después de las guerras médicas, comenzó la **"Edad de oro"**; en Atenas florecieron el arte, la literatura y filosofía. El estadista **Pericles** fue el campeón de la democracia, y usó la potencia naval ateniense para obligar a otras ciudades-estado a pagar tributos a Atenas.

✦ **Guerra del Peloponeso (432 - 404 a. de J. C.).** La rivalidad entre los dos estados culminó en la Guerra del Peloponeso, declarada por Esparta contra Atenas. Esparta salió victoriosa, pero los 30 años de luchas debilitaron mucho a las ciudades griegas.

EL PERIODO HELENISTICO (338 - 323 A. DE J.C.)

En 338 a. de J. C., el rey de Macedonia (*región al norte de Grecia*) se volvió en soberano poderoso y llegó a dominar a toda Grecia. Su hijo, **Alejandro Magno** continuó las conquistas: Persia, Egipto y la mayor parte de la región del Mediterráneo. Con el tiempo, sus ejércitos ocuparon territorios

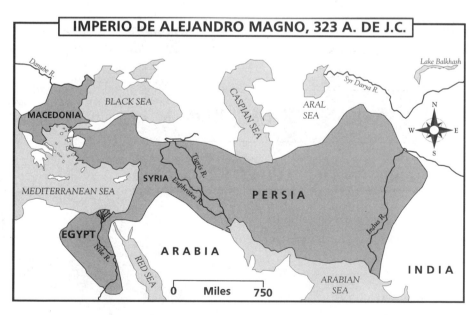

IMPERIO DE ALEJANDRO MAGNO, 323 A. DE J.C.

que llegaban hasta la India. Alejandro murió durante la campaña militar. Aunque su imperio se derrumbó después de su prematura muerte, sus conquistas esparcieron la cultura griega a través del mundo antiguo. El período en el que todos estos cambios tuvieron lugar, se conoce como el **período helenístico**.

EL LEGADO DE LA GRECIA CLASICA

Las raíces de la civilización occidental se encuentran en el ánimo inquisitivo y el enfoque en los alcances humanos que había en la cultura griega.

Democracia. Atenas fue la cuna del primer gobierno democrático, en el que los ciudadanos participan por medio del voto.

Ciencias y matemáticas. Pitágoras, Euclides y Arquímedes adelantaron el estudio de la geometría y de física.

ALCANCES DE LA GRECIA CLASICA

Arte y arquitectura. El ideal de belleza se basaba en la perfección de proporciones. Se construyeron hermosos templos con columnas como el Partenón en Atenas.

Historia y literatura. Los griegos fueron los primeros en escribir historia de forma objetiva y dramas. Tucídides era historiador; Esquilo y Sófocles eran poetas trágicos.

Filosofía. Los griegos creían en la dignidad humana y que todo problema podía resolverse por medio de razonamiento. Sócrates, Platón y Aristóteles son los filósofos más grandes.

LA GRANDEZA DE ROMA

EL ORIGEN DEL IMPERIO ROMANO

Una cultura en que Grecia tuvo muchísima influencia fue Roma, que por 400 años fue la fuerza dominante en el Occidente.

INFLUENCIA DE LA GEOGRAFIA

Italia es una larga y angosta península en forma de bota, extendida en el Mar Mediterráneo. La ciudad de Roma está situada cerca de la costa occidental, en una llanura fértil en el medio de Italia. En el norte, los Alpes ofrecían protección contra invasiones; el mar también servía como protección, pero al mismo tiempo era la ruta para el comercio y la expansión territorial romana.

LA REPUBLICA ROMANA

Roma fue fundada cerca de 750 a. de J. C. y al principio la ciudad-estado tenía dos clases sociales predominantes. Los **patricios** eran los latifundistas ricos; los **plebeyos** eran artesanos, mercaderes y agricultores de pequeña escala. En 509 a. de J. C., el rey fue derrocado y se estableció la **república** con un gobierno elegido. El poder era compartido por el **senado** (*asamblea de patricios*) y dos **cónsules** elegidos por el senado; los plebeyos elegían dos tribunos para representar sus intereses.

ANTIGUA REPUBLICA ROMANA

In 500 B.C.
In 265 B.C.

ALPS
Po River
Ligurian Sea
Corsica
Rome
LATIUM
Naples
Sardinia
Adriatic Sea
Tyrrhenian Sea
Ionian Sea
Carthage
Mediterranean Sea
0   Miles   200

Fue en este tiempo que se formularon las **doce tablas de la ley romana** que comprendían la ley civil, criminal y religiosa; también trataban sobre los procedimientos judiciales y vinieron a ser los cimientos de los códigos legales romanos posteriores. De acuerdo a la ley romana, todos los ciudadanos eran iguales ante la ley, y considerados inocentes hasta que se les probara la culpa. Los conceptos romanos de la justicia, igualdad ante la ley y ley natural basada en la razón, más tarde tuvieron gran influencia en el establecimiento de sistemas legales en el Occidente.

EXPANSION DE ROMA Y SU CONVERSION EN IMPERIO

Para 275 a. de J. C., Roma llegó a dominar toda la península y luego derrotó a Cártago su rival principal, situada en el norte de Africa. Con esto, Roma vino a ser la potencia principal en el Mediterráneo, y adquirió colonias en España, en el norte de Africa y en las regiones orientales del Mediterráneo. Los generales romanos como **Julio César** completaron la conquista de España y Galia (*Francia de hoy*), y para 145 a. de J. C., Roma dominaba todo el mundo del Mediterráneo.

La expansión de la ciudad-estado a gran potencia cambió el carácter fundamental de Roma. El ejército de ciudadanos fue reemplazado por una fuerza militar profesional, completamente sumisa a sus generales. Los numerosos esclavos hacían una gran parte del trabajo; los senadores se volvieron corruptos; los generales con ambiciones políticas — como Pompeyo y Julio César — lucharon entre sí.

Con el tiempo, las fuerzas de Pompeyo fueron derrotadas por los ejércitos de Julio César que en 46 a. de J. C. vino a ser dictador. Julio César instituyó el calendario moderno y reformas que proporcionaban constituciones municipales, sistemas de jurado, y otorgaban tierras a los veteranos y a los pobres. En 44 a. de J. C. fue asesinado por conjurados en el senado que temían que llegara a hacerse rey.

César Augusto, heredero de Julio César, gobernó como emperador pero retuvo instituciones republicanas. Depuso a los funcionarios corruptos y trató de revivir las "antiguas" tradiciones romanas de responsabilidad y autodisciplina. Sus sucesores vinieron a ser emperadores con poderes dictatoriales y fueron venerados como dioses. Hicieron conquistas hacia el norte y el este, extendiendo el territorio romano.

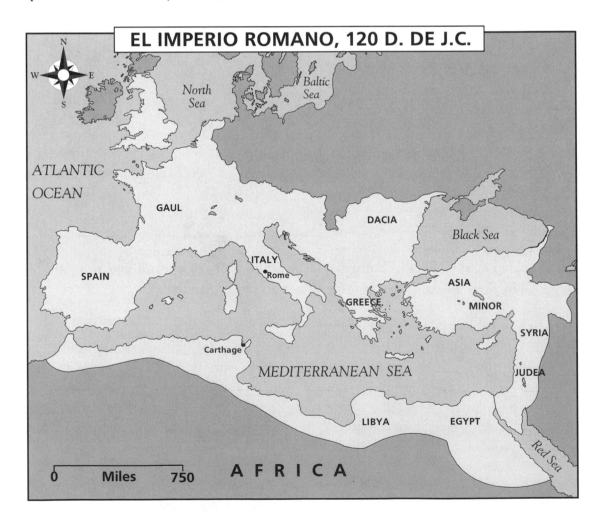

EL IMPERIO ROMANO, 120 D. DE J.C.

Paz romana (27 a. de J. C. - 395 d. de J. C.)

Con César Augusto llegó un largo período de calma conocido como **paz romana** en Europa occidental y el mundo del Mediterráneo. Roma pudo gobernar eficazmente estos territorios extensos gracias a la autoridad política centralizada, funcionarios bien entrenados y la tradición de leyes. Los romanos establecieron sus leyes, pero respetaban las costumbres locales; promovían el comercio y ofrecían ciudadanía romana a los habitantes del imperio. También sobresalían en la ingeniería y las técnicas de construcción: introdujeron el uso del hormigón y construyeron caminos, acueductos, templos y baños públicos. Las nuevas ciudades se convirtieron en fortines de la cultura romana.

Surgimiento del cristianismo

Roma permitió la práctica de diversas religiones a través del imperio, pero el emperador tenía que ser venerado como un dios. Dos grupos se negaron a reconocer al emperador como divino: los judíos y los cristianos. Los judíos fueron expulsados de su tierra; los cristianos enfrentaron persecución y muerte. A pesar de las persecuciones, el cristianismo siguió esparciéndose. En el siglo IV el **Emperador Constantino** proclamó libertad de prácticas religiosas a los cristianos y él mismo se convirtió al cristianismo que para el fin de ese siglo vino a ser la religión oficial del imperio.

DECADENCIA Y CAIDA DEL IMPERIO ROMANO

En el siglo III, el Imperio Romano comenzó a debilitarse, según algunos por las siguientes razones:

Debilidad política. El sistema romano de gobierno dependía de emperadores capaces, pero muchos de los últimos eran corruptos e ineficaces. A veces eran asesinados por sus propios guardias.

Problemas económicos. El costo de defender y administrar el imperio llevó a altos impuestos. La inflación causaba problemas y el desempleo agotaba los recursos económicos.

RAZONES PARA EL DECLIVE Y LA CAIDA DEL IMPERIO ROMANO

Declive militar. Acostumbrados al lujo, los romanos no querían luchar, y los soldados mercenarios eran menos leales que los ciudadanos.

Invasiones. Roma estaba bajo ataques continuos de los godos y los hunos, tribus venidas desde el norte de Europa y de Asia Central.

Los últimos emperadores trataron de detener el decaimiento: en 284, **Diocleciano** dividió el imperio para hacer más eficaz el gobierno. La parte oriental consistía en Grecia, Asia Menor, Egipto y Siria; la sección occidental se componía de Britannia, Galia, España, Italia y norte de Africa. Constantino temporeramente reunificó el imperio y mudó su capital de Roma a Constantinopla. A fines del siglo IV, los **hunos** avanzaron desde Asia Central hacia Europa; consecuentemente, los godos y otras tribus invadieron y destruyeron el Imperio Romano del oeste. Su último emperador fue destronado en 476, pero el imperio oriental, conocido como **Imperio Bizantino** existió otros mil años.

EL LEGADO DURADERO DE ROMA

Las muchas contribuciones de los romanos son importantes y duraderas:

Leyes. El concepto romano de la justicia, igualdad ante la ley y ley natural basada en la razón influyó muchos sistemas legales subsiguientes.

Lengua. El latín dio origen a otras lenguas como el italiano, español, portugués, francés y rumano. También influyó mucho en otros idiomas.

EL LEGADO DE ROMA

Arquitectura. Los romanos eran grandes arquitectos; construyeron enormes estadios, templos y anfiteatros. También desarrollaron el arco y la cúpula.

Ingeniería. Se construyeron puentes y muchísimos caminos para vincular las diversas partes del imperio. Los acueductos llevaban agua a las ciudades.

Cristianismo. La aceptación del cristianismo por el Imperio Romano fue un momento crítico en el esparcimiento de esa nueva religión.

SURGIMIENTO DE LOS IMPERIOS EN LA INDIA

En el capítulo anterior vimos cómo una civilización antigua se desarrolló en el valle del Indo y luego decayó repentinamente. Alrededor de 1500 a. de J. C., los **arios** desde Asia Central atravesaron los pasos en los Himalayas y llegaron a la India.

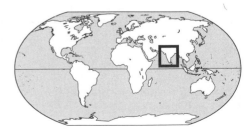

INVASORES ARIOS

Los **arios** eran un pueblo de guerreros nómadas que vivían de la ganadería. Tenían armas de hierro y carrozas tiradas por caballos que les facilitaron las conquistas. Después de aniquilar las culturas del valle del Indo, avanzaron al valle del Río Ganges, desplazando hacia el sur a sus habitantes drávidas.

Para 900 a. de J. C., los arios establecieron ciudades-estado en los valles fluviales principales, cada una con su propio soberano. Los arios tenían una forma de escritura llamada **sánscrito**, y su propia religión, el hinduismo. (Para saber más sobre el hinduismo véase la página 100.)

SURGEN NUEVAS CREENCIAS

El contacto entre los drávidas y los arios resultó en el **sistema de castas**, bajo el que la gente se dividía en cinco grupos principales (*véase el diagrama*).

Las demarcaciones eran rígidas y hereditarias; no se permitían matrimonios fuera de la casta. Los **intocables** tenían las tareas más humillantes, y se consideraban estar completamente fuera del orden social.

Alrededor del 600 a. de J. C. surgió el **budismo**, y sus misioneros lo esparcieron a través de la India y el este y sudeste de Asia. (Para saber más sobre el budismo, véase la página 101.)

IMPERIO DE LOS MAURYA (321 A. DE J. C. - 232 D. DE J. C.)

Poco tiempo de la invasión de Alejandro Magno surgió en el norte de la India uno de los imperios hindús más grandes. El **rey Chandragupta** estableció el poderoso imperio de los Maurya, y su nieto **Asoka** (269-232 a. de J. C.) fue otro gran soberano de la India. Asoka comenzó su reinado con una serie de campañas militares con las que el imperio abarcó toda la India a excepción de la parte sur. Con el tiempo, Asoka se compadeció por el derrame de sangre en las batallas y se convirtió al budismo.

Decidió ganarse la buena voluntad del pueblo con la bondad y acciones que promovían su bienestar y felicidad. Decretó que los distintos grupos tenían que convivir en paz. También mejoró los caminos, construyó hospitales y envió maestros a través del imperio. Para difundir el budismo construyó santuarios y envió misioneros a otras tierras. Después de su muerte, el imperio Maurya entró en declive.

IMPERIO GUPTA (320 D. DE J. C. - 535 D. DE J. C.)

En 320 d. de J. C. surgió una nueva dinastía que unificó el territorio del cauce del Ganges. Los emperadores Gupta fomentaron paz, prosperidad y comercio con el extranjero, especialmente con China. Los dos siglos del gobierno de los Gupta se conocen como la **edad de oro de la cultura hindú.**

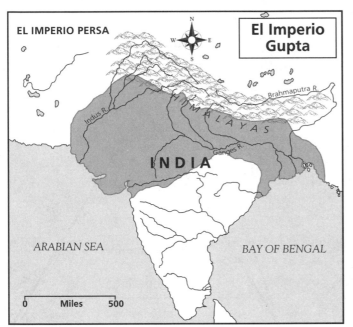

Los Gupta fundaron universidades y apoyaron las artes y la literatura. Los eruditos indios sobresalían en la ciencia; los matemáticos desarrollaron el sistema decimal, el concepto del cero y de números infinitos. También apareció una forma de números arábigos. Los artistas producían pinturas murales y los escritores escribían poemas y dramas en sánscrito. Esta edad de oro llegó a su fin cerca de 500 d. de J. C. Con la invasión del noreste de la India por los **hunos** el Imperio Gupta se desmembró en varios estados menores.

LA EDAD CLASICA DE CHINA

China llegó a sus alcances culturales más grandes en el mismo tiempo en que florecía la cultura griega y romana en el Occidente. La historia china generalmente se divide en épocas basadas en la **dinastía** que estaba en poder en ese tiempo. Desde 1027 a. de J. C.

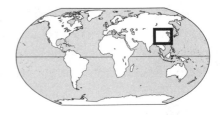

hasta 220 d. de J. C., China fue gobernada por tres dinastías.

DINASTIA CHU (1027 A. DE J. C. - 221 A. DE J. C.)

En 1027 a. de J. C., con la conquista de los Chang (Shang), comenzó la **dinastía Chu** (Zhou). Los chinos creían que su soberano era escogido por el cielo, y que el cielo por lo tanto derrocaría a un soberano malo. El nuevo emperador Chu justificó su dominio como el **mandato del cielo**, y más tarde otros soberanos siguieron usando este principio como base de su autoridad.

La dinastía Chu tuvo el período de gobierno más largo de todas las dinastías. Los Chu establecieron el **feudalismo**: el soberano otorgaba tierras a los nobles a cambio de servicio militar. A lo largo de los siglos, los soberanos Chu conquistaron pueblos vecinos incorporándolos a su imperio. Sin embargo, hacia el fin del siglo VI a. de J. C. los nobles se volvieron tan poderosos que el soberano ya no podía controlarlos, y China se sumergió en una guerra civil.

El legado más importante de la dinastía Chu fue la obra de los filósofos **Confucio** y **Lao Tzu-tse**. Los dos pensadores fueron profundamente afectados por la agitación de los últimos tiempos de la dinastía. Para Confucio, la familia y la conservación del orden social y del gobierno constituían los principios morales más importantes. (Hay más sobre esta filosofía en la página 99.)

El **daoísmo** es una filosofía que brotó en el siglo V a. de J. C. a base de las enseñanzas de **Lao Tzu-tze**, y enfatiza la relación entre la naturaleza y la gente. Los daoístas creen que la naturaleza tiene su propia forma de actuar; los individuos deben dejarse llevar por la fuerza de la naturaleza en vez de resistirla, de aceptar las cosas tal como son en vez de tratar de cambiarlas.

DINASTIA TSIN (221 A. DE J. C. - 206 A. DE J. C.)

Chi Huang-ti (Shi-Huangdi), príncipe de Chin, estableció la dinastía llamada Tsin o Qin, y fue el primer soberano que tomó el título de emperador. Estaba convencido de que todo el poder debería estar en las manos de un solo soberano absoluto. También creía que la gente no era necesariamente buena, y se necesitaba un gobierno fuerte para castigar a los que cometiesen malos actos.

Chi Huang-ti estableció una administración central e hizo construir caminos para vincular las partes distantes del imperio. Asimismo se establecieron sistemas uniformes de pesas y medidas y de escritura. También se unieron las distintas murallas ya existentes para formar la **Gran Muralla China** con el fin de proteger el imperio de los pueblos nómadas en el noroeste. La muralla vino a tener 1.500 millas de largo, 22 pies de alto y 15 de ancho, y trabajaron en ella millares de obreros por muchos años.

DINASTIA HAN (206 A. DE J. C. - 220 D. DE J. C.)

Después de la muerte de Chi Huang-ti, el pueblo se rebeló contra su gobierno riguroso; después de varios años de guerra civil, surgió la dinastía Han que mantuvo unido el país por más de cuatrocientos años.

Los emperadores Han establecieron exámenes para escoger candidatos para servicio imperial. Se los examinaba en el conocimiento de la historia china y filosofía confucianista, y sólo los aprobados podían ayudar al emperador en tareas de gobierno. Los exámenes eran accesibles a todos, y eran una forma en la que los de estado llano podían ascender en la escala social. Los Han redujeron el poder de la nobleza y fomentaron la difusión de ideas confucianistas.

Los soberanos Han establecieron la **vía de la seda**, rutas comerciales terrestres que atravesaban Asia Central

y vinculaban a China con el Imperio Romano y otras regiones. China exportaba seda, hierro y bronce y adquiría oro, lino, vidrio, marfil, cuero, caballos y reses. Los contactos con la India resultaron en el descubrimiento del budismo que se esparció a través de China. Con la extinción de la dinastía Han hubo un tiempo de guerra civil y desunión.

SURGIMIENTO DE LAS RELIGIONES IMPORTANTES

Uno de los aspectos más importantes de la época clásica fue el surgimiento de las grandes religiones que tuvieron una tremenda influencia en todas partes del mundo.

CONFUCIANISMO

El confucianismo, fue nombrado en honor de su fundador Kung Fu Tsi conocido como **Confucio** (551-479 a. de J. C.) que vivió en un tiempo de agitación y guerra. La filosofía de Confucio se basa en el credo del orden fundamental del universo. Para lograr la paz y armonía social, el filósofo recomendaba que se siguieran los métodos tradicionales comprobados en el pasado.

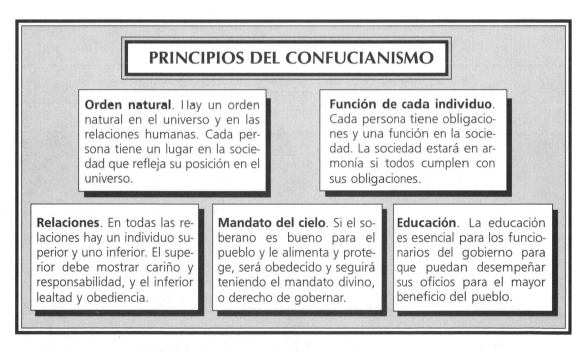

PRINCIPIOS DEL CONFUCIANISMO

Orden natural. Hay un orden natural en el universo y en las relaciones humanas. Cada persona tiene un lugar en la sociedad que refleja su posición en el universo.

Función de cada individuo. Cada persona tiene obligaciones y una función en la sociedad. La sociedad estará en armonía si todos cumplen con sus obligaciones.

Relaciones. En todas las relaciones hay un individuo superior y uno inferior. El superior debe mostrar cariño y responsabilidad, y el inferior lealtad y obediencia.

Mandato del cielo. Si el soberano es bueno para el pueblo y le alimenta y protege, será obedecido y seguirá teniendo el mandato divino, o derecho de gobernar.

Educación. La educación es esencial para los funcionarios del gobierno para que puedan desempeñar sus oficios para el mayor beneficio del pueblo.

Por miles de años el confucianismo fue la filosofía oficial del imperio chino y su énfasis en los valores tradicionales ayudó a conservar su civilización. Los candidatos para puestos oficiales tenían que pasar una prueba basada en los escritos de Confucio para poder entrar en el servicio imperial. El confucianismo también recalcaba la importancia de la familia en la vida del país. La familia servía de modelo para la sociedad, enfatizando las obligaciones, las buenas obras y la conducta civilizada.

CRISTIANISMO

El cristianismo surgió en el Medio Oriente hace cerca de 2.000 años. Se basa en el mensaje de hermandad, caridad y paz comunicado por **Jesucristo**. Después de su muerte, los **apóstoles** esparcieron sus enseñanzas, y con el tiempo, el cristianismo vino a ser la religión dominante del Imperio Romano.

PRINCIPIOS DEL CRISTIANISMO

Jesucristo es para los cristianos el hijo de Dios que se sacrificó para salvar a la humanidad del castigo por sus pecados. Después de morir resucitó y ascendió a los cielos.

Conducta cristiana. Se da gran importancia a la rectitud de conducta hacia el prójimo. El amor y respeto pueden ganar el premio de la salvación.

La Biblia. Los libros sagrados cristianos son el Antiguo Testamento (Biblia judía) y el Nuevo Testamento que habla de la vida de Cristo y la obra de los apóstoles.

HINDUISMO

El hinduismo, establecido entre 1500 y 500 a. de J. C. se basa principalmente en las creencias de los arios que llegaron al valle del Indo desde la región del Cáucaso.

PRINCIPIOS DEL HINDUISMO

Dioses. Los hindúes creen en la existencia de muchos dioses que son la manifestación de un Ser Supremo. Vishnu es el creador y Shiva el destructor.

Reencarnación. Cuando una persona muere su alma deja el cuerpo para renacer en otro ser vivo; sigue renaciendo hasta lograr la paz completa.

Objetos sagrados. El Río Ganges es sagrado y sus aguas pueden borrar el pecado y la maldad. La vaca es animal sagrado y no se debe comer su carne.

Karma. El karma se vincula a la forma en que uno cumple con las obligaciones; en la vida siguiente uno puede ser premiado o castigado.

Igual que la mayoría de las religiones, el hinduismo proporciona una guía de conducta en la vida, explicando lo que se debe hacer desde que se nace hasta que se muere. No hay un libro sagrado del hinduísmo, pero los textos de los **Upanishads** y el **Bhagavad-Gita** contienen los fundamentos de la religión y sirven de inspiración y de guía. Más de 80% de la población de la India es hindú y hay más de 700 millones hindús en el mundo.

BUDISMO

El budismo se originó en la India cerca de 600 a. de J. C. cuando el Príncipe **Siddharta Gotama** (563-487 a. de J. C.), que vivió su juventud rodeado de lujo, se sacudió al ver el sufrimiento que había fuera de los muros del palacio. Renunció a sus riquezas, se despidió de su familia y fue en búsqueda del sentido de la vida. Después de seis años se dio cuenta que los humanos pueden acabar su sufrimiento causado por las pasiones al aceptar el mundo tal como es y poner fin a sus deseos personales. Gotama llegó a ser conocido como **Buda**, o "el Sabio".

El budismo rápidamente atrajo muchos discípulos, en parte porque rechazó el sistema de castas. Los misioneros lo esparcieron a través de la India, y luego en China, Corea y Japón.

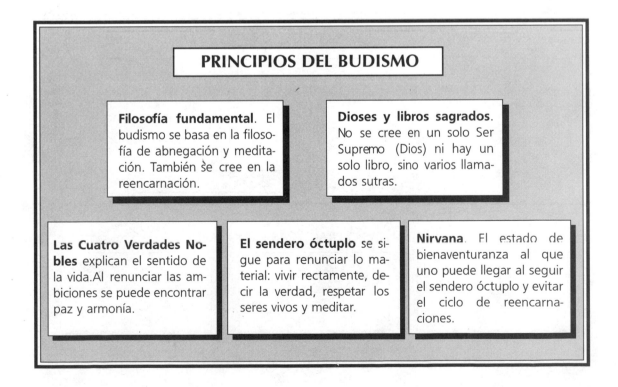

PRINCIPIOS DEL BUDISMO

Filosofía fundamental. El budismo se basa en la filosofía de abnegación y meditación. También se cree en la reencarnación.

Dioses y libros sagrados. No se cree en un solo Ser Supremo (Dios) ni hay un solo libro, sino varios llamados sutras.

Las Cuatro Verdades Nobles explican el sentido de la vida. Al renunciar las ambiciones se puede encontrar paz y armonía.

El sendero óctuplo se sigue para renunciar lo material: vivir rectamente, decir la verdad, respetar los seres vivos y meditar.

Nirvana. El estado de bienaventuranza al que uno puede llegar al seguir el sendero óctuplo y evitar el ciclo de reencarnaciones.

RESUMEN DE TU COMPRENSION

TERMINOS Y CONCEPTOS IMPORTANTES

Prepara una tarjeta de vocabulario para cada uno de los siguientes términos, conceptos y personajes:

Zoroastro	democracia	Imperio Romano	confucianismo
Esparta	ciudades-estado	mandato del cielo	hinduismo
Atenas	cristianismo	sistema de castas	budismo

COMPLETACION DE UN DIAGRAMA

Completa el diagrama que sigue con la información sobre una de las religiones presentadas en este capítulo.

FUNDADOR   LUGAR DE ORIGEN   LIBROS SAGRADOS

RELIGION ESCOGIDA _____

CREENCIAS O PRACTICAS PRINCIPALES

COMPLETACION DE UNA TABLA

Las preguntas sobre distintas civilizaciones a menudo se concentran en sus alcances, y por lo tanto te conviene recordar estos logros. Usa la tabla que sigue para organizar la información pedida.

Nombre de la civilizacion	Epoca	Continente	Alcances principales
Imperio Persa			
Ciudades-estado griegas			
Imperio Romano			
Dinastia Chu			
Imperio Gupta			

COMPRUEBA TU COMPRENSION

Comprueba tu comprensión del contenido de este capítulo al solucionar los siguientes problemas.

PREGUNTAS CON RESPUESTAS MULTIPLES

1 El sistema político del Imperio Romano se caracterizó por
   1 un gobierno central fuerte
   2 el gobierno por una junta de emperadores y jefes religiosos
   3 el sufragio universal en elecciones nacionales
   4 exámenes nacionales en filosofía y religión

2 En Babilonia y en el tiempo de la república en Roma, un rasgo importante fue el desarrollo de
   1 un código de leyes
   2 acueductos
   3 igualdad social y política para todos
   4 la aceptación del cristianismo

Basa tu respuesta a la pregunta 3 en la gráfica circular y en tu conocimiento de historia.

3   ¿Cuál es una conclusión válida basada en la información de la gráfica?
    1   La ciudad-estado de Atenas era una dictadura militar.
    2   La vida en Atenas se basaba en el ideal de igualdad social.
    3   Atenas era una democracia limitada donde votaban algunos ciudadanos.
    4   En Atenas la mayoría de los habitantes tenían el derecho al voto.

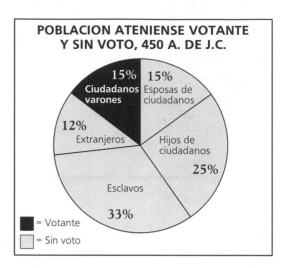

POBLACION ATENIENSE VOTANTE Y SIN VOTO, 450 A. DE J.C.

15% Ciudadanos varones
15% Esposas de ciudadanos
12% Extranjeros
Hijos de ciudadanos 25%
Esclavos 33%

■ = Votante
□ = Sin voto

4   Entre las contribuciones más grandes de Grecia y Roma a la cultura universal se incluye(n)
    1   el primer alfabeto
    2   la religión monoteísta
    3   el sistema decimal
    4   las innovaciones en leyes y gobierno

5   Las antiguas civilizaciones de Egipto, Grecia y Roma se parecen porque
    1   no establecieron una escritura
    2   controlaron pueblos vecinos
    3   establecieron economías industriales
    4   adoptaron sistemas políticos democráticos

6   Una razón para la prosperidad del Imperio Romano era que
    1   estaba cerca del Tigris y Eufrates
    2   no tenía contacto con el resto del mundo
    3   seguía las creencias hindúes
    4   desarrolló un comercio extenso

Basa tu respuesta a la pregunta 7 en la fotografía y tu conocimiento de historia.

7   ¿Por qué se elevó la estructura mostrada en la fotografía?
    1   China trató de protegerse de las invasiones extranjeras.
    2   Roma necesitaba defenderse de las tribus germanas.
    3   Persia quería una carretera a otras civilizaciones.
    4   Los soberanos chinos querían impedir que se fugaran los campesinos.

8 "Por naturaleza, los hombres se parecen entre sí; es el aprendizaje y la práctica lo que los hace distintos."   —*Confucio*

Esta aseveración sugiere que las diferencias importantes entre individuos resultan generalmente de las diferencias en

1 apariencia física
2 cultura

3 emociones
4 características heredadas

9 "Hay dos objetivos que no deben ser perseguidos por el individuo que busque la verdad. El primero es la busca de deseos, que es baja, común e inútil; el segundo es la busca de sufrimiento, que es cruel e inútil. El Camino del Medio evita los dos [extremos]. Es esclarecido; trae una visión lúcida y conduce a la paz, a la introspección, a la sabiduría completa y al nirvana."

Las ideas contenidas en la cita dada, reflejan los principios del

1 budismo
2 cristianismo

3 judaísmo
4 confucianismo

10 Un principio tanto del judaísmo como del cristianismo es

1 la nirvana
2 el monoteísmo

3 la reencarnación
4 la meditación

11 ¿Cuál de estos acontecimientos sucedió primero?

1 Moisés recibió los Diez Mandamientos.
2 El Rey Chandragupta fundó un imperio.

3 Constantino se hizo cristiano.
4 Jesucristo nació en Belén.

PROBLEMAS DE RESPUESTAS BREVES REDACTADAS

Moisés saca a los judíos del Egipto	Nacimiento de Confucio	Muerte de Gotama Sidharta	Crucifixión de Jesucristo
1300 a.de J.C.	551	487	30 d.de J.C.

1 Nombra la religión o filosofía asociada con cada individuo en la línea cronológica.

Moisés: _____   Confucio: _____

Gotama Sidharta: _____   Jesucristo: _____

2 Escoge **una** religión asociada con la línea cronológica y enumera sus creencias principales.

_____

_____

> "Primero, bajo ningunas circunstancias aceptarán condiciones que acarreen esclavitud para Grecia. Segundo, te harán combate aunque el resto de Grecia se haya rendido. Es inútil preguntar si sus números son adecuados para hacerlo. Suponiendo que mil salen al campo, mil te harán combate."
>
> —*Demarates aconsejando al Rey Jerjes de Persia*
>
> "Nuestra forma de gobierno no rivaliza con las instituciones de otros. No imitamos a nuestros vecinos sino somos ejemplo para ellos. Dicen que somos una democracia porque la administración está en manos de los muchos y no de los pocos. Pero mientras que la ley asegura justicia igual a todos en sus disputas privadas, se reconoce también la reclamación de excelencia..."
>
> —*Pericles*

1   ¿Cuál individuo habla de Esparta? _____

2   Cita ejemplos históricos específicos para explicar las diferencias entre las antiguas ciudades-estado de Esparta y Atenas. _____

_____

ENSAYOS TEMATICOS

Tema: Religiones del mundo

> Las convicciones filosóficas o religiosas de un pueblo a menudo tienen gran importancia en la formación de su historia y cultura

Desarrollo:

> Explica cómo la religión o filosofía de una pueblo específico influyó en su historia o cultura.

Instrucciones: Redacta un ensayo con un párrafo de introducción con la declaración del tema, varios párrafos de acuerdo a lo pedido en el desarrollo y una conclusión.

Sugerencias: Puedes usar cualquier ejemplo de tu estudio de historia. Algunos ejemplos para considerar son: judaísmo, mitología o filosofía griega, cristianismo, confucianismo, hinduismo o budismo. **No** tienes que limitarte a estas sugerencias.

ENSAYOS BASADOS EN DOCUMENTOS

En la sección siguiente tienes que escribir un ensayo basado en documentos. Repasa el procedimiento que conviene seguir al redactar este tipo de ensayo.

I.   Examina el "Contexto histórico" y la "Pregunta".

II.   Fíjate en (1) las "palabras de acción" y (2) el tema. Esto determina cómo debes dirigirte al problema.

III. Al leer cada documento, piensa en (1) quién lo escribió; (2) la época en que fue escrito: (3) el propósito con el que se escribió y (4) el contenido. Luego responde a las preguntas claves que siguen cada documento y finalmente prepara un **cuadro de análisis**.

> **Nota:** En la redacción de este tipo de ensayo es importante (1) vincular la información de los documentos con el tema, y (2) usar tus propias palabras en vez de copiar el texto de los documentos.

En el cuadro de análisis asegúrate de mostrar cómo la información en cada documento apoya la declaración del tema. Al pie del cuadro también debes agregar otra información pertinente. Recuerda que en las instrucciones se pide información que no aparece en los documentos.

IV.   Al escribir el ensayo, se deben incluir los siguientes elementos principales:

- **Párrafo de introducción.**
  La primera oración declara el contexto histórico y establece el lugar y tiempo. La siguiente, declara el tema presentado en el planteo. Luego se necesita una frase de transición que lleve a los párrafos de apoyo.

- **Párrafos de apoyo.**
  Estos proporcionan la evidencia que apoya la declaración temática. Tienen que incluir, en tus propias palabras, referencia a los documentos e información adicional sobre el tema.

- **Párrafo de conclusión.**
  El párrafo de conclusión tiene que reiterar la declaración temática. También podrías agregar un comentario sobre el tema general mencionado en la sección del "contexto histórico".

EJEMPLO DE UN ENSAYO
BASADO EN DOCUMENTOS

Instrucciones:
El siguiente problema se basa en los documentos 1-5 que lo acompañan. Algunos fueron revisados. El objetivo de este problema es comprobar tu capacidad de trabajar con documentos históricos. Al analizar los documentos ten en cuenta su fuente y el punto de vista del autor.

Escribe un ensayo que incluya tu análisis de los documentos. *De ningún modo debes simplemente parafrasear o citarlos.* Debes incluir detalles históricos específicos, y puedes discutir documentos no presentados en el planteo.

Contexto histórico:
Tenemos una gran deuda con las civilizaciones antiguas. Los siguientes documentos recalcan algunos de sus alcances.

Problema: Discute **tres** alcances de la Grecia antigua que establecieron cimientos para los logros humanos en el futuro.

Después de leer los documentos, completa la Parte A.

Parte A — Respuesta breve
Los siguientes documentos se relacionan con las ideas y los alcances de la Grecia antigua. Examina cada documento con cuidado y luego responde a la pregunta clave que lo sigue.

Documento 1

"El mundo está lleno de prodigios, pero ninguno es más prodigioso que el ser humano." —*Sófocles*	"La vida no examinada no vale ser vivida." —*Sócrates*

1 ¿Cómo reflejan estas afirmaciones la idea griega de la humanidad? _____

Documento 2:

En 431 a. de J. C., los ciudadanos de Atenas rindieron homenaje a sus guerreros muertos con una ceremonia pública en la que Pericles habló de los que dieron la vida por su ciudad. Y ésta es la descripción que hizo de Atenas:

" Nuestra constitución no imita las leyes de los estados vecinos. Nuestro plan de gobierno favorece a los muchos en vez de los pocos; es por eso que se llama democracia. En cuanto a las leyes, ofrecemos igual justicia a todos. Los puestos de responsabilidad pública no dependen de la riqueza sino de la capacidad del individuo."

2. Según Pericles, ¿en qué forma era innovativo el gobierno de Atenas? _____

_____

Documento 3:

INDIVIDUO	ALCANCES
Sócrates	Desafió a los atenienses a examinar suposiciones fundamentales y explorar su propia conducta para ver si su vida era moral.
Platón	Extendió el método socrático de exploración a todo conocimiento humano. En su libro La República describió la sociedad ideal.
Aristóteles	Observó la naturaleza; clasificó y analizó plantas y animales. Fue "padre" de varias disciplinas, física y lógica entre otras.
Arquímedes	Comprobó el cálculo del área del círculo, explicó el principio de palancas y descubrió cómo calcular el peso específico de los cuerpos.
Erastótenes	Astrónomo, matemático y físico fue el primero en medir el meridiano terrestre (línea imaginaria alrededor de la tierra).
Euclides	Matemático que organizó el estudio de la geometría en pruebas lógicas. Sus Elementos son la base de la geometría plana actual.
Pitágoras	Matemático y filósofo al que se le atribuye entre otros, el teorema sobre triángulos que lleva su nombre y la tabla de multiplicar.

3. ¿Cuál sería un título apropiado para este cuadro?_____

_____

Documento 4: ALGUNAS PALABRAS DE ORIGEN GRIEGO

triángulo	físico	átomo	calcular
cosmos	tecnología	psicología	energía
geografía	círculo	teoría	análisis
nuclear	elipse	estadísticas	paralelo
lógico	síntesis	política	filosofía

4. De acuerdo a esta tabla, ¿qué campos de conocimiento interesaban a los griegos?

_____

_____

Documento 5:

Ya que la razón es la parte más divina de la naturaleza humana, una vida guiada por la razón humana es superior a cualquier otra ... Además, la felicidad siempre se deriva de hacer lo que es más natural. Para el hombre, es la vida de razón, ya que la facultad de razonamiento es la característica sobresaliente de los seres humanos.

—*Aristóteles*

5. De acuerdo a Aristóteles, ¿qué papel debe tener la razón en la vida de una persona?

_____

Parte B — Planteo de ensayo

Discute tres alcances de la antigua civilización griega.

Tu ensayo debe ser bien organizado y ha de contener un párrafo de introducción que declare tu posición. Presenta tu posición en los párrafos siguientes y luego escribe una conclusión. En el ensayo, incluye detalles históricos específicos y usa información de los documentos analizados en la Parte A. Debes también incluir información adicional de tu conocimiento de historia.

ANALISIS DE DOCUMENTOS

Usa las respuestas escritas después de cada documento para ayudarte a completar el cuadro de análisis que sigue. Se proporcionó el primer documento y cierta información externa. Al completar el resto del cuadro recuerda cuando analices el documento que debes vincularlo al tema.

— CUADRO DE ANALISIS —

Documento	Lo que el documento dice sobre algún alcance de la civilización griega
1. Sófocles/ Sócrates	*Estas citas muestran el ánimo inquisitivo de los griegos y su admiración por la razón humana. Sócrates nota que debemos pensar en nuestra vida para saber si actuamos moralmente. Sófocles cree que los humanos, al razonar por sí solos, son una de las grandes maravillas del mundo. Esta curiosidad y confianza en la razón humana llevó al nuevo estudio de la filosofía.*
2. Pericles	
3. Cuadro	
4. Palabras griegas	
5. Aristóteles	

Analiza estos documentos

Información pertinente externa:
- *Las ciudades-estado griegas comenzaron a surgir cerca de 1000 a. de J. C. en una península en el Mediterráneo.*
- *Los atenienses no permitían que votaran ni las mujeres, ni los esclavos ni los extranjeros.*
-
-

Agrega información relacionada sobre los griegos

LA REDACCION DEL ENSAYO

Después de examinar el planteo y analizar los documentos estás preparado para escribir el ensayo. Las oraciones de introducción y el primer párrafo del desarrollo ya están escritos. Completa las otras partes del ensayo usando como guía la información en el cuadro de análisis.

① La frase de introducción presenta el contexto histórico.

② La segunda oración declara el tema.

③ La frase de transición introduce los ejemplos específicos que vas a relacionar a la declaración del tema.

④ En el segundo párrafo debes discutir un ejemplo que apoye la declaración del tema. Presenta en tus propias palabras la información contenida en el documento.

⑤ Aquí se agrega la información externa relacionada al ejemplo.

⑥ En el tercer párrafo debes discutir otro ejemplo que apoye la declaración del tema. Asegúrate de vincular otros documentos o información externa relacionada al ejemplo.

Las antiguas ciudades-estado surgieron cerca de 1000 a. de J. C. en una península en el Mar Mediterráneo. Los alcances de la antigua Grecia son el cimiento de muchos logros humanos subsiguientes. La civilización griega se distinguió más en el desarrollo de tres campos que influyeron en las generaciones futuras: democracia, filosofía y ciencia.

En el segundo documento vemos que durante los siglos IV y V a. de J. C. los atenienses desarrollaron un nuevo sistema político conocido como democracia. En Atenas, dijo Pericles, el gobierno se basaba en el mando de muchas personas, no de unas cuantas. Los ciudadanos atenienses tenían el derecho de elegir a sus gobernantes y votar sobre asuntos importantes. Además de lo que nos dicen estos documentos, sabemos que no todos los atenienses eran ciudadanos; no podían votar los esclavos, las mujeres y los extranjeros.

En los documentos 1 y 5 vemos que _____

_____

_____

_____

_____

_____

_____

_____

_____

_____

_____

sigue...

⑦
En este párrafo debes discutir el tercer ejemplo que apoye el tema. la información directamente. Tienes que presentarla en tus propias palabras.

Los documentos 3 y 4 muestran que _____

_____

_____

_____

_____

_____

_____

_____

_____

_____

_____

_____

⑧
El párrafo de conclusión debe reiterar la declaración del tema.

Por lo tanto podemos ver que la antigua Grecia estableció las bases para los alcances subsiguientes en tres campos importantes — democracia, filosofía y ciencia. Los logros de la civilización griega enfatizan la gran deuda que tenemos con las civilizaciones antiguas.

⑨
Posiblemente querrás hacer una referencia general a los alcances de las civilizaciones antiguas.

NOTA: Para ayudarte más con los ensayos basados en documentos, al final de los capítulos que quedan hay un ejercicio de este tipo. En cada uno tendrás que relacionar un documento ejemplar con una declaración temática. Además, al final de los capítulos 11 y 16 hay planteos completos de ensayos basados en documentos.

CAPITULO 8

Cúpula de la Roca en Jerusalén

NUEVOS CENTROS DE CULTURA EN TIEMPOS TURBULENTOS, 500 - 1200

	500	620	740	860	980	1100	1220

BIZANCIO	IMPERIO BIZANTINO						
RUSIA			SURGIMIENTO DE LA RUSIA DE KIEV				
EUROPA	EDAD MEDIA:						
	INVASIONES DE LOS BARBAROS	SURGIMIENTO DE LOS FRANCOS		INVASIONES DE LOS VIKINGOS		CRUZADAS CRISTIANAS	
MEDIO ORIENTE		EXPANSION ISLAMICA			MUNDO ISLAMICO		
						INVASIONES DE LOS TURCOS SELYUCIDAS	
CHINA		DINASTIA T'ANG			DINASTIA SUNG		
JAPON			PERIODO DE HEIAN				

	500	620	740	860	980	1100	1220

EN QUE DEBES CONCENTRARTE

En el siglo V comenzó un tiempo de gran inquietud. En Europa Occidental, el Imperio Romano llegó al derrumbe completo. En el Oriente, una guerra civil siguió la caída de la dinastía Han en China. Ambos imperios fueron invadidos por nómadas. Una gran parte de esta época fue dedicada a la reconstrucción de sistemas de leyes y orden y a la conservación de la herencia cultural del mundo antiguo frente a las constantes invasiones. Después de la caída del Imperio Romano y del Imperio de los Han, cuatro regiones del mundo pasaron por cambios importantes:

Bizancio: La parte oriental del Imperio Romano se mantuvo unos 1.000 años con el nombre de Imperio Bizantino. Conservó una gran parte de la cultura griega y romana y estableció su propia forma de cristianismo.

Medio Oriente: Una nueva religión apareció en el Siglo VII. Los nómadas árabes recorrieron a través del suroeste de Asia y del norte de Africa estableciendo un imperio islámico, al mismo tiempo asimilando tradiciones locales.

CAMBIOS DESPUES DE LA CAIDA DE ROMA Y EL DERRUMBE DE LA DINASTIA HAN

Europa occidental: Se perdió una gran parte de la herencia griega y romana. El cristianismo vino a ser la fuerza unificadora principal. Surgió una nueva forma de organización social y política conocida como feudalismo.

China: Los modelos fundamentales de la cultura china resurgieron después de un largo período de guerra civil. China también fue afectada por el nuevo impulso del budismo. Entretanto, la cultura china se extendió al Japón.

En contraste con Europa occidental, China, el mundo islámico y Bizancio retuvieron grandes centros urbanos y culturales. Estas regiones gozaron de "edades de oro" en las que florecieron las artes y la tecnología. Hacia el fin de esta era, las cruzadas pusieron a los europeos en mayor contacto con estas otras sociedades.

Al repasar esta época, ten presente que en los exámenes encontrarás preguntas parecidas a las siguientes:

- ¿Cuáles fueron los alcances culturales más importantes de esta época?
- ¿Qué papel tenían las grandes religiones — cristianismo, islamismo y budismo — en los acontecimientos de este tiempo?
- ¿Qué fue el feudalismo, y cómo funcionaba?

EXAMEN DEL GOBIERNO

El filósofo Aristóteles de la Grecia antigua dijo que "el hombre es un animal político". Esto quería decir que los humanos son seres sociables. No pueden vivir en aislamiento, sino que dependen unos de otros y viven en comunidades.

¿QUE ES EL GOBIERNO?

La necesidad de estar con otros individuos tiene consecuencias importantes. Toda comunidad tiene que establecer reglas para poder decidir en las disputas entre sus miembros y para protegerse de otros que pueden ser hostiles. El cuerpo que tiene la autoridad de llevar a cabo estas funciones se conoce como **gobierno**. La palabra "gobernar" viene de una palabra del griego clásico relacionada a la dirección de un barco. Igual que el capitán dirige un barco, el gobierno dirige la conducta de los miembros de la comunidad entre ellos mismos y con relación a los forasteros.

¿QUE FORMAS TOMAN LOS GOBIERNOS?

A lo largo de la historia los gobiernos habían tenido muchas formas distintas. A continuación se presenta una vista cronológica de las formas más importantes.

GOBIERNOS TRIBALES

En las sociedades primitivas, la gente a menudo estaba bajo la dirección de un jefe o de individuos de más edad. Muy a menudo los jefes tribales eran miembros respetados de la tribu de gran sabiduría o guerreros muy diestros. Ya que no había leyes escritas, la gente dependía de las tradiciones orales, de las costumbres y de las decisiones de sus jefes.

MONARQUIAS ANTIGUAS

En las civilizaciones antiguas de Mesopotamia, Egipto, India, China y las Américas, con el correr del tiempo, un jefe surgía como un rey todopoderoso. Generalmente el soberano reclamaba actuar como un dios, combinando poderes políticos y religiosos. El rey extendía su poder sobre otras sociedades cuando sus ejércitos conquistaban a los pueblos vecinos.

DEMOCRACIA

Los atenienses de la antigüedad fueron los primeros que desarrollaron la **democracia**; el gobierno por el pueblo. Los ciudadanos elegían a sus jefes y a menudo hacían decisiones por medio del voto directo en una gran asamblea. Para que la democracia pueda funcionar, los ciudadanos tienen que tener derechos fundamentales como la libertad de palabra y de prensa, el derecho a organizarse, de no quedar encarcelados sin causa apropiada y el derecho a un juicio justo.

FEUDALISMO

El feudalismo fue un sistema social y político que a menudo surgía en regiones donde el gobierno central era débil. El monarca dependía de los servicios de una nobleza leal que tenía poder casi absoluto sobre sus terrenos locales.

ABSOLUTISMO O MONARQUIA DE DERECHO DIVINO

Con la monarquía por derecho divino, también conocida como **absolutismo**, los soberanos tales como Luis XIV de Francia controlaban a sus súbditos reclamando que su autoridad provenía directamente de Dios. Otros monarcas justificaban su absolutismo al declarar que podían proporcionar el gobierno más justo y eficaz si tenían poder total. Los escritores como Maquiavelo y Thomas Hobbes creían que la naturaleza humana era esencialmente malvada, y que se necesitaba un soberano fuerte para mantener íntegra la sociedad. Siglos antes de ellos en China Chi-Huangdi tenía la misma opinión.

CONTRATO SOCIAL Y MONARQUIA CONSTITUCIONAL

A fines del siglo XVII, John Locke propuso la **teoría de contrato social**. De acuerdo a Locke, el soberano gobernaba con el consentimiento de sus súbditos. Los súbditos entraban en contrato con el rey, prometiendo obedecerlo con tal que él protegiera sus derechos. Este sistema, en el que el soberano rige de acuerdo a una constitución se conoce como **monarquía constitucional**. Si el rey violaba los derechos de sus súbditos, Locke decía que el pueblo tenía derecho de derribarlo.

TOTALITARISMO

El **totalitarismo** es un sistema del siglo XX parecido al absolutismo real anterior. Un dictador sostiene que gobierna en el nombre del pueblo. Los ciudadanos individuales no tienen derechos verdaderos. El gobierno controla todos los aspectos de la vida pública y privada. La tecnología moderna facilita la inhumanidad de un modo no alcanzado por el absolutismo real. Alemania bajo Hitler, la Unión Soviética stalinista y China bajo Mao son ejemplos de estados totalitarios del siglo XX.

SUCESOS HISTORICOS PRINCIPALES

NUEVOS CENTROS DE CULTURA

Durante esta época surgieron dos nuevos centros de cultura. Bizancio y los árabes controlaban grandes imperios en el este de Europa y el Medio Oriente.

IMPERIO BIZANTINO (330 - 1453)

En 330 d. de J. C. el Emperador Constantino mudó la capital del Imperio Romano de Roma a Bizancio, una ciudad griega en la parte oriental del imperio. La ciudad, que recibió el nuevo nombre de Constantinopla, estaba situada estratégicamente en el Estrecho de Bósforo que vincula el Mar Negro con el Mediterráneo. Estaba rodeada de tres lados por el agua y gruesas murallas, lo que la hacía casi invulnerable a ataques.

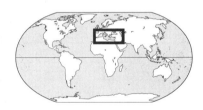

Una cultura unica se desarrolla en el Bizancio

Aunque la parte occidental del Imperio Romano se derrumbó en el siglo V, la parte oriental del antiguo Imperio Romano, llamada Imperio Bizantino, duró otros mil años. En el Bizancio, el sistema imperial de gobierno fue mantenido sobre una población diversificada. También se desarrolló una forma específica de cristianismo, conocida como cristianismo oriental ortodoxo, distinto y separado del catolicismo romano. A

EL IMPERIO BIZANTINO

EUROPE
KINGDOM OF THE FRANKS
KINGDOM OF THE VISIGOTHS
Danube R.
BLACK SEA
PERSIAN EMPIRE
Rome
Constantinople
Tigris R.
Euphrates R.
Oran   Algiers   Carthage
MEDITERRANEAN SEA
Jerusalem
Alexandria
ARABIA
AFRICA
Nile R.
RED SEA

Imperio Bizantino a la muerte de Justiniano, 565
Imperio Bizantino cerca de 1050

0   Miles   750

diferencia de Roma, el idioma principal del Imperio Bizantino era el griego.

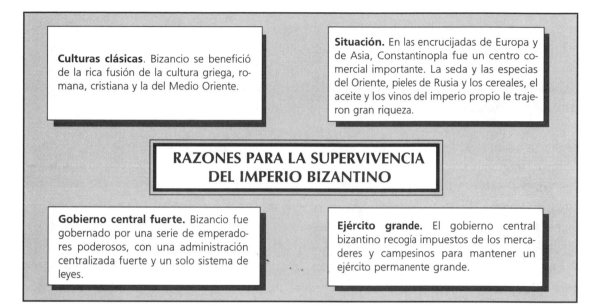

Culturas clásicas. Bizancio se benefició de la rica fusión de la cultura griega, romana, cristiana y la del Medio Oriente.

Situación. En las encrucijadas de Europa y de Asia, Constantinopla fue un centro comercial importante. La seda y las especias del Oriente, pieles de Rusia y los cereales, el aceite y los vinos del imperio propio le trajeron gran riqueza.

RAZONES PARA LA SUPERVIVENCIA DEL IMPERIO BIZANTINO

Gobierno central fuerte. Bizancio fue gobernado por una serie de emperadores poderosos, con una administración centralizada fuerte y un solo sistema de leyes.

Ejército grande. El gobierno central bizantino recogía impuestos de los mercaderes y campesinos para mantener un ejército permanente grande.

INFLUENCIA BIZANTINA EN RUSIA

Rusia tuvo su origen como estado organizado en el siglo IX. Un grupo de tribus **eslavas** llegó a dominar la región. Los invasores vikingos las organizaron en un reino centralizado en Kiev. En el norte se desarrollaron otras ciudades antiguas como el Moscú y Novgorod. Estas ciudades rusas tenían un comercio floreciente con el Imperio Bizantino.

Bizancio influyó en Rusia de formas importantes. La cultura bizantina — especialmente el cristianismo oriental ortodoxo, el alfabeto cirílico, y los artefactos y productos bizantinos — se introdujeron en Rusia. Los emperadores bizantinos que tenían poder absoluto se convirtieron en modelo para los futuros soberanos rusos.

RUSIA DE LA EPOCA DE KIEV

Territorios de Rusia de Kiev en 1054

FINLANDESES
Lake Onega
Lake Lagoda
MAR BALTICO
Novgorod
Volga R.
Rostov
BALTOS
Moscú
POLONIA
Volga R.
Vladimir
Kiev
Vistula R.
Dnester R.
Dnepr R.
Don R.
HUNGRIA
0   **Miles**   500
KAZARS
Danube R.
MAR NEGRO
IMPERIO
Constantinopla
BIZANTINO

DECLIVE DEL IMPERIO BIZANTINO

Las dimensiones del imperio variaban a lo largo del tiempo. En sus primeros siglos, dominaba los Balcanes, el Medio Oriente y partes de Italia. Bajo **Justiniano** (527-565), Bizancio reconquistó una gran parte del antiguo Imperio Romano, pero tenía que batallar continuamente con los eslavos y ávaros en el norte, el Imperio Persa hacia el este y el islamismo que se expandía en el sur. En el siglo VII, los árabes musulmanes asieron la mayor parte del territorio imperial en el Medio Oriente.

El declive final de Bizancio comenzó en el siglo XI. Las ciudades-estado del norte de Italia comenzaron a competir con Constantinopla en el comercio del Mediterráneo. Los **turcos selyúcidas**, un pueblo nómada original de Asia Central, derrotaron a los bizantinos en 1071, y tomaron la mayor parte de Asia Menor, a excepción de Constantinopla misma. Pero Bizancio seguía en control de los Balcanes y se mantuvo otros 400 años. El imperio finalmente se deshizo ante los ataques constantes. Para la década de 1440, el gran Imperio Bizantino quedó reducido a una pequeña región alrededor de Constantinopla. En 1453, la ciudad fue conquistada por los turcos otomanos.

LEGADO DEL IMPERIO BIZANTINO

Las raíces culturales de Europa Oriental se encuentran en las contribuciones de Bizancio.

Conservó culturas antiguas. Bizancio conservó la rica herencia cultural de las civilizaciones clásicas: los textos antiguos griegos y romanos se salvaron de la destrucción por tribus bárbaras.

Código de Justiniano. El Emperador Justiniano consolidó las leyes romanas en un solo código, el Código de Justiniano. Este influyó mucho en los sistemas legales europeos subsiguientes

EL LEGADO BIZANTINO

Nueva forma de cristianismo. El cristianismo de Bizancio (ortodoxia oriental) fue encabezado por un patriarca y el emperador en Constantinopla y no el papa en Roma.

Protección contra invasiones. El Imperio Bizantino sirvió de escudo al proteger a Europa Occidental de la expansión del islamismo y la invasión de los eslavos.

Las artes. Bizancio fue bien conocida por los mosaicos, iconos pintados, joyas y sedas. La catedral de Constantinopla, **Hagia Sofía**, se considera uno de los edificios más hermosos del mundo.

PROMINENCIA DEL ISLAM

En el siglo VII, surgió una nueva religión, el islám, en la Península Arábiga. Dentro de cien años, los musulmanes controlaban una región más grande que el Imperio Romano en su apogeo. La caída de Roma facilitó la llegada a la eminencia de esta nueva fuerza.

Las guerras entre el Imperio Bizantino y el Persa interrumpieron el comercio por rutas terrestres desde Asia Oriental. El comercio en especias, seda china y algodón de la

India se desplazó a las vías marítimas que vinculaban la India con Arabia y el Mar Rojo. Las caravanas llevaban bienes por rutas terrestres a la costa de la Península Arábiga. En los oasis a lo largo de estas rutas de caravanas se desarrollaron ciudades y pueblos. **La Meca** fue una de estas ciudades importantes.

MAHOMA, EL PROFETA DEL ISLAM

La religión islámica fue fundada por un mercader árabe llamado **Mahoma**, que fue influido por sus contactos con los judíos y cristianos. Mahoma tuvo la visión de un ángel que le mandaba a convertir las tribus árabes, que en aquel entonces creían en muchos dioses, a la creencia en un solo Dios, conocido en árabe como "**Alá**". Este era el mismo Dios venerado por los judíos y los cristianos. Después de su visión, Mahoma comenzó a enseñar sus creencias. A los mercaderes en La Meca no les gustó la exigencia de Mahoma de dar limosnas a los pobres, y temían su creciente influencia. Temiendo por su vida, Mahoma huyó a la ciudad de Medina en el año 622. Este suceso, conocido como la **Hegira**, señala el comienzo del calendario musulmán. En Medina, Mahoma vino a ser un jefe religioso muy popular. Reunió un ejército y capturó La Meca en una "guerra santa" o **jihad**. Dos años más tarde, en el 632, Mahoma murió.

LOS FUNDAMENTOS DEL ISLAMISMO

Alá. Alá es el Dios todopoderoso que juzgará a todos al fin del mundo. La palabra *islam* significa "sumisión a Dios".

Corán. El Corán es el libro sagrado. Consiste en las enseñanzas de Mahoma, inclusive los Cinco Puntales de Fe, y proporciona la base del sistema legal islámico.

Jihad. Mahoma enseñaba que el que muriera en una "guerra santa" (jihad) para esparcir el islamismo iría directamente al cielo.

LOS CINCO PUNTALES DE FE

Los Cinco Puntales de Fe son las obligaciones religiosas fundamentales con las que deben cumplir los musulmanes:

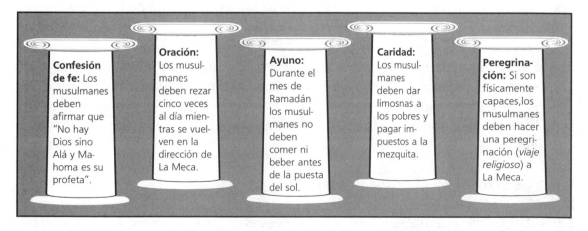

Confesión de fe: Los musulmanes deben afirmar que "No hay Dios sino Alá y Mahoma es su profeta".

Oración: Los musulmanes deben rezar cinco veces al día mientras se vuelven en la dirección de La Meca.

Ayuno: Durante el mes de Ramadán los musulmanes no deben comer ni beber antes de la puesta del sol.

Caridad: Los musulmanes deben dar limosnas a los pobres y pagar impuestos a la mezquita.

Peregrinación: Si son físicamente capaces, los musulmanes deben hacer una peregrinación (*viaje religioso*) a La Meca.

LA RELIGION MUSULMANA SE ESPARCE (630-800)

El islamismo unió las tribus de Arabia que también compartían el idioma común (árabe). Los árabes emprendieron una "guerra santa" contra los infieles. Eran guerreros del desierto que luchaban con entusiasmo para ganarse la entrada al cielo. En contraste, los bizantinos y los persas estaban debilitados por los siglos de luchas entre ellos mismos. En el siglo siguiente, los árabes establecieron un vasto imperio que se extendía desde España hasta el valle del Indo.

EL IMPERIO ARABE EN SU APOGEO, SIGLO IX

METODOS DE GOBIERNO ARABE

Los árabes convertían o esclavizaban a los pueblos paganos que veneraban muchos dioses. Al principio, los conversos que no eran árabes no tenían los mismos derechos que los árabes, pero más tarde todos los musulmanes eran tratados de forma igual. Los judíos y los cristianos eran respetados, ya que según los musulmanes rendían culto al mismo Dios. Sin embargo, tenían que pagar impuestos especiales y no podían desempeñar muchos cargos públicos.

Cuando murió Mahoma, sus discípulos escogieron un nuevo jefe al que llamaron **califa** o "sucesor de Mahoma". Los califas de la familia Umaiyad mudaron la capital del imperio islámico a Damasco (*en Siria de hoy*). Después del año 750, una nueva familia, la de los **Abasidas**, tomó la dirección del califato y mudó la capital a Bagdad (*en Iraq del presente*). El califa vino a ser un soberano absoluto rodeado de una corte suntuosa.

EDAD DE ORO DE LA CULTURA ISLAMICA

Durante esta época, mientras la erudición decayó en Europa Occidental, tuvo lugar la **Edad de Oro de la cultura islámica** —un tiempo de grandes adelantos en cultura y tecnología. Los árabes absorbieron los alcances culturales de los griegos, persas, romanos, judíos y bizantinos. También controlaban una vasta región comercial —más grande que el antiguo Imperio Romano. El Imperio Islámico, igual que Bizancio anteriormente, vino a ser la encrucijada del comercio. Los bienes desde la India, China, Africa, España y del Mediterráneo atravesaban los territorios árabes.

Conservación de la cultura griega y romana. Los eruditos islámicos copiaron los antiguos textos griegos y romanos y los tradujeron al árabe.

Artes y artefactos. Mahoma prohibió que se hiciesen imágenes de Dios. En el arte árabe predominan los diseños geométricos, flores y estrellas. Se apreciaban sus tejidos, productos de cuero y alfombras.

ALCANCES CULTURALES ARABES

Matemáticas. Los eruditos árabes tomaron el concepto del cero de la India y desarrollaron los números arábigos, más tarde adoptados a través de todo el mundo. Esto trajo adelantos en álgebra y geometría.

Arquitectura. Los soberanos musulmanes hicieron construir hermosos palacios y mezquitas, decoradas lujosamente con mosaicos, caligrafía y diseños geométricos.

Medicina. Los médicos árabes descubrieron la circulación de la sangre por medio del corazón. Aprendieron a diagnosticar muchas enfermedades, inclusive el sarampión y la viruela.

El próspero Imperio árabe atrajo invasores desde Asia Central. En el siglo XI, los **turcos selyúcidas** capturaron a Bagdad. Se convirtieron al islám y Bagdad siguió como capital de su nuevo imperio. En el siglo XII, los cristianos y musulmanes tuvieron una serie de guerras por la Tierra Santa —conocidas como las **cruzadas.** En el siglo XIII, el mundo islámico fue invadido por los mongoles que destruyeron a Bagdad en 1258.

UNA NUEVA SOCIEDAD SURGE EN EUROPA OCCIDENTAL

Mientras que los Imperios Bizantino y Arabe surgieron como nuevos centros culturales, hubo cambios importantes en Europa Occidental. Los historiadores a menudo llaman esta época de la historia europea, desde la caída de Roma hasta el siglo XV, la **Edad Media** o época medieval.

UN ORDEN POLITICO Y SOCIAL NUEVO

Más allá de las fronteras de Roma vivían tribus germanas tales como godos, vándalos, lombardos, burgundios y francos. Los romanos consideraban estos pueblos como "bárbaros" incultos. En el siglo IV, una tribu guerrera conocida como hunos llegaron a Europa desde Asia Central.

INVASIONES DE LOS BARBAROS

A medida que los hunos entraban en Europa iban empujando a las tribus germanas hacia el oeste. Estas a su vez avanzaron hacia el Imperio Romano. Los visigodos derrotaron el ejército romano y saquearon la ciudad de Roma en el año 410. Las tribus germanas gradualmente establecieron reinos en muchas partes del antiguo Imperio Romano. Los anglos y sajones invadieron Inglaterra, mientras que los visigodos ocuparon a España. Los lombardos ocuparon el norte de Italia y los francos conquistaron Galia (*Francia de hoy*). Gradualmente estas tribus se cristianizaron.

Las continuas guerras estorbaban el comercio. Los viajes eran peligrosos a causa de la violencia. Los caminos y puentes esta-

LOS REINOS BARBAROS EN EUROPA, 500 D. de J.C.

ban en malas condiciones. La gente dejó de usar dinero. Las ciudades y los pueblos iban vaciándose. Cesó el interés por la ciencia y la erudición a medida que aumentó la carestía de alimentos y otros bienes.

PROMINENCIA DE LOS FRANCOS

Los **francos** establecieron el más grande de los nuevos reinos germanos en lo que hoy es Francia. Divididos al principio en pequeños grupos, fueron unificados por **Clodoveo** en 490. Después de su muerte, el reino franco volvió a dividirse en estados más pequeños. Los individuos poderosos tomaron posesión de tierras, y los campesinos construían sus chozas alrededor de las residencias de estos terratenientes dedicándose al cultivo de la tierra.

Con el tiempo, una de las familias nobles principales llegó al poder. **Carlos Martel** reunificó el reino franco. Formó un ejército fuerte al otorgar tierras a los nobles francos principales a cambio de servicio militar. En 732, con la victoria en la **Batalla de Tours,**

Martel detuvo el avance de las fuerzas musulmanas en Europa. En 751, su hijo **Pipino** tomó el poder y se hizo rey de los francos. Con el apoyo del papa, Pipino cruzó los Alpes y tomó control del norte de Italia.

EL DOMINIO DE CARLOMAGNO

El hijo de Pipino, conocido como **Carlomagno** (*Carlos el Grande*), vino a ser rey en 768. Carlomagno expandió la práctica de otorgar tierras a los nobles a cambio de su promesa de lealtad y servicio. Los nobles responderían al llamado del rey al servir con sus caballeros en las fuerzas reales. Los nobles principales, a su vez daban tierras a los nobles menores a cambio de promesas similares. Los campesinos se ponían en servicio de sus señores locales para obtener seguridad. Carlomagno expandió el reino franco de modo que incluía los territorios de lo que hoy son Francia, Alemania, Bélgica y el norte de Italia.

Carlomagno estableció su nueva capital en Aquisgrán que convirtió en un centro de aprendizaje. Las iglesias y los monasterios abrieron escuelas. De acuerdo al deseo del papa, en el año 800 Carlomagno fue coronado emperador del "**Sacro Imperio Romano Germánico**". Esto en efecto anunció que Europa Occidental era independiente del emperador bizantino. La coronación de Carlomagno también significó la fundición de la unidad política y religiosa de Europa Occidental bajo el concepto de **cristiandad**, la unidad de todos los europeos del oeste en la fe católica romana. Después de la muerte de Carlomagno, su imperio fue dividido entre sus hijos. Aunque su imperio no fue duradero, Carlomagno estableció los cimientos culturales y políticos de Europa Occidental para varios siglos subsiguientes.

EUROPA FRENTE A NUEVAS AMENAZAS

La división del imperio de Carlomagno ocurrió precisamente cuando Europa se encontraba frente a nuevas amenazas. Desde el este, los eslavos y los magiares invadieron las tierras de lo que hoy son Alemania, Francia e Italia. Desde el norte de Africa los musulmanes (moros) atacaron el sur de Italia. Sin embargo, la amenaza más grande eran los **vikingos** —agricultores y marineros de Escandinavia situada en el extremo norte de Europa. Los vikingos navegaban hacia el sur en busca de comercio, botín y tierra.

Entre los años 800 y 1000, los vikingos asaltaron repetidas veces las costas de Europa Occidental, a menudo cometiendo atrocidades. Aunque sembraban miedo y destrucción en su senda, los vikingos también abrieron nuevas rutas comerciales. Los vikingos tenían en común la lengua, la religión y el modo de vida. Sus largos barcos eran fáciles de maniobrar y podían navegar en mar abierto o cerca de las orillas. En algunos lugares, como en el norte de Inglaterra, los vikingos establecieron nuevos poblados; en otros, se mezclaron con la población local.

SOCIEDAD FEUDAL EN EUROPA

Para protegerse de la violencia y poder llenar sus necesidades económicas, a través de Europa Occidental la gente adoptó el sistema franco conocido como **feudalismo**. Este ayudó a la gente a sobrevivir el derrumbe del orden y del gobierno central. El feudalismo en Europa se caracterizó por relaciones sociales, económicas y políticas importantes.

RELACIONES SOCIALES

Una característica importante de la sociedad feudal fue el desarrollo de una estructura rígida de clases basada en la fuerza militar y el control de la tierra. Los individuos nacidos como siervos, caballeros o señores no podían cambiar su posición social. Los nobles (*señores*) locales recibían tierras de sus gobernantes a cambio de servicio militar. Estos señores tenían ejércitos pequeños propios compuestos de **caballeros**, guerreros armados.

RELACIONES ECONOMICAS

Durante la Edad Media la mayoría de la gente vivía en **solares**. Un solar consistía de la casa solariega del señor, chozas de campesinos en las tierras circundantes y campos de cultivo. Cada solar producía sus propios alimentos, vestimentas y albergues. Los **siervos** (*campesinos*) daban al señor parte de su cosecha a cambio del uso de la tierra y otros servicios que necesitaban. A cambio, el señor protegía a los siervos de ataques externos. Cada señor tenía poder casi completo sobre los siervos que vivían

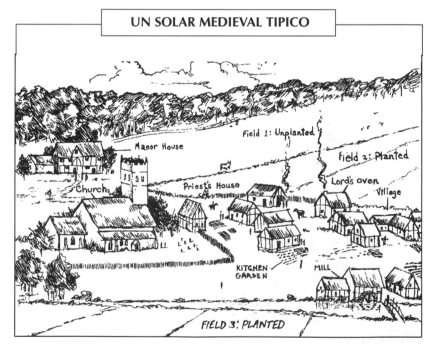

UN SOLAR MEDIEVAL TIPICO

Field 1: Unplanted

Field 2: Planted

Manor House

Lord's oven

Village

Priest's House

Church

KITCHEN GARDEN

MILL

FIELD 3: PLANTED

en sus tierras. Podía instituir leyes, establecer impuestos y actuar como juez. Los siervos estaban vinculados a la tierra y no tenían nada que decir en la mayoría de los asuntos.

RELACIONES POLITICAS

Bajo el sistema feudal, el rey y sus nobles principales controlaban la vida política. El rey dependía en los nobles que proporcionaban ejércitos, y los nobles a menudo luchaban entre sí o desafiaban la autoridad real. Eran frecuentes las guerras civiles, y los nobles poderosos a menudo se apoderaban del trono.

LA EDAD DE FE

Durante la Edad Media, la Iglesia Católica fue la organización más poderosa de Europa Occidental. Había para ello varias razones:

RAZONES PARA EL PODER DE LA IGLESIA

La importancia de la fe. La gente era muy religiosa. Creía que la Iglesia representaba a Dios y tenía el poder de dirigir al individuo al cielo o al infierno. La mayoría de los europeos se sentían unidos por la fe que tenían en común.

Poder y riquezas. Muchos nobles al morir dejaban tierras a la Iglesia esperando ganar entrada al cielo. La Iglesia vino a ser la terrateniente más grande de Europa. La riqueza de la Iglesia aumentó también por medio de **diezmos** (*impuestos eclesiásticos*).

Erudición. La Iglesia fue el centro principal de erudición. Los funcionarios eclesiásticos eran generalmente los únicos individuos que sabían leer y escribir. Los gobernantes a menudo dependían de los funcionarios de la Iglesia ya que éstos eran las personas más educadas.

LAS CRUZADAS (1096 - 1291)

El poder y la influencia de la Iglesia Católica durante la Edad Media se pueden ver en su capacidad de conducir una guerra santa contra los musulmanes. Por siglos enteros, los peregrinos cristianos visitaban a Jerusalén, donde según sus creencias tuvieron lugar muchos acontecimientos descritos en la Biblia. Sin embargo, en el siglo XI los turcos selyúcidas tomaron control de la Tierra Santa y rechazaron a los peregrinos cristianos.

EL LLAMADO A LA TIERRA SANTA

Sacudido y enojado, el Papa **Urbano II** en 1095 convocó a todos los cristianos en Europa a que se unieran en una **cruzada**, una guerra santa que reconquistara la Tierra Santa del dominio musulmán. En consecuencia, hubo siete cruzadas emprendidas a lo largo de dos siglos. Las cruzadas unieron a soberanos y nobles de toda Europa en una causa común. Aunque los cruzados no llegaron a ganar control permanente de la Tierra Santa, las cruzadas tuvieron efectos importantes:

Difusión cultural. Los europeos fueron expuestos a nuevas ideas, tales como el uso del cero en las matemáticas, y productos extranjeros como seda, especias, café, perfumes, vidrio, tejidos de algodón, pasas de uva.

Nueva erudición. Con el contacto con los musulmanes en España y en otras partes, los europeos volvieron a encontrarse con los escritos de los griegos y romanos antiguos.

EFECTOS DE LAS CRUZADAS

Aumento de comercio. La demanda europea de productos tales como especias, azúcar, limones y alfombras resultó en un aumento del comercio con otras partes del mundo y el enriquecimiento de las ciudades-estado italianas.

Aumento de la intolerancia. Las cruzadas llevaron a la persecución de judíos y musulmanes por los cristianos en Europa y la persecución de cristianos por los musulmanes en el Medio Oriente.

SUPERVIVENCIA DE LA TRADICION CHINA

Igual que Europa después de la caída del Imperio Romano, China entró en un largo período de inquietud y agitación después del derrumbe de la dinastía Han en el año 220. Igual que en el Oeste, el avance de los hunos sumió a China en desorden. Surgieron varios reinos que guerreaban entre sí, mientras que estaban en declive la ciencia, el arte y la cultura. En estos años, el budismo se esparció en una gran parte de China. Esta época de la historia de China se conoce como la de las **Seis Dinastías**.

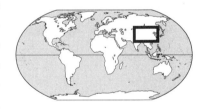

Pasaron varios siglos antes de que China resurgiera como una civilización de importancia mundial bajo los T'ang.

DINASTIA T'ANG (618-907)

Durante la **dinastía T'ang**, China gozó de una **Edad de Oro**. Los soberanos T'ang reunificaron el país y reinaron la paz y prosperidad. Gobernaron un inmenso imperio de más de 50 millones de habitantes. Expandieron su dominio a Corea, Manchuria y partes de Asia Central. El gobierno conducía censos cuidadosos (*cuentas de población*), administraba exámenes a los candidatos para cargos gubernamentales y construía obras públicas.

También hubo grandes adelantos en la arquitectura, escultura, pintura y producción de porcelana. Los chinos desarrollaron formas únicas de jardinería — usando arroyos, rocas y árboles — diseñada con el propósito de contemplación. En la China de la dinastía

T'ang también se desarrolló la imprenta de bloque para poder imprimir ejemplares de textos confucianos; éstos ayudaban a los candidatos para servicio civil a prepararse para los exámenes. Durante estos siglos, China se benefició del contacto y comercio con los árabes, persas, japoneses y bizantinos.

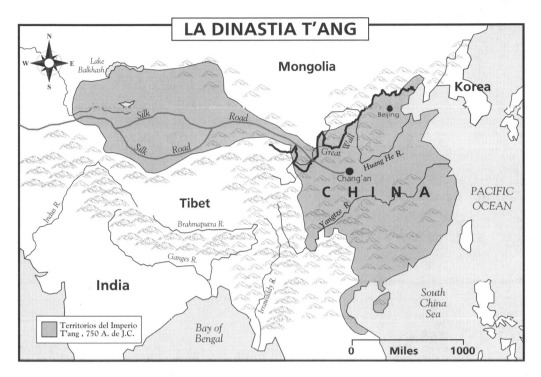

DINASTIA SUNG (960-1279)

Después de la caída de la dinastía T'ang, los territorios de China volvieron a encogerse. En 960, fue fundada la **dinastía Sung**. Una dinastía rival se estableció más tarde en el norte, con la capital en Pekín. A pesar de esta reducción adicional en dimensión y en poder, la China de los Sung continuó desarrollando los alcances culturales de los T'ang.

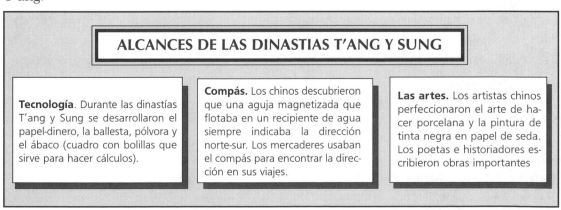

ALCANCES DE LAS DINASTIAS T'ANG Y SUNG

Tecnología. Durante las dinastías T'ang y Sung se desarrollaron el papel-dinero, la ballesta, pólvora y el ábaco (cuadro con bolillas que sirve para hacer cálculos).

Compás. Los chinos descubrieron que una aguja magnetizada que flotaba en un recipiente de agua siempre indicaba la dirección norte-sur. Los mercaderes usaban el compás para encontrar la dirección en sus viajes.

Las artes. Los artistas chinos perfeccionaron el arte de hacer porcelana y la pintura de tinta negra en papel de seda. Los poetas e historiadores escribieron obras importantes

La China de los Sung fue el país más poblado y de civilización más avanzada en ese tiempo. Los comerciantes, artesanos y eruditos vivían en grandes pueblos y ciudades. La capital de los Sung tenía más de un millón de habitantes. Los chinos comerciaban con muchas otras partes del mundo. Las caravanas llevaban seda china a través de Asia Central. Grandes barcos llevaban productos chinos a Corea, Japón, el sudeste de Asia, India y Africa.

ANTIGUA HISTORIA DEL JAPON

El Japón fue una de las regiones más influidas por la cultura china. La sociedad en el antiguo Japón se revolvía alrededor de **clanes** —grupos de familias que tenían antepasados comunes y seguían al mismo jefe. Los antiguos japoneses rendían culto a los **kami** (*espíritus encontrados en la naturaleza*), lo que dio origen a la religión llamada **sintoísmo**. Para el siglo V, el jefe de un clan unificó el país y se estableció como emperador. Para fortificar su autoridad, el emperador reclamaba ser descendiente directo de la diosa del sol.

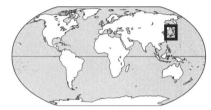

INFLUENCIA CHINA EN EL JAPON

La situación del Japón en la proximidad a China fomentó la **difusión cultural**. Tanto los eruditos como los mercaderes llevaron al Japón muchos aspectos de la cultura china, inclusive el confucianismo y budismo aparte de la forma china de escritura. Los japoneses estaban impresionados por la calidad de los productos chinos como la seda y cerámica. La música, el arte, los tejidos, la arquitectura, la danza y hasta la cocina china influyeron en los japoneses. Las ideas chinas del budismo, confucianismo y taoísmo interactuaron con las convicciones japonesas y formaron nuevos valores y creencias. El confucianismo inculcaba lealtad a la familia y al soberano. El budismo enseñaba a los japoneses a renunciar pasiones egoístas, mientras que el taoísmo fomentaba el amor de la naturaleza. Los soberanos japoneses deliberadamente tomaban de China lo mejor que ésta tenía. El emperador estableció una corte imperial parecida a la china y se declaró soberano absoluto.

Aunque fue fuertemente influida por China, la sociedad japonesa nunca vino a ser una copia exacta de la china. Los japoneses no adoptaron la convicción china de que un gobernante podía ser derrocado por el mandato del cielo porque creían que su emperador era descendido de los dioses. Los nobles japoneses también rechazaron la idea de tomar exámenes para entrar en el servicio imperial.

EDAD DE ORO DEL JAPON: EL PERIODO DE HEIAN (794-1185)

En 794, el emperador del Japón mudó la capital a Heian (*Kyoto del presente*). Su suntuosa corte fue mantenida por un vasto sistema de impuestos. Toda la tierra pertenecía al emperador que la prestaba a los nobles y campesinos para su uso. A su vez, los campesinos tenían que entregar una parte de sus cosechas a los recogedores de impuestos imperiales.

Durante el período de Heian, conocido como la **Edad de Oro** del Japón, los miembros de las familias nobles principales pasaban mucho tiempo en la corte, en la compañía del emperador. Florecieron el arte y la literatura. Una de las primeras novelas jamás escritas y al mismo tiempo una de las obras clásicas más grandes de la literatura japonesa, *El cuento de Genji*, se completó cerca de 1008 por la **Dama Murasaki** de la corte imperial. La novela narra la historia de Genji, el hijo del emperador, y sus muchos romances y aventuras.

Con el correr del tiempo, los emperadores subsiguientes levantaron la carga de impuestos de algunos de los nobles. Los que dedicaron nuevas tierras al cultivo también podían retenerlas como terrenos privados. Muchos nobles pudieron así establecer grandes posesiones privadas. Para el fin del período de Heian, los terratenientes nobles comenzaron a levantar sus propios ejércitos de guerreros conocidos como **samurai**. El gobierno imperial, al recoger menos impuestos, se debilitó. En 1156, estalló una guerra abierta entre las familias nobles principales del Japón.

RESUMEN DE TU COMPRENSION

PARA RECORDAR TERMINOS, CONCEPTOS Y PERSONAJES IMPORTANTES

Prepara tarjetas de vocabulario para cada uno de los siguientes términos, conceptos y personas:

Imperio Bizantino	Corán	Feudalismo	Cruzadas
Mahoma	Edad Media	Solares	Difusión cultural
Islám	Carlomagno	Iglesia Católica	Samurai

COMPLETACION DE DIAGRAMA

El derrumbe del Imperio Romano fue seguido por un período de caos y desorden. Completa el diagrama en la página siguiente para describir la situación en Europa Occidental después de la caída del Imperio Romano.

(1)
_____
_____

(2)
_____
_____

EUROPA OCCIDENTAL DESPUES DE LA CAIDA DE ROMA

(3)
_____
_____

(4)
_____
_____

COMPLETACION DE UN ESQUEMA DE PARRAFO

Las dinastías T'ang y Sung de China, el Imperio Bizantino y los califatos de los Umaiyad y de los Abasidas en el mundo islámico tuvieron muchas contribuciones. Escoge **una** de estas culturas y **muestra cómo** llegó a hacer una contribución duradera al mundo.

Selección: Una contribución importante de _____ fue

_____

Hecho(s) / Ejemplo(s) _____

_____

Vínculo: _____

Conclusión: _____

_____

COMPRUEBA TU COMPRENSION

Comprueba tu comprensión de este capítulo al solucionar los siguientes problemas:

PREGUNTAS DE SELECCION MULTIPLE

1   Un resultado inmediato de la caída del Imperio Romano fue
    1 un interés renovado en la educación y en las artes
    2 un período de desorden y gobierno central débil
    3 el desarrollo de ciudades y el surgimiento de la clase media
    4 un aumento en el comercio y la manufactura

2   En el Imperio Romano y Bizantino, un rasgo importante de la vida fue el desarrollo de
    1 un conjunto de leyes codificadas   3 igualdad social y política
    2 la religión islámica   4 exámenes de servicio civil

Basa tu respuesta a las preguntas 3 y 4 en el pasaje que sigue y en tu conocimiento de historia universal.

EN EL NOMBRE DE ALA
EL MISERICORDIOSO, EL CARITATIVO

Alabado sea Alá, Señor de todo lo creado,
el Compasivo, el Clemente,
Rey del Juicio Final!
Sólo a Ti adoramos,
y a Ti socorro pedimos.

---

3   Los individuos que aceptan las creencias presentadas en este pasaje practican el
    1 politeísmo   3 culto a los antepasados
    2 monoteísmo   4 animismo

4   ¿En qué libro podría encontrarse este pasaje?
    1 el Antiguo Testamento de la Biblia   3 el Talmud
    2 las sentencias de Confucio   4 el Corán

5   Una característica importante de la Edad de Oro de la cultura musulmana fue
    1 la formación de gobiernos democráticos
    2 el aumento de la participación de las mujeres en el gobierno
    3 la restricción del trato y comercio
    4 la tolerancia de otras religiones y culturas

6   ¿Cuál de estos acontecimientos fue la causa de los otros tres en Europa?
    1 las guerras estorbaron el comercio a través de Europa
    2 los viajes se volvieron peligrosos a causa de la violencia
    3 se vaciaron las ciudades, los pueblos y las aldeas
    4 la caída del Imperio Romano

7   "Europa occidental se sumió en un sueño largo, profundo. Hubo aprendizaje sólo en las órdenes religiosas. Reinaban el temor y el caos."
    Esta cita describe mejor
    1 el surgimiento del cristianismo
    2 la caída del Imperio Romano
    3 las cruzadas
    4 la peste bubónica

8   La Edad Media en Europa se caracterizaba por
    1 el sistema señorial y vínculos feudales
    2 las monarquías absolutas y gobiernos centrales fuertes
    3 la disminución de énfasis en la religión en la vida diaria
    4 el comercio extenso con Asia y el Medio Oriente

9   Las sociedades feudales generalmente se caracterizan por
    1 el intercambio de tierras por servicios
    2 un gobierno representativo
    3 amplias oportunidades económicas
    4 la protección de derechos individuales

10   ¿Cuál es la generalización más válida con respecto a las cruzadas?
    1 Fortalecieron el poder de los siervos en Europa.
    2 Llevaron al aumento del comercio entre Europa y Asia.
    3 Resultaron en influencia europea en Africa.
    4 Fomentaron mayor libertad religiosa.

11   ¿Cuál aseveración describe mejor el papel de la Iglesia Católica Romana en Europa durante la Edad Media?
    1 La Iglesia alentó a que los individuos recusaran la autoridad.
    2 Los jefes eclesiásticos estaban involucrados sólo en actividades espirituales.
    3 La Iglesia ganó influencia a medida que el mundo se volvió más secular.
    4 La Iglesia proporcionaba un sentido de estabilidad, unidad y orden.

Basa tu respuesta a la pregunta 12 en el mapa que sigue y en tu conocimiento de historia universal.

EL ESPARCIMIENTO DEL CRISTIANISMO

para el año 400
para el año 800
para el año 1100

12 De acuerdo al mapa, ¿cuándo llegó el cristianismo a Africa?
    1 para el año 400   3 para el año 1100
    2 para el año 800   4 después de 1100

13 ¿Qué establecieron tanto el sistema de castas en la India y el sistema feudal en Europa?
    1 el desarrollo del comercio con los países vecinos
    2 un fuerte énfasis en la adquisición de riquezas
    3 una convicción firme sobre la igualdad social
    4 un conjunto de reglas de conducta del individuo en la sociedad

14 Un factor que explica la influencia china en la cultura japonesa era
    1 el largo tiempo de guerras entre China y el Japón
    2 la situación geográfica de China y del Japón
    3 la negativa de los países occidentales a comerciar con el Japón
    4 la anexión del Japón por China

15 Tanto el concepto tradicional japonés del papel del emperador como la creencia china en el mandato del cielo se basaban en
    1 la elección democrática de soberanos
    2 la división del poder entre la nobleza y el emperador
    3 la convicción de que el poder político proviene de una fuente divina
    4 la constitución que define derechos individuales

Basa tu respuesta a la pregunta 16 en la línea cronológica dada y en tu conocimiento de historia universal.

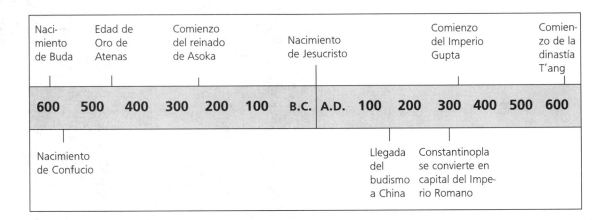

16 De acuerdo a la gráfica lineal, ¿cuál suceso tuvo lugar en el siglo II d. de J. C.?
    1 Nació Confucio
    2 Comenzó el reinado de Asoka
    3 El budismo llegó a China
    4 Constantinopla se convertió en capital del Imperio Romano

PROBLEMAS CON RESPUESTAS REDACTADAS BREVES

Mahoma nace en La Meca		Su vida en peligro, Mahoma huye a Medina	Mahoma muere; sus discípulos escogen un jefe nuevo (califa)	Los árabes invaden Europa y el norte de Africa; esparcen la cultura islámica
570		622	632	los años 700

1   Indica el acontecimiento histórico que quedó representado en la línea cronológica.

Surgimiento del
Imperio Romano

Surgimiento del
islamismo

Surgimiento
del cristianismo

2   Citando evidencia específica, explica **un** efecto de uno de los acontecimientos mostrados en la línea cronológica. _____

_____

_____

Examina con cuidado el siguiente mapa.

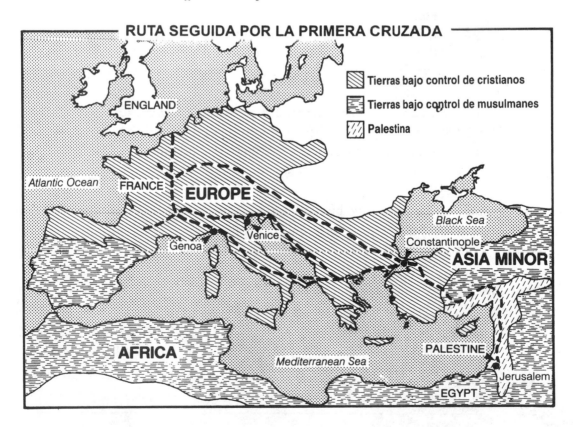

RUTA SEGUIDA POR LA PRIMERA CRUZADA

Tierras bajo control de cristianos

Tierras bajo control de musulmanes

Palestina

1   De acuerdo al mapa, en ese tiempo la mayor parte de Europa estaba (*señala una respuesta*):

    bajo control de cristianos   bajo control de musulmanes

2   ¿En qué siglo tuvieron lugar las primeras cruzadas? (*señala una respuesta*)

    siglo IV   siglo VI   siglo XI

3   Las cruzadas tuvieron varios efectos importantes. Nombra **dos** efectos de las cruzadas.

    A. _____

    B. _____

ENSAYO TEMATICO

Tema: edades de oro

> A lo largo de la historia, muchas culturas
> tuvieron una "edad de oro".

Desarrollo:

> Describe **dos** culturas que gozaron de una edad de oro;
> discute los alcances específicos de cada una.

Instrucciones: Escribe un ensayo bien organizado que incluya una introducción con la declaración temática, varios párrafos según la explicación en el Desarrollo y una conclusión.

Sugerencias: Puedes usar cualquier ejemplo de tu estudio de la historia universal. Algunos ejemplos que podrías considerar: Atenas en el siglo V a. de J. C., la dinastía de los Gupta en la India, el mundo islámico desde el siglo VIII al XII, la dinastía T'ang en China y el período de Heian en el Japón. **No** estás limitado a estas sugerencias.

APLICACION DEL DOCUMENTO
A LA DECLARACION TEMATICA

En este ejercicio tendrás la oportunidad de practicar la parte más importante del ensayo basado en documentos —vinculación del documento a la declaración temática. Recordarás que en este tipo de ensayo tienes que apoyar tu posición con información de los documentos provistos. Imagínate que eres un abogado, argumentando tu caso al referirte a la evidencia ante la corte. Tu respuesta debe tener dos párrafos.

- **Primer párrafo.** La primera oración identifica el contexto histórico, estableciendo el tiempo y el lugar para el lector. Luego, escribes la declaración temática; ésta presenta la idea principal que vas a discutir. Entonces escribes una frase de transición que lleva al lector a tu párrafo de apoyo.

- **Segundo párrafo.** Este párrafo debe proporcionar la información del documento que apoya la declaración temática.

Nota: Un ejercicio similar, en el que se te pide que apliques uno o dos documentos a la declaración temática, se encuentra al final de cada capítulo de este libro —excepto los capítulos 11 y 16 en los que hay planteos completos de ensayos basados en documentos

PROBLEMA

Examina con cuidado el documento dado y responde a la pregunta clave que lo sigue. Luego escribe un párrafo mostrando cómo la evidencia contenida en el documento apoya la siguiente declaración del tema:

**El feudalismo europeo dio origen a un nuevo sistema
de gobierno basado en lealtades personales.**

DOCUMENTO

"Ya que se sabe por todos lo poco que tengo para alimentar y vestirme, he pedido vuestra compasión ... Vosotros me ayudaréis con alimento y ropa ... Y por toda mi vida, yo os proporcionaré servicio y honor."

—Promesa de lealtad por un guerrero franco a su señor
(Siglo VII)

En este juramento de lealtad, un guerrero franco promete servir y honrar a un señor. ¿Qué recibe el guerrero a su vez?

_____

_____

APLICACION DEL DOCUMENTO A LA DECLARACION DEL TEMA

①

Las dos oraciones de introducción definen el feudalismo y presentan el contexto histórico.

→ *El feudalismo fue un sistema político, económico y social que surgió en Europa en la primera parte del siglo IX. Después de la caída del Imperio Romano, no había en Europa un gobierno central fuerte. La inquietud de la época llevó al surgimiento de un nuevo sistema de gobierno basado en lealtades personales. La naturaleza del feudalismo se puede ver al examinar un documento de esa época.*

②

La declaración temática es la generalización que será explicada en el resto del ensayo.

③

La frase de transición lleva a la discusión del documento.

④

En este párrafo, se vincula el documento a la declaración del tema. Puedes agregar información adicional sobre el tema recurriendo a tu conocimiento de historia universal.

→ *En este documento,* _____

_____

_____

_____

_____

_____

_____

_____

_____

_____

CAPITULO 9

Martín Lutero encabezó la Reforma

LOS INVASORES ASIATICOS Y EL RENACIMIENTO DE EUROPA, 1200 - 1500

	1200	1300	1400	1500
AFRICA	GHANA	MALI		SONGHAI
		BENIN		
		GRAN ZIMBABWE		
ASIA CENTRAL	EXPANSION MONGOL			
CHINA	DINASTIA SUNG	DINASTIA YUAN	DINASTIA MING	
JAPON	EPOCA DEL SHOGUNADO			
EUROPA		PESTE BUBONICA		
	ULTIMA PARTE DE LA EDAD MEDIA		RENACIMIENTO	
				REFORMA

1200	1300	1400	1500

EN QUE DEBES CONCENTRARTE

En este capítulo se examina el período desde el año 1200 hasta el 1500. Durante este tiempo, las distintas civilizaciones siguieron sus propias sendas de desarrollo, pero también, más que antes, llegaron a influir una en la otra más que antes. A medida que aumentaba el comercio y se diseminaban las ideas, las culturas de Eurasia y de Africa se vincularon más.

Este también fue un tiempo de gran inquietud. Los pueblos invasores nómadas de Asia Central eran guerreros temidos por las civilizaciones lindantes. Los adelantos técnicos subsiguientes hicieron que sus inmensas fuerzas de caballería fuesen menos eficaces. Una enfermedad mortífera, también de origen asiático, la peste bubónica causó tremendos estragos.

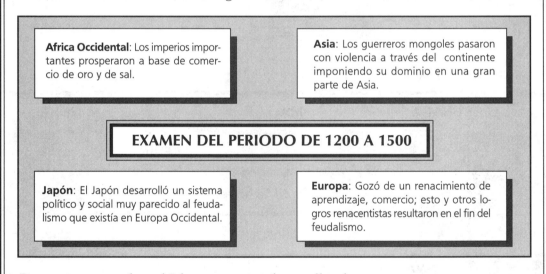

Africa Occidental: Los imperios importantes prosperaron a base de comercio de oro y de sal.

Asia: Los guerreros mongoles pasaron con violencia a través del continente imponiendo su dominio en una gran parte de Asia.

EXAMEN DEL PERIODO DE 1200 A 1500

Japón: El Japón desarrolló un sistema político y social muy parecido al feudalismo que existía en Europa Occidental.

Europa: Gozó de un renacimiento de aprendizaje, comercio; esto y otros logros renacentistas resultaron en el fin del feudalismo.

Durante estos siglos, el Islám continuó desarrollándose y comenzó a esparcirse en la India. Se derrumbó lo que quedaba del Imperio Bizantino. Surgieron nuevas civilizaciones en el sudeste de Asia. En el Hemisferio Occidental también florecieron imperios importantes que se presentan en el capítulo siguiente.

Ten presente que en los exámenes es probable que aparezcan las preguntas siguientes:

- ¿Qué llevó al surgimiento de los reinos en Africa Occidental?
- ¿Cuáles fueron los resultados de las conquistas de los mongoles?
- ¿Qué factores contribuyeron al declive del feudalismo?
- ¿Cuáles eran los alcances del Renacimiento europeo?

EXAMEN
DE LAS ARTES

Todas las culturas tienen la necesidad de crear obras de belleza y de expresar sus creencias y sentimientos más profundos por medio de las artes —pintura, escultura, arquitectura, literatura, música y danza. Las obras de arte pueden por lo tanto revelar mucho sobre los valores de la sociedad que las produjo.

UNA BREVE VISTA DEL MUNDO DEL ARTE

Los ejemplos más antiguos de arte datan a la época paleolítica. En España y en Francia se encontraron cavernas cuyas paredes están decoradas con pinturas prehistóricas de animales y escenas de caza. Estas probablemente tenían un sentido anímico — simbolizaban una caza lograda.

ARTE DEL MEDIO ORIENTE

Faraón Tutankamen

- **Antiguo Egipto.** Una gran parte del arte egipcio se concentraba en el faraón, que era considerado divino. Grandes monumentos y edificios mostraban el poder de los faraones. Las pirámides fueron construídas para servirles de sepulcro. Los objetos dentro de las pirámides les proveían de todo lo que iban a necesitar en la otra vida.

Alfombra persa

- **Arte islámico.** Los artistas islámicos generalmente no representaban a los seres humanos en sus obras ya que lo prohibe el Corán. Los musulmanes sobresalían en las artes decorativas, usando diseños florales complejos y elementos geométricos en la arquitectura, metalistería, vidriería y en los tejidos. Especialmente las alfombras ofrecían la oportunidad de mostrar el refinado sentido del color, la proporción y del diseño intrincado. En cada alfombra se trataba de alcanzar la perfección de equilibrio y armonía.

ARTE EUROPEO

- **Grecia y Roma antiguas.** El arte griego enfatizaba el sentido de porporción y realismo. El Partenón con sus proporciones perfectas fue el edificio más celebrado de la antigua Grecia. Los griegos también se dieron a conocer por sus magníficas esculturas del cuerpo humano. El talento artístico romano fue más evidente en la arquitectura. El Panteón, construído en el tiempo de Augusto César, fue conocido por su cúpula perfecta. Una de las estructuras más famosas del Imperio Romano era el Coliseo, donde había competencias entre gladiadores. Construído de piedra y hormigón, podía acomodar 55.000 personas.

Famosa estatua de Niké, diosa griega de la Victoria

- **Edad Media.** Generalmente, la pintura y escultura medievales tenían un fondo y propósito religioso. Los pintores medievales se preocupaban más por el simbolismo religioso que por el realismo. Los ejemplos más grandes de la arquitectura medieval eran las catedrales góticas: enormes estructuras con arcos en punta, contrafuertes, agujas y al-

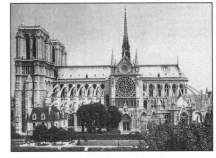

Catedral de Notre Dame, París

tos techos abovedados, se construyeron como celebración de la majestad divina.

- **Renacimiento.** El Renacimiento señaló una gran partida de la técnica y del contenido del arte medieval. Ciertos aspectos del arte renacentista trataban de temas seculares. La arquitectura se inspiró mucho en la Grecia y en la Roma clásicas y fue en búsqueda de simplicidad y armonía de proporción. La pintura renacentista alcanzó nuevas cumbres de realismo al desarrollar técnicas tales como la perspectiva.

Detalle de La Primavera *de Boticelli*

- **Arte europeo moderno.** Desde el Renacimiento, el arte europeo pasó por muchos estilos: el barroco, romanticismo, impresionismo, cubismo y surrealismo. Estos estilos fluctuaron entre mayor realismo, belleza formal y presentación de emociones íntimas. Los estilos abstractos del siglo XX reflejan el interés y la confusión de la vida contemporánea.

Pintura cubista de Picasso

ARTE AFRICANO

El arte tradicional africano a menudo expresaba creencias y ritos religiosos. El arte tribal era una forma de comunicación con el mundo de las ánimas y de proteger al individuo de fuerzas malvadas. Entre las formas artísticas africanas tradicionales se encuentran las máscaras usadas durante las danzas ceremoniales y en ritos tribales. Muchas tribus también hacían estatuas de seres humanos o figuras de animales, a menudo exageradas en tamaño con propósitos simbólicos o religiosos. La música y la danza africanas se caracterizan por su gran vitalidad con énfasis en ritmos fuertes.

Máscara de Benin

ARTE EN LAS AMERICAS

Dos civilizaciones que dejaron obras de arte importantes eran los mayas y los aztecas. Los mayas construyeron pirámides que en un principio sirvieron como sepulcros. Más tarde se construyeron como grandes templos, aproximando las proporciones de las pirámides egipcias. Estas pirámides estaban decoradas con relieves (*esculturas llanas*) que representaban a los dioses de los mayas. Los aztecas también produjeron estatuas que sobresalían en la representación de emociones humanas.

Estatua azteca

ARTE ASIATICO

- **Asia del sur y del sudeste.** La danza es un elemento importante de la cultura del sur y el sudeste de Asia. La danza se desarrolló primero en relación con las ceremonias religiosas que narraban las aventuras de los dioses hindús, y a menudo representaban la lucha entre el bien y el mal. Por medio de los movimientos de las manos, los pies y de la expresión facial, los bailarines comunican al público emociones y sentimientos en el curso de su narración. La escultura clásica hindú también muestra el cuerpo humano en varias posiciones que representan los dioses del hinduísmo.

Bailarina india

• **China.** La pintura, alfarería y porcelanas chinas reflejan la armonía, simetría y equilibrio perfecto encontrado en la naturaleza. A menudo, los pintores ilustraban poemas escritos en caligrafía en rollos de

Tetera de porcelana china

papel. La cerámica más antigua de China cumplía tanto con las necesidades religiosas como con las prácticas. Las personas ricas eran enterradas con vajilla, modelos de animales y otros objetos. Más tarde, los artesanos chinos perfeccionaron el arte de la porcelana. A diferencia de mucha otra cerámica, la porcelana es blanca, lisa, lustrosa y trasluciente.

• **Japón.** Las formas artísticas japonesas enfatizan la simplicidad, la armonía, el orden y la hermosura de la naturaleza. Por ejemplo, la ceremonia del té se lleva a cabo con calma y tranquilidad para facilitar la meditación. El arreglo de flores enfatiza el simbolismo de la belleza natural. Origami es el arte de doblar papel para producir figuras de animales y otras formas. Los hai kai son poemas breves y sencillos que reflejan la hermosura de la naturaleza.

Origami japonès

PREGUNTAS SOBRE LAS ARTES

En los exámenes de historia universal los problemas relacionados al arte se concentrarán en cómo una obra de arte refleja el ánimo de la cultura y del tiempo en el que se produjo. Tienes que (1) interpretar la obra de arte, y (2) mostrar cómo ésta refleja la época o la cultura en que se produjo. Cuando te enfrentes con este tipo de problema, pregúntate lo siguiente sobre la obra:

• ¿Qué se representa en la obra de arte?
• ¿Cuál es el tema o propósito de la obra?
• ¿En qué período y lugar habrá sido creada?
• ¿Qué nos dice de la cultura del pueblo que la produjo?

SUCESOS HISTORICOS PRINCIPALES

LOS REINOS AFRICANOS AL SUR DEL SAHARA

En el capítulo anterior se trató del surgimiento y de la expansión del Islám en Arabia, el norte de Africa, en Asia y Europa. Al sur del Imperio Islámico, más allá del Sahara, se desarrollaron los pueblos de la región conocida como Africa al sur del Sahara.

AMBIENTE GEOGRAFICO

Durante por lo menos 5.000 años, una gran parte del norte de Africa estaba ocupada por el **Desierto de Sahara**. Inmediatamente al sur de este desierto hay una ancha banda de praderas, conocidas como la **sabana**, que se extienden desde el Océano Atlántico hasta el Indico. La sabana vino a ser poblada de muchos habitantes dedicados a la ganadería vacuna y ovina. Estos pobladores aprendieron a fundir hierro y cultivar la tiera, y desarrollaron comunidades complejas que comprendían a artesanos, guerreros y mercaderes. Al sur de la sabana se encuentran las selvas tropicales de Africa ecuatorial.

El Sahara fue una barrera que separaba los pueblos que vivían al sur del desierto de los pueblos del mundo del Mediterráneo y del resto de Eurasia. Sin embargo, el comercio no se cortó por completo porque el Sahara tiene oasis con manantiales de agua dulce. Una vez que los mercaderes sabían dónde se encontraban estos oasis, podían cruzar el desierto en camellos, que pueden pasar varios días sin agua.

Los mercaderes cruzaban el Sahara para obtener oro y otras riquezas que podían obtener al comerciar con Africa Occidental. Al mismo tiempo, los habitantes de Africa Occidental carecían de sal. Los mercaderes, al moverse en caravanas a través del desierto, recogían bloques de sal de los depósitos desérticos de sal para cambiarlos por oro. Se desarrolló un comercio próspero a base de este **comercio de oro y sal**.

SURGIMIENTO DE LOS REINOS DE AFRICA OCCIDENTAL

Cerca del siglo VIII, en la sabana del oeste de Africa surgió una serie de reinos cuya potencia se basaba en su fina caballería y en las rutas comerciales. A lo largo de los mil años subsiguientes, estos reinos dominaban a Africa Occcidental, llevando al intercambio de ideas, el surgimiento de ciudades y riquezas crecientes.

REINO DE GHANA (750-1200)

El Reino de Ghana fue fundado cerca de 750. Se desarrolló en la región entre el Río Senegal y el Níger. Los habitantes de Ghana usaron su capacidad de producir lanzas y espadas de hierro para dominar a los pueblos vecinos y para tomar control de las rutas comerciales principales de Africa Occidental. Las caravanas llegaban al sur trayendo sal a Ghana y regresaban al norte con oro de las regiones situadas al sudoeste de Ghana. El poder de los reyes de Ghana residía en su capacidad de recoger impuestos en todas las transacciones comerciales que tenían lugar en la región, especialmente el comercio de sal y oro. Con estos grandes ingresos podían levantar un gran ejército y una buena caballería.

Los soberanos de Ghana construyeron una ciudad capital y gobernaron en una amplia región por medio de nobles y de funcionarios. El rey nombraba nobles para gobernar las provincias a cambio de pago de impuestos al gobierno central. Este sistema tenía cierta similitud al feudalismo europeo. Los soberanos y los nobles se enriquecían aún más al usar a cautivos como esclavos. Sin embargo, en 1076, Ghana fue invadida por los musulmanes venidos del norte de Africa. Ghana nunca se repuso de la invasión y con el tiempo se disolvió en varios estados más pequeños.

REINO DE MALI (1240-1400)

En 1240, los habitantes de Malí conquistaron la antigua capital de Ghana y establecieron un nuevo imperio. Los regentes pusieron las minas de oro y de sal bajo su control directo. Los soberanos de Malí se convirtieron al islám, pero la mayoría de su pueblo no. El soberano más famoso de Malí, **Mansa Musa**, extendió mucho su reino. En 1324, hizo una peregrinación a La Meca, y también fue al Cairo, Egipto. Mansa Musa se encontró con eruditos y arquitectos musulmanes y trajo a algunos de ellos a Malí.

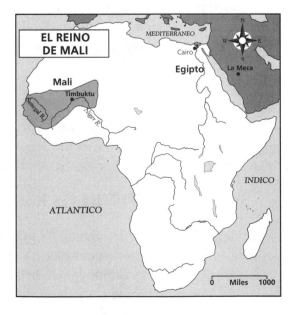

Timbuktu, una ciudad comercial floreciente a orillas del Río Níger, vino a ser un centro de erudición bajo el gobierno de Mansa Musa. La ciudad atrajo estudiantes desde Europa, Asia y Africa. Dada la importancia de estudiar el Corán, muchos más africanos occidentales aprendieron a leer y escribir. Los viajeros árabes como **Ibn Battuta** quedaron impresionados por las riquezas de Malí, el respeto a la ley por sus habitantes y el poder de su soberano. Sin embargo, los regentes que le siguieron se mostraron menos capaces que Mansa Musa, y el Reino de Malí se derrumbó al comenzar el siglo XV.

EL REINO DE SONGHAI (1464-1600)

En 1464, el Sultán **Sunni Alí**, soberano del pueblo Songhai, capturó la ciudad de Timbuktu y puso bajo su control la región del alto Níger. Songhai se enriqueció con el comercio

transdesértico y pronto era el más grande de los tres centros comerciales africanos. Songhai extendió el comercio a Europa y Asia, y estableció un sistema complejo de impuestos y comunicaciones para gobernar el reino tan grande. Timbuktu siguió floreciendo como centro de erudición musulmana.

A pesar de sus riquezas y poder, el Reino de Songhai duró sólo cerca de 100 años. En 1591, el soberano de Marruecos, al enterarse de las riquezas de Songhai, invadió Africa Occidental. Aunque los Songhai tenían un ejército más grande, los marroquíes tenían mosquetes y pólvora con que derrotar a los Songhai que usaban flechas y lanzas. A pesar de su éxito militar, Marruecos no pudo gobernar a Songhai a una distancia tan grande. Africa Occidental volvió a dividirse en muchas regiones independientes. La caída de Songhai señaló el fin de los grandes reinos de Africa Occidental.

OTROS ESTADOS AFRICANOS

El desarrollo de reinos comerciales como Ghana, Malí y Songhai en la sabana de Africa del oeste, fue igualada por el surgimiento de reinos comerciales en otras partes de Africa.

✦ **Benin** se desarrolló en las selvas de Africa Occidental. Benin adquirió fama por sus esculturas de bronce, entre las más finas de todas las obras de arte africanas. Para el fin del siglo XVI Benin se involucró en la trata de esclavos. Sus soberanos capturaban a miembros de otras tribus y en el trueque con los europeos los cambiaban por armas de fuego y artículos de hierro.

✦ **Gran Zimbabwe**, mucho más al sur del continente, vino a ser uno de los reinos comerciales más conocidos de Africa. La existencia de depósitos de oro cerca de Zimbabwe fue esencial a su surgimiento. Zimbabwe vendía oro, cobre y marfil del interior de Africa a los mercaderes que venían a la costa africana occidental.

✦ **Ciudades costaneras de Africa Oriental**. A lo largo de la costa oriental de Africa varias ciudades-estado, tales como Mogadiscio, Kiswa y Sofala, surgieron al comienzo del siglo X. El oro del interior se enviaba a estas ciudades por el Río Zambia y se vendía a los mercaderes de Arabia y de la India.

✦ **Etiopía** fue la continuación del Reino de Axum. En el siglo IV se cristianizó, y permaneció cristiana a pesar de la preeminencia del Islám que la separó del mundo cristiano hasta el siglo XV.

EDAD DE LA DOMINACION MONGOL

Las **estepas** son praderas sin árboles, cuya franja se extiende en Eurasia casi sin interrupción desde los Montes Cárpatos en Europa Oriental hasta Manchuria. Esta región está situada entre las selvas hacia el norte y las montañas y los desiertos en el sur. Desde los tiempos más antiguos, las estepas eran habitadas por 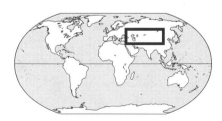 pueblos nómadas que usaban las vastas praderas para apacentar caballos, ovejas, camellos y cabras. Las estepas proporcionaban un ambiente único en el que estos pueblos nómadas sobresalieron como jinetes y desarrollaron destrezas guerreras mortíferas. Por mil años, los jinetes feroces de Asia Central amenazaban a las civilizaciones vecinas. Los **hunos**, rechazados por los emperadores chinos, invadían a Europa en el siglo IV y V, y contribuyeron a la caída del Imperio Romano. Más tarde, los **turcos selyúcidas** y los **mongoles** también llegaron de Asia Central.

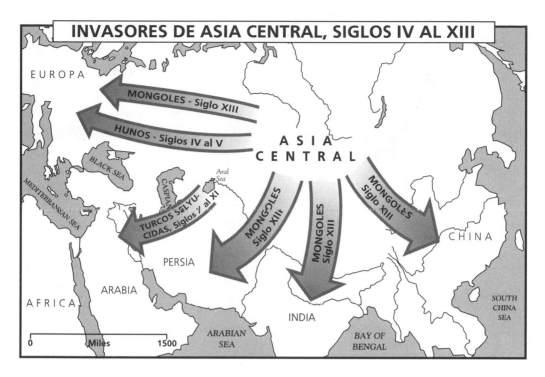

Los mongoles vivían en la parte oriental de Asia Central, al noroeste de China. Igual que los otros nómadas de Asia Central, los mongoles eran jinetes y arqueros sobresalientes. En el siglo XIII, los mongoles establecieron el imperio más grande del mundo.

GENGHIS KHAN UNIFICA A LOS MONGOLES

Igual que otros pueblos nómadas, los mongoles se dividían en varias tribus. Un jefe mongol, **Genghis Khan** (1162-1227), también conocido como **Chinggis Khan**, unificó a los mongoles para 1206. Genghis Khan procedió a atacar los pueblos vecinos de Mongolia. Estos vecinos tenían poca posibilidad de resistir a los 200.000 jinetes mongoles expertos. Genghis Khan con éxito atacó el norte de China, tomando la ciudad de Pekín. En 1219, se tornó hacia el oeste y capturó los estados musulmanes de Asia Central. Aunque fue muy temido como guerrero cruel, Genghis Khan toleraba las otras religiones dentro de los territorios conquistados. Se servía de administradores y artesanos locales. Fomentó el comercio a través del vasto Imperio Mongol y hasta ordenó que se creara un método de escribir el idioma mongol.

Bajo los sucesores de Genghis Khan, el dominio mongol se extendió a Persia, Rusia, Iraq y toda la China. Los mongoles llegaron a establecer uno de los más grandes imperios que se conocen —desde el Mar Negro hasta el Océano Pacífico. El Imperio Mongol era tan vasto que rápidamente vino a dividirse en cuatro reinos separados, llamados kanatos, cada uno regido por un descendiente distinto de Genghis Khan.

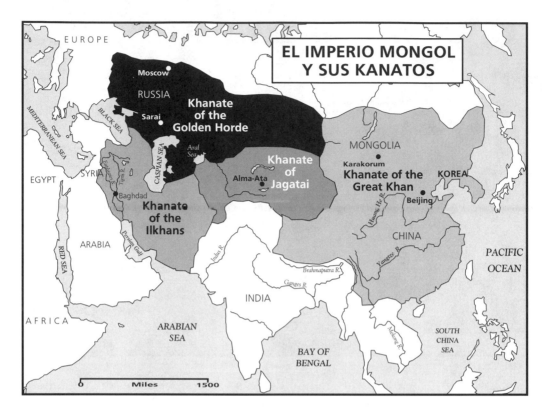

LA DINASTIA YUAN (1279-1368)

El nieto de Genghis Khan, **Kublai Khan** (1215-1294) vino a ser emperador del norte de China en 1260. En 1279, reunificó el norte de China con el sur. Los mongoles actuaron como una aristocracia militar, rigiendo con la ayuda de funcionarios chinos. Kublai Khan alentaba a que los mongoles adoptaran prácticas chinas, y él mismo usó el nombre chino "Yuan" para su dinastía. Al gobernar en China reclamaba tener el mandato de los cielos.

Marco Polo, un mercader de Venecia, visitó a China en la década de 1270. Estaba asombrado ante la magnificencia de la corte de Kublai Khan y la superioridad tecnológica de los chinos — por ejemplo el uso de la pólvora y hulla. Después de regresar a su tierra, Marco Polo escribió sobre lo que había visto, inspirando en

Marco Polo llega a China

los europeos gran curiosidad acerca de China. Después de la muerte de Kublai Khan, los regentes mongoles más débiles no pudieron mantener control; fueron derrocados por los chinos en 1368.

DECLIVE DEL DOMINIO MONGOL

INFLUENCIA EN RUSIA

En el siglo XIII, los mongoles conquistaron casi toda Rusia. La controlaron durante los 200 años subsiguientes. Muchas palabras, costumbres y vestimentas mongoles entraron en la cultura rusa. La dominación mongol de Rusia limitó sus contactos con otras partes de Europa. En consecuencia, Rusia no fue influida por los cambios importantes que tenían lugar en Europa Occidental. Moscú y sus territorios circundantes, conocidos como **Moscovia**, vino a ser el estado ruso más fuerte. En 1480, **Iván el Grande** declaró Moscovia independiente de los mongoles y se proclamó **zar** (o *"czar" que significa césar o emperador*). Iván el Grande pronto se puso a aumentar las posesiones de Moscovia por medio de conquistas de tierras vecinas.

DOMINIO DE TAMERLAN

En el siglo XIV, la potencia mongol gozó de un breve resurgimiento en Asia Central **Tamerlán** (*o Timur Lenk*), un soberano turco-mongol de Asia Central, extendió su reino a Persia, Afganistán, Rusia, Siria, Turquía y el norte de India. Tamerlán se dio a conocer por su brutalidad en la guerra y sus matanzas de la población civil. Su imperio no duró mucho más allá de su muerte.

EPOCA FEUDAL DEL JAPON, 1200 - 1600

En el capítulo anterior vimos que para el fin del siglo XII llegó a disminuirse el poder del emperador japonés. El Japón se sumió luego en una guerra civil. En poco tiempo, surgió el sistema del **feudalismo** parecido al europeo. El rasgo principal del feudalismo japonés fue el control del gobierno por los terratenientes nobles, conocidos como **daimios**, que eran leales al shogún.

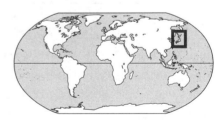

EL SHOGUN

En 1192, uno de los nobles, **Minamoto Yoritomo**, derrotó a las otras familias nobles y llegó a ser el individuo más poderoso en el Japón. En vez de derrocar al emperador, hizo que éste lo nombrara "gobernador militar supremo" del Japón, conocido en japonés como **shogún**. Durante los 600 años subsiguientes, los shogunes eran los verdaderos regentes, y los emperadores meros personajes simbólicos. El shogún estaba en la cumbre del sistema feudal japonés.

Para proporcionar protección militar a sus tierras, los terratenientes nobles reclutaban a guerreros samurai. Los **samurai** eran caballeros armados de espadas y protegidos por la armadura de cuero y de hierro. Cada samurai hacía un juramento de lealtad al emperador y a su daimio local. El samurai prometía seguir un código de honor estricto, que se conocía como **bushido**, "la senda de conducta del guerrero". El código recalcaba la lealtad del samurai al daimio. Si el samurai deshonraba al daimio, se esperaba que iba a tomar su

Guerreros samurai

propia vida. A cambio de esta lealtad, el daimio proporcionaba al samurai posición social y apoyo económico. El daimio también protegía a los agricultores a cambio de trabajo en sus tierras.

Shogún
|
Daimio (señores)
|
Samurai (guerreros)
|
Agricultores / mercaderes / artesanos

ORGANIZACION DE LA SOCIEDAD FEUDAL EN EL JAPON

En 1274, Kublai Khan trató de invadir el Japón con una gran flota, pero los vientos desfavorables destruyeron sus barcos. Los samurai derrotaron a los soldados enemigos que alcanzaron el Japón. La derrota de los mongoles reforzó la convicción de los japoneses de que los dioses los protegían. Uno de los efectos de la malograda invasión fue la debilitación del shogún. El Japón volvió a un tiempo de caos y de guerra civil. Durante el siglo siguiente, los daimios controlaban sus propias tierras como regentes absolutos, con poca intervención del gobierno central. Los daimios levantaron sus propios ejércitos, mientras que el shogún tenía poco poder fuera de la ciudad capital.

FLORECE LA CULTURA JAPONESA

A pesar del caos, éste fue un período de intensa actividad cultural en el Japón. Fue durante este tiempo que se desarrolló el arreglo de flores, pintura de paisajes y el arte de jardinería. Cada uno representaba un intento de reflexionar sobre la vida y la hermosura de la naturaleza. La pintura de este tiempo también enfatizaba la contemplación y el esclarecimiento espiritual.

EL RENACIMIENTO DE EUROPA

EL DECLIVE DEL FEUDALISMO

En el siglo XII, la vida en Europa comenzó a cambiar. El desarrollo del comercio llevó al desarrollo de ciudades, una creciente clase media y mayor uso de dinero. La calidad de vida mejoró con las nuevas invenciones tales como relojes, anteojos y la rueda de hilar. Los artesanos comenzaron a organizarse en gremios.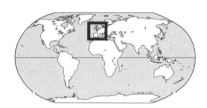

A mediados del siglo XIV, a bordo de barcos mercantiles, entraron en Europa ratas infestadas de pulgas que llevaban la enfermedad llamada **peste bubónica**. Entre 1347 y 1351, esa peste mató casi 25 millones de personas —cerca de una tercera parte de la población. Esto resultó en carestía de mano de obra, permitiendo a los siervos alivio de su condición cuando los terratenientes les ofrecieron libertad a cambio de trabajo. También a mediados del siglo XIV, el uso de la pólvora introducida desde China redujo la importancia de los caballeros. Los reyes con grandes ejércitos de infantería gradualmente llegaron a tener más poder sobre los nobles. El surgimiento de las ciudades, el declive de la caballería y el fin de la servidumbre de la gleba señalaron el fin del antiguo orden feudal.

COMIENZA EL RENACIMIENTO

El renovado interés en conocer las civilizaciones clásicas de la antigua Grecia y Roma se desarrolló en las ciudades-estado italianas en el siglo XV. Este era un tiempo de gran creatividad intelectual y artística que llegó a conocerse como el **Renacimiento**. El Renacimiento a menudo se considera uno de los grandes adelantos de la civilización. Comenzó en los estados italianos a causa de su localización estratégica con respecto a Europa y Asia. Las

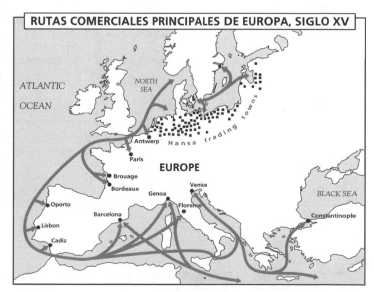

RUTAS COMERCIALES PRINCIPALES DE EUROPA, SIGLO XV

ATLANTIC OCEAN

NORTH SEA

Hansa trading towns

Antwerp

Paris

EUROPE

Brouage

Bordeaux

Oporto

Barcelona

Lisbon

Cadiz

Genoa

Florence

Venice

BLACK SEA

Constantinople

ciudades-estado italianas llegaron a enriquecerse del comercio entre el Oriente y el Occidente. Además, los italianos fueron influidos por la herencia de la antigua Grecia y Roma. Los nobles y los mercaderes italianos acomodados eran patronos que mantenían a los artistas, escritores y eruditos. Gradualmente, el ánimo renacentista se esparció al resto de Europa.

Durante el Renacimiento, fue desafiada la fe tradicional en la autoridad de la Iglesia. La gente mostraba mayor interés en los asuntos del mundo, más bien que en la vida del más allá. Había un desarrollo del **secularismo**. Los eruditos usaban las observaciones y la experiencia para explicar el mundo, más bien que las enseñanzas de la Iglesia. Los pensadores renacentistas tenían confianza en el poder de la razón humana. Consideraban la humanidad como el centro de todas las cosas. Los **humanistas** ponían gran énfasis en la unicidad y el valor de cada persona. Establecieron nuevas escuelas para enseñar materias "relacionadas a la humanidad", tales como historia, filosofía y literatura clásica. Escribieron libros en lenguas **vernáculas** en vez del latín. De igual modo, los artistas del Renacimiento observaron la naturaleza y a los humanos con más detalle. Con las nuevas técnicas como la perspectiva, la pintura se volvió asombrosamente parecida a lo natural. Florecieron las artes, la literatura, la música y las ciencias.

ARTE:

Leonardo da Vinci era el ideal del hombre de Renacimiento. Fue pintor, escultor, diseñador e inventor. Sus pinturas incluyen la "Mona Lisa" y "La Ultima Cena".

Miguel Angel. Sus frescos en la capilla Sixtina en Roma se consideran una de las obras de arte más grandes de todos los tiempos. Sus esculturas más importantes incluyen el "David", "Moisés" y "La Piedad".

LITERATURA:

Nicolás Maquiavelo escribió *El Príncipe*, en el que aconsejaba a los regentes a hacer todo lo posible para mantener y aumentar su poder, inclusive la decepción y la fuerza. Creía que "el fin justifica los medios".

William Shakespeare escribió grandes dramas cuya popularidad perduró siglos enteros. Sus dramas *Hamlet*, *Macbeth* y *Romeo y Julieta* exploran toda la gama de las actividades y emociones humanas.

PUNTOS SOBRESALIENTES DEL RENACIMIENTO

CIENCIA Y TECNOLOGIA:

Nicolás Copérnico afirmaba que la tierra y otros planetas giraban alrededor del sol. Esto iba en contra de la posición de la Iglesia, que mantenía que la tierra era el centro del universo.

Galileo Galilei y **Francis Bacon** desarrollaron el **método científico** que recalcaba la observación cuidadosa, medidas y experimentación, rechazando la dependencia en la autoridad.

Juan Gutenberg desarrolló la imprenta de tipos móviles. Este invento hizo posible la producción de grandes cantidades de libros.

LA REFORMA

El ánimo inquisitivo del Renacimiento, igual que la existencia de muchos abusos por parte de la Iglesia, llevaron a nuevos desafíos de la supremacía del Papa. La Iglesia tenía gran poder, pero también sufría de corrupción. Algunos funcionarios eclesiásticos usaban su posición con el fin de enriquecerse. Los individuos como Erasmo y Sir Thomas Moore trataron de introducir reformas dentro de la Iglesia.

EL IMPACTO DE LUTERO Y DE SUS IDEAS

En 1517, **Martín Lutero** fijó sus **Noventa y Cinco Tesis** (*declaraciones*) en la puerta de una iglesia en Alemania. Sus tesis ponían en duda la enseñanza de la Iglesia Católica y pedían reformas. Lutero desafiaba el derecho del papa a vender **indulgencias** —perdón de castigos por pecados. Creía que ni los sacerdotes ni el papa tenían el poder de mediar en la salvación del individuo. Lutero predicaba que uno podía salvarse e ir al cielo sólo por medio de la fe. Creía que cada individuo debía leer e interpretar la Biblia por sí mismo.

En un intento de silenciar a Lutero, el papa lo **excomulgó** (*echó*) de la Iglesia. Lutero respondió con establecer su propia iglesia. Tenía la protección de los príncipes independientes de Alemania. Las ideas de Lutero se esparcieron con rapidez a través de Europa. Pronto surgieron otros reformadores.

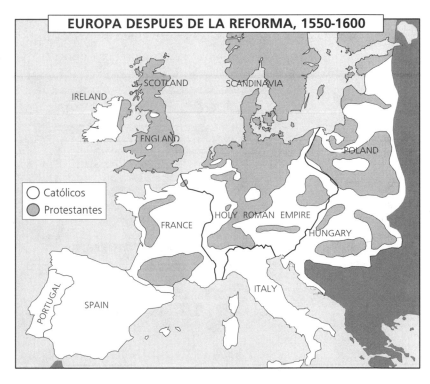

EUROPA DESPUES DE LA REFORMA, 1550-1600

○ Católicos
● Protestantes

IRELAND
SCOTLAND
SCANDINAVIA
ENGLAND
POLAND
FRANCE
HOLY ROMAN EMPIRE
HUNGARY
PORTUGAL
SPAIN
ITALY

Juan Calvino, igual que Lutero, era un teólogo protestante que recalcaba la importancia de la Biblia y estableció su propia iglesia. Calvino estimulaba trabajo duro, favorecía un código moral muy estricto y predicaba que Dios había predestinado a los que iban a salvarse. El control total de la vida diaria en Suiza por los calvinistas llevó al desarrollo de una **teocracia** —forma de gobierno basada en las creencias religiosas y controlada por jefes religiosos.

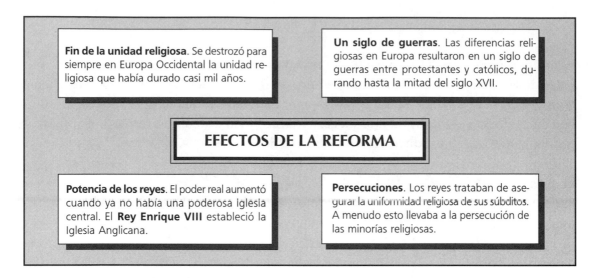

Fin de la unidad religiosa. Se destrozó para siempre en Europa Occidental la unidad religiosa que había durado casi mil años.

Un siglo de guerras. Las diferencias religiosas en Europa resultaron en un siglo de guerras entre protestantes y católicos, durando hasta la mitad del siglo XVII.

EFECTOS DE LA REFORMA

Potencia de los reyes. El poder real aumentó cuando ya no había una poderosa Iglesia central. El **Rey Enrique VIII** estableció la Iglesia Anglicana.

Persecuciones. Los reyes trataban de asegurar la uniformidad religiosa de sus súbditos. A menudo esto llevaba a la persecución de las minorías religiosas.

REACCION DE LA IGLESIA CATOLICA

La Reforma protestante debilitó seriamente el poder de la Iglesia Católica, que a su vez reaccionó contra el protestantismo al introducir reformas limitadas y poniendo fin a los abusos anteriores. Este movimiento se conoce como **Contrarreforma**.

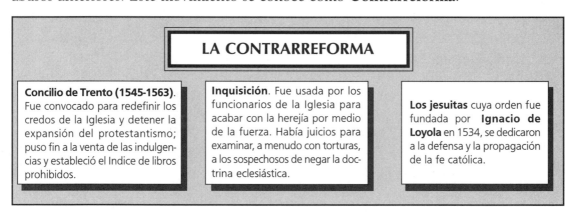

LA CONTRARREFORMA

Concilio de Trento (1545-1563). Fue convocado para redefinir los credos de la Iglesia y detener la expansión del protestantismo; puso fin a la venta de las indulgencias y estableció el Indice de libros prohibidos.

Inquisición. Fue usada por los funcionarios de la Iglesia para acabar con la herejía por medio de la fuerza. Había juicios para examinar, a menudo con torturas, a los sospechosos de negar la doctrina eclesiástica.

Los jesuitas cuya orden fue fundada por **Ignacio de Loyola** en 1534, se dedicaron a la defensa y la propagación de la fe católica.

RESUMEN DE TU COMPRENSION

PARA RECORDAR TERMINOS, CONCEPTOS Y PERSONAJES IMPORTANTES

Prepara tarjetas de vocabulario para cada uno de los siguientes:

Genghis Khan	Samurai	Miguel Angel	Contrarreforma
Daimio	Bushido	Reforma	Concilio de Trento
Shogún	Renacimiento	Martín Lutero	Inquisición

COMPLETACION DE UN DIAGRAMA

El Renacimiento se considera por muchos como una de las edades de oro de la civilización occidental. Completa el siguiente diagrama sobre los alcances del Renacimiento.

Humanismo:
_____
_____

Ciencia y tecnología:
_____
_____

ALCANCES DEL RENACIMIENTO

Arte:
_____
_____

Literatura:
_____
_____

COMPLETACION DEL ESQUEMA DE PARRAFOS

Entre 1200 y 1500, surgieron grandes imperios en Africa y Asia. Fueron muy influidos por los alcances de las civilizaciones vecinas. Escoge **uno** de los reinos de Africa Occidental **o** los mongoles y muestra cómo fueron influidos por otra cultura.

Selección: Uno de los grandes imperios que surgieron entre 1200 y 1500 fue _____
_____ . Este imperio fue muy influido por _____
_____

Hecho(s) / ejemplo(s) para apoyar tu selección: _____

_____

Vínculo: _____

Conclusión: _____

COMPRUEBA TU COMPRENSION

Comprueba tu comprensión de este capítulo al solucionar los siguientes problemas:

PREGUNTAS DE SELECCION MULTIPLE

1   Los reinos de la sabana de Africa Occidental prosperaron porque
   1 estaban situados a lo largo de los Ríos Tigris y Eufrates
   2 no tenían contacto con el resto del mundo
   3 seguían las creencias hindúes de sus soberanos
   4 desarrollaron un extenso comercio en oro y sal

2   ¿Cuál actividad proporciona el mejor ejemplo de difusión cultural en Africa?
   1 el tejer de la tela kente en Ghana
   2 el uso de máscaras en las ceremonias tradicionales africanas
   3 el descubrimiento de estatuas de bronce de Benin
   4 la adopción del islám por los soberanos de Malí

3   ¿Cuál frase explica mejor las razones para el establecimiento de los reinos africanos occidentales de Ghana, Malí y Songhai?
   1 su gran flota
   2 el control del comercio de oro y sal
   3 la adopción del feudalismo
   4 la protección ofrecida por las selvas

4   ¿Cuál característica fue compartida por el Reino de Malí y el Imperio Mongol?
   1 Prosperaron con los impuestos recogidos de los campesinos.
   2 Tenían grandes caballerías en las regiones de praderas.
   3 Adoptaron los alcances culturales de los chinos.
   4 Sus soberanos hacían peregrinaciones a La Meca.

5   ¿Por qué surgieron tantas tribus feroces de Asia Central?
   1 Los climas cálidos fomentaban el aumento de la población.
   2 Las enfermedades como la peste bubónica empujaron a los asiáticos a Europa.
   3 Las grandes praderas mantenían muchos guerreros a caballo.
   4 La fe hindú los alentaba a luchar.

6   ¿Cuál fue una característica del feudalismo tanto en Europa medieval como en el Japón?
    1 La clase media adquirió más poder que cualquier otra.
    2 El poder político estaba en las manos de un gobierno central fuerte.
    3 El ejército fomentaba fuertes sentimientos nacionalistas en el pueblo.
    4 La gente prometía lealtad absoluta a los que estaban por encima de ellos.

Basa tu respuesta a la pregunta 7 en el siguiente diagrama y en tu conocimiento de historia universal.

7   Los mercaderes aparecen en la parte baja de esta pirámide social del Japón feudal porque
    1 componían la mayoría de la población del Japón
    2 tenían una posición baja en la sociedad
    3 no sabían leer ni escribir
    4 no compartían las creencias religiosas del shogún

8   Tanto en Europa como en el Japón, la razón principal para el surgimiento del feudalismo era
    1 conservar el papel del emperador
    2 expandir el comercio extranjero
    3 consolidar el poder de los jefes religiosos
    4 proveer orden en un tiempo de gobierno central débil

9   El siglo V a. de J. C. en Grecia, a menudo llamado la Edad de Oro de Grecia, y el Renacimiento en Europa se caracterizaron por
    1 el renacimiento religioso   3 la inquietud social y política
    2 un declive económico   4 los alcances artísticos y literarios

10 ¿Cuál líder unificó las tribus mongoles y conquistó una gran parte de Asia?
    1 Tamerlán   3 Mansa Musa
    2 Genghis Khan   4 Sunni Alí

11 El Renacimiento y la Reforma se parecen porque ambos estaban
    1 estimulados por un ánimo de investigación
    2 apoyados por los campesinos
    3 limitados a Italia y Alemania
    4 señalados por el esparcimiento del islám

12 La venta de indulgencias y la vida mundana de la clerecía eran el sujeto de
    1 *El Cuento de Genji* de la Dama Murasaki   3 *Hamlet* de William Shakespeare
    2 *Las Noventicinco Tesis* de Martín Lutero   4 *El Príncipe* de Nicolás Maquiavelo

13 "A los cristianos debería enseñárseles que el que diese limosna a un pobre, o hiciese un
    préstamo a un necesitado, obra mejor que si llegase a usar el dinero para comprar una
    indulgencia."
    Esta aseveración probablemente fue hecha por
    1 Martín Lutero   3 William Shakespeare
    2 Nicolás Maquiavelo   4 Ignacio de Loyola

Basa tu respuesta a la pregunta 14 en la línea cronológica y en tu conocimiento de historia universal.

Lutero clava las 95 Tesis en la puerta de una iglesia	Lutero queda excomulgado		Enrique VIII establece la Iglesia Anglicana	Calvino publica Institutos de la Religión Cristiana	El Emperador Carlos V deja a los príncipes alemanes escoger la religión de sus súbditos
1517	1521		1534	1536	1555

14 ¿Qué período de la historia europea está representado en esta línea cronológica?
    1 el feudalismo   3 la Reforma
    2 el Renacimiento   4 la Contrarreforma

15 Al principio del Renacimiento las ciudades-estado italianas pudieron dominar las rutas
    comerciales porque estaban
    1 estratégicamente situadas con respecto a Europa y Asia
    2 situadas al norte de los Alpes Suizos
    3 situadas en las vías comerciales del Mar del Norte
    4 unificadas bajo el control de los mongoles

16 ¿Cuál aseveración describe mejor un cambio ocurrido durante el Renacimiento?
    1 El feudalismo llegó a ser el sistema político dominante.
    2 Se desalentaba el uso de la razón y de la lógica.
    3 No se daba importancia a la ciencia y tecnología.
    4 Surgió un nuevo ánimo y actitud de investigación.

PREGUNTAS DE RESPUESTAS REDACTADAS BREVES

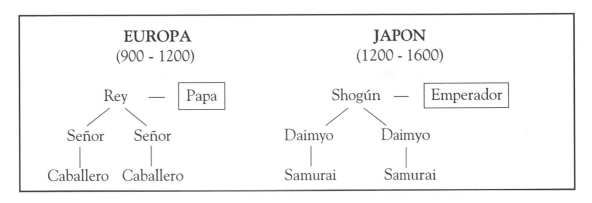

1a. ¿Cómo se llama el sistema político asociado con la estructura social en el diagrama dado?

_____

1b. Selecciona a Europa o el Japón. Explica la relación entre los distintos individuos presentados en el diagrama._____

_____

2. Los sucesos enumerados a continuación ocurrieron entre 1400 y 1600. En el espacio provisto, usa uno de estos sucesos para preparar un diagrama.

Miguel Angel completa "La Piedad"
Estalla una guerra entre protestantes y católicos
Ignacio de Loyola establece la orden de jesuitas
Leonardo da Vinci pinta "La Ultima Cena"
William Shakespeare escribe *Julio César*
Sucesos importantes en Europa Occidental
Martín Lutero clava las *Noventa y Cinco Tesis* en la puerta de una iglesia

TITULO: _____

El Renacimiento

1. _____

2. _____

3. _____

La Reforma

1. _____

2. _____

3. _____

ENSAYO TEMATICO

Tema: El arte en el mundo

> Las obras de arte a menudo reflejan las condiciones políticas,
> sociales y económicas del tiempo y lugar en el que fueron creadas.

Desarrollo:

> Describe **dos** ejemplos de una forma artística, o una obra de arte específica y
> discute cómo cada ejemplo reflejó las condiciones políticas, sociales
> o económicas de la cultura particular y del tiempo en el que fue creada.

Instrucciones: Escribe un ensayo bien organizado que incluya una declaración temática, varios párrafos según la explicación en el Desarrollo y una conclusión.

Sugerencias: Puedes usar ejemplos cualesquiera de tu estudio de historia universal. Algunos ejemplos que podrías considerar son: Grecia antigua, Roma antigua, China de los T'ang y los Sung, reinos occidentales africanos, Japón de Heian y Europa renacentista. **No** estás limitado a estas sugerencias.

APLICACION DEL DOCUMENTO
A LA DECLARACION DEL TEMA

En este ejercicio practicarás la relación de un documento visual —en la forma de una pintura— a la declaración temática. Tu respuesta tendrá por lo menos dos párrafos. El primer párrafo debe ofrecer el contexto histórico, presentar la declaración del tema y hacer una transición al párrafo de apoyo. El segundo párrafo debe referirse a la información del documento que apoya la declaración del tema.

DESARROLLO
Examina con cuidado el documento en la página siguiente y responde a la pregunta clave que lo acompaña. Luego escribe un ensayo mostrando cómo la evidencia en el documento apoya la siguiente declaración temática:

El arte renacentista a menudo reflejaba intereses humanísticos.

¿Qué características distintivas identifican este cuadro como una obra de la época del Renacimiento?

_____

_____

_____

Retrato de Cecilia Gallerani por Leonardo da Vinci

REDACCION DEL PARRAFO

En la respuesta que sigue, ya se escribió el primer párrafo. Completa el ejercicio al decir cómo el cuadro se relaciona a la declaración del tema.

①
La introducción explica el contexto histórico.

②
La oración temática declara la generalización que se explicará en el resto del ensayo.

③
La frase de transición menciona el cuadro.

④
Este párrafo debe contener tu interpretación del documento, relacionándolo a la declaración del tema. Usa la información de tu respuesta a la pregunta clave de arriba y otra información de tu conocimiento de historia.

El Renacimiento fue una época de grandes cambios en Europa, y comenzó en Italia en el siglo XIV. Recibió este nombre porque tenía que ver con el renacimiento de la cultura clásica. Entre los cambios más importantes fue la forma en que en ese tiempo los individuos percibían el mundo y a sí mismos. Esto se puede ver claramente en la pintura de Leonardo da Vinci, "Retrato de Cecilia Gallerani".

En este cuadro vemos que _____

_____

_____

_____

_____

_____

_____

_____

_____

_____

_____

CAPITULO 10

Templos piramidales mayas en Chichén Itzá, México

SURGE EL MUNDO MODERNO, 1500-1770

	1200	1300	1400	1500	1600	1700	1800
EUROPA				EDAD DE LOS DESCUBRIMIENTOS	REVOLUCION COMERCIAL		
				EDAD DE LOS MONARCAS			
					ILUSTRACION		
LAS AMERICAS		CIVILIZACION MAYA					
		CIVILIZACION AZTECA					
		CIVILIZACION INCAICA					
				COLONIZACION EUROPEA			
CHINA			DINASTIA MING			DINASTIA QING	
MEDIO ORIENTE				IMPERIO OTOMANO			
PERSIA				IMPERIO SAFARIDA			
INDIA	SULTANADO DE DELHI			IMPERIO DEL GRAN MOGOL			
	1200	1300	1400	1500	1600	1700	1800

EN QUE DEBES CONCENTRARTE

En casi tres siglos, desde 1500 hasta 1770, se forjó el "mundo moderno" con los siguientes acontecimientos importantes::

- mayor consciencia de otras culturas
- establecimiento de una economía mundial
- surgimiento de estados nacionales poderosos
- adelantos tecnológicos importantes y una creciente dependencia en la ciencia

En este capítulo te enterarás de la influencia que estos acontecimientos tuvieron en tres regiones principales del mundo:

El encuentro entre Europa y las Américas. Este encuentro vinculó todos los centros de civilización y estableció una economía verdaderamete mundial. Al fundar imperios coloniales en las Américas y transportar esclavos desde Africa, los europeos ejercieron en el mundo una influencia más grande que nunca.

La edad de monarcas en Europa. Los reyes europeos levantaron grandes ejércitos y establecieron monarquías absolutas al cargar impuestos en las nuevas riquezas. En consecuencia de la revolución científica y de la Ilustración, surgieron desafíos al pensamiento tradicional.

Imperios asiáticos. Más al este, florecieron los grandes imperios del Medio Oriente, Persia, India y China: el Imperio Otomano, el de los Safáridas, el Mogol, y de los Ming y Qing. El paso de los cambios en Asia se retrasó con respecto a Europa.

Al repasar esta era, ten presente que los problemas más probables son:

- ¿Cuáles fueron los alcances principales de las civilizaciones precolombinas?

- ¿Cuáles fueron las causas y los efectos principales del encuentro de los europeos con los indígenas americanos?

- ¿Cómo influyeron la revolución científica y la Ilustración en la sociedad y en el pensamiento europeo?

- ¿Cuáles eran los rasgos principales de los grandes imperios territoriales que dominaron en Asia desde el siglo XVI al XVIII?

EXAMEN DEL IMPACTO DE LOS SUCESOS HISTORICOS

¿Habrás visto la película *Back to the Future* (De vuelta al futuro)? En esta película el protagonista "viaja" al pasado y se encuentra con su madre cuando ella era adolescente. Su inesperada presencia durante la juventud de su madre resulta en efectos que podrían cambiar los sucesos de tal forma que el protagonista podría no haber nacido. Tales viajes en el tiempo hacia el pasado pueden ser desatinadamente irreales, pero una parte del interés de esta película es que se revela una verdad importante: si pudiéramos cambiar hasta un solo suceso del pasado, podríamos cambiar todo el curso de la historia.

¿Por qué será así? Es porque cada acontecimiento tiene sus efectos, y estos efectos a su vez tienen otras consecuencias. Algunos sucesos pueden influir en todo el desarrollo y la dirección de una sociedad. Por ejemplo, las decisiones tomadas por una sociedad pueden influir en su organización social, su estructura política o en sus actividades económicas. La naturaleza de estas estructuras más tarde influye en el desarrollo de esa sociedad. En momentos críticos, las resoluciones de los líderes pueden ser especialmente decisivas. Por ejemplo, si los jefes de un país deciden entrar en guerra, esto puede llevar a cambios completos en el sistema político, social y económico de su país.

CAUSA Y EFECTO

Los historiadores se interesan mucho en examinar la relación entre las causas y los efectos de los sucesos

- Las **causas** de un suceso son las condiciones o los factores que produjeron este suceso. Este no habría ocurrido si no fuese por esta causa. Por ejemplo, el abrir un grifo es la *causa* de que corra el agua.

- Los **efectos** de algo son los sucesos que ocurrieron por su causa —los resultados de una decisión específica, de un desarrollo o de un acontecimiento. Por ejemplo, el correr del agua fue el efecto de abrir el grifo.

Causa	▸ ▸ ▸	Efecto
Abrí el grifo.		Corrió el agua.

SURGIMIENTO DE LA HISTORIA MULTICULTURAL

En el pasado los historiadores enfocaban su atención en el segmento más poderoso de la sociedad. En el presente, saben que esto proporciona sólo una perspectiva histórica. En consecuencia, investigan cuestiones como las vidas de campesinos pobres o de los esclavos. Los historiadores también se ocupan de los asuntos de importancia para las mujeres y los niños, no sólo para los hombres. Los distintos individuos que presencian un suceso lo perciben de diferentes modos. Por lo tanto, en el presente se trata de comprender los acontecimientos desde diferentes puntos de vista. Por ejemplo, los indígenas americanos perciben los viajes de Colón de una forma diferente que los españoles.

COMO CONTESTAR PREGUNTAS SOBRE SUCESOS HISTORICOS

Con mucha frecuencia, en los exámenes de historia universal habrá problemas sobre las causas y los efectos de sucesos históricos. En el problema generalmente se nombrará un suceso, movimiento o desarrollo histórico. Luego tienes que discutir el suceso o desarrollo y su impacto. Ten presente los diferentes puntos de vista. Con este tipo de problema, primero piensa cuidadosamente sobre el suceso, movimiento o desarrollo. Luego:

EN CASO DE CAUSAS

Comienza con enumerar todos los elementos de los que puedes pensar que *causaron* el suceso o contribuyeron a su acontecimiento. Considera todas las causas posibles: políticas, sociales, económicas y religiosas. Luego escoge las causas que crees ser las más importantes.

EN CASO DE EFECTOS

Haz una lista de algunos *efectos* del suceso, movimiento o desarrollo en la sociedad. ¿Llevó a resultados positivos o negativos? Otra vez, explora mentalmente todas las consecuencias del suceso: políticas, sociales, económicas y religiosas.

SUCESOS HISTORICOS PRINCIPALES

CIVILIZACIONES PRECOLOMBINAS EN LAS AMERICAS

Mientras en Asia, Africa y Europa surgían civilizaciones complejas, en las Américas había acontecimientos igualmente notables. En este capítulo se presenta la serie de sucesos que comenzó en 1492, cuando esta parte del mundo llegó a encontrarse con los europeos.

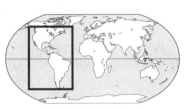

LOS PRIMEROS AMERICANOS

Los investigadores creen que durante la última época glacial, Asia y Alaska estaban unidas por un istmo donde ahora está el Estrecho de Bering. Hasta hace unos 25.000 años, grupos de cazadores asiáticos cruzaban este istmo siguiendo las migraciones de animales. A lo largo del tiempo, estos cazadores se multiplicaron y se esparcieron a través de América del Norte, América Central, las islas del Caribe y América del Sur. Separados por las

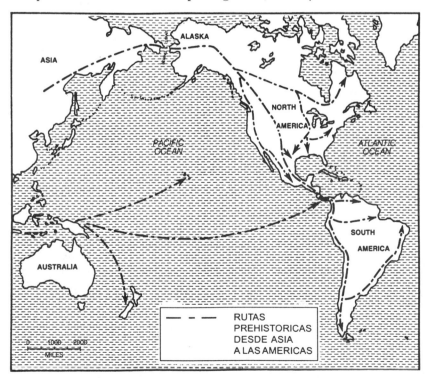

grandes montañas y selvas espesas, desarrollaron distintas lenguas y culturas.

Los indígenas pasaron por su propia revolución neolítica y aprendieron a cultivar el maíz y otras plantas útiles. Varias civilizaciones surgieron en **Mesoamérica** (*México del presente y América Central*). Estas civilizaciones recibieron el nombre de **precolombinas** porque existían en las Américas antes de la llegada del explorador Colón en 1492.

A diferencia de las antiguas civilizaciones de Africa y Eurasia, las primeras civilizaciones indígenas americanas no surgieron en los valles fluviales. Los indígenas de las selvas húmedas y calurosas de Mesoamérica aprendieron a cultivar el maíz, un cereal desconocido a los pueblos de Africa, Asia y Europa. El maíz llegó a ser la cosecha alimenticia principal en las Américas, y mantuvo el desarrollo de poblados permanentes y ciudades grandes.

LOS OLMECAS

Los **olmecas** tuvieron la civilización más antigua que se conoce en México. Su civilización floreció en la selva a lo largo del Golfo de México hace unos miles de años. Los olmecas desarrollaron un calendario, construyeron templos y otros edificios públicos y comerciaron con otros grupos a través de grandes distancias.

LOS MAYAS (1500 A. DE J. C.- 1546 D. DE J. C.)

Hace más de 3.000 años los mayas desarrollaron una civilización compleja en lo que hoy es Guatemala. Cada una de sus ciudades tenía su propio regente que era considerado semidiós. La mayoría de los mayas eran campesinos que vivían en chozas con techo de paja, y se dedicaban al cultivo del maíz. Había también una reducida clase de artesanos que producían bienes de lujo para los nobles. Los nobles, que constituían una pequeña clase hereditaria que conducían ceremonias sagradas en ocasiones especiales y ayudaban a los soberanos.

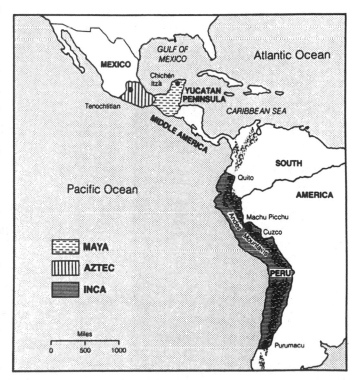

Los mayas hacían guerra con frecuencia y practicaban sacrificios humanos. Desarrollaron un juego de pelota que vino a ser popular a través de las Américas. Dos equipos competían en una corte rectangular, tratando de echar una pelota de caucho sólida en argollas de madera. Los arqueólogos creen que el juego tenía significado religioso y que a veces se sacrificaba a los vencidos.

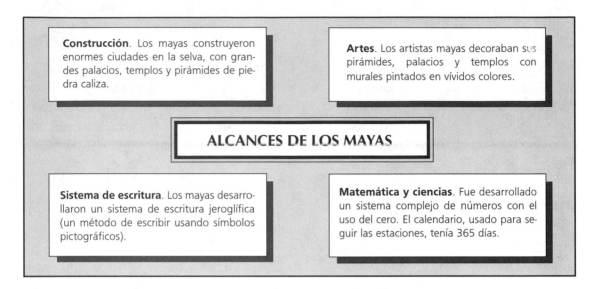

Construcción. Los mayas construyeron enormes ciudades en la selva, con grandes palacios, templos y pirámides de piedra caliza.

Artes. Los artistas mayas decoraban sus pirámides, palacios y templos con murales pintados en vívidos colores.

ALCANCES DE LOS MAYAS

Sistema de escritura. Los mayas desarrollaron un sistema de escritura jeroglífica (un método de escribir usando símbolos pictográficos).

Matemática y ciencias. Fue desarrollado un sistema complejo de números con el uso del cero. El calendario, usado para seguir las estaciones, tenía 365 días.

Cerca del siglo IX, los mayas sufrieron una gran crisis. Los arqueólogos no saben si fue la carestía de víveres, una epidemia o una gran guerra lo que causó el fin del período clásico de la civilización maya. Los mayas emigraron al norte a la Península de Yucatán en México de hoy, y construyeron una nueva serie de ciudades-estado. Una de estas ciudades mayas, construidas más tarde, es la bien conservada **Chichén Itzá**. Las constantes guerras desde el siglo XIII al XVI, y las presiones de parte de los pueblos vecinos llevaron al declive final de la civilización maya.

LOS AZTECAS (1200 - 1521)

El Valle de México, en el centro ese país, tiene una gran elevación, un clima templado y se presta mucho a la agricultura. Cerca del año 1300, los aztecas —una alianza de varios pueblos locales— se radicaron en una isla lacustre en el centro del Valle de México. Aprendieron a cultivar el maíz y adquirieron otras destrezas de sus vecinos. En los dos siglos subsiguientes, con frecuencia hicieron guerra para conquistar otros pueblos en la región. Estos conflictos continuaron hasta la llegada de los primeros europeos en las Américas.

Los aztecas desarrollaron una organización social muy compleja. En la cumbre de la sociedad se encontraba el soberano. Le seguían los nobles que a menudo ocupaban altos puestos en el gobierno, ejército o sacerdocio. La mayoría del pueblo eran los agricultores, pescadores, artesanos o guerreros. En la parte más baja de la sociedad azteca se encontraban los esclavos.

Igual que las otras culturas indígenas, los aztecas rendían culto a muchos dioses. El más importante era el dios del sol. Los aztecas creían que el dios del sol necesitaba sangre humana para seguir sus viajes diarios por el cielo. Por esta razón, practicaban sacrificios humanos en gran escala. Se sacrificaba a los guerreros cautivos de otras tribus y también a los aztecas, que aceptaban ese honor voluntariamente ya que creían que su sacrificio era necesario para mantener el universo en movimiento.

EL IMPERIO INCAICO (1200 -1535)

Miles de millas al sur de México se desarrollaron culturas avanzadas a lo largo de la costa del Pacífico y en la Cordillera de los Andes en América del Sur. Los pueblos andinos cultivaron papas y otras plantas de raíces comestibles resistentes al frío de las noches. Criaban llamas y alpacas para su carne y lana; también las usaban como bestias de carga.

Aproximadamente en el año 1400, los incas comenzaron a extender su poder a través de los Andes. Con el tiempo, el Imperio Incaico abarcaba una gran parte de lo que hoy son el Perú, Ecuador, Bolivia y Chile. Los incas construyeron caminos empedrados que

se extendían por más de diez mil millas para unir los rincones distantes de su imperio. Los comestibles eran conservados y almacenados en depósitos a lo largo de los caminos. Los incas no desarrollaron carretas con ruedas, posiblemente porque este tipo de vehículo no se prestaba al terreno accidentado de los Andes.

Las ruinas de Machu Picchu

Los incas tampoco desarrollaron un sistema de escritura como tal. Para contar, mantener registros y enviar mensajes usaban un sistema complicado de cuerdas anudadas, de varios colores. Su gran destreza en la ingeniería les permitió construir grandes edificios de piedra en lo alto de los Andes. No tenían hormigón, pero al construir edificios hacían encajar las piedras de tal forma que una hoja de cuchillo no cabía entre ellas. Las ruinas de **Machu Picchu,** una antigua ciudad fortificada en lo alto de los Andes es uno de los mejores ejemplos que quedan de la maestría que los incas poseían en la construcción.

ENCUENTRO ENTRE EUROPA Y LAS AMERICAS

El ánimo renacentista de investigación llevó a los europeos a la exploración de los mares. Su encuentro con los pueblos de las Américas fue un acontecimiento de alcance mundial. Puso en contacto las civilizaciones principales del mundo por primera vez, lo que tuvo un efecto profundo en todos los pueblos.

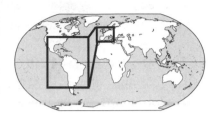

LA EDAD DE DESCUBRIMIENTOS

Los escritos de **Marco Polo** (1254-1324) estimularon interés en el comercio con Asia Oriental. Los bienes eran transportados por tierra a Constantinopla y luego atravesaban el Mar Mediterráneo a bordo de los barcos de las ciudades-estado italianas. La conquista del Imperio Bizantino por los turcos otomanos en 1453 cortó el comercio europeo con Asia del este. En consecuencia, había fuertes incentivos para encontrar un pasaje marítimo al Oriente.

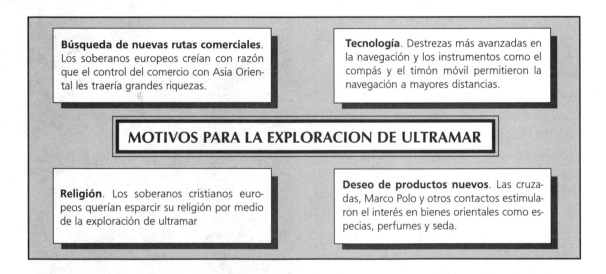

Búsqueda de nuevas rutas comerciales. Los soberanos europeos creían con razón que el control del comercio con Asia Oriental les traería grandes riquezas.

Tecnología. Destrezas más avanzadas en la navegación y los instrumentos como el compás y el timón móvil permitieron la navegación a mayores distancias.

MOTIVOS PARA LA EXPLORACION DE ULTRAMAR

Religión. Los soberanos cristianos europeos querían esparcir su religión por medio de la exploración de ultramar

Deseo de productos nuevos. Las cruzadas, Marco Polo y otros contactos estimularon el interés en bienes orientales como especias, perfumes y seda.

ESPAÑA Y PORTUGAL LLEVAN LA DELANTERA

España y Portugal están situadas en el extremo occidental de Europa. España tiene costas en el Mar Mediterráneo y el Océano Atlántico. Los dos países estaban determinados a obtener una parte del comercio con Asia, y tenían los recursos necesarios para financiar la costosa exploración de ultramar. Los soberanos de España, Fernando e Isabel, acababan de completar la **Reconquista** de las últimas regiones que quedaban en posesión de los moros, y unificaron el país bajo dominio cristiano en 1492. Ese mismo año también expulsaron de España a los judíos. Por medio de exploraciones de ultramar, los españoles esperaban esparcir el cristianismo y traer gloria a su país.

LOS GRANDES EXPLORADORES

Comenzando con el fin del siglo XV, los monarcas europeos competían entre sí al enviar exploradores para encontrar nuevas rutas comerciales y buscar nuevas tierras.

✦ **Cristóbal Colón** (1451-1506) estaba convencido de que podría llegar al Asia navegando hacia el oeste, y en 1492 persuadió a los monarcas de España a proporcionarle tres naves. Después de navegar dos meses, accidentalmente llegó a las Américas en vez de alcanzar las Indias Orientales. Su "descubrimiento" de las Américas proporcionó nuevas fuentes de riquezas y materias primas que para siempre cambiarían la economía europea.

✦ **Vasco de Gama** (1460-1524), explorador portugués, descubrió la ruta marítima de Europa a la India al navegar en 1497 alrededor del sur de Africa. Esto hizo posible la adquisición de productos asiáticos sin usar rutas terrestres.

✦ **Fernando de Magallanes** (1480-1521), otro explorador portugués, capitaneó la primera expedición que llegó a **circunnavegar** el mundo en 1519. Al navegar alrededor de América del Sur y a través del Pacífico, Magallanes confirmó la esfericidad de la tierra.

VIAJES DE LOS PRIMEROS EXPLORADORES EUROPEOS

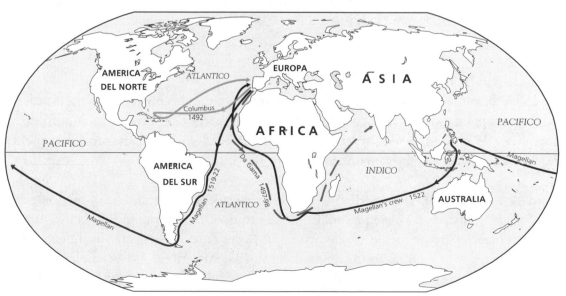

LA CONQUISTA EUROPEA DE LAS AMERICAS

El impacto de la llegada de los europeos era particularmente profundo en los indígenas americanos. Los **conquistadores** españoles y los sacerdotes llegaron poco después de los primeros exploradores. Vinieron a conquistar a los pueblos nativos, tomar oro y plata, obtener otros recursos naturales y convertir a los indígenas al cristianismo. Un pequeño número de soldados españoles, usando caballos y armas de fuego y actuando en concierto con las tribus aliadas locales, rápidamente venció a los numerosos pueblos indígenas y conquistó los dos imperios americanos más grandes de esos tiempos: los aztecas y los incas.

LA CONQUISTA DE MEXICO

A poco tiempo después del primer viaje de Colón, los españoles conquistaron las islas principales del Caribe. En 1519, **Hernán Cortés** zarpó de Cuba para México con una pequeña fuerza de soldados en busca de oro y plata. Cortés se encontró con **Moctezuma**, emperador de los aztecas. Al principio, los aztecas, creyendo que los españoles eran dioses, les dieron muchísimos regalos. Más tarde, Cortés salió de la capital azteca y alió sus fuerzas con los enemigos de los aztecas.

Con unos centenares de españoles y unos cuantos miles de guerreros indígenas, Cortés atacó a los aztecas en 1521. Su victoria final se debe a varios factores. Los aztecas iban armados de garrotes, lanzas y arcos, mientras que los españoles tenían armas de fuego, espadas de acero, escudos, caballos y cañones. Los españoles también reunieron una gran fuerza de guerreros indígenas hostiles a los aztecas. Finalmente, los aztecas estaban debilitados por la viruela, introducida accidentalemnte por los europeos y contra la que los indígenas no tenían inmunidad. Fue así que Cortés pudo conquistar el poderoso Imperio Azteca.

LA CONQUISTA DEL PERU

En 1530, **Francisco Pizarro** navegó desde Panamá para conquistar a los incas. Llegó precisamente cuando éstos se recuperaban de una guerra civil brutal. En lo alto de la Cordillera de los Andes, Pizarro con un puñado de soldados estaba frente a una fuerza mucho más grande de guerreros incas.

Aquí los indígenas tampoco podían vencer a los europeos, determinados y tecnológicamente más avanzados. Fingiendo amistad, Pizarro invitó al Emperador Inca a visitarle. Pizarro con los suyos hicieron una emboscada y asesinaron al emperador. Luego, para 1533, Pizarro pudo conquistar la capital de los incas. En general, los españoles trataron mal a los indígenas que conquistaron. Estos estaban obligados a aceptar la religión cristiana y trabajar para sus nuevos gobernantes.

EFECTOS DEL ENCUENTRO

El encuentro europeo con las Américas llevó a un intercambio de ideas, costumbres y tecnologías. Este tipo de intercambio se conoce como **difusión cultural**.

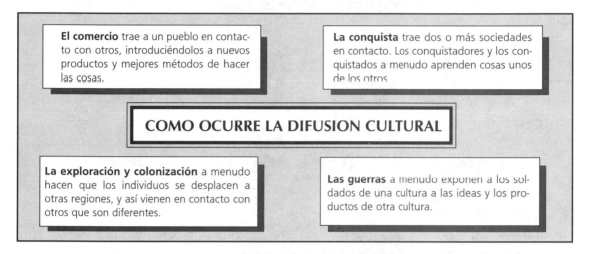

El comercio trae a un pueblo en contacto con otros, introduciéndolos a nuevos productos y mejores métodos de hacer las cosas.

La conquista trae dos o más sociedades en contacto. Los conquistadores y los conquistados a menudo aprenden cosas unos de los otros.

COMO OCURRE LA DIFUSION CULTURAL

La exploración y colonización a menudo hacen que los individuos se desplacen a otras regiones, y así vienen en contacto con otros que son diferentes.

Las guerras a menudo exponen a los soldados de una cultura a las ideas y los productos de otra cultura.

AUMENTO DE COMERCIO

A causa del encuentro, la dieta de los europeos fue mejorada con la introducción de nuevos comestibles como papas, maíz y tomates. En poco tiempo, Europa Occidental vino a ser el centro de una vasta red de comercio mundial que se desplazó desde la región del Mediterráneo a

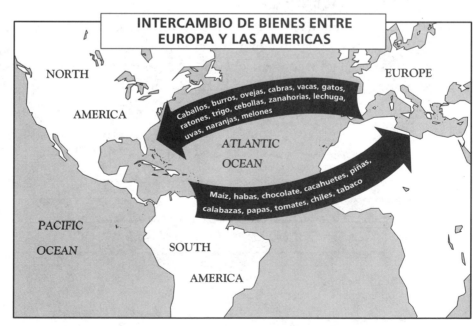

INTERCAMBIO DE BIENES ENTRE EUROPA Y LAS AMERICAS

NORTH AMERICA

EUROPE

Caballos, burros, ovejas, cabras, vacas, gatos, ratones, trigo, cebollas, zanahorias, lechuga, uvas, naranjas, melones

ATLANTIC OCEAN

Maíz, habas, chocolate, cacahuetes, piñas, calabazas, papas, tomates, chiles, tabaco

PACIFIC OCEAN

SOUTH AMERICA

los países de la costa del Atlántico: Portugal, España, Inglaterra, Francia y Holanda.

Las vastas riquezas del Nuevo Mundo enriquecieron a los mercaderes europeos y a sus monarcas.

LA VIDA COLONIAL EN AMERICA LATINA

La conquista europea también trajo cambios importantes a la sociedad indígena americana.

GOBIERNO COLONIAL

En el **Tratado de Tordesillas** de 1494, el papa dividió las Américas entre España y Portugal al trazar una línea de dirección norte-sur que puso a Brasil bajo la dominación portuguesa. España vino a gobernar el imperio americano muchas veces más grande que todo su país. En el siglo XVI, el oro y plata de las Américas hicieron de España la potencia más rica de Europa. Se enviaban gobernadores reales, llamados **virreyes**, a gobernar las colonias en nombre del rey.

SOCIEDAD COLONIAL

Las tierras conquistadas a menudo eran distribuidas entre los soldados. Estos obligaban a los indígenas a cultivar la tierra y trabajar en las minas bajo un arreglo llamado sistema de **encomiendas**. Los jefes religiosos también eran miembros de la élite y compartían el poder político. Los sacerdotes convirtieron a muchos indígenas al catolicismo. Los **jesuitas**, una orden religiosa establecida durante la Contrarreforma, construyeron escuelas, fundaron hospitales y enseñaron destrezas agrícolas a los indígenas hasta ser expulsados de Latinoamérica en 1767. Entretanto, las poblaciones indígenas disminuían rápidamente porque no tenían inmunidad a las enfermedades europeas como el sarampión y la viruela. En consecuencia, muchos terratenientes usaban esclavos importados del Africa, particularmente en el Caribe y en el Brasil.

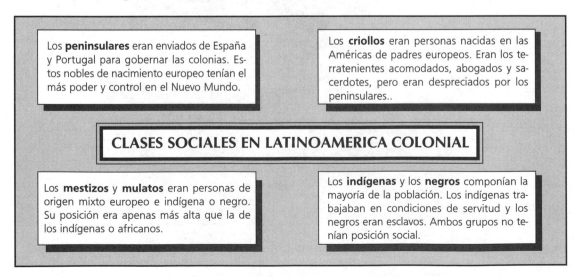

Los **peninsulares** eran enviados de España y Portugal para gobernar las colonias. Estos nobles de nacimiento europeo tenían el más poder y control en el Nuevo Mundo.

Los **criollos** eran personas nacidas en las Américas de padres europeos. Eran los terratenientes acomodados, abogados y sacerdotes, pero eran despreciados por los peninsulares..

CLASES SOCIALES EN LATINOAMERICA COLONIAL

Los **mestizos** y **mulatos** eran personas de origen mixto europeo e indígena o negro. Su posición era apenas más alta que la de los indígenas o africanos.

Los **indígenas** y los **negros** componían la mayoría de la población. Los indígenas trabajaban en condiciones de servidumbre y los negros eran esclavos. Ambos grupos no tenían posición social.

LA TRATA TRANSATLANTICA

Los colonos tuvieron un problema serio en encontrar obreros capaces de aguantar las condiciones abrumadoras de trabajo en sus tierras. La solución llevó a una de los efectos más serios de la conquista europea de las Américas: el desarrollo de la trata de esclavos. La esclavitud había existido en Africa mucho antes de la intervención europea, sin embargo la **trata transatlántica** expandió la esclavitud a una escala sin paralelo en toda la historia de la humanidad.

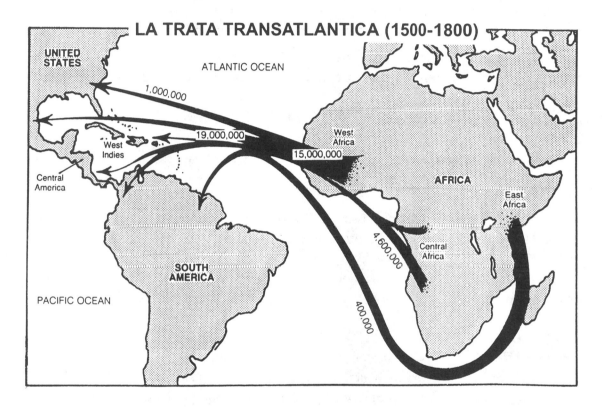

Los individuos esclavizados generalmente eran capturados por tribus africanas poderosas en incursiones contra aldeas menos fuertes. Luego fueron llevados a la costa donde los mercaderes de esclavos europeos y americanos los adquirían a cambio de armas de fuego y otros bienes.

Se calcula que hasta 15 millones de africanos, hombres y mujeres, fueron sacados del continente por los mercaderes de esclavos en un período de trescientos años. Muchos morían durante el viaje a través del Atlántico porque las condiciones a bordo de los barcos eran horribles. Los que sobrevivían, acababan trabajando largas jornadas en los cañaverales de las islas del Caribe y en Brasil, o más tarde cultivando tabaco y algodón en la América del Norte.

LEGADO DE LA TRATA TRANSATLANTICA

Fomentó guerras entre tribus. La trata alentó a que las tribus africanas hiciesen guerra entre sí para obtener esclavos que pudieran ser trocados por armas de fuego y otros productos europeos.

Desorganizó la cultura africana. Destruyó una gran parte de la rica herencia africana y desbarató su desarrollo. Dejó un legado de violencia, amargura y desorden social, y problemas sin resolver aún hoy día.

Aumentó la difusión cultural. Aumentó el intercambio de ideas y bienes. Los mercaderes llevaron nuevas armas a Africa, y los esclavos trajeron a las Américas sus poemas, mitos y música.

Después de tres siglos, los movimientos humanitarios en Europa y América en contra de la esclavitud finalmente acabaron con la trata al comienzo del siglo XIX.

REVOLUCION COMERCIAL (1699-1750)

El establecimiento de imperios coloniales y el surgimiento de fuertes monarquías nacionales también tuvieron un efecto sorprendente en las economías de Europa. Aunque la agricultura siguió siendo la actividad económica principal en Europa, la parte de la economía que se desarrollaba con mayor rapidez era el comercio en bienes, especialmente desde Asia y de las Américas. Lo que ahora se llama la **revolución comercial**, señaló un paso importante en la transición de las economías locales de la Edad Media a una economía verdaderamente mundial en la que los bienes se producían y se cambiaban a través del mundo entero. La revolución comercial tuvo varios aspectos importantes.

MERCANTILISMO

Los monarcas europeos esperaban aumentar su poder por medio del sistema del **mercantilismo**. Los soberanos trataban de aumentar sus posesiones de oro y plata al alcanzar un balance de comercio favorable —exportando más productos de valor más alto que lo que se importaba. Algunos soberanos europeos tomaron medidas para fomentar la producción de tejidos de exportación. Para acumular más riqueza y poder, Inglaterra, Francia y Holanda —todos países en la costa del Océano Atlántico— siguiendo el ejemplo de España y Portugal, establecieron sus propias colonias de ultramar.

Cada uno de los países llamados "madre patria" exportaba a las colonias productos fabricados caros e importaba materias primas más económicas. La competencia por los imperios coloniales y control de los mares escaló a una serie de guerras entre las potencias europeas. Finalmente, en la década de 1760 Gran Bretaña surgió victoriosa en estas guerras.

IMPERIOS EUROPEOS A TRAVES DEL MUNDO (1700)

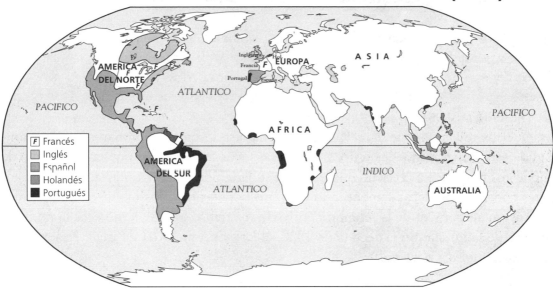

SURGIMIENTO DEL CAPITALISMO

Los mercaderes y banqueros establecieron los cimientos de un nuevo sistema económi co conocido como **capitalismo**. Bajo este sistema, los **empresarios** (*dueños de negocios*) arriesgaban su dinero en nuevas empresas con el fin de beneficiarse. Los trabajadores producían los bienes pero no compartían en los lucros. El desarrollo de empresas nuevas, el creciente número de expediciones mercantiles a través de los océanos y la necesidad de costear grandes ejércitos causó la demanda de grandes sumas de dinero. Para recoger ese dinero, se establecían **compañías en comandita por acciones**. Estas empresas de propiedad privada vendían acciones (*partes de la empresa*) a los inversionistas con la esperanza de beneficiarse. El nuevo sistema capitalista y la mayor riqueza de las colonias de ultramar y del comercio establecieron el fondo de la revolución industrial que comenzó en Inglaterra a mediados del siglo XVIII.

LA EDAD DE LOS MONARCAS (1600-1770)

El declive del feudalismo, el ánimo del Renacimiento, el encuentro europeo con las Américas, los cambios de la Reforma y la revolución comercial, sirvieron todos para aumentar el poder de los monarcas europeos mientras se en riquecía la sociedad del continente.

EL AUMENTO DEL PODER REAL

En la Edad Media, el poder de los monarcas estaba limitado por los nobles, los parlamentos y por la Iglesia Católica. En los siglos XVI y XVII esto comenzó a cambiar cuando los reyes aumentaron su poder y dependían menos de los nobles.

GUERRAS RELIGIOSAS

Las guerras religiosas que siguieron la Reforma ofrecieron a los monarcas la oportunidad de establecer grandes ejércitos permanentes y de aumentar su riqueza por medio de impuestos nuevos. La creciente clase media en las ciudades a menudo se aliaba con los reyes contra la nobleza, aumentando el apoyo popular para los monarcas. Estos también asumían control de la religión dentro de sus reinos, tomando a veces la posición de jefes de la iglesia. En la década de 1530, el Rey **Enrique VIII** de Inglaterra encabezó la nueva iglesia nacional.

TEORIA DEL DERECHO DIVINO

Los monarcas reclamaban **derecho divino** para justificar el aumento de su poder. De acuerdo a esta teoría, el rey era el diputado de Dios en la tierra, y las órdenes reales representaban la voluntad divina. El inglés **Thomas Hobbes** escribió que los monarcas estaban justificados en asumir poder absoluto porque sólo ellos podían proceder de modo imparcial para mantener orden en la sociedad.

LUIS XIV (1638-1715): UN CASO EJEMPLAR DE ABSOLUTISMO

El **absolutismo** se refiere al control que ejerce un monarca sobre sus súbditos. Luis XIV de Francia era un modelo para otros monarcas absolutos. Durante su reinado, su palabra era ley. Se castigaba a cualquier crítico que desafiase su autoridad. Para controlar a los nobles, el rey hizo construir un gran palacio en Versalles. Los nobles principales estaban obligados a pasar la mayor parte del año residiendo con el rey en Versalles, y de este modo tenían poca oportunidad de planear una rebelión. Luis XIV también se entrometía en la vida económica y religiosa de sus súbditos. Las reglamentaciones reales establecían normas para todas las industrias del país. Luis XIV exigía que los protestantes se convirtiesen al catolicismo o saliesen de Francia. Finalmente, enredó a su país en una serie de guerras para extender las fronteras de Francia y traer gloria a su reinado. Al final, Luis XIV y sus acciones agresivas hicieron que Europa se uniese contra Francia, dejando el país exhausto y en bancarrota.

RUSIA BAJO LOS ZARES

En el extremo oriental de Europa, los soberanos rusos adoptaron el sistema de absolutismo real en una gran escala. A principio del siglo XVI, los regentes de la región circundante de Moscú se pusieron a aumentar los territorios de Moscovia por medio de la conquista de territorios vecinos. El resultado de estas conquistas vino a ser Rusia. La mayoría de su población eran los **siervos** —campesinos que de acuerdo a la ley estaban vinculados a la tierra y tenían que trabajar para los terratenientes. A diferencia de Europa Occidental en ese tiempo, la servitud en Rusia no llegó a su declive. Los nobles ejercían poder absoluto sobre sus siervos. A cambio de sus privilegios, la nobleza prometió lealtad absoluta al zar. Dos de los monarcas más notables de ese tiempo eran:

Pedro el Grande

+ **Pedro el Grande** (1682-1725). Pedro el Grande convirtió a Rusia de un país atrasado en una potencia moderna al introducir ideas, cultura y tecnología occidentales. Derrotó a la lindante Suecia y Turquía, extendiendo mucho los límites de Rusia. Cuando algunos de sus súbditos mostraban repugnancia de adoptar costumbres occidentales, usaba fuerza para obligarlos a hacerlo. Pedro el Grande trasladó la capital de Rusia de Moscú a San Petersburgo, una ciudad que mandó construir en la costa del Báltico para que Rusia tuviera una "ventana hacia el Occidente".

+ **Catalina la Grande** (1762-1796. Catalina la Grande continuó la política de expansión y occidentalización iniciada por Pedro el Grande. Al comienzo de su reinado, también fomentó reformas limitadas y otorgó a los nobles una carta de derechos. Sin embargo, se negó a renunciar sus poderes absolutos. Durante su largo reino, las condiciones de los siervos llegaron a empeorar.

INGLATERRA SE CONVIERTE EN MONARQUIA LIMITADA

En Inglaterra los monarcas nunca pudieron establecer un sistema de gobierno absoluto que se desarrolló en Francia y en Rusia. En realidad, hasta en tiempo tan remoto como la Edad Media, se impusieron fuertes restricciones en el poder de los monarcas ingleses. Las más importantes de éstas eran la Carta Magna y el parlamento inglés. Los sucesos subsiguientes convirtieron a Inglaterra en una **monarquía constitucional**, en la que los súbditos gozaban de derechos fundamentales y el poder se compartía entre el monarca y el parlamento.

PROGRESO HACIA LA MONARQUIA CONSTITUCIONAL EN INGLATERRA

La Declaración de Derechos de 1689. Los nuevos soberanos aceptaron esta declaración que establecía la supremacía del parlamento. Los monarcas no podían cargar nuevos impuestos o levantar un ejército sin el consentimiento del parlamento.

La Revolución Gloriosa (1688-1689). El Rey Jacobo II trató de debilitar el control parlamentario. Enojado por estas acciones, el parlamento pidió a la hija del rey que con su esposo tomase el sitio de Jaime II. Este huyó y más tarde fue derrotado en Irlanda.

La Revolución Puritana (1642-1660). Los esfuerzos de Carlos I resultaron en una guerra civil entre el rey y el parlamento. El rey fue ejecutado en 1649. Cuando su hijo fue restaurado al trono en 1660, tenía que aceptar límites en su poder real.

Los primeros Estuardos. Jacobo I llegó a ser rey en 1603. Creía en el derecho divino de los reyes y a menudo entraba en conflicto con el parlamento. Su hijo, Carlos I, trató de establecer un dominio absoluto y cargar impuestos sin el consentimiento del parlamento.

Los monarcas Tudor. En el siglo XVI, Enrique VIII e Isabel I establecieron una fuerte monarquía centralizada basada en el sentido de unidad nacional, la Iglesia Anglicana y en el poder compartido con el parlamento.

El surgimiento del parlamento. El parlamento fue establecido como un cuerpo legislativo compuesto de nobles en la Cámara de los Lores y los representantes elegidos de la Cámara de los Comunes.

La Carta Magna. En 1215, los nobles obligaron al Rey Juan a firmar la Carta Magna que garantizaba a los ingleses que no podrían ser multados ni encarcelados si no fuese de acuerdo a las leyes del país.

Edificio del parlamento

Uno de los escritores más influyentes de este tiempo era **John Locke** que creía que los gobiernos obtienen su autoridad del consentimiento del pueblo que gobiernan y no de Dios —como lo decían los partidarios del derecho divino. De acuerdo a Locke, el propósito principal del gobierno era la protección del derecho a la vida, la libertad y la posesión de propiedad que tienen los individuos. Los escritos de Locke tuvieron influencia más allá de la época en que vivía. Un siglo más tarde, sus ideas influyeron a los jefes tanto de la Revolución Estadounidense como la Francesa.

LA REVOLUCION CIENTIFICA

La **revolución científica** comenzó durante el Renacimiento y continuó durante la época de los monarcas. Rechazó la autoridad tradicional y la enseñanza de la Iglesia en favor de la observación directa de la naturaleza. La revolución en la ciencia se basó en gran parte en el nuevo **método científico**, según el cual los investigadores observaban

Sir Isaac Newton

la naturaleza, hacían hipótesis (*suposiciones*) sobre las relaciones, y luego comprobaban estas hipótesis por medio de experimentos. Galileo, por ejemplo, condujo pruebas sobre los movimientos de los cuerpos para establecer los principios generales de la física. Los hombres de ciencia comenzaron a descubrir que el movimiento de los cuerpos en la naturaleza seguía fielmente lo que se podía pronosticar por medio de las matemáticas.

El pensador de la revolución científica de mayor influencia fue **Sir Isaac Newton**. Su libro *Principia Mathematica* vinculó la velocidad de cuerpos en caída libre a los movimientos de los planetas. Newton redujo todos estos patrones a una sola fórmula: la ley de gravedad. El descubrimiento de Newton provocó esperanzas de que todo el universo actuaba de acuerdo a ciertas leyes fundamentales fijas. Parecía que todo lo que tenían que hacer los investigadores era aplicar la observación, la experimentación y las matemáticas.

INFLUENCIA DE LA ILUSTRACION

La **Ilustración**, también llamada la **Edad de la Razón**, se refiere a un movimiento importante en el pensamiento europeo del siglo XVIII. La chispa para la Ilustración surgió del progreso hecho por la revolución científica.

Los pensadores de la Ilustración creían que al aplicar razonamiento científico, los humanos podrían comprender mejor a la naturaleza y uno al otro. Creían que la naturaleza y la sociedad operaban de acuerdo a leyes universales fundamentales que ellos llamaban "leyes naturales". Los pensadores de la Ilustración creían que la gente podría usar la razón para descubrir estas leyes y aplicar este conocimiento para mejorar la vida diaria. Aplicaron el nuevo método científico a la sociedad y a sus problemas. Esto los llevó a poner en duda el derecho divino de los monarcas, los privilegios hereditarios de la nobleza y el poder de la Iglesia Católica.

Voltaire (1694-1778) se burlaba de la autoridad tradicional. Sus opiniones sobre la tolerancia religiosa y libertad intelectual más tarde influyeron mucho en los jefes de la Revolución Estadounidense y la Francesa.

Juan Jacobo Rousseau (1712-1778) creía que el gobierno debía expresar la "voluntad general" del pueblo. Su libro *El Contrato Social* ayudó a inspirar los ideales democráticos de la Revolución Francesa.

PENSADORES PRINCIPALES DE LA ILUSTRACION

Montesquieu (1689-1755) argumentaba en favor de la separación de poderes en el gobierno para impedir la tiranía. En su libro *El Espíritu de las Leyes* abogaba por el uso de control mutuo y verificaciones que más tarde se incluyó en la Constitución de los Estados Unidos

Adam Smith (1723-1790) describió el capitalismo en su libro *La Riqueza de las Naciones*. Explicó cómo la competencia y la división de trabajo guían un sistema económico libre basado en los intereses del individuo.

LA ILUSTRACION Y LA REVOLUCION ESTADOUNIDENSE

En 1776, las ideas de la Ilustración fueron usadas por los colonos norteamericanos en su **Declaración de la Independencia** de Inglaterra. Este documento afirmaba los derechos humanos naturales como el derecho a la vida, la libertad y la búsqueda de felicidad. La declaración argumentaba que el propósito del gobierno era proteger estos derechos; esto mostraba la influencia de la teoría de Locke.

DESPOTISMO ILUSTRADO

Los **déspotas ilustrados** eran los monarcas absolutos que esperaban usar las ideas de la Ilustración para reformar sus países "desde arriba". En algunos casos, instituyeron tolerancia religiosa, establecieron academias científicas y fomentaron reforma social, pero raramente estaban en favor de compartir el poder político. María Teresa de Austria, Catalina la Grande de Rusia y Carlos III de España eran déspotas ilustrados.

LOS IMPERIOS TERRITORIALES DE ASIA

Mientras que los europeos establecían un nuevo orden mundial que afectaba a Africa y las Américas, más allá, en el oriente seguían floreciendo grandes imperios en Turquía, Persia, India y China. Del mismo modo que los monarcas absolutos de Europa, los soberanos de estos imperios disponían de pólvora y grandes ejércitos para imponer orden en grandes territorios. Pero estos imperios no avanzaron con la misma

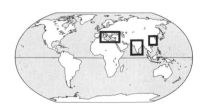

rapidez que los estados europeos en la erudición, ciencia y tecnología. En consecuencia, estas regiones más tarde sintieron el impacto de la expansión europea.

EL IMPERIO OTOMANO (1453-1918)

En el capítulo anterior vimos cómo los musulmanes árabes formaron una gran civilización islámica que con el tiempo abarcó los territorios que se extendían desde España hasta el Río Indo. Los **otomanos**, un pueblo nómada turco venido desde Asia Central, en el siglo XIII llegó a dominar el mundo islámico.

En 1453 lograron capturar a Constantinopla, la capital del Imperio Bizantino. Por un cierto tiempo cortaron el comercio europeo con Asia y tomaron control del Mediterráneo. Los otomanos también conquistaron Egipto y el norte de Africa, uniendo todo el mundo islámico bajo su mando, con excepción de Persia y Afganistán. Bajo **Solimán el Magnífico** el Imperio Otomano llegó a su apogeo a mediados del siglo XVI.

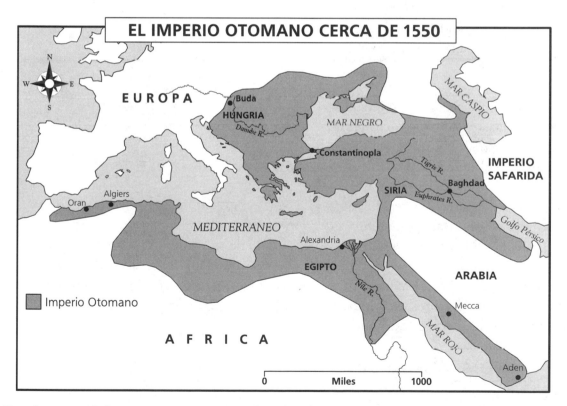

EL IMPERIO OTOMANO CERCA DE 1550

En el centro del sistema otomano estaba el **sultán** (*emperador*) y su magnífica corte. Bajo el mando del sultán el Imperio Otomano estaba bien organizado y gobernado eficazmente. Los otomanos regían de un modo que reconocía la diversidad cultural de su imperio. Cada una de las comunidades religiosas principales —musulmana, judía y cristiana— estaba representada por sus propios líderes. Cada una de estas comunidades era gobernada de acuerdo a sus propias leyes y recogía sus impuestos. Al mismo tiempo, el sultán en Estambul (*anteriormente Constantinopla*) gobernaba en todo el imperio como soberano todopoderoso. Este sistema único de gobierno, combinado con la potencia militar otomana y el control de las encrucijadas del comercio, fomentaba prosperidad y estabilidad hasta la última parte del siglo XVIII.

EL IMPERIO SAFARIDA EN PERSIA

Los Safáridas establecieron un gran imperio islámico en Persia (*Irán de hoy*) a principios del siglo XVI. Miembros de una tribu turca, los Safáridas eran musulmanes chiítas, y eran hostiles hacia los otomanos que eran sunnitas. Esta asociación con la rama chiíta del islám dio a los Safáridas una identidad distinta a la de sus vecinos turcos y árabes. El Imperio de los Safáridas con el tiempo se extendió hasta el Mar Arábigo en el sur, y casi hasta el Río Indo en el este.

Los soberanos Safáridas, conocidos como **shas** (*o shahs*), usaban grandes ejércitos permanentes para mantener el control de su imperio. También hicieron mucho para fomentar el comercio. Floreció la pintura de miniaturas y aumentó la

producción de hermosas alfombras persas. Prosperaron la literatura, medicina y el estudio de la astronomía. Sin embargo, los últimos soberanos de la dinastía se mostraron menos capaces. Los altos impuestos y las constantes guerras con los vecinos otomanos con el tiempo debilitaron su imperio. En 1722, el Imperio de los Safáridas fue conquistado por el lindante Afganistán.

INDIA MUSULMANA, MOGOL Y LA INDIA BRITANICA

El impacto del islám se sintió aún más al este de Turquía y Persia. Ya en el siglo VIII, los invasores musulmanes alcanzaron el valle del Río Indo al entrar por los pasos en las montañas en el noroeste del Subcontinente Indio.

LAS INVASIONES MUSULMANAS

En los siglos XI y XII, los musulmanes turcos invadieron las llanuras del norte de la India, destruyendo ciudades hindúes. Establecieron allí reinos independientes, conocidos como **sultanatos** o sultanados. El más importante de ellos fue establecido cerca del año 1200 en Delhi. Durante los 300 años subsiguientes, los sultanes de Delhi dominaron sobre una gran parte de la India central y del norte. A diferencia de los conquistadores anteriores, los musulmanes no llegaron a adoptar completamente las costumbres indias. Por ejemplo, las mujeres musulmanas llevaban velo y permanecían en reclusión, las hindúes no. Al fin del siglo XIV, Tamerlán destruyó la ciudad de Delhi y degolló a sus habitantes. El Sultanato de Delhi no llegó a recuperarse de este golpe.

EL IMPERIO MOGOL (1526-1837)

En 1526, **Baber**, descendiente de Tamerlán y de Genghis Khan, derrotó al sultán de Delhi

y fundó el Imperio del Gran Mogol. Aunque el nombre del imperio fue tomado de la palabra *mongol*, se trataba aquí de musulmanes con vínculos estrechos con la Persia de los Safáridas. El soberano mogol más famoso fue el nieto de Baber, **Akbar el Grande** (1542-1605). Conquistó los estados vecinos musulmanes e hindúes, uniendo todo el norte de la India bajo su dominio. Akbar procedió luego a unir a sus súbditos musulmanes e hindúes por medio de la práctica de tolerancia religiosa. Eliminó los impuestos especiales que paga-

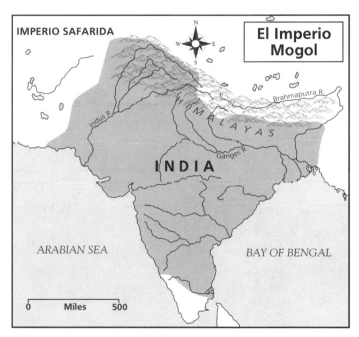

ban los hindúes y empleó funcionarios hindúes en el gobierno. Para gobernar su gran imperio con mayor eficacia, Akbar lo dividió en doce provincias. Los bien entrenados funcionarios imperiales eran enviados a inspeccionar los gobiernos locales, hacer cumplir las leyes y asegurar la colección de impuestos. Akbar también fomentó la erudición, pintura, música y literatura.

El nieto de Akbar, **Shah Yahan** (1628-1658), era menos benévolo hacia los hindús. Restableció los impuestos especiales y ordenó la destrucción de muchos templos hindúes. En el Noroeste y el noreste, mucha gente se convirtió al islamismo. Algunos cambiaron su religión para evitar los impuestos especiales; otros se convirtieron porque, como miembros de castas inferiores, esperaban escapar las restricciones del sistema de castas. Shah Yahan era patrono de las artes, e hizo construir mezquitas y palacios para la gloria de su reinado. El más hermoso y famoso de esos edificios, el **Taj Mahal**, fue una tumba construida para su esposa. Después del reinado de Shah Yahan, el Imperio Mogol gradualmente se desintegró. Aunque los mogoles siguieron rigiendo en el norte, en el centro y el sur de la India se desarrolló una serie de pequeños reinos independientes.

INDIA BAJO CONTROL BRITANICO

Mientras que los Mogoles iban extendiendo sus territorios hacia el norte, algunos países europeos establecían centros de comercio a lo largo de las costas del subcontinente. Los mercaderes de la **Compañía de las Indias** establecieron los cimientos para el futuro Imperio Británico de la India.

Al principio, la Compañía de las Indias evitaba involucraciones en las rivalidades entre los reinos locales. Sin embargo, los soberanos indígenas a menudo pedían la protección de los ingleses. En la década de 1750, un regidor local atacó Calcuta, puerto bajo control inglés. La Compañía de las Indias volvió a tomar control de la ciudad usando tropas de la compañía, y llegó a ser una potencia militar importante en la India. En poco tiempo, los británicos derrotaron a los franceses, sus rivales, que también habían establecido fortines en la India.

A lo largo del tiempo, la Compañía de las Indias extendió sus territorios para proteger sus intereses comerciales. Un tratado con el emperador mogol convirtió la compañía en recogedora imperial de impuestos a través de la mayor parte de la India. Gradualmente, se enviaban "residentes" británicos a otras partes del país para proteger los intereses de la compañía. La mayoría de los regentes indios llegaron a estar bajo la protección británica. A principio del siglo XIX, la Compañía de la India obtuvo control sobre todo el Subcontinente Indio que se convirtió en una posesión británica.

LAS DINASTIAS MING Y QING EN CHINA

Ya vimos cómo en el siglo XIII China fue unificada bajo el dominio mogol. A pesar de sus alcances, los mogoles permanecieron impopulares. En 1368 fueron derribados por un monje chino que estableció la dinastía Ming.

DINASTIA MING (1368-1644)

En la época de la **dinastía Ming**, China disfrutó de 300 años de paz y prosperidad. Los emperadores Ming extendieron el imperio que vino a incluir a Corea, Birmania y Vietnam. Los Ming construyeron en Pekín un inmenso palacio conocido como la Ciudad Prohibida, que vino a ser la residencia de todos los emperadores chinos subsiguientes. Durante el tiempo de la dinastía Ming florecieron la literatura y las artes. Los artesanos sobresalían en el uso de la imprenta, y en la producción de seda y porcelana de gran belleza. Prosperaron la vida urbana y el comercio con la exportación seda, porcelana y otros artículos de lujo.

Bajo los Ming, la Sociedad china tenía dos clases principales. La mayoría de la población se componía de campesinos que apenas se ganaban la vida. En su mayoría eran analfabetos y su vida se concentraba en sus parientes y en su aldea. El otro grupo importante eran los individuos cultos acomodados, propietarios de las tierras labradas por los campesinos; este grupo respetaba mucho la erudición. Los Ming restauraron los exámenes de servicio civil, y los individuos educados estudiaban para aprobar estas pruebas exigentes que recalcaban las enseñanzas de Confucio. Además de estas dos clases sociales principales había mercaderes y artesanos que vivían en las ciudades.

La China de los Ming tenía una flota mercantil grande ocupada en el comercio en el

Mar de la China Meridional y el Océano Indico. Al comienzo del siglo XV, los Ming lanzaron una gran expedición naval para esparcir las noticias de la riqueza y del poder chino. Los exploradores chinos como **Cheng Ho** (*Zheng Ho*) navegaron a las costas de la India y de Arabia. Pero en la década de 1430, el emperador repentinamente puso fin a estos viajes porque las familias nobles se oponían a ellos. Así, precisamente cuando los europeos comenzaron a ensanchar sus horizontes, los soberanos chinos pusieron fin a la exploración naval.

El contacto europeo con China quedó establecido en el siglo XVI. En 1557, los mercaderes portugueses establecieron un poblado en la costa meridional de China. Los misioneros católicos siguieron a los comerciantes en un intento de ganar conversos entre los chinos. Pero el cristianismo tenía poco atractivo para los chinos que creían que su cultura era muy superior a todas las otras, y que China, el "reino del medio", era el centro del universo.

DINASTIA QING, O MANCHU (1644-1912)

En el siglo XVII, el aumento de la población, las restricciones en el comercio y una serie de sublevaciones de los campesinos debilitaron la dinastía Ming. En 1644, los manchúes, un pueblo nómada de Manchuria situada al noreste de China, invadieron y conquistaron la China de los Ming.

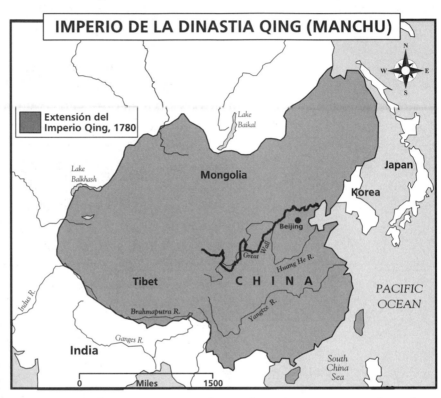

IMPERIO DE LA DINASTIA QING (MANCHU)

Extensión del Imperio Qing, 1780

Lake Baikal

Lake Balkhash

Mongolia

Japan

Korea

Beijing

Great Wall

Huang He R.

Indus R.

Tibet

C H I N A

PACIFIC OCEAN

Brahmaputra R.

Yangtze R.

Ganges R.

India

South China Sea

0   Miles   1500

Los conquistadores manchúes fundaron la **dinastía Qing** (*también Tsing o Manchú*). Igual que los mogoles antes de ellos, los manchúes adoptaron costumbres chinas al gobernar su nuevo imperio. Continuaron con los exámenes tradicionales para servicio civil y gobernaron con la ayuda de funcionarios locales. Sin embargo, los manchúes obligaron a los hombres a afeitarse la cabeza y llevar coleta en señal de sumisión al dominio manchú.

Los soberanos Qing hicieron construir nuevos caminos y canales, despejar tierras de cultivo adicionales y construir graneros. Durante el Siglo XVIII, los emperadores Qing como **Kang Xi** y **Qian Long** fomentaron la erudición y educación al mismo tiempo que reducían impuestos. Durante ese mismo tiempo, la tecnología europea gradualmente sobrepasó la de China. En los capítulos que siguen, veremos cómo los soberanos Qing de China enfrentaron los nuevos desafíos europeos al principio del siglo XIX.

El Duque de Obi, regente de la corte imperial de los Qing en el siglo XVII

RESUMEN DE TU COMPRENSION

PARA RECORDAR TERMINOS, CONCEPTOS Y PERSONAJES IMPORTANTES

Prepara una tarjeta de vocabulario para cada uno de los siguientes términos, conceptos y personajes:

Difusión cultural	Mercantilismo	Luis XIV	Ilustración
Conquistadores	Capitalismo	Pedro el Grande	Akbar el Grande
Sistema de encomiendas	Derecho divino	John Locke	Dinastía Ming
Trata transatlántica	Absolutismo	Revolución científica	Manchúes

COMPLETACION DE UN DIAGRAMA

Completa el siguiente diagrama al describir cada uno de estos sucesos en Europa.

Edad de los descubrimientos:
_____
_____

Edad de los monarcas:
_____
_____

ACONTECIMIENTOS IMPORTANTES EN EUROPA

Revolución comercial:
_____
_____

Revolución científica:
_____
_____

COMPLETACION DE UNA TABLA

Usa la tabla en la página que sigue para organizar la información leída sobre los imperios importantes de esta época en las Américas y en Asia.

NOMBRE DEL IMPERIO	PERIODO	LOCALIZACION	ALCANCES PRINCIPALES
Maya			
Azteca			
Inca			
Otomano			
Safárida			
Mogol			
Ming			
Qing			

COMPRUEBA TU COMPRENSION

Comprueba tu comprensión de este capítulo al solucionar los siguientes problemas:

PREGUNTAS DE SELECCION MULTIPLE

1   Los monarcas europeos trataban de encontrar una ruta marítima a Asia porque
     1   necesitaban un lugar donde enviar el exceso de habitantes
     2   Asia era un lugar donde se podrían vender productos manufacturados
     3   la caída del Imperio Bizantino en 1453 cortó el comercio europeo con Asia Oriental
     4   los musulmanes tomaron control de la Tierra Santa

2   ¿Cuál característica fue compartida por la civilización del antiguo Egipto y la de los mayas?
     1   la religión monoteísta   3   la influencia de culturas europeas
     2   la vida nómada   4   el desarrollo de escritura

3   Durante la época colonial en Latinoamérica, la razón principal para la importación de esclavos desde Africa fue
     1   la escasez de mano de obra indígena
     2   la necesidad de obreros industriales adiestrados
     3   el desarrollo de agricultura avanzada
     4   el deseo de fomentar el cristianismo

Basa tu respuesta a la pregunta 4 en la gráfica lineal dada y en tu conocimiento de historia universal.

ESTIMADO DE LA POBLACION INDIGENA DE MEXICO, 1518-1593

4   ¿Cuál declaración puede ser mejor apoyada por la información de la gráfica lineal?
1 La población indígena de México aumentó continuamente entre 1500 y 1600.
2 Los efectos de la conquista española en la población indígena de México se sintieron con más severidad entre 1518 y 1548.
3 La conquista española de México elevó el nivel de vida de los indígenas de México.
4 La influencia española en México terminó para el año 1700.

---

5   ¿Cuál suceso fue el último en ocurrir?
1 Las tribus germanas saquearon a Roma.
2 El Imperio Mogol en la India llegó a su fin.
3 Pizarro derrotó a los incas.
4 Los turcos otomanos capturaron a Constantinopla.

6   ¿Cuál fue el resultado inmediato de la edad de exploración europea?
     1 La cultura islámica se esparció a través de Africa y Asia.
     2 La influencia europea se esparció en el Hemisferio Occidental.
     3 Se desarrollaron movimientos por la independencia en Asia y en Africa.
     4 Se establecieron dictaduras militares a través de Europa.

7   El concepto del mercantilismo está mejor ilustrado por
     1 la estructura política de China durante la dinastía Chu
     2 el sistema de parentesco social del pueblo nubiense
     3 las estrategias militares de los ejércitos del Imperio Romano
     4 la relación económica entre España y sus colonias en el Nuevo Mundo

Basa tu respuesta a la pregunta 8 en la gráfica circular que sigue y en tu conocimiento de historia universal.

8   ¿Cuál es una conclusión válida de acuerdo a la información de la gráfica circular?
     1 La mayoría de los esclavos estaban destinados para las plantaciones de algodón de América del Norte.
     2 Europa y Asia no participaron en la importación de esclavos.
     3 La mayoría de los esclavos fueron enviados a las distintas islas del Caribe.
     4 Los esclavos venían principalmente de la costa occidental de Africa.

DONDE FUERON ENVIADOS LOS ESCLAVOS AFRICANOS, 1500-1870

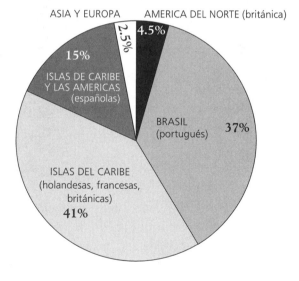

9   En un esquema, uno de los siguientes es el tema principal y los otros tres son secundarios. ¿Cuál es el tema principal?
     1 Se firma la Carta Magna
     2 Desarrollo de la monarquía constitucional
     3 Comienzo de la Revolución Gloriosa
     4 Establecimiento del parlamento

10   En los siglos XVII y XVIII los monarcas europeos
     1 trataron de adelantar la causa de derechos humanos
     2 trataron de centralizar el poder político
     3 intentaron desarrollar mejores relaciones con soberanos musulmanes
     4 trataron de aumentar la independencia de los nobles

11 "Los reyes son lugartenientes de Dios en la tierra." ¿Qué tipo de gobierno está mejor caracterizado por esta cita?

1 democracia directa   3 república

2 monarquía limitada   4 gobierno de derecho divino

12 Un rasgo compartido por la ciudad-estado de Atenas e Inglaterra en el siglo XVIII fue

1 un gobierno decentralizado

2 la adopción del cristianismo

3 el gobierno por regentes absolutos

4 un grado de gobierno democrático

13 ¿Cuál fue un resultado de la revolución comercial?

1 reducción del aumento de población en Europa

2 desplazamiento del poder desde Europa Occidental a Europa Oriental

3 esparcimiento del feudalismo a través de Europa Occidental

4 expansión de la influencia europea en regiones de ultramar

14 Los Imperios Otomano, Safárida y Mogol se parecían en que todos

1 seguían el islamismo   3 estaban situados en Europa

2 limitaban el poder de sus soberanos 4 tenían flotas muy grandes

15 ¿Cuál es la declaración más acertada sobre el Imperio Otomano?

1 controlaba el comercio de sal

2 todos sus súbditos eran musulmanes

3 su capital estaba en Constantinopla

4 sus soberanos eran católicos romanos

16 ¿Cuál jefe de estado está correctamente pareado con su imperio?

1 Imperio Azteca — Mansa Musa

2 Imperio Mogol — Akbar el Grande

3 Imperio de Malí — Solimán el Magnífico

4 Imperio Otomano — Moctezuma

PROBLEMAS CON RESPUESTAS REDACTADAS BREVES

1. Reorganiza la información en la página siguiente para mostrar su tema principal, los subtemas principales y los ejemplos que ilustran cada uno de los temas principales. Usa un esquema, diagrama u otra forma de apuntes.

El mundo tiene una gran deuda con China. A lo largo de los siglos, China introdujo adelantos técnicos y culturales importantes. Los chinos fueron los primeros en descubrir el proceso de hacer porcelana fina, y que los capullos del gusano de seda se podían usar para hacer hilo para tejidos. También inventaron el compás que sirve para encontrar direcciones y es muy útil en la navegación marítima. Fueron los primeros que produjeron pólvora, y aunque al principio no apreciaron su aplicación militar, más tarde la usaron en catapultas y cañones. Los chinos también fueron los primeros en hacer papel. Esto llevó al desarrollo de la imprenta de bloque lo que permitió la producción de libros impresos.

Los chinos también hicieron contribuciones importantes a la filosofía, al arte y a la literatura. Aplicaron la filosofía confucianista, budista y daoísta para adelantar la educación y el gobierno. En el arte, crearon bellas pinturas de paisajes, explorando el tema de la hermosura de la naturaleza. En literatura, los chinos sobresalieron en la poesía y escribieron las primeras novelas del mundo.

2. El diagrama dado representa la estructura social de las colonias en la América Latina.

1. Señala el rasgo de la sociedad colonial latinoamericana mejor ilustrado por el diagrama.

    movilidad social   sistema de clases rígido   difusión cultural

2. Señala el período de la historia latinoamericana representado por este diagrama.

    500 a. de J. C. a 100 d. de J. C.   900 a 1200   1500 a 1800

3. Escoge una de las clases sociales en el diagrama dado. Describe su papel en la sociedad colonial de America Latina. _____

_____

_____

ENSAYOS TEMATICOS

Tema: Difusión cultural

> La difusión cultural a menudo tiene lugar cuando un grupo humano establece contacto con otro grupo o cuando lo conquista.

Desarrollo:

> Proporciona **dos** ejemplos que muestran cómo la difusión cultural resulta del contacto de un grupo humano con otro, o de su conquista.

Instrucciones: Escribe un ensayo bien organizado que incluya un párrafo de introducción con una declaración del tema, varios párrafos de acuerdo al Desarrollo y una conclusión.

Sugerencias: Puedes usar ejemplos cualesquiera de tu estudio de historia universal. Algunos ejemplos que podrías considerar son: Grecia antigua, Roma antigua, el Imperio Islámico, las cruzadas, los mogoles y la edad de descubrimientos. **No** tienes que limitarte a estas sugerencias.

APLICACION DE UN DOCUMENTO A LA DECLARACION DEL TEMA

En este ejercicio practicarás la vinculación de un documento visual —en la forma de una lámina— a la declaración del tema. Tu primer párrafo debe describir el contexto histórico, presentar la declaración del tema y hacer una transición al párrafo de apoyo. El segundo párrafo debe referirse a la información del documento que apoye la declaración del tema.

DESARROLLO:

Examina con cuidado el documento de la página que sigue. Luego escribe un ensayo mostrando cómo la evidencia en el documento apoya la declaración siguiente:

Los nuevos contactos entre grupos de personas a menudo llevan a consecuencias importantes.

¿Cómo ilustra este dibujo una consecuencia del contacto entre los aztecas y los conquistadores españoles?

_____

_____

_____

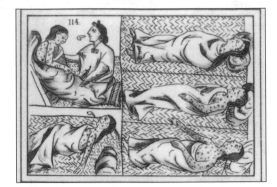

Impacto de la viruela en los aztecas

APLICACION DEL DOCUMENTO A LA DECLARACION DEL TEMA

Ya se escribieron aquí las frases de introducción y de transición. Escribe la declaración del tema y luego explica cómo el dibujo está relacionado a la declaración del tema.

①→
Las oraciones de introducción proporcionan el contexto histórico.

Los aztecas eran una civilización indígena americana que floreció en el altiplano central de México. En 1519, los primeros conquistadores españoles llegaron a México. _____

_____

②
Escribe aquí tu declaración del tema.

Esto se puede ver en la copia de una ilustración original del siglo XVI, del tiempo de la conquista.

③
La frase de transición menciona el dibujo.

④→
Explica cómo el documento apoya tu declaración del tema.

En este dibujo vemos que _____

_____

_____

_____

_____

_____

_____

CAPITULO 11

Toma de la Bastilla

NUEVAS CORRIENTES: REVOLUCION, INDUSTRIA Y NACIONALISMO 1770 - 1900

	1750	1770	1790	1810	1830	1850	1880	1910
JAPON	SHOGUNADO DE TOKUGAWA					JAPON ABIERTO AL COMERCIO	RESTAURACION MEIJI	
EUROPA	REGIMEN ANTIGUO EN FRANCIA		REVOLUCION FRANCESA/ NAPOLEON	ERA DE METTERNICH		REVO-LU-CIONES	UNIFIC. DE ALE-MANIA, ITALIA	COMPETENCIA POR COLONIAS
	REVOLUCION INDUSTRIAL							
MEDIO ORIENTE	IMPERIO OTOMANO							
AMERICA LATINA	REGIMEN COLONIAL			MOVIMIENTOS POR LA INDEPENDENCIA	EPOCA DE LOS CAUDILLOS			
AFRICA				FIN DE LA TRATA DE ESCLAVOS			IMPERIALISMO EUROPEO	
INDIA	DEBILITACION DEL REGIMEN MOGOL		EXPANSION DE LA COMPAÑIA DE LAS INDIAS		DOMINIO BRITANICO			
CHINA	DINASTIA MANCHU (QING)							
	1750	1770	1790	1810	1830	1850	1880	1910

EN QUE DEBES CONCENTRARTE

Una persona nacida en la Edad Media en Italia, no se sentiría muy fuera de lugar 300 años más tarde durante el Renacimiento. Igualmente, alguien de la época de Heian no estaría incómodo en el Japón de 300 años más tarde. Pero un europeo que haya vivido antes de la Revolución Francesa, al regresar sólo un siglo más tarde encontraría cambios drásticos casi incomprensibles.

Al repasar esta época conviene agrupar estos cambios en cuatro campos:

La Revolución Francesa fue el suceso político de gran influencia a través de todo el mundo. Desafió los conceptos arraigados hasta entonces sobre la autoridad política y divisiones sociales.

La revolución industrial resultó en los cambios más grandes en el modo de vivir y trabajar desde el comienzo de la civilización. La maquinaria en gran parte reemplazó el uso de la fuerza humana en la producción de bienes.

NUEVAS CORRIENTES EN EL MUNDO, 1770-1900

El nacionalismo causó problemas para los jefes de estados que dominaban distintos grupos nacionales. Los pueblos que estaban completamente bajo control extranjero o divididos entre varios estados, buscaban autonomía.

El imperialismo cambió el mapa del mundo. Algunas potencias europeas, motivadas por la competencia internacional y con las ventajas tecnológicas del tiempo, establecieron colonias en Asia, Africa y regiones del Pacífico.

Bajo el impacto del imperialismo europeo comenzó la erosión hasta de sociedades tan tradicionales como la de China. Sólo el Japón pudo resistir la dominación europea, y lo logró por medio de su propia europeización.

Al repasar esta época ten presente que con más probabilidad en los exámenes tendrás que dirigirte a problemas como los siguientes:

• Las causas y los efectos de la Revolución Francesa.

• Las causas y los efectos de la revolución industrial.

• Los factores que llevaron al surgimiento de sentimientos nacionalistas en el siglo XIX.

• Los beneficios y las desventajas del imperialismo en Africa y Asia.

EXAMEN DE LAS FUERZAS
DE CAMBIO SOCIAL

Las sociedades pasan por el proceso de cambio del mismo modo en que cambia nuestra vida individual. El sistema político, social, económico y religioso de una sociedad se encuentra en un estado casi continuo de desarrollo y mudanza.

LAS FUERZAS PRINCIPALES DEL CAMBIO SOCIAL

Los historiadores están particularmente interesados en comprender por qué y cómo cambian las sociedades, y qué fuerzas influyen en el paso y en la dirección del cambio. Los siguientes factores están entre las causas más importantes de los cambios históricos:

CONFLICTOS ENTRE LOS DISTINTOS GRUPOS EN UNA SOCIEDAD

Muchas sociedades incluyen individuos de distintos grupos religiosos y étnicos, de diferentes clases sociales, sexo, edad y antecedentes. A menudo, hay conflictos de interés entre estos grupos. Estos desacuerdos pueden solucionarse por medio de reforma, compromiso, represión o a veces por medios violentos y revolucionarios.

NUEVAS IDEAS

Las nuevas ideas pueden transformar una sociedad. Pueden relacionarse a la organización social y política, como democracia, monarquía absoluta o dictadura. Pueden ser nuevas creencias religiosas, como budismo, islamismo o protestantismo; o nuevas maneras de percibir la naturaleza, como la revolución científica de los siglos XVI y XVII.

CONTACTOS CON OTRAS SOCIEDADES

Los contactos con otras sociedades pueden llevar a la introducción de nuevas ideas y productos por medio de la difusión cultural. Por ejemplo, en las Américas el encuentro de los indígenas con los europeos resultó en la introducción de nuevos alimentos en Europa, y de caballos y del ganado vacuno en el Nuevo Mundo. Los contactos con otras sociedades también pueden llevar a conflictos y guerras que imponen grandes exigencias en cada sociedad, y a menudo llevan a cambios internos.

INNOVACION TECNOLOGICA

Los nuevos inventos pueden ser ingredientes importantes de los cambios históricos. Por ejemplo, la introducción de la pólvora contribuyó al derrumbe del feudalismo. La invención de la imprenta contribuyó a la Reforma ya que permitió la amplia diseminación de las ideas de los críticos de la Iglesia.

CAMBIOS EN EL AMBIENTE

Los cambios en el ambiente físico y biológico pueden influir mucho en la sociedad humana. El fin de la época glacial y llevó a la revolución neolítica. La peste bubónica del siglo XIV causó grandes pérdidas en la población. En el siglo XVII, las temperaturas un poco más bajas de lo normal resultaron en malas cosechas y gran trastorno social. En el presente, la contaminación causa un leve calentamiento atmosférico; esto resulta en sequías en la región del Sahel en Africa, amenazando la vida de millones de personas.

EL PASO DEL CAMBIO

En las sociedades tradicionales, dedicadas a la agricultura, el cambio es a menudo tan lento que casi no se nota. En las sociedades industrializadas el cambio es mucho más rápido.

CAMBIO POR EVOLUCION Y POR REVOLUCION

El cambio *evolucionario* es gradual: ofrece a la gente más tiempo para adaptarse y transformarse. El cambio *revolucionario* es abrupto: a veces es económico o social, como en el caso de la revolución industrial; en otros casos es político, como la Revolución Francesa.

MODELO DE REVOLUCION POLITICA

En una revolución política, los nuevos movimientos desafían el orden existente. El gobierno decae o queda derribado por la fuerza y los revolucionarios introducen cambios importantes. A veces las revoluciones políticas siguen el modelo visto en la Revolución Francesa:

Etapa inicial	Etapa intermedia	Etapa final
La tirantez aparece en el sistema existente, llevándolo al punto de revolución. Los reformadores moderados toman el mando al principio de la sublevación.	Fracasan los intentos moderados de compromiso; los radicales se ponen a cargo y la revolución se vuelve más violenta. A menudo hay guerra civil y conflictos con países vecinos.	Los radicales quedan reemplazados por los moderados que en turno pueden ser reemplazados con la restauración del orden antiguo con algunas concesiones hacia la reforma.

SUCESOS HISTORICOS PRINCIPALES

En el capítulo anterior, vimos cómo el establecimiento de una nueva economía transatlántica estimuló el desarrollo económico europeo. El comercio de ultramar y el aumento de la riqueza resultaron en gobiernos más fuertes y surgimiento de nuevas ideas. Estos acontecimientos también llevaron a nueva tirantez en la sociedad europea. La naciente economía capitalista y las ideas de la Ilustración hicieron que la clase media estuviese menos inclinada a aceptar el concepto del derecho divino de los monarcas y la posición privilegiada de la Iglesia y de la nobleza. Estas tensiones finalmente estallaron en la Revolución Francesa, sacudiendo a Europa y a las Américas.

LA REVOLUCION FRANCESA Y SU INFLUENCIA

A través de los siglos Francia fue uno de los países más poblados y más fuertes de Europa occidental. Para 1789, varias condiciones la llevaron al punto de la revolución.

CONDICIONES PRECEDENTES A LA REVOLUCION

DESIGUALDAD ENTRE LAS CLASES SOCIALES

Antes del 1789, en la sociedad francesa el orden social (o Régimen Antiguo) comprendía tres clases o "estados". El primero se componía de clérigos; el segundo eran los nobles. El tercero, el más grande, era la gente común; incluía a los **burgueses**, mercaderes, profesionales y tenderos. Los nobles tenían muchos privilegios especiales: estaban eximidos de la mayoría de los impuestos y tenían el derecho de recaudar tributos feudales. La burguesía, influida por su creciente prosperidad y por las ideas de la Ilustración, se resentía de esos privilegios de los nobles.

SISTEMA INJUSTO DE IMPUESTOS

El sistema financiero de Francia se basaba en la tradición. Hacia fin del siglo XVIII, muchos lo percibían como anticuado e injusto. Las distintas clases sociales y hasta las diferentes regiones pagaban impuestos en distintas proporciones. Las provincias y ciudades cargaban impuestos sobre los bienes de otras, perjudicando así el comercio.

GOBIERNO EN BANCARROTA

Los monarcas franceses causaron la bancarrota del gobierno con las guerras costosas, préstamos excesivos y mala administración de las finanzas. Los ministros llegaron a convencerse que la única forma de solucionar los problemas financieros del gobierno era hacer que los nobles pagasen impuestos. Pero éstos se negaron a pagarlos a menos que el rey convocara a los **Estados Generales** — una asamblea nacional en la que tenían representación las tres clases sociales. Los nobles se creían

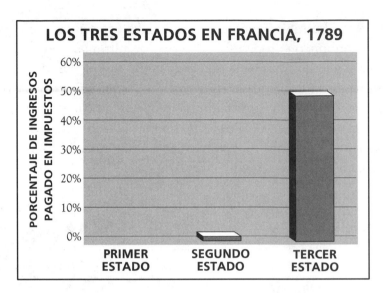

capaces de controlar la asamblea. El **Rey Luis XVI** de mala gana accedió a las exigencias de la nobleza, y en todo el país hubo elecciones para escoger delegados de los diferentes estados a la asamblea.

SUCESOS PRINCIPALES DE LA REVOLUCION

La revolución comenzó como una contienda por el poder entre el rey y los nobles. Pronto se convirtió en una lucha en la que el rey y la nobleza se tornaron en contra de la burguesía. Durante la revolución, el poder pasó primero a la burguesía moderada, luego a los tenderos y artesanos radicales, y finalmente volvió a la burguesía moderada.

EL GOBIERNO DE LOS MODERADOS

Una vez reunidos los Estados Generales, los delegados del Tercer Estado anunciaron que ellos eran la **Asamblea Nacional**. El rey vaciló en dispersar la Asamblea después de que los parisienses tomaran la **Bastilla** el 14 de julio de 1789. La Asamblea Nacional proclamó la **Declaración de los Derechos del Hombre** afirmando que el gobierno se basaba en el consentimiento del pueblo y no en el derecho divino del rey. También anunció que todos los franceses eran "libres e iguales", y abolió los privilegios de la nobleza. "Libertad, igualdad y fraternidad" vino a ser el lema de la revolución. Se adoptó una consitutción escrita que establecía una legislatura nacional y convertía a Francia en una monarquía constitucional.

LA REVOLUCION TOMA UN CURSO RADICAL

Francia era ahora una amenaza a los monarcas que seguían reclamando gobierno por derecho divino, y pronto el país se encontró en guerra. Los radicales tomaron control y constituyeron a Francia en república, con un jefe de gobierno elegido. Se temía que el rey volviese al poder, y Luis XVI y su esposa fueron ejecutados. El **Comité de Salvación Pública** tomó las riendas del gobierno. Encabezado por **Maximilien Robespierre**, con el fin de salvar la revolución de invasión extranjera y de contrarrevolución interna, el Comité comenzó el **Reinado del Terror** con ejecuciones en masa de sacerdotes, nobles y personas sospechadas de traición. Finalmente, el poder volvió a los moderados cuando pasó el riesgo de invasión extranjera y los franceses se cansaron de la violencia interna.

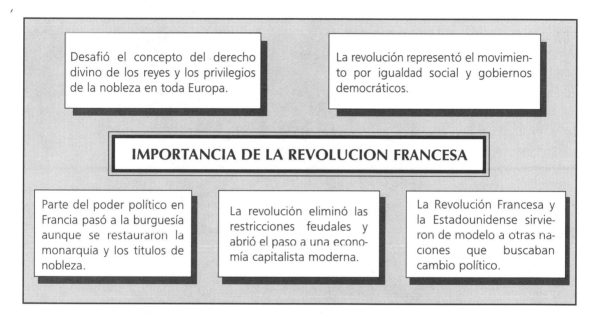

Desafió el concepto del derecho divino de los reyes y los privilegios de la nobleza en toda Europa.

La revolución representó el movimiento por igualdad social y gobiernos democráticos.

IMPORTANCIA DE LA REVOLUCION FRANCESA

Parte del poder político en Francia pasó a la burguesía aunque se restauraron la monarquía y los títulos de nobleza.

La revolución eliminó las restricciones feudales y abrió el paso a una economía capitalista moderna.

La Revolución Francesa y la Estadounidense sirvieron de modelo a otras naciones que buscaban cambio político.

ASCENSO Y CAIDA DE NAPOLEON

Napoleón Bonaparte (1769-1821), oriundo de la isla de Córcega, estudió en una escuela militar en Francia. Llegó a ser uno de los generales de más talento de toda la historia.

MILITARISMO Y ESTABLECIMIENTO DEL IMPERIO

Bajo la jefatura de Napoleón, los ejércitos franceses invadieron Italia, y derrotaron a los austríacos y rusos. En 1799, Napoleón tomó el poder en Francia y trató de combinar las reformas sociales de la Revolución Francesa con su propio poder absoluto. Unos años más tarde se coronó emperador. Para 1805, Napoleón derrotó todas las otras potencias europeas occidentales a excepción de Inglaterra, y estableció un imperio que abarcaba una gran parte del continente. Sus parientes fueron puestos a cargo del poder en Italia, Alemania, Holanda y España.

DERROTA DE NAPOLEON

Las ambiciones excesivas de Napoleón unieron contra él la mayor parte de Europa. El imperio pasaba por momentos tensos a causa de su incapacidad de invadir a Inglaterra; los problemas económicos en el continente causados por el boicoteo de productos ingleses; y el resentimiento contra la dominación francesa de Europa.

En verano de 1812, Napoleón invadió a Rusia con un ejército de 422.000. Los rusos, al retroceder, quemaron casas y cosechas, dejando a los franceses sin alimento y albergue. Cuando Napoleón llegó a Moscú, más de 300.000 de sus

IMPERIO NAPOLEONICO EN EUROPA, 1810

soldados murieron o desertaron. Encontraron la ciudad en ruinas, incendiada cuando los rusos la evacuaron. Obligados a retroceder en medio del invierno, los franceses perdieron 90.000 más soldados a causa del hambre y del frío. Del ejército napoleónico sobrevivieron sólo 10.000 soldados.

Después del fracaso de Napoleón en Rusia, las otras potencias europeas se unieron para derrumbarlo. Luego restauraron al trono la antigua familia real francesa en 1814. El nuevo rey, **Luis XVII**, otorgó a su pueblo un estatuto que garantizaba derechos civiles fundamentales y una legislatura nacional.

CAMPAÑA NAPOLEONICA CONTRA RUSIA, 1812

INFLUENCIA DE NAPOLEON

Aunque Napoleón gobernó sólo quince años, influyó mucho en Francia y en el resto de Europa y del mundo.

INFLUENCIA DE NAPOLEON EN FRANCIA, EUROPA Y EL MUNDO

Francia. Alcanzó estabilidad al introducir el **Código Napoleónico** que consolidó los alcances de la revolución: igualdad social, tolerancia religiosa y juicio por jurado.

Europa. Se introdujeron ideas de la Revolución Francesa en las tierras conquistadas: se abolió la servidumbre de la gleba, se introdujo la tolerancia religiosa y se reformaron las leyes.

El mundo. El dominio francés fue muy resentido y promovió el nacionalismo. La debilitación de España facilitó las luchas por la independencia en Latinoamérica.

RESTAURACION DEL ANTIGUO REGIMEN EUROPEO

Después de la derrota de Napoleón, los jefes europeos principales se reunieron en Viena para redefinir las fronteras en Europa.

CONGRESO DE VIENA (1814-1815)

En Viena, Gran Bretaña, Rusia, Austria y Prusia restauraron muchos de los antiguos soberanos y fronteras, con lo que en gran parte Europa volvió a la disposición anterior a la Revolución Francesa. También se trató de establecer una **balanza del poder**, un arreglo que prevendría que un solo país, como Francia, llegara a ser bastante poderoso como para dominar a otros. Las potencias acordaron cooperar para resistir cambios revolucionarios.

ANIMO DE NACIONALISMO

Nacionalismo es la convicción de que cada nacionalidad tiene derecho a su propio gobierno y su propia patria. La Revolución Francesa reanimó ese sentimiento al declarar que cada gobierno debe basarse en la voluntad del pueblo, y las conquistas napoleónicas causaron resentimientos contra dominación extranjera. Sin embargo, en el Congreso de Viena no se tomó esto en cuenta, y por consiguiente varios pueblos aún no estaban unidos y otros seguían dominados por gobiernos extranjeros.

EUROPA DESPUES DEL CONGRESO DE VIENA

GAMA DE OPINIONES POLITICAS

**A principios del siglo XIX, los europeos se dividían
en tres grupos políticos principales con respecto al camino que se debía seguir:**

Los **conservadores** se oponían a casi todo cambio, temiendo que llevaría al desorden social.

Los **liberales** querían reformas moderadas como mayor voz para la clase media en el gobierno.

Los **radicales** estaban en favor de derribar el orden existente por medio de revoluciones.

LA ERA DE METTERNICH (1815-1848)

El **Príncipe de Metternich** de Austria fue uno de los políticos en el Congreso de Viena opuestos al nacionalismo y al cambio político en Europa. Durante treinta años después del congreso había una serie de revoluciones fracasadas en Italia, Alemania y Polonia, donde los grupos nacionales fueron derrotados en su lucha por la independencia. El nacionalismo triunfó con la independencia de Grecia y Bélgica en 1830, y los franceses derrocaron la monarquía restaurada para establecer una monarquía constitucional.

LAS REVOLUCIONES DE 1848

El año 1848 fue crítico en el siglo XIX: en Francia fue derrocada la monarquía constitucional y se instituyó en la república. Los sucesos en Francia fueron seguidos por una ola de revoluciones en Italia, Alemania y Europa central, donde los sublevados trataron de establecer sus propios estados nacionales. Pero los austríacos por apoyados los rusos eran demasiado fuertes para los revolucionarios. Todos los gobiernos nacionales fueron derrotados excepto en Francia donde el sobrino de Napoleón tomó el poder.

INDEPENDENCIA DE AMERICA LATINA

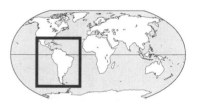

Uno de los efectos de gran alcance de la Revolución Francesa fue el hecho de que llevó a la independencia de Latinoamérica.

EL CAMINO A LA INDEPENDENCIA

ABUSOS DEL SISTEMA COLONIAL

Hacia el fin del siglo XVIII, los sistemas coloniales impuestos por España y Portugal causaban inestabilidad en la América Latina. Los criollos, a pesar de ser descendientes de europeos, muchos de familias acomodadas y de educación esmerada, no tenían acceso al poder político que estaba en las manos de los peninsulares.

Los colonos también se resentían de las restricciones económicas en las colonias que dificultaban la manufactura y el comercio directo con otras colonias o países aparte de España.

COLONIAS EUROPEAS EN LA AMERICA LATINA, 1780

ESPAÑOLAS
FRANCESAS
PORTUGUESAS
HOLANDESAS

LAS IDEAS REVOLUCIONARIAS SE ESPARCEN EN LATINOAMERICA

Tanto la Revolución Estadounidense como la Francesa esparcieron nuevas ideas en América Latina al declarar que la gente tenía derecho a gobiernos que protegiesen sus intereses. Durante las Guerras Napoleónicas en Europa, las colonias latinoamericanas realmente eran autónomas. En 1814, con la derrota de Napoleón, el rey de España regresó al trono y trató de imponer el antiguo sistema de restricciones comerciales. Algunos líderes latinoamericanos se negaron a volver al dominio español y exigieron la independencia.

Toussaint L'Ouverture encabezó una sublevación de esclavos en 1791. Con la expulsión de los franceses, Haití vino a ser la primera colonia latinoamericana liberada del dominio europeo.

En México el padre **Miguel Hidalgo** encabezó la rebelión fracasada de 1810. **Augustín de Iturbide** anunció la independencia en 1821. Se declaró emperador, fue derrocado, y en 1824 se estableció la república.

LIDERES EN LAS GUERRAS DE INDEPENDENCIA

José de San Martín primero luchó por la independencia de Argentina y Chile (1816-18) luego participó en la liberación del Perú.

Bernardo O'Higgins formó en la Argentina con San Martín el ejército de liberación de Chile que ganó la independencia en 1818.

Simón Bolívar actuó entre 1819 y 1825 para liberar a Perú (en concierto con San Martín), Bolivia, Ecuador, Venezuela y Colombia.

Entretanto, una división en la familia real portuguesa llevó a la declaración de independencia del Brasil en 1823 y para 1824 la independencia latinoamericana fue firmemente establecida.

DOCTRINA MONROE (1823)

La independencia de los países latinoamericanos fue reconocida por los Estados Unidos, y para impedir su reconquista el presidente James Monroe proclamó la **Doctrina Monroe**. Esta declaraba que su país se opondría a cualquier intento de establecer nuevas colonias o reconquistar las antiguas en el Hemisferio Occidental; no habría intromisión en las colonias aún existentes. Se anunciaba al mundo que los Estados Unidos tenían interés especial en la región.

AMERICA LATINA EN EL SIGLO XIX

Después de la independencia, se establecieron muy pocos gobiernos verdaderamente democráticos. En las naciones latinoamericanas continuó la decidida división entre pobres y ricos. Después de vivir bajo el dominio estricto español y portugués, la población no tuvo experiencia de participación en la vida política. En consecuencia, durante la mayor parte del siglo XIX abundaban las dictaduras militares y gobiernos inestables.

La economia sigue dependiendo de Europa

A pesar de la independencia, la tierra y la riqueza permanecieron en las manos de una pequeña élite. La mayoría de los países latinoamericanos siguieron especializándose en el cultivo de un solo producto de exportación como azúcar o café. Siguieron dependiendo de Europa para la mayoría de los bienes manufacturados.

El papel de los caudillos

Varios países latinoamericanos cayeron bajo el régimen de **caudillos,** jefes militares que generalmente llegaban al poder por la fuerza. Contaban con apoyo popular porque preservaban el orden y prometían reformas. También se aprovechaban de la división en la élite: los latifundistas conservadores generalmente se oponían a cambios, y los jóvenes mejor educados, a menudo querían reformar la sociedad en imagen de Inglaterra o Estados Unidos.

LA REVOLUCION INDUSTRIAL

Mientras que la Revolución Francesa fomentaba cambios políticos, otra revolución en Europa causaba rápidos cambios económicos y sociales. En muchos respectos, su influencia era aún más importante y de mayor alcance que los efectos de la revolución política en Francia. La **revolución industrial** acarreó un cambio fundamental en la sociedad al introducir la **producción en masa** (*fabricación de productos en gran escala*) y el uso de nuevas

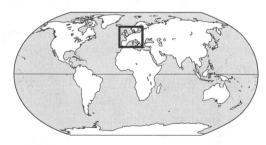

fuentes de energía para cumplir con las necesidades humanas. La ciencia vino a vincularse más estrechamente a la tecnología, resultando en una corriente de innovaciones constantes. La sociedad agrícola se convirtió en una sociedad industrial moderna.

LA REVOLUCION COMIENZA EN GRAN BRETAÑA

La revolución industrial comenzó en Inglaterra en la década de 1750, y pronto se esparció a otras partes de Europa, a los Estados Unidos y luego al resto del mundo. Varios factores contribuyeron al surgimiento de la industria moderna en Gran Bretaña.

Ventajas geográficas de puertos naturales, ríos navegables y abundancia de hulla. La insularidad ofrecía protección contra invasiones y situación ventajosa con respecto a mercados europeos y mundiales.

Gran imperio colonial que proporcionaba materias primas valiosas. La administración de las posesiones llevó al desarrollo de gran pericia financiera y comercial.

POR QUE LA REVOLUCION INDUSTRIAL COMENZO EN GRAN BRETAÑA

Transporte y comunicaciones. Había comercio costanero bien desarrollado, canales, ciudades porteñas, excelente servicio postal, diarios y la marina más poderosa del mundo.

Revolución agraria resultante de la introducción de métodos científicos. Con menos labradores necesarios en las fincas, había más mano de obra para las industrias.

Dos inventos importantes pusieron en movimiento la revolución industrial; uno en el campo textil y la otra en la fuerza mecánica. **Juanita la hiladora** (1764) producía varios hilos simultáneamente. La **máquina de vapor** (1769) se aplicó para fines industriales, a su vez llevando a la construcción de grandes fábricas; también se utilizó en barcos de vapor y en trenes de ferrocarril.

LA REVOLUCION INDUSTRIAL LLEVA A CAMBIOS

Anteriormente los artesanos trabajaban en casa, completando casi todos los pasos necesarios en la producción de artículos de su especialidad. Este método de producción era la **industria casera**.

EL TRABAJO SE DESPLAZA DEL HOGAR A LA FABRICA

Con la revolución industrial, la gente comenzó a trabajar en las fábricas donde se usaba maquinaria hidráulica o de vapor. El ritmo de la producción era asombroso para esos tiempos. Ya que se producían en masa, los tejidos bajaron en precio y aumentó la demanda. En consecuencia, se construyeron más fábricas que empleaban más obreros.

✦ **Condiciones de trabajo.** A medida que los propietarios de las fábricas se volvían ricos y poderosos, la vida de los obreros a menudo empeoraba. Las primeras fábricas eran sitios espantosos, y las condiciones de trabajo eran peligrosas. Las jornadas eran largas y los sueldos tan bajos que apenas alcanzaban para sobrevivir; también trabajaban las mujeres y los niños. En tiempos difíciles, los obreros perdían su empleo y no tenían más recurso que mendigar o morirse de hambre.

✦ **Urbanización.** Ya que las fábricas tenían ubicación céntrica, la mudanza de obreros del campo a las ciudades fue una de las más grandes de la historia. Dado que los gobiernos municipales del tiempo estaban mal organizados, las ciudades se atestaron y se volvieron insalubres.

POBLACION DE CIUDADES INGLESAS SELECCIONADAS, 1685-1881

Ciudad	1685	1760	1881
Birmingham	4.000	30.000	400.000
Bristol	29.000	100.000	206.000
Liverpool	4.000	35.000	555.000
Manchester	6.000	45.000	394.000
Nottingham	8.000	17.000	112.000

✦ **Desarrollo del ferrocarril.** A principios de la década de 1830 se usaron locomotoras de vapor en los primeros ferrocarriles que unificaron las economías regionales al vincular ciudades, fábricas, pueblos y campo. Al mismo tiempo, la construcción del sistema requería grandes cantidades de hulla, hierro y acero, estimulando así el desarrollo de la industria pesada.

SURGIMIENTO DEL CAPITALISMO INDUSTRIAL
Una nueva clase media de mercaderes, fabricantes y banqueros contribuyó al establecimiento del **capitalismo** de laissez faire.

CARACTERISTICAS DEL CAPITALISMO DE LAISSEZ FAIRE

El empresario, dueño de los medios de producción, proveía sitios de empleo (*fábricas*), materias primas, energía mecánica y maquinaria.

El trabajador proporcionaba su labor a cambio de sueldo. Era el empresario el que corría los riesgos de la empresa esperando beneficiarse por ella.

El gobierno, de acuerdo a la política de *laissez faire* ("dejar hacer"), no debía intervenir en las relaciones entre trabajadores y empresarios.

MOVIMIENTO DE REFORMA

Los problemas causados por la revolución industrial llevaron con el tiempo, especialmente en Inglaterra, a reformas sociales y políticas importantes.

✦ **Reformas políticas**. La clase media acomodada de fabricantes, mercaderes y banqueros exigió y recibió más poder político. En Gran Bretaña, la **Ley de Reforma de 1832** dio mayor representación parlamentaria a las ciudades y extendió el derecho del voto a la clase media. Para el fin del siglo, las leyes de reforma subsiguientes otorgaron el voto a la clase obrera.

✦ **Reformas sociales**. La miseria de los obreros y las injusticias del capitalismo inquietaron la consciencia de la nueva clase media que también temía violencia de parte de los obreros. El Parlamento promulgó leyes que restringían el trabajo de las mujeres y los niños, limitaban las horas de trabajo y mejoraban las condiciones. Las reformas municipales mejoraron las condiciones sanitarias urbanas y los obreros se reunieron en **sindicatos laborales** que les daban el poder de la huelga.

Hasta los conservadores como Bismarck en Alemania, para ganarse a los obreros, propusieron ciertas reformas sociales como jubilación y seguro de salud.

MARX Y EL COMUNISMO

Carlos Marx (1818-1883) y **Federico Engels** eran los dos críticos principales del capitalismo. Sus ideas se publicaron en *El Manifiesto del Partido Comunista* (1848), y más tarde Marx escribió *El Capital* (1867). Estas ideas vinieron a ser la base del **comunismo,** un sistema económico y político.

La lucha entre las clases resulta de las divisiones sociales. En la sociedad industrial, los dueños de los medios de producción son la **burguesía** y los obreros constituyen el **proletariado**.

La explotación de los obreros ocurre cuando los ricos prosperan gracias a su labor. Los empresarios toman la mayoría de la producción de los trabajadores que viven en la pobreza.

LAS IDEAS PRINCIPALES DEL COMUNISMO

La revolución comunista tendrá que suceder porque la burguesía no cederá su poder de buena gana. Cuando los obreros lleguen al punto de desesperación, se unirán para derribar la burguesía.

La dictadura del proletariado se establecerá cuando todos sean iguales y no haya necesidad de gobierno. Acabará la lucha entre clases y los obreros serán dueños de los medios de producción.

Marx creía que la revolución del proletariado tendría lugar primero en los países industrializados de Europa occidental. Sin embargo, a medida que se introducían allí las reformas, las condiciones de los obreros mejoraron sin que hubiese una revolución. Fue en Rusia, un país agrícola, donde el comunismo vino a establecerse primero. Durante el siglo XX, las ideas de Marx tuvieron tremenda influencia en una gran parte del mundo, y se tratará de esto más adelante.

EL NACIONALISMO CRECIENTE

En la primera mitad del siglo XIX los políticos conservadores llegaron a contener las fuerzas del nacionalismo. Sin embargo, la clase media que ganó más influencia con los cambios económicos, vino a exigir independencia y unificación nacional.

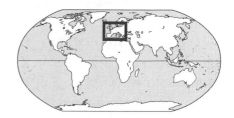

UNIFICACION DE ITALIA Y DE ALEMANIA

Después del fracaso de las revoluciones de 1848 en Italia y Alemania, Cavour y Bismarck llegaron a unificar estos países al combinar de gestiones diplomáticas con el uso de la fuerza.

ITALIA (1859-1870)

A lo largo del tiempo, en la Península Italiana había una cantidad de estados pequeños. Los nacionalistas italianos como **Giuseppe Mazzini** pedían la unificación del país.

En 1852, el Conde **Camillo di Cavour** llegó a ser el primer ministro de Piamonte (*conocido también como el Reino de Cerdeña*). Con ayuda de los franceses, derrotó a los austríacos y los hizo salir del norte de Italia. Luego anexó a Piamonte los estados del norte y del centro de la península.

En el sur, el jefe nacionalista **Giuseppe Garibaldi** y su sociedad revolucionaria secreta derribaron al rey de Nápoles, y luego unieron este reino a Piamonte. Para 1860, Italia llegó a ser un país unificado. En 1866 y

UNIFICACION DE ITALIA, 1859-1870

Joined with Piedmont 1859
Joined with Piedmont 1860 to form Kingdom of Italy
Joined with Italy by 1870

SWITZERLAND
AUSTRIAN EMPIRE
SAVOY
LOMBARDY
VENICE
PIEDMONT
PARMA
NICE
MODENA
TUSCANY
PAPAL STATES
OTTOMAN EMPIRE
ADRIATIC SEA
To France 1861
KINGDOM OF SARDINIA
CORSICA (France)
Rome
NAPLES
SARDINIA
TYRRHENIAN SEA
SICILY
0   Miles   200

1870, se le unieron Venecia y Roma respectivamente.

ALEMANIA (1863-1871)

Igual que Italia, Alemania también consistía de varios estados pequeños. Los dos más grandes, Prusia y Austria, rivalizaban en la competencia por la supremacía. Sin embargo, ya que Austria tenía bajo su dominio muchos terrenos y pueblos que no eran germánicos, se oponía a la unificación.

En las revoluciones de 1848, los liberales alemanes fracasaron en la unificación de los estados alemanes. Fue con la jefatura del Primer Ministro **Otto von Bismarck** que Prusia logró unificar a Alemania siguiendo la política de "**sangre y hierro**". Más bien que medios democráticos, Bismarck combinó diplomacia con fuerza militar para lograr

sus propósitos. Con la ayuda del ferrocarril y arma-
mento moderno, la jefatura
militar de Prusia logró establecer el ejército más poderoso de toda Europa. Des-
pués de una serie de gue-
rras victoriosas contra Dinamarca, Austria y Fran-
cia, en 1871 Prusia exten
dió su dominio sobre ex-
tensos territorios, y el rey
asumió el título de **Kaiser**
(*emperador*).

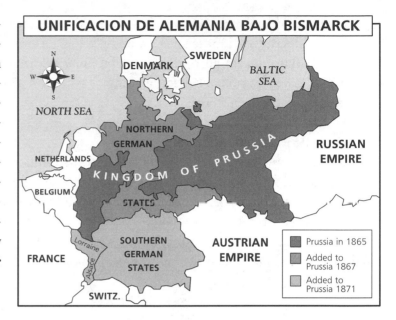

RUSIA AUTOCRATICA DEL SIGLO XIX

Para 1800, Rusia era el país más extenso y más poblado de Europa. La Revolución
Francesa y los subsiguientes conflictos en el continente produjeron en los zares temor
de introducir reformas. Mientras que la clase media reclamaba y obtenía poder en Europa occidental, los soberanos rusos retuvieron poder absoluto.

SERVIDUMBRE

Los zares eran **autócratas** (*gobernantes absolutos*) que usaban censura y policía secreta
para reprimir nuevas ideas. La gran mayoría de la población se componía de siervos que
vivían en la pobreza. Estos seguían sujetos a la tierra mucho tiempo después de que se
aboliese la servidumbre en Europa occidental. Un pequeño grupo de aristócratas eran
dueños de millares de siervos y poseían grandes riquezas. A pesar de intentos anteriores de introducir ideas y tecnología occidentales, las condiciones sociales mantenían el
país en condición de subdesarrollo. Los reformadores, inspirados por el ejemplo de
otros países, esperaban abolir la servidumbre y modernizar el país, pero el zar y la aristocracia creían que Rusia no estaba lista para tales cambios.

EMANCIPACION DE LOS SIERVOS

Actuando como "protectora de los cristianos ortodoxos", en el siglo XIX Rusia hizo
una serie de guerras contra el Imperio Otomano. Entre 1854 y 1856 tuvo lugar la
Guerra de Crimea. Inglaterra y Francia consideraron la posibilidad de la victoria rusa
y el consiguiente acceso por el Mar Negro al Mediterráneo. Para impedir esto, entraron

en la guerra que Rusia perdió ante la superioridad técnica anglo-francesa. En 1861, el nuevo zar, **Alejandro II**, ordenó la **emancipación** (*liberación*) de los siervos. Poco después, el asesinato del zar puso un fin abrupto a las reformas. Los zares que le siguieron, volvieron a la política de oposición a cambios y continuaron las represiones para mantener el orden social existente.

NACIONALISMO RUSO

Los soberanos conservadores rusos identificaron su imperio con la nacionalidad rusa y la Iglesia Ortodoxa. Su gobierno adoptó la posición de protector de los nuevos estados eslavos en los Balcanes. La **rusificación** de los finlandeses, polacos y los muchos pueblos de Asia Central, impuso la lengua y cultura rusa en los grupos étnicos no-rusos en el imperio zarista. Los **pogromos**, ataques contra judíos, motivaron la emigración de muchos de ellos a los Estados Unidos a principios del siglo XX.

IMPERIO OTOMANO

Las fuerzas del nacionalismo también aceleraron el declive del Imperio Otomano, el cual ya comenzó en el siglo XVIII. Los historiadores atribuyen el declive del Imperio Otomano a una variedad de factores:

Desunidad. Debido a su gran extensión, el imperio no fue centralizado. El sultán dependía de los funcionarios provinciales para administrar grandes partes de los territorios.

Falta de modernización. No se mantuvo el paso de adelantos científicos y técnológicos que había en el Occidente. Los jefes religiosos musulmanes a menudo se oponían a cambios.

POR QUE DECAYO EL IMPERIO OTOMANO

Guerras. En el siglo XVIII había pérdidas de territorios en favor de Austria y Rusia. Rusia, como "protectora" de cristianos ortodoxos hizo guerras contra Turquía en el siglo XIX.

Nacionalismo. Se hizo más difícil el gobierno de los distintos grupos nacionales; los servios, griegos y rumanos llegaron a independizarse en el siglo XIX.

EL CONGRESO DE BERLIN

A pesar de estas dificultades, el Imperio Otomano continuó existiendo a causa de los desacuerdos entre las potencias europeas. Inglaterra, Francia y Austria temían que Rusia llegara a apoderarse de Turquía. En la década de 1870, los pueblos eslavos en los Balcanes se rebelaron contra Turquía, y Rusia intervino alegando apoyo. Las otras potencias europeas se reunieron en 1878 en el **Congreso de Berlín** para tratar de solucionar la crisis sin guerra. A principios del siglo XX la mayor parte de los Balcanes se independizó.

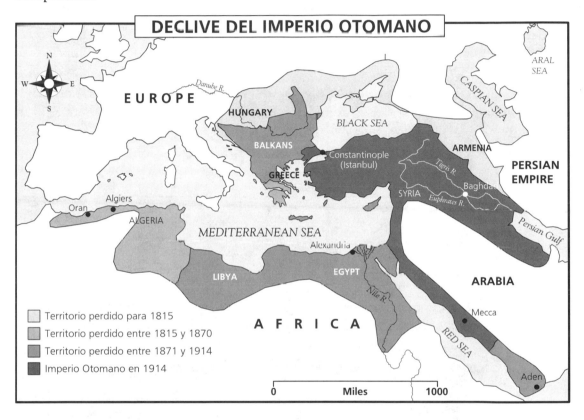

DECLIVE DEL IMPERIO OTOMANO

Territorio perdido para 1815
Territorio perdido entre 1815 y 1870
Territorio perdido entre 1871 y 1914
Imperio Otomano en 1914

EL IMPERIALISMO EUROPEO CAMBIA EL MUNDO

Desde los tiempos antiquísimos los imperios se establecían con la conquista de tierras ajenas. **Imperialismo** es el control de una región o nación por otra. En algunos casos, la región conquistada se conoce como "colonia" y la potencia controladora recibe, entre otros, el nombre de "madre patria".

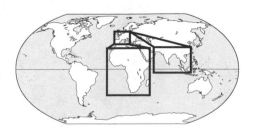

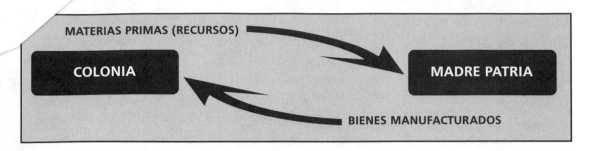

CAUSAS DEL "NUEVO" IMPERIALISMO

En el siglo XV, varios países europeos comenzaron a establecer grandes imperios de ultramar. La independencia de las Américas a fines del siglo XVIII y principios del XIX fue un retroceso para el imperialismo que no desapareció por completo: continuó en la India, Africa del Sur, las Indias Orientales y otros sitios. En la década de 1880, Bélgica, Alemania e Italia llegaron a establecer colonias propias. Las antiguas potencias coloniales como Francia y Gran Bretaña también entraron en la competencia por colonias.

Tecnología. Los adelantos técnicos como el vapor, ferrocarril, telégrafo, armas y medicinas hicieron posible la entrada por primera vez en nuevas regiones de Africa, Asia y del Pacífico.

Motivos económicos. Las fábricas europeas necesitaban materias primas para mantenerse en marcha. Los industriales también buscaban nuevos mercados en que vender sus productos.

RAZONES PARA EL NUEVO INTERES EN COLONIAS

Orgullo nacional. El imperialismo era una expresión del nacionalismo. Las colonias se percibían como una muestra del poder, prestigio y superioridad nacional.

Balanza del poder. Las potencias trataban de mantener un equilibrio con respecto a las colonias. Cuando un país obtenía una colonia, los otros se sentían obligados a hacer lo mismo.

Otros motivos. Algunos seguían el **darwinismo social**, la teoría de que las sociedades técnicamente más avanzadas eran culturalmente superiores. Otros querían esparcir el cristianismo.

EL IMPERIO BRITANICO EN LA INDIA

En el capítulo anterior vimos cómo a principios del siglo XIX la Compañía de las Indias tomó control de una gran parte del Subcontinente Indio. En la década de 1830, la empresa vino en gran parte bajo el control del gobierno británico. Esto acarreó muchos cambios en la región. Se eliminaron ciertas costumbres antiguas, como el suicidio obligatorio de las mujeres cuando moría su esposo. Los misioneros predicaban el cristianismo. En 1853 se construyó el primer ferrocarril. El inglés vino a ser el idioma oficial y se abrieron escuelas y colegios. Sin embargo, muchos indios se sentían ofendidos por los desafíos a las tradiciones.

SUBLEVACION CIPAYA (1857)

El ejército británico local incluía muchos soldados indios o **cipayos**. En 1857, muchos de ellos se amotinaron contra sus oficiales ingleses. La rebelión fue aplastada y el gobierno británico tomó control oficial del subcontinente aboliendo la Compañía Británica de las Indias.

DOMINIO BRITANICO DE LA INDIA

Durante los dos siglos del gobierno británico cambiaron muchos aspectos de la vida en la India.

INDIA BAJO EL DOMINIO BRITANICO

Bajo el dominio británico en 1857

Area de la sublevación cipaya

0   Miles   750

Gobierno. Se introdujo un solo sistema de leyes y gobierno; esto, junto con el inglés como idioma oficial unificó el país. Había empleos en el ejército y el servicio civil y aumentaron las oportunidades de educación.

Economía. Los británicos construyeron caminos, canales, puentes, y ferrocarriles; establecieron sistemas de telégrafo. Sin embargo, las **industrias caseras** fueron desplazadas por la competencia de la manufactura inglesa.

INFLUENCIA DEL DOMINIO BRITANICO EN INDIA

Sanidad. Se construyeron hospitales y se introdujeron nuevas medicinas. Hubo ayuda en tiempos de carestía. Todo esto llevó al tremendo aumento de la población sin adelanto en oportunidades económicas.

Sociedad. Se trataba a los indios como inferiores a los europeos. La rica y antigua cultura india era vista como meramente exótica. Los obreros locales eran mano de obra barata, trabajando largas horas en pésimas condiciones.

RIGEN DEL NACIONALISMO MODERNO EN LA INDIA

Las ideas nacionalistas europeas se esparcían en la India ya hacia el fin del siglo XIX. Algunos indios fueron educados en Inglaterra y al regreso exigían un papel más importante en el gobierno de su país. En 1885, se estableció el **Congreso Nacional Indio**; en 1906, sus miembros musulmanes se separaron y formaron la **Liga Musulmana**. El movimiento nacionalista permaneció débil porque se concentró en las necesidades de la clase media educada y no tenía un programa para mejorar la vida de los millones de campesinos del país.

IMPERIO EUROPEO EN AFRICA (1870-1890)

En 1870, los europeos controlaban muy pocos territorios africanos. A excepción de Sudáfrica y Algeria, la mayoría de sus actividades estaban limitadas al comercio en los puertos costaneros. Las comunidades africanas del interior permanecían aisladas. Representaban una gran diversidad de culturas y muchos distintos tipos de estructura política.

SE RENUEVA EL INTERES EUROPEO EN AFRICA

Hacia el final del siglo XIX, debido al interés de los europeos en la adquisición de colonias, cambiaron drásticamente las condiciones en el continente. Las potencias europeas se involucraron en una **"competencia por Africa"** (1870-1890) y en este tiempo la mayor parte del continente cayó bajo su control. Para 1890, solamente Etiopia y Liberia permanecieron independientes.

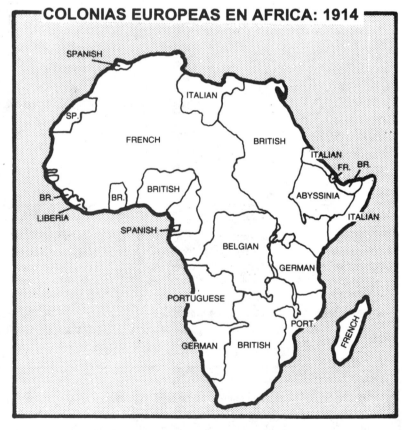

COLONIAS EUROPEAS EN AFRICA: 1914

La competencia comenzó en serio en 1882 cuando una revuelta local amenazó el **Canal de Suez**, tan estratégico en la navegación entre Europa e India. Los ingleses rápidamente se apoderaron de Egipto y luego tomaron el Sudán. Francia, Alemania y Bélgica también querían partes del continente; en la **Conferencia de Berlín** de 1884-1885, Bismarck y ciertos otros jefes europeos dividieron las otras partes de Africa.

LAS POTENCIAS IMPERIALISTAS PRINCIPALES EN AFRICA

Gran Bretaña, Francia, Alemania, Bélgica, Portugal e Italia adquirieron colonias africanas. Los franceses dominaron Africa Central y una gran parte del noroeste al norte del Sahara. El Rey Leopoldo de Bélgica trataba el Congo Belga como su posesión privada. Los británicos establecieron colonias en la costa occidental y dominaron grandes partes del este y Sudáfrica. **Cecil Rhodes**, uno de los colonizadores británicos principales, esperaba construir una línea ferroviaria desde Cairo en Egipto hasta Capetown en Sudáfrica.

EVALUACION DEL IMPERIALISMO EUROPEO EN AFRICA

Al dividir el continente, los europeos no se fijaron en las fronteras tribales. Tomaron posesión de la tierra, y donde fue posible establecieron minas o cultivos vendidos en Europa. Los africanos eran mano de obra económica; por otro lado, se introdujeron ideas y técnicas occidentales. En consecuencia, la colonización tuvo en el continente efectos tanto positivos como negativos.

EFECTOS POSITIVOS EN AFRICA	EFECTOS NEGATIVOS EN AFRICA
La medicina europea y adelantos en nutrición prolongaron la expectativa de vida de los africanos. Esto también llevó al aumento de la población.	La dominación europea a menudo resultó en la erosión de valores tradicionales y destruyó muchas de las relaciones sociales en existencia.
Los europeos introdujeron métodos modernos de transportación y comunicaciones como los vapores y ferrocarriles, el telégrafo y el teléfono.	Socialmente, los africanos eran tratados como inferiores a los europeos. Los obreros locales tenían que trabajar largas horas por sueldos bajos.
Una pequeña minoría indígena recibió una mejor educación y más oportunidades económicas. Algunos sirvieron en el ejército o en la administración.	El continente fue dividido arbitrariamente sin fijarse en las fronteras tribales, étnicas y culturales, resultando en conflictos en muchos países.

CHINA Y LAS POTENCIAS EUROPEAS

En China, los europeos encontraron una situación distinta a la de Africa o de la India. Por miles de años, China tuvo no sólo una cultura avanzada, sino que estaba unida bajo emperadores poderosos. Sin embargo, había estado aislada del resto del mundo demasiado tiempo y no tenía la tecnología militar para impedir la intromisión europea. Ciertos países europeos se interesaban por China porque tenía materias primas valiosas y su enorme población era un mercado nuevo para bienes manufacturados.

LA GUERRA DEL OPIO (1839-1842)

En los años 1800, Gran Bretaña comenzó a vender opio en China para tener fondos necesarios para comprar té local. Cuando el gobierno chino trató de poner fin a este comercio, Gran Bretaña declaró guerra, y China fue derrotada en la **Guerra del opio** y obligada a permitir la venta del narcótico. Los chinos también fueron obligados a abrir puertos que otorgaban a los ingleses nuevos privilegios comerciales. De este modo, los británicos establecieron varias **esferas de influencia** —regiones bajo su control económico. Otros países europeos siguieron este ejemplo, y establecieron sus propias esferas de influencia.

La creciente intromisión europea en China se encontró con resistencia popular y debilitó la dinastía Manchú. Había una serie de sublevaciones; la más importante, la **Rebelión de Taiping** (1851-1864), igual que las otras, con la ayuda de los europeos fue brutalmente aplastada resultando en la muerte de millones de chinos.

GUERRA SINO-JAPONESA (1894-1895)

Al percibir la debilitación de China, el Japón también hizo guerra contra China. Al ganarla, anexó a Corea y estableció su propia esfera de influencia en China.

POLITICA DE LIBRE ACCESO

En 1899, temiendo perder el acceso al lucrativo comercio con China, los Estados Unidos propusieron que todos los países tuviesen allí derechos mercantiles iguales.

ESFERAS DE INFLUENCIA EXTRANJERA EN CHINA, 1900

La política estadounidense impidió el desmembramiento total del país por potencias extranjeras, y la mantuvo "abierta" al comercio con todo el mundo.

REBELION DE LOS BOXERS (1899-1900)

La mayoría de los chinos se resentían de la creciente intromisión extranjera en su país. El grupo llamado "**Boxers**", con el apoyo de la emperatriz, se rebeló contra la influencia occidental; en las agitaciones perecieron centenares de extranjeros. Una fuerza internacional, que incluía tropas estadounidenses, aplastó la rebelión.

LA APERTURA DEL JAPON

El Japón fue otro país asiático que en el siglo XIX se encontró frente a los países occidentales.

SHOGUNADO DEL LOS TOKUGAWA (1603-1868)

En 1603, **Tokugawa Ieyasu** tomó el poder y estableció el **Shogunado de los Tokugawa**. A diferencia del feudalismo europeo donde el poder político estaba dividido entre muchos señores, en el Japón el poder estaba en las manos de unos cuantos daimios. Temiendo la influencia extranjera, en 1639 el Japón interrumpió el comercio con Europa, aislándose casi completamente. Se prohibían los viajes al extranjero y la entrada de forasteros en el país.

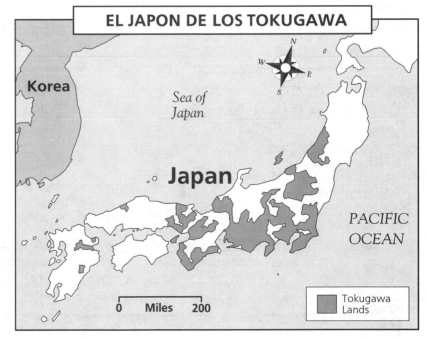

EL JAPON DE LOS TOKUGAWA

Korea

Sea of Japan

Japan

PACIFIC OCEAN

0   Miles   200

Tokugawa Lands

A pesar de más de dos siglos de aislamiento, se desarrolló el comercio interior, se desarrollaron las regiones urbanas y florecieron las artes.

"APERTURA" DEL JAPON POR LOS ESTADOS UNIDOS

En 1853, el gobierno estadounidense envió al Japón una escuadra naval bajo el mando del Comodoro **Matthew Perry**. La misión fue motivada en primer lugar por el maltrato de marineros estadounidenses naufragados cerca del Japón. Además de pedir mejor

trato para sus marineros, los Estados Unidos trataron de encontrar nuevos mercados y un puerto donde sus barcos rumbo a China, pudieran obtener provisiones. Conscientes de los resultados de la Guerra del Opio, los jefes japoneses abrieron sus puertos al comercio con los EE.UU. Dentro de pocos años, los rusos, británicos y holandeses negociaron tratados parecidos. La apertura de los puertos en 1854 tuvo un gran efecto en el desarrollo del Japón.

El Comodoro Perry llega al Japón

RESTAURACION DE MEIJI (1868-1912)

Los samurai y daimios criticaron mucho al shogún por abrir el país a la influencia occidental. Bajo la fuerza de esta crítica, el shogunado se derrumbó. El emperador, cuyos antepasados fueron meros monigotes por más de mil años, de repente fue restaurado al poder. Sin embargo, el **Emperador Meiji** estaba convencido de que, para evitar la dominación europea, su país tenía que adoptar un sistema de vida occidental. El Japón vino a ser el primer país no-occidental que aceptó con éxito las costumbres occidentales.

Abolición del feudalismo. Terminaron el feudalismo y la servidumbre. Los samurai perdieron su posición social privilegiada.	**Adopción de la tecnología occidental**. Se construyeron ferrocarriles y fábricas basadas en la tecnología occidental.

CAMBIOS INTRODUCIDOS DURANTE LA RESTAURACION DE MEIJI

Cambios en el gobierno. El país recibió una constitución escrita aunque el emperador retuvo su poder. Se formaron un ejército y una marina al estilo occidental.	**Cambios en la educación**. Se introdujo educación obligatoria. Se enviaron estudiantes al extranjero para estudiar política, prácticas económicas y tecnología.

RESUMEN DE TU COMPRENSION

TERMINOS, CONCEPTOS Y PERSONAJES IMPORTANTES

Prepara tarjetas de vocabulario para cada uno de los siguientes:

Revolución Francesa	Nacionalismo	Capitalismo	Sublevación Cipaya
Napoleón Bonaparte	Congreso de Viena	Carlos Marx	Rebelión de los Boxers
Balanza del poder	Revolución industrial	Imperialismo	Restauración de Meiji

COMPLETACION DE UN DIAGRAMA

Completa el siguiente diagrama:

(1) _____

(2) _____

EFECTOS PRINCIPALES DE LA REVOLUCION INDUSTRIAL

(3) _____

(4) _____

COMPLETACION DE UNA TABLA

Usa esta tabla para organizar la información sobre los sucesos que acabas de estudiar.

Suceso	Cuándo comenzó	Dónde comenzó	Breve descripción de su desarrollo
Revolución Francesa			
Revolución industrial			
Surge el nacionalismo			
"Nuevo" imperialismo			

COMPRUEBA TU COMPRENSION

Comprueba tu comprensión de este capítulo al resolver los siguientes problemas:

PREGUNTAS DE RESPUESTAS MULTIPLES

1   Un resultado importante de la Revolución Francesa fue que
    1 Francia gozó de un largo tiempo de paz y prosperidad
    2 la Iglesia fue restaurada a su antiguo prestigio en Francia
    3 el poder político pasó a la burguesía
    4 Francia perdió su ánimo de nacionalismo

Basa tu respuesta a la pregunta 2 en las gráficas circulares y tu conocimiento de historia universal.

2   Según las gráficas, ¿cuál es la aseveración más acertada?
    1 Los tres estados tenían posesiones iguales de tierra.
    2 El segundo estado era el más numeroso de los tres.
    3 Los dos primeros estados poseían tierras fuera de proporción a sus números.

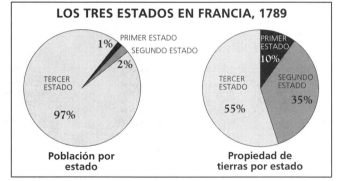

LOS TRES ESTADOS EN FRANCIA, 1789

PRIMER ESTADO
SEGUNDO ESTADO
1%
2%
TERCER ESTADO
97%
Población por estado

PRIMER ESTADO
10%
SEGUNDO ESTADO
35%
TERCER ESTADO
55%
Propiedad de tierras por estado

    4 La población combinada del primer estado y el segundo era más grande que la del tercer estado.

---

3   El Renacimiento, la Revolución Francesa y la revolución industrial contribuyeron al desarrollo de
    1 sociedades utópicas
    2 la Iglesia Católica poderosa
    3 monarquías de derecho divino
    4 una clase media creciente

4   El propósito principal del Congreso de Viena (1814-1815) fue
    1 restaurar la paz después de las Guerras Napoleónicas
    2 establecer una Corte de Justicia Europea
    3 fomentar las ideas de la Revolución Francesa
    4 establecer estrategias de la reconstrucción económica del Imperio Otomano

5   ¿Cuál cita refleja mejor el ánimo del nacionalismo?
    1 "Ojo por ojo y diente por diente."
    2 "Haz a los otros como quieres que hagan contigo."
    3 "¡Por Dios, por el Rey, por la Patria!"
    4 "La oposición al mal es un deber igual que la cooperación con el bien."

6   La invención de la maquinaria de hilar y tejer aumentó el número de obreros en la industria textil europea porque
    1 las primeras máquinas textiles no podían producir bienes con la eficacia de trabajo manual
    2 las leyes prohibían el trabajo de mujeres y niños en las máquinas
    3 la demanda de tejidos aumentó a medida que costaba menos su producción
    4 los sindicatos requerían que se contrataran más personas para mantener la maquinaria

Basa tu respuesta a la pregunta 7 en el dibujo y en tu conocimiento de historia.

7   ¿Qué acontecimiento de la revolución industrial causó la reacción de los obreros mostrada en el dibujo?
    1 el reemplazo de obreros por máquinas
    2 la formación de sindicatos
    3 malas condiciones en las viviendas
    4 participación de los obreros en los beneficios de la compañía

8   "El obrero ordinario nunca puede alcanzar más que el mínimo nivel de vida. Cada obrero está privada de la riqueza engendrada por él. El estado es simplemente el comité de la burguesía para explotar el pueblo."

    Las ideas de esta cita con más probabilidad fueron expresadas por un
    1 humanista del Renacimiento   3 mercantilista
    2 capitalista de laissez faire   4 comunista

9   "Todas las grandes naciones ... desean dejar su huella en las tierras bárbaras, y las que dejan de entrar en esta gran rivalidad tendrán un papel lastimoso en el futuro." Esta cita expresa la doctrina
    1 socialista   3 revolucionaria
    2 humanitaria   4 imperialista

10 ¿Cuál es la descripción acertada del sistema político de Rusia antes del siglo XX?
    1 monarquía constitucional   3 monarquía absoluta
    2 democracia parlamentaria   4 dictadura militar

Basa tu respuesta a la pregunta 11 en la caricatura y en tu conocimiento de historia.

11 La idea principal de la caricatura es que
    1 los intereses tribales en Africa son contrarios a la unidad
    2 los africanos se beneficiaron del comercio con los países europeos
    3 las naciones africanas resistieron eficazmente la colonización europea
    4 Africa fue dividida en colonias por los países de Europa occidental

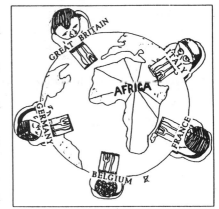

12 Tanto la Sublevación Cipaya en la India como la Rebelión de los Boxers en China trataron de
    1 abolir la dominación extranjera
    2 abolir el comercio de drogas ilegales
    3 promover el imperialismo
    4 limitar el control de los mongoles

Basa tu respuesta a la pregunta 13 en la gráfica y en tu conocimiento de historia.

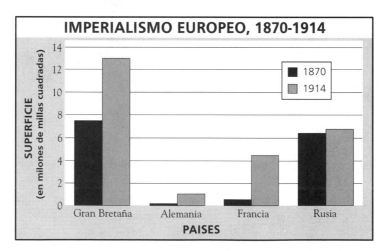

13 ¿Cuál es la aseveración mejor apoyada por los datos de la gráfica?
    1 La mayoría de los países europeos tenían imperios coloniales en 1870.
    2 El aumento de natalidad llevó a la expansión europea de ultramar.
    3 La expansión colonial europea aumentó entre 1870 y 1914.
    4 Para 1914, Alemania controló la mayoría de los territorios.

14 A continuación hay cuatro sucesos históricos importantes.

> A. Nacimiento de Mahoma
> B. Revolución Francesa
> C. Comienzo de la revolución industrial en Inglaterra
> D. Emancipación de los siervos en Rusia

¿Cuál es el orden cronológico correcto de estos sucesos?

1 A → B → C → D   3 A → C → B → D
2 D → C → A → B   4 C → D → A → B

RESPUESTAS REDACTADAS BREVES

1. En la gráfica siguiente se muestra uno de los cambios resultantes de la revolución industrial.

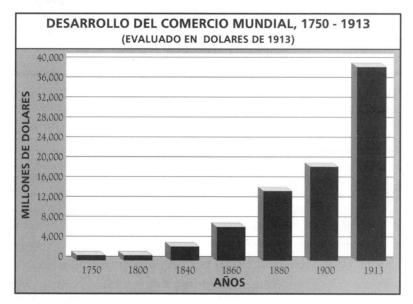

DESARROLLO DEL COMERCIO MUNDIAL, 1750 - 1913
(EVALUADO EN DOLARES DE 1913)

1. ¿Cuál fue el valor del comercio mundial en 1913? _____

2. ¿En qué año llegó el comercio mundial a los 1800 millones de dólares? _____

3. Define el término *revolución industrial*: _____

    _____

4. Nombra dos otros cambios causados por la revolución industrial:

    Cambio #1: _____

    Cambio #2: _____

2. Responde a las siguientes preguntas basándote en el dibujo y tu conocimiento de historia:

1. ¿Qué regiones del mundo representan las dos personas que tiran el carrito?

2. ¿A quién representa la persona sentada en el carrito?

3. Explica la situación histórica mostrada en la caricatura.

"Es mucho trabajo aprender costumbres civilizadas".

ENSAYO TEMATICO

Tema: relaciones de causa y efecto

> A veces se da el nombre de "momentos críticos"
> a los sucesos históricos que tienen gran influencia
> en la dirección que toma la historia.

Desarrollo:

> Discute **dos** acontecimientos críticos en la historia universal.

Instrucciones: Escribe un ensayo bien organizado que incluya la introducción con la declaración temática, varios párrafos según la explicación en el **desarrollo** y una conclusión.

Sugerencias: Puedes usar cualquier ejemplo de tu estudio de historia universal. Podrías considerar: la revolución neolítica, la caída de Roma, la conquista árabe del Medio Oriente, el surgimiento de los reinos antiguos en Africa Occidental, el encuentro entre las Américas y Europa, la Revolución Francesa y la revolución industrial. **No** tienes que limitarte a estas posibilidades.

EJEMPLO DEL PLANTEO DE
UN ENSAYO BASADO EN DOCUMENTOS

Instrucciones:

El problema que sigue se basa en los documentos adjuntos (1-7); algunos fueron revisados. A medida que los analices, toma en cuenta tanto su fuente como el punto de vista de su autor.

Escribe un ensayo bien organizado que incluya tu análisis de los documentos. *No debes simplemente parafrasear o citarlos.* Debes incluir detalles históricos específicos y puedes discutir documentos no provistos en el planteo.

Contexto histórico:

La revolución industrial se interpretó desde varios puntos de vista. Los documentos que siguen expresan las distintas opiniones sobre sus efectos positivos y negativos.

Problema:

Evaluación de los efectos tanto positivos como negativos de la revolución industrial.

Después de leer los documentos, completa la Parte A.

Parte A — Respuesta breve

Los siguientes documentos se relacionan a los efectos positivos y negativos de la revolución industrial. Examina *cada* documento y responde a la pregunta que lo sigue.

Documento 1

¿Cuál es tu edad? — Veintitrés ...
¿Cuándo comenzaste a trabajar en la fábrica? — Cuando tenía seis años...
¿Qué tipo de taller es? — Hilandería de lino.
¿Qué trabajo hacías allí? — Mi tarea era remover husos de las máquinas.
¿Cuáles eran las horas de trabajo? — Desde las cinco de la mañana hasta las nueve de la noche cuando había mucho que hacer.
¿Cuáles eran las horas acostumbradas? — Desde las seis de la mañana hasta las siete de la noche.
¿Cuánto tiempo tenías para comer? — Cuarenta minutos al mediodía.
¿Tomaste ya el desayuno? — No, lo tomamos según podíamos.
Suponiendo que te retrasabas, o llegabas tarde, ¿qué hacían? — Nos azotaban.
¿Azotaban a las muchachas como para marcar la piel? — Sí, tenían marcas negras muchas veces; y los padres no se atrevían a quejar con el gerente. Temían perder su empleo.

Testimonio de Elizabeth Bentley ante la Comisión Sadler
que investigaba el trabajo de niños en las fábricas (1832)

1. Describe el trato recibido por los niños que trabajaban en las fábricas durante la revolución industrial en Inglaterra. _____

Documento 2

"La nueva clase de patronos capitalistas no tomaba parte en las operaciones de sus fábricas. Los centenares de sus obreros les eran desconocidos. En consecuencia, desaparecieron las antiguas relaciones entre patrono y obreros. Los trabajadores de esta época ... sufrían con el sistema de fábricas. Los efectos de la revolución industrial comprueban que la libre competencia puede producir riqueza sin producir bienestar de la gente. Todos sabemos de los horrores en Inglaterra antes de que se hayan abolido [los abusos de las fábricas] con la legislación y los sindicatos."

—Arnold Toynbee, *Conferencias sobre la revolución industrial (1884)*

2. Explica lo que quería decir Toynbee al declarar que la revolución industrial producía "riqueza sin producir bienestar..." _____

Documento 3

"Visité varias fábricas y no vi ni un solo instante de castigo físico usado en un niño. Estos siempre aparecían alegres y alertos, disfrutando del ligero juego de sus músculos. El mundo de estos niños se parece a un deporte, en el cual la costumbre les dio una habilidad placentera. Conscientes de su destreza, se jactaban de mostrarla a cualquiera. En cuanto a la fatiga...no mostraban señales de ella al salir de la fábrica al anochecer; porque...comenzaron a saltar...con la misma viveza de los muchachos que salen de la escuela. Es mi firme opinión que los niños prosperarían más al estar empleados en nuestras fábricas modernas que si se quedaran en apartamentos mal ventilados, húmedos y fríos."

—Andrew Ure (1861)

3. ¿Cuál era la opinión de Andrew Ure sobre el trabajo de niños en las fábricas?

_____

Documento 4

MORTALIDAD EN INGLATERRA

Década	Mortalidad por 1.000 personas
1730	36
1760	30
1780	29
1810	21
1830	23
1840	22

MORTALIDAD INFANTIL EN LONDRES

Años	Mortalidad por 1.000 infantes
1730-1749	745
1750-1769	630
1770-1789	515
1790-1809	413
1810-1829	318

4. De acuerdo a las dos tablas, ¿a qué conclusión se puede llegar sobre los cambios en la sanidad entre 1730 y 1830?

_____

Documento 5

5. ¿Qué se muestra en esta fotografía? _____

_____

_____

Documento 6

> "La revolución industrial [cambió mucho]...los métodos de trabajo, transformó la estructura social, y con el tiempo hasta cambió la balanza internacional de poder. También permitió a la gente común obtener un nivel de vida más alto cuando gradualmente se redujo la pobreza universal del mundo preindustrial."
>
> —*Historia de la Sociedad Occidental*

6. De acuerdo a este fragmento, ¿qué cambios causó la revolución industrial? _____

_____

Documento 7

INVENTOS PRINCIPALES DE LA REVOLUCION INDUSTRIAL

Invento	Inventor	Fecha	Invento	Inventor	Fecha
Juanita la hiladora	Hargreaves	1764	Telar mecánico	Cartwright	1785
Hiladora múltiple	Arkwright	1769	Desmontadora de algodón	Whitney	1793
Máquina de vapor	Watt	1769	Barco de vapor	Fulton	1807
Hiladora mecánica	Crompton	1779	Telégrafo	Morse	1837

7. Escoge el invento que en tu opinión tuvo el efecto más grande en la sociedad y explica por qué. _____

_____

Parte B — Ensayo

Evaluación de los efectos positivos y negativos de la revolución industrial.

Tu ensayo debe ser bien organizado y tener un párrafo de introducción que incluya tu posición sobre el asunto. Presenta tu posición en los párrafos subsiguientes y luego escribe una conclusión. En tu ensayo incluye detalles históricos específicos, y refiérete a los documentos históricos específicos analizados en la Parte A. Puedes incluir información adicional de acuerdo a tu conocimiento de historia.

CAPITULO 12

Dictadores fascistas Mussolini y Hitler, 1940

EL MUNDO EN GUERRA, 1900 - 1945

	1905	1915	1925	1935	1945
EUROPA		1ª GUERRA MUNDIAL	SURGIMIENTO DEL FASCISMO		2ª GUERRA MUNDIAL	GUERRA FRIA
RUSIA	ZAR NICOLAS II		REVOLU-CION: LENIN	STALIN		
AFRICA	CONTROL EUROPEO					MOV. DE INDEP.
TURQUIA	SULTANADO	GOBIERNO DE TURCOS JOVENES	TURQUIA MODERNA			
MEDIO ORIENTE	IMPERIO OTOMANO		PROTECTORADOS EUROPEOS			MOV. DE INDEP.
MEXICO	GOBIERNO DE DIAZ	REVOLU-CION	REPUBLICA DE MEXICO			
CHINA	DINASTIA MANCHU	REPUBLICA DE CHINA				
JAPON	EL JAPON SE VUELVE EN POTENCIA				2ª GUERRA MUNDIAL	OCUPACION POR LOS EE.UU.
INDIA	MOVIMIENTOS NACIONALISTAS DURANTE EL CONTROL BRITANICO					INDEPEN-DENCIA
S.E. DE ASIA	COLONIZACION EUROPEA					MOV. DE INDEP.

1905   1915   1925   1935   1945

EN QUE DEBES CONCENTRARTE

En este capítulo se muestra cómo la industrialización y el nacionalismo dieron lugar a nuevos sistemas políticos como el comunismo y fascismo. También se repasan las experiencias de dos guerras importantes en la primera mitad del siglo XX, que causaron la destrucción más grande de la historia. Llegó a su fin la dominación europea de una gran parte del mundo, y los Estados Unidos y la Unión Soviética surgieron como superpotencias. Los acontecimientos de este tiempo pueden agruparse en cuatro etapas principales:

Años anteriores a la guerra (1900-1914): Fuera de Europa, las élites educadas, frustradas por los problemas de sus países, perseguían cambios por medio de revoluciones. Entretanto, los países europeos se preparaban para la guerra. En Asia y Africa, las potencias europeas tenían grandes imperios coloniales.

Primera Guerra Mundial (1914-1918): Una crisis entre Austria-Hungría y Servia causó la guerra en Europa. Rusia se retiró de esa guerra a causa de la revolución comunista de 1917. Después de la guerra, fueron disueltos los imperios de Austria-Hungría, Alemania y Turquía. En Europa oriental resurgieron estados independientes.

CUATRO ETAPAS PRINCIPALES DESDE 1900 A TRAVES DE LAS GUERRAS MUNDIALES

Años de entreguerra (1919-1939): Excepto en Alemania, la década de 1920 trajo prosperidad, seguida por la Gran Depresión de los años 1930 a través del mundo. Las crisis económicas permitieron el establecimiento de dictaduras fascistas como la de Hitler en Alemania; entretanto, Stalin se hizo dictador de la Unión Soviética.

Segunda Guerra Mundial (1939-1945): La agresión alemana y japonesa precipitaron la guerra que llevó al uso de la bomba atómica. Cuando terminó, se formaron las Naciones Unidas y llegó el fin del imperialismo en Africa y Asia. Los Estados Unidos y la Unión Soviética vinieron a ser las superpotencias.

Al repasar esta época ten presente que las preguntas en los exámenes probablemente tratarán de los siguientes temas:

- Las condiciones que llevaron a cambios revolucionarios en Turquía, México, China y Rusia a principios del siglo XX.

- Los factores que contribuyeron al surgimiento del fascismo en Europa y en el Japón.

- Las causas y los efectos principales de las dos guerras mundiales.

- Los cambios introducidos por Lenin y Stalin en la Unión Soviética.

EXAMEN DE PERSONAJES QUE INFLUYERON EN LA HISTORIA

Cada uno de nosotros toca la vida de los que nos rodean. Pero ciertos individuos excepcionales tuvieron una influencia grandísima en la vida de millones de personas. Al estudiar estos individuos, la pregunta fundamental es:

¿Cómo cambió el mundo a causa de las acciones o ideas de esta persona?

Dos grupos de personas que a menudo tienen influencia importante en otros son los líderes y los pensadores:

✦ **Los líderes** generalmente son las personas que gobiernan un país, encabezan un partido político, movimiento religioso o un ejército. Influyen en la historia porque son capaces de persuadir a millones de personas a seguir su mando.

✦ **Los pensadores** son los filósofos, pensadores religiosos, escritores, inventores, científicos o artistas. Influyen en la historia porque sus ideas estimulan a otros a la acción, o conducen a desarrollos tecnológicos o artísticos.

COMO ESCRIBIR UN ENSAYO

El planteo de un ensayo sobre el impacto de individuos a menudo comienza con una declaración sobre la influencia de personajes claves en la historia. Luego se te pide que discutas sus logros y su importancia. El contenido de tu ensayo dependerá en parte si se trata de un *líder* o de un *pensador*.

QUE SE DEBE DISCUTIR SOBRE UN LIDER
(1) ¿Qué país o grupo encabezó?
(2) ¿Ante qué problemas se encontraba el país o grupo?
(3) ¿Qué política favorecía ese líder?
(4) ¿Hasta qué punto fue eficaz en llevar a cabo esas prácticas?
(5) ¿Cuáles fueron los efectos de las prácticas en cuestión?
(6) ¿Cómo cambió el mundo a causa de las actividades de ese líder?

QUE SE DEBE DISCUTIR SOBRE UN PENSADOR

(1) ¿En qué campo hizo este individuo sus contribuciones?

(2) ¿Qué sabía la gente antes de que se hayan hecho estas contribuciones?

(3) ¿Cuál era la contribución de esta persona?

(4) ¿Qué factores facilitaron esa contribución?

(5) ¿Cómo cambió el mundo con las actividades de este individuo?

LIDERES Y PENSADORES IMPORTANTES EN LA HISTORIA DEL MUNDO

JEFES POLITICOS ASIATICOS:

Shihuangti (siglo III a. de J.C.)
Chandragupta Maurya (murió en 286 a.de J.C.)
Asoka (273-238 a. de J.C.)
Kublai Khan (1215-1294)
Akbar el Grande (1542-1605)
Sun Yat-sen (1866-1925)

Jawaharlal Nehru (1889-1964)
Ho Chi Minh (1890-1969)
Mao Tse-tung (1893-1976)
Mahatma Gandhi (1869-1948)
Deng Xiaoping (1904-1996)
Indira Gandhi (1917-1984)

JEFES POLITICOS AFRICANOS:

Mansa Musa (1312-1332)
Yomo Kenyatta (1894-1978)

Kwame Nkrumah (1909-1972)
Nelson Mandela (1918-presente)

JEFES POLITICOS EUROPEOS:

Alejandro Magno (356 -323 a. de J.C.)
Carlomagno (742-814)
Pedro el Grande (1672-1725)
Catalina la Grande (1729-1796)
Constantino (280-337)
Napoleón Bonaparte (1769-1821)
Príncipe de Metternich (1773-1859)
Conde di Cavour (1810-1861)

Otto von Bismarck (1815-1898)
Vladimir Lenin (1870-1924)
José Stalin (1879-1953)
Benito Mussolini (1883-1945)
Adolf Hitler (1889-1945)
Mijail Gorbachev (1931-presente)
Boris Yelstin (1931-presente)
Lech Walesa (1943-presente)

JEFES POLITICOS DEL MEDIO ORIENTE:

Ciros el Grande (600-530 a. de J.C.)
Kemal Atatürk (1881-1938)

Anwar el-Sadat (1918-1981)
Mohamed Pahlevi (1919-1980)

JEFES POLITICOS LATINOAMERICANOS:

Simón Bolívar (1783-1830)

Fidel Castro (1927-presente)

JEFES RELIGIOSOS:

Siddharta Gotama (563-483 a. de J.C.)
Confucio (551-479 a. de J.C.)
Mencio (372-289 a. de J.C.)
Jesucristo (1-30)

Mahoma (570-632)
Martín Lutero (1483-1546)
Ignatio de Loyola (1491-1556)
Ayatollah Khomeini (1900-1996)

PENSADORES Y ESCRITORES:

Sócrates (469 -399 a. de J.C.)
Aristotle (384-322 a. de J.C.)
Platón (427-347 a. de J.C.)
John Locke (1632-1704)

Voltaire (1694-1778)
Jean-Jacques Rousseau (1712-1778)
Carlos Marx (1818-1883)
Thomas Malthus (1766-1834)

CIENTIFICOS E INVENTORES:

Johann Gutenberg (1398-1468)
Nicolás Copérnico (1437-1543)
Charles Darwin (1809-1882)

Isaac Newton (1642-1727)
James Watt (1736-1818)
Albert Einstein (1879-1955)

SUCESOS HISTORICOS PRINCIPALES

REFORMA POR MEDIO DE LA REVOLUCION

En 1900, Europa se encontraba en paz, y había más prosperidad que jamás antes. Aparte de conflictos locales, el continente no había tenido una guerra grande en casi un siglo. Sin embargo, en muchos otros lugares había gran descontento. En Turquía, México, China y Rusia los reformadores, influidos por las ideas de igualdad y justicia, estaban escandalizados por la gran desigualdad social y los gobiernos autoritarios que regían esos países. Ya que no podían lograr reformas por medios moderados, algunos reformadores se tornaron hacia movimientos revolucionarios secretos. Luego, a poco de comenzar el siglo XX, en varias partes del mundo estallaron las revoluciones sociales.

LOS TURCOS JOVENES Y EL IMPERIO OTOMANO

En 1876, el Sultán **Abdul Hamid II** otorgó a sus súbditos la primera constitución escrita en el mundo islámico, y casi inmediatamente la suspendió. En las décadas siguientes, hizo construir ferrocarriles, sistemas de telégrafo y aumentó las fuerzas militares. Abdul Hamid usó policía secreta y métodos brutales contra sus adversarios, y ordenó las matanzas de armenios en el este de Turquía en los años 1894-1896.

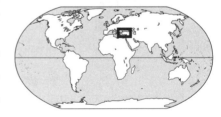

Al mismo tiempo, los jóvenes educados de la élite del país se inspiraron con las ideas nacionalistas. Conocidos como **turcos jóvenes**, exigieron reformas. En 1908, se amotinó una parte del ejército otomano. El sultán accedió a sus demandas que incluían la libertad de prensa y el derecho de formar partidos políticos. El año siguiente, el sultán fue destronado. El gobierno de los turcos jóvenes fomentó la industrialización, educación pública y mejor trato de las mujeres. A pesar de sus ideas progresivas, no pudieron impedir la pérdida de territorios en Europa. En poco tiempo, Turquía también perdió Tripolitania (*en el norte de Africa*) y los territorios que aún tenía en los Balcanes.

LA REVOLUCION MEXICANA DE 1910

México fue otro sitio que pasó por cambios sociales y políticos rápidos al principio del siglo XX. Desde 1877 hasta 1910, el país estaba bajo el gobierno del General **Porfirio Díaz**, un dictador que limitó la libertad de prensa y usó la policía para mantener el orden. Díaz logró desarrollo económico con la construcción de vías férreas y sistemas de telégrafo, y fomentar la industria e inversiones. Pero también despojó las aldeas de sus tierras comunales y dejó a los campesinos en peores condiciones que antes.

LA REVOLUCION SE CONVIERTE EN GUERRA CIVIL

La **Revolución Mexicana de 1910** comenzó como una reacción contra la dictadura de Díaz. Un liberal acomodado, **Francisco Madero**, comenzó la revuelta contra Díaz en 1910. Cuando Díaz salió del país, Madero fue elegido presidente de México. En poco tiempo, Madero se encontró con la oposición de los jefes campesinos y de **Pancho Villa**, un revolucionario que encabezaba un ejército privado en el norte. El asesinato de Madero en 1913 fue seguido por un tiempo de violencia y guerra civil.

LA CONSTITUCION MEXICANA DE 1917

El orden fue finalmente restituido y se redactó una nueva constitución. La **Constitu-ción de 1917**, que sigue en vigencia en el presente, hizo el país más democrático. Instituyó la presidencia elegida y garantizó derechos individuales. La nueva constitución de los Estados Unidos Mexicanos también dividió el poder entre el gobierno central y los estados individuales, de un modo muy parecido a los EE.UU., su vecino al norte. La constitución promovió reformas sociales y económicas. Estableció la

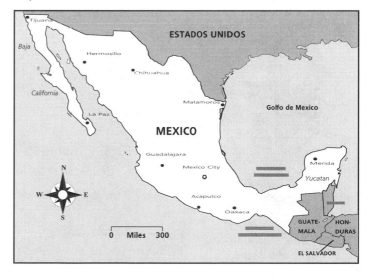

educación pública, el voto universal, una jornada de ocho horas y dio a los trabajadores el derecho a la huelga. La Revolución Mexicana también tuvo el objetivo de modernizar la economía e introducir reforma agraria. En los veinte años que siguieron, México fue gobernado por varios presidentes moderados, que dividieron los grandes latifundios, tomaron las tierras pertenecientes a la Iglesia y pasaron millones de acres de tierra a los campesinos. Estas medidas se tomaron para democratizar el país.

CHINA SE CONVIERTE EN REPUBLICA (1912)

En China, igual que en Turquía, los miembros más jóvenes de la élite educada se inspiraron con el ejemplo de los países occcidentales. Estos nacionalistas esperaban modernizar su país, y sentían profundamente las repetidas humillaciones de parte de las potencias que poseían tecnología más avanzada. Entretanto, el aumento continuo de la población bajó el nivel de vida: para 1900, millones de campesinos vivían en hambre y miseria.

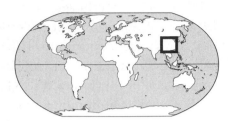

ESTALLA UNA REVOLUCION EN CHINA

La derrota de China por el Japón en 1894, la intervención extranjera contra la rebelión de los Boxers y la denegación de la dinastía Manchú a permitir cambios, resultaron en la formación de sociedades secretas revolucionarias a través del país. En 1911, un motín de soldados en el centro de China pronto llevó a las sublevaciones en otras partes del país.

SUN YAT-SEN Y EL KUO MING TANG

Uno de los revolucionarios principales que conspiraban para derribar la dinastía imperial era **Sun Yat-sen**. Sun se encontraba en los Estados Unidos cuando estallaron las sublevaciones. Retornó de prisa a China donde una asamblea de revolucionarios lo eligió presidente provisional, pero la situación de Sun y de los revolucionarios permaneció incierta.

Para detener el desafío revolucionario, el gobierno imperial se volvió en monarquía constitucional al nombrar a un jefe militar como primer ministro. Cuando este cambio no se mostró suficiente, el emperador un niño de cinco años tuvo que renunciar el trono. Así, después de 2.500 años de gobierno imperial, en 1912 China se instituyó en república. Para evitar una guerra civil, Sun también renunció su cargo.

Sun Yat-sen

En 1916, Sun volvió al poder y formó un nuevo partido político, el **Kuo Ming Tang**. Introdujo la política basada en tres principios: "Democracia, nacionalismo y medios de vida para el pueblo." Sin embargo, Sun no pudo tomar control de toda la China porque en muchas partes del país era demasiado grande el poder de los jefes guerreros locales. Sun murió en 1925.

ESTALLA LA PRIMERA GUERRA MUNDIAL

PRIMERA GUERRA MUNDIAL (1914-1918)

La fuerza poderosa del nacionalismo que tanto cambió a Turquía, México y China, tuvo un impacto igualmente explosivo en el imperio multiétnico de Austria-Hungría. Allí, el desafío del nacionalismo, con el tiempo llevó a toda la Europa a la Primera Guerra Mundial, que señaló un momento crítico importante en la historia del mundo. Las nuevas técnicas bélicas hicieron la guerra mucho más destructiva. Fueron derrocados para siempre los gobiernos imperiales y el antiguo sistema de clases sociales. La paz que le siguió vio el triunfo momentáneo de la democracia, autonomía nacional y una organización internacional para la paz. La guerra también preparó la vía para el surgimiento del totalitarismo.

Causas de la Primera Guerra Mundial

Un acontecimiento tan complejo como la erupción de esta guerra tuvo muchas causas:

✦ **Nacionalismo.** El nacionalismo causó rivalidad entre Francia, Gran Bretaña, Alemania, Austria-Hungría y Rusia. También llevó al establecimiento de estados independientes en los Balcanes. Servia, Bulgaria, Grecia, Albania y Rumania sacudieron la dominación del Imperio Otomano.

El Imperio austrohúngaro abarcaba tierras y habitantes de varias nacionalidades, entre ellas alemanes, húngaros, checos, rumanos, polacos y servios. La mayoría de estos grupos querían sus propios estados nacionales. Sus exigencias amenazaban con desmembrar el imperio y fueron un factor importantísimo entre las causas de la guerra.

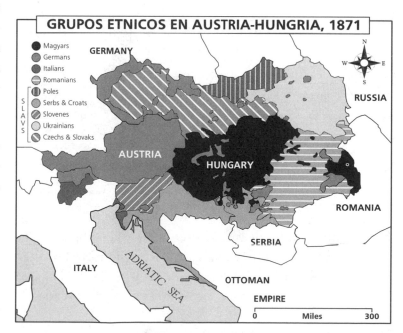

GRUPOS ÉTNICOS EN AUSTRIA-HUNGRIA, 1871

- Magyars
- Germans
- Italians
- Romanians
- S L A V S: Poles
- Serbs & Croats
- Slovenes
- Ukrainians
- Czechs & Slovaks

GERMANY · AUSTRIA · HUNGARY · RUSSIA · ROMANIA · SERBIA · ITALY · ADRIATIC SEA · OTTOMAN EMPIRE · 0 Miles 300

✦ **Rivalidades económicas e imperialismo.** En el fondo de las rivalidades nacionalistas de las grandes potencias europeas estaba la competencia en los intereses económicos. La industrialización alemana amenazaba la superioridad económica británica. Los intereses rusos en los Balcanes eran una amenaza tanto para Austria-Hungría como para Turquía. La competencia en las pretensiones coloniales en Africa y Asia resultó en una atmósfera de tirantez entre las potencias principales.

✦ **Sistema de alianzas.** Para 1914, Europa vino a dividirse en dos grandes campos por medio de una serie de alianzas secretas. De un lado se encontraban Alemania, Austria-Hungría e Italia. Por el otro estaban Rusia, Francia y Gran Bretaña. Aunque el objetivo de estas alianzas era la conservación de la existente balanza de poder, cada disputa entre dos países cualesquiera amenazaba con incluir a todos los otros.

✦ **Militarismo.** La planificación militar y la competencia en las armas tuvieron un papel importante en la erupción de la guerra. Alemania y Gran Bretaña competían por establecer la marina más grande y poderosa. Los jefes militares opinaban que era mejor ser el primero en atacar en vez de ser atacado.

LA CHISPA QUE INCENDIO LA GUERRA

En 1914, el **Archiduque Francisco Fernando** de Austria fue asesinado en Sarajevo por un miembro de un grupo nacionalista eslavo. Los jefes austríacos estaban convencidos de que los funcionarios servios en secreto ayudaron a los asesinos. Los austríacos querían darle una lección a Servia y los jefes alemanes incitaron a los austríacos a actuar. La invasión de Servia comenzó una reacción en cadena. A base de su tratado de alianza, Rusia fue a ayudar a Servia. Luego, intervino Alemania en cumplimiento de su tratado de proteger a Austria. Finalmente, intervinieron Inglaterra y Francia por estar aliadas con Rusia. De este modo, Rusia, Alemania, Austria, Inglaterra y Francia de repente se encontraron en medio de guerra. Lo que pudo haber sido una crisis menor, de carácter regional, se convirtió en una guerra europea importante.

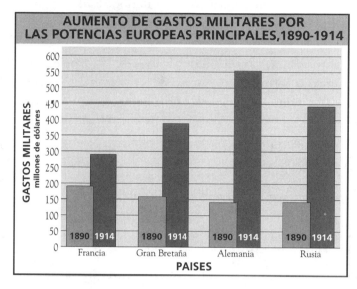

EL COMBATE MILITAR

Los jefes militares de ambos lados creyeron que la guerra acabaría con rapidez, pero el conflicto duró más que cuatro años. Se emplearon armamentos nuevos y mejorados como ametralladoras, gas tóxico, submarinos y aviones. Los soldados excavaban trincheras profundas y las rodeaban de alambre de púa para defender sus posiciones en la línea del frente. Era una forma terrible de combate, jamás vista antes.

LOS ESTADOS UNIDOS ENTRAN LA GUERRA (1917)

Aunque los Estados Unidos oficialmente se encontraban neutrales, los estadounidenses simpatizaban con Inglaterra y Francia. Cuando los submarinos alemanes atacaron los barcos estadounidenses que llevaban provisiones a esos países, los Estados Unidos entraron en la guerra en 1917. En el mismo año, Rusia se retiró de la guerra. El Presidente Wilson declaró que la victoria "haría el mundo salvo para la democracia". La entrada de los Estados Unidos en la contienda inclinó la balanza en favor de los Aliados, y en noviembre de 1918 Alemania se rindió.

CONSECUENCIAS DE LA PRIMERA GUERRA MUNDIAL

El costo de la guerra fue asombroso, tanto en términos humanos como materiales. Millones de personas perecieron o fueron lesionadas. En muchas partes del mundo había hambrunas y desnutrición. Se derrumbaron los gobiernos imperiales tanto de Alemania como de Rusia.

TRATADO DE VERSALLES (1919)

El Presidente Wilson declaró los propósitos de los Estados Unidos en sus **Catorce Puntos**, exigiendo autonomía nacional para todos los pueblos europeos. Quería rehacer el mapa de Europa de tal modo que cada grupo nacional tuviera su propio estado y gobierno. Wilson exigió también la libertad de los mares, el fin de la diplomacia secreta y la formación de la Liga de las Naciones.

Creyendo que la oferta de Wilson sería la base de un arreglo de paz, los alemanes accedieron a terminar la guerra. Derrocaron al Kaiser e instituyeron una república democrática. Sin embargo, las condiciones de paz fueron extremadamente rigurosas para Alemania; la opinión pública de los Aliados expresaba sed de venganza. El **Tratado de Versalles** (1919) concluyó la paz con Alemania, y hubo otros tratados con Austria y Turquía.

Pérdidas territoriales alemanas. Alemania perdió territorios a favor de Francia y Polonia, y también fue despojada de todas sus colonias de ultramar.

Castigo de Alemania. Alemania perdió su marina y su ejército fue reducido al tamaño de una fuerza policial. Fue obligada a aceptar la responsabilidad de comenzar la guerra y tenía que pagar enormes **indemnizaciones** (*pago por daños*) a los Aliados.

CONDICIONES DE PAZ QUE CONCLUYERON LA PRIMERA GUERRA MUNDIAL

Austria-Hungría y Turquía. El Imperio Austro-Húngaro fue dividido en estados correspondientes a los grupos nacionales en Europa del Este. Turquía perdió la mayor parte de sus territorios en el Medio Oriente.

Liga de las Naciones. El Tratado de Versalles formó la Liga de las Naciones, una organización de naciones que iba a ofrecer defensa mutua contra la agresión. Sin embargo, muchas potencias, como los Estados Unidos y Rusia, se negaron a ser miembros.

LOS ALIADOS Y EL MEDIO ORIENTE

La Primera Guerra Mundial también llevó al fin del Imperio Otomano. El sultán tomó el lado de Alemania durante la guerra. Temiendo que los armenios en el este se aliasen con Rusia, el gobierno otomano dio dos alternativas a los cristianos armenios: la conversión al islamismo o el destierro al Desierto Sirio. Se calcula que pereció hasta un millón de los desterrados. El gobierno otomano también cometió otras atrocidades en tiempo de guerra, entre ellas la ejecución de nacionalistas árabes.

Después de la guerra, los Aliados despojaron a Turquía de sus posesiones en Arabia, Siria y Palestina. Para ganarse el apoyo de grupos árabes durante la guerra, los ingleses les prometieron la independencia. Pero en 1919, en vez de ser independientes, estas regiones fueron divididas entre Gran Bretaña y Francia. Las sublevaciones que estallaron en Egipto y en Arabia, llevaron a su independencia (1922-1924). El resto de la región permaneció bajo control extranjero. En 1922, Inglaterra dividió a Palestina en dos partes: Palestina y Transjordania.

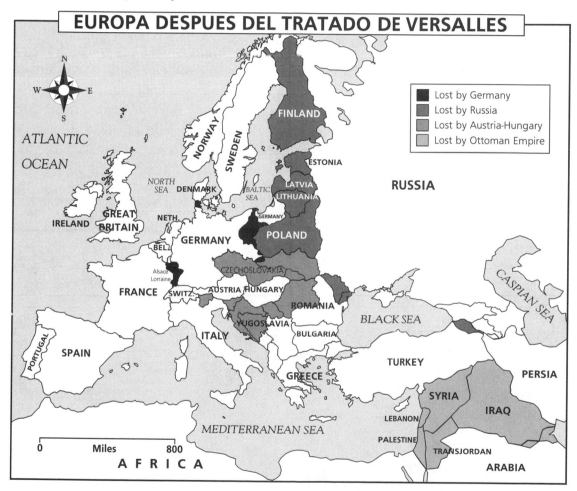

Los Aliados también planeaban quitarle a Turquía sus terrenos en Asia Menor. **Mustafa Kemal**, conocido como **Kemal Atatürk**, había sido general durante la guerra y ahora organizó la resistencia contra los intentos de continuo desmembramiento de territorios turcos. Se reunió un nuevo parlamento que en 1920 anunció el "nacimiento" de Turquía moderna. Después de dos años de luchas, Atatürk logró mantener los territorios en Asia Menor, y el sultanato quedó formalmente abolido. Atatürk introdujo extensas reformas, entre ellas el uso del alfabeto latino. Estos cambios convirtieron a Turquía en un estado secular al estilo occidental.

LA REVOLUCION RUSA

Una de las consecuencias más importantes de la Primera Guerra Mundial fue la Revolución Rusa. Para comprender las razones de la revolución es necesario examinar el tiempo anterior a la guerra.

ANTECEDENTES DE LA REVOLUCION

Al comenzar el siglo veinte, las tierras bajo la dominación rusa se extendían desde el centro de Europa hasta el Océano Pacífico. En comparación con Europa occidental, Rusia estaba bastante atrasada en casi todos respectos. Los campesinos, labradores y obreros de fábricas vivían en ignorancia y pobreza abyecta. Al otro extremo, una élite de terratenientes nobles gozaba de riquezas y llevaba una vida regalada. Los zares autocráticos se oponían a reformas que pudiesen reducir su poder, y entre algunos grupos de la élite educada se formaban sociedades secretas revolucionarias.

LA REVOLUCION DE 1905

Rusia estaba a punto de revolución, y la crisis llegó después de su derrota en la **Guerra Ruso-Japonesa** (1904-1905). Cuando los soldados abrieron fuego contra los manifestantes inermes en San Petersburgo, una ola de revueltas estalló a través del país. Estas llegaron a conocerse como la Revolución Rusa de 1905. Los campesinos asieron las tierras de la nobleza, y los obreros en las ciudades organizaron protestas y huelgas generales. El Zar **Nicolás II** finalmente hizo concesiones de reformas limitadas. Se estableció una legislatura electiva conocida como **duma**, pero solamente los individuos adinerados podían elegir sus miembros.

REVOLUCION RUSA DE 1917

En los años subsiguientes había ciertas mejoras, pero Rusia no estaba preparada para los rigores de la guerra. En 1914, Nicolás II llevó a su país a la guerra contra el Alemania y el Imperio Austro-Húngaro. En el combate, los soldados rusos, mal entrenados y peor abastecidos sufrieron derrotas desastrosas. En algunos casos, las tropas fueron enviadas al combate sin municiones. Las derrotas en la guerra causaron gran descontento en el ejército. Las industrias rusas eran totalmente incapaces de producir las armas y provisiones necesarias. Dentro del país, el abastecimiento de víveres estaba peligrosamente bajo.

COMIENZA LA REVOLUCION DE 1917

En las ciudades a través de Rusia estallaron revueltas de trabajadores, causadas por falta de víveres. Cuando en marzo de 1917 los soldados se negaron a disparar contra los obreros que estaban en huelga, el Zar Nicolás se dio cuenta de que era incapaz de gobernar el país. Abdicó del trono, y los jefes de la duma declararon a Rusia una república. Un gobierno provisional se negó a retirarse de la guerra, y pronto perdió el apoyo popular.

LOS BOLCHEVIQUES TOMAN EL PODER

Un grupo revolucionario conocido como **bolcheviques** prometía "paz, pan y tierra" — paz para los soldados, pan a los obreros y tierra para los campesinos. Encabezados por **Vladimir Lenin**, tomaron el poder en noviembre de 1917, cambiando el nombre de su partido al de "comunista". Rusia vino a ser el primer país comunista del mundo, y en 1922 también su nombre fue cambiado al de "Unión de Repúblicas Soviéticas Socialistas" (U.R.S.S.), o simplemente Unión Soviética.

LA UNION SOVIETICA BAJO LENIN (1917-1924)

Lenin modificó en alto grado la teoría original de Marx sobre el comunismo. Creía que sólo un pequeño grupo de miembros del partido podía conducir el país a lo largo de la senda hacia la igualdad comunista. Lenin argumentaba que después de la revolución, se necesitaba una "dictadura temporera" de jefes del partido porque no se podía confiar en que los obreros fueran capaces de velar por sus propios intereses.

GUERRA CIVIL EN RUSIA

Una vez en el mando, los comunistas retiraron a Rusia de la participación en la Primera Guerra Mundial. Anunciaron el traslado de millones de acres de tierra a los campesinos pobres. Los obreros fueron organizados para controlar y operar las fábricas, y todas las industrias fueron **nacionalizadas**, pasando a ser propiedad del estado. Estalló una guerra civil entre los partidarios de Lenin, conocidos como "rojos", y sus adversarios, los "blancos". Había intervención de parte de potencias extranjeras que prestaron cierta ayuda a los blancos. Partes del imperio trataron de independizarse. El ejército rojo, con el apoyo de los campesinos y obreros, finalmente derrotó a los blancos. Esta victoria afirmó el poder del nuevo gobierno comunista.

Vladimir Ilyich Lenin

NUEVA POLITICA ECONOMICA

Para 1920, Lenin se dio cuenta de que su programa necesitaba algunas modificaciones. Los campesinos no producían suficientes víveres porque temían de que fuesen asidos por el gobierno. Lenin instituyó la **Nueva Política Económica** con la cual se permitía un cierto grado de propiedad privada en la agricultura y fábricas pequeñas. Este plan logró aumentar un poco la productividad.

LOS PRIMEROS AÑOS BAJO STALIN

Cuando Lenin murió en 1924, comenzó una lucha entre **José Stalin** y otros jefes comunistas que querían controlar el partido y el gobierno. Con el tiempo, Stalin salió victorioso al acusar a sus rivales de acciones anticomunistas y causando la ejecución de muchos de ellos.

STALIN Y EL SURGIMIENTO DE UN ESTADO TOTALITARIO MODERNO

El totalitarismo es un sistema político moderno en el cual el gobierno controla todos los aspectos de la vida individual; se niegan los derechos a la libertad de palabra y disención. Una vez en poder, Stalin inmediatamente se puso a convertir la Unión Soviética en un estado totalitario. Empleó el gobierno y la policía secreta para controlar todas las fases de la vida soviética, inclusive la economía, educación y las ideas. Se controlaban hasta la música y las artes por medio de la censura.

Reinado de terror. La gente vivía en temor constante de la policía secreta. En las **purgas** del partido comunista los otros posibles jefes eran arrestados y ejecutados. En Siberia había enormes campos de labor forzada, conocidos como **gulags**. Murieron decenas de millones de víctimas de ese reinado de terror.

Colectivización. Se quitaron las tierras privadas a los campesinos que fueron obligados a trabajar en las fincas de propiedad estatal. Cuando los campesinos en Ucrania resistieron la colectivización, se confiscaron sus víveres y se aisló toda la región. En consecuencia, murieron de hambre millones de ucranios.

CAMBIOS BAJO STALIN

Planes quinquenales. Stalin quería convertir la Unión Soviética de un país agrícola en uno industrializado. Introdujo una serie de **planes quinquenales** que controlaban todos los aspectos de la economía. Se desarrollaban las industrias pesadas pero no se tomaban en cuenta las necesidades del consumidor.

Glorificación de Stalin. Se ensalzaba su papel en el desarrollo del país, presentándolo como su líder más grande de todo tiempo. Las calles y ciudades recibían su nombre; su retrato aparecía por todas partes. Se lo mostraba como un jefe benévolo y sabio; en las escuelas los niños aprendían de memoria sus pronunciamientos.

LA PROSPERIDAD Y LA DEPRESION EN EL MUNDO

En 1919 la vida en Europa era bien diferente de lo que había sido antes de la guerra. Desaparecieron los gobiernos imperiales de Alemania, Rusia, Austria-Hungría y Turquía. Polonia, Checoslovakia, Hungría, Yugoslavia y los estados del Báltico (*Estonia, Latvia y Lituania*) resurgieron como estados independientes. En Rusia fue derribado el zar y el país se encontraba en medio de la guerra civil que los comunistas ganaron en 1921.

RECONSTRUCCION Y PROSPERIDAD EN LA DECADA DE 1920

Los primeros años de postguerra no eran fáciles. Los pueblos de Europa central sufrían de la hambruna causada por los bloqueos de tiempo de guerra. Los soldados que regresaban de la guerra se encontraban sin empleo. La epidemia mortífera de influenza en 1919 mató tantas personas como la guerra misma. Las fincas, ciudades y vías férreas se encontraban destruidas por los combates. Los europeos pasaron los cinco años siguientes en la reconstrucción y recuperación. Alemania tenía que pagar enormes reparaciones de guerra a Francia y Gran Bretaña, lo que hizo más lenta su recuperación económica.

Los Estados Unidos surgieron de la guerra como la potencia económica más grande del mundo. Durante la guerra, Gran Bretaña y Francia compraban material bélico estadounidense a crédito, y ahora se encontraban con grandes deudas. Los estadounidenses pasaron por una recesión breve cuando terminó la guerra, pero pronto los consumidores comenzaron a comprar bienes manufacturados en masa en las fábricas del país.

Uno de los factores más importantes en el fomento de la prosperidad estadounidense fue el desarrollo del automóvil. Los autos llegaron a ser populares en los Estados Unidos y en Europa después de la guerra. Los consumidores también se beneficiaban de los nuevos aparatos eléctricos como aspiradoras, refrigeradoras y tostadoras; iban al cine y escuchaban la radio.

Los banqueros e industriales estadounidenses invirtieron parte de sus lucros en el extranjero, especialmente en Alemania, y así hacia el fin de la década de 1920, la prosperidad norteamericana se esparció a Europa. A medida que los europeos comenzaron a comprar más artículos de producción extranjera, la prosperidad se esparció aún más a Asia, Africa y América Latina. Los años 1920, también presenciaron la expresión de nuevos valores, en parte como resultado de la guerra. En los Estados Unidos, Inglaterra y ciertos otros países las mujeres ganaron el derecho al voto y mayor libertad. El aumento de la industrialización resultó en nuevos empleos, muchos de los que fueron llenados por las mujeres. También, más mujeres seguían estudios superiores.

LA GRAN DEPRESION (1929)

En 1929 estalló la burbuja de la prosperidad. La crisis en la bolsa de valores en Nueva York fue el comienzo de una reacción en cadena que empujó la economía estadounidense a la **Gran Depresión**. Una depresión es una baja económica en la cual muchos negocios entran en bancarrota y hay un gran desempleo. Los bancos estadounidenses retiraron sus préstamos a Europa, y la depresión pronto se extendió a través del mundo. En los EE.UU., Alemania, el Japón y otros países industrializados había hasta 40 millones de individuos desempleados. El Europa oriental, Asia, Africa y Sudamérica, los campesinos no podían vender sus productos destinados para el mercado.

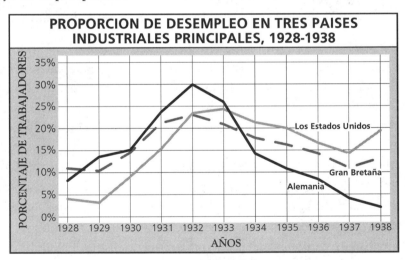

SURGIMIENTO DEL FASCISMO

El **fascismo** era un nuevo movimiento político que apareció en las condiciones inestables en Europa en pos de la Primera Guerra Mundial. El término se deriva del nombre del partido político formado por Benito Mussolini en Italia, pero se usa para describir sistemas que se le parecen, como el nazismo en Alemania. El fascismo europeo tenía las siguientes características:

Nacionalismo. Los fascistas eran nacionalistas extremos, convencidos de que el valor cumbre era su nación, hasta el punto de mantener que su nación era superior a todas las otras.

Reacción contra el liberalismo. Los fascistas se oponían a ideas liberales como democracia, socialismo, sindicatos laborales y huelgas. También eran intensamente anticomunistas.

CARACTERISTICAS DEL FASCISMO EUROPEO

Unidad de clases sociales. Los fascistas creían que un solo partido nacional debía unir todas las clases sociales, y que los fuertes tenían el derecho natural de dominar a los débiles.

Líderes todopoderosos. Los fascistas creían que un solo jefe con poderes totales, como Mussolini o Hitler, podía representar mejor la voluntad la nación y capitanear el país.

Militarismo extremo. Los fascistas usaban violencia para derrotar los adversarios políticos, y para adquirir territorios se preparaban a hacer guerra que veían como una experiencia gloriosa.

LAS RAICES DEL FASCISMO

Varias corrientes anteriores en las actitudes de ciertos europeos, tales como el antisemitismo, racismo y darwinismo social fueron antecedentes al surgimiento del fascismo.

✦ El **antisemitismo** (*odio hacia los judíos*) fue un sentimiento muy difundido en la cultura europea. Los judíos se encontraban con prejuicio y persecuciones a causa de sus creencias y costumbres diferentes. Era fácil culparlos por la inestabilidad social y dificultades económicas, especialmente hacia el fin del siglo XIX cuando hubo gran desorden causado en parte por la rápida industrialización de algunas partes de Europa.

✦ El **racismo** es el desdén por otras razas, y también formó una parte integral de la cultura europea. En ciertos países se fortaleció con la experiencia del imperialismo de ultramar y por el ánimo de nacionalismo.

✦ El **darwinismo social** justificó el racismo y el antisemitismo al aplicar la teoría darwiniana de la evolución a la sociedad humana. Los darwinistas sociales creían que todos los grupos humanos competían por la supervivencia y que los grupos más fuertes tenían el derecho de triunfar sobre los más débiles que merecían el perecimiento.

SE DERRUMBAN LOS SISTEMAS ANTIGUOS

La Primera Guerra Mundial sacudió a Europa profundamente. Tuvieron lugar inmensos cambios políticos: resurgieron "nuevos" estados nacionales y perdieron su poder anterior las antiguas familias soberanas. A menudo, los individuos a cargo de los gobiernos en las nuevas democracias europeas no estaban acostumbrados a tener poder político.

✦ **Alemania.** En Alemania, el Kaiser perdió su poder con la derrota en la guerra. La nueva república democrática, conocida como la **República de Weimar** fue débil porque se le opusieron los terratenientes, fabricantes, jefes militares y profesionales. Prefirieron otorgar todo el poder político a un solo jefe antes de confiarlo a la gente ordinaria.

✦ **Rusia.** Los bolcheviques mostraron cómo se podía organizar un partido político de las masas y establecer un estado totalitario. Al mismo tiempo, la clase media de otros países europeos temía el esparcimiento del comunismo. Este temor hizo que muchos de sus miembros apoyaran a los extremistas como Mussolini y Hitler, que eran intensamente anticomunistas.

✦ **Italia.** Después de la guerra había en Italia mucho descontento. En 1922, **Benito Mussolini** asió el poder y comenzó a convertir a Italia en un estado fascista. Imitó muchas de las prácticas de los bolcheviques al mismo tiempo que censuraba sus ideas. Igual que los bolcheviques, el partido de Mussolini tenía un periódico y un ejército privado compuesto de miembros del partido. Mussolini usó la violencia contra sus adversarios. Se abolieron los sindicatos laborales, se prohibieron las huelgas y se censuraba la prensa. Dentro de tres años, Italia vino a ser un estado-policía fascista.

LA DICTADURA NAZI EN ALEMANIA

A los líderes de la República de Weimar se les culpó de haber firmado el Tratado de Versalles que humilló a Alemania y le obligó a pagar reparaciones a Inglaterra y Francia. En 1923 estos pagos llevaron a la tremenda inflación en Alemania.

CAIDA DE LA REPUBLICA DE WEIMAR

Para el fin de la década de 1920, la República de Weimar alcanzó un cierto grado de estabilidad. Esta terminó cuando la Gran Depresión se extendió de los Estados Unidos a Alemania en 1930. Seis millones de personas perdieron su empleo, más de una tercera parte de la fuerza trabajadora. Los jefes del gobierno no se podían poner de acuerdo sobre cómo hacer frente a esta catástrofe. En las elecciones, los campesinos, los desempleados y la clase media optaron por las soluciones radicales ofrecidas por el Partido Nazi.

SURGIMIENTO DEL PARTIDO NAZI

Adolf Hitler (1889-1945) fue el jefe del **Partido Nazi** (*nacional-socialista*). Orador electrizante, Hitler publicó sus ideas principales en *Mein Kampf* (*Mi lucha*).

VISION DE HITLER PARA ALEMANIA

Censura de la República de Weimar. Hitler culpó a los jefes de la República de Weimar por la humillación en Versalles. Incitó a los alemanes a abandonar la democracia y restaurar a Alemania a la gloria bajo un jefe fuerte.

Raza aria. Hitler creía que los alemanes eran una raza "aria" superior que debía gobernar el mundo. Planeaba aniquilar a los pueblos eslavos para abrir espacio ("Lebensraum") en Europa Oriental para pobladores alemanes.

Antisemitismo. Hitler llamó a los judíos una "raza malvada" que debía ser destruida por haber causado la derrota alemana en la guerra. Veía el comunismo como una conspiración de los judíos para gobernar el mundo.

LOS NAZIS LLEGAN AL PODER

Los nazis formaron un ejército privado de "camisas pardas" — antiguos soldados y trabajadores desempleados — que maltrataban a los judíos y adversarios políticos, y organizaban manifestaciones impresionantes. Cuando la Gran Depresión llegó a Alemania, aumentó el apoyo del Partido Nazi. Hitler fue nombrado canciller en 1933. Pronto se aseguró el dominio completo al hacer quemar el edificio de la legislatura (*Reichstag*) y culpar a los comunistas por el incendio. Usó el incidente para obtener poderes de emergencia, convirtiéndose en dictador absoluto.

ALEMANIA BAJO CONTROL NAZI

El Partido Nazi, igual que el Fascista en Italia, extendió su dominio sobre cada aspecto de la vida social, económica y política en Alemania. En el "Tercer Reich" de Hitler, tuvieron lugar los siguientes cambios:

Infracciones contra los derechos humanos. Se suprimieron totalmente los derechos humanos. Había arrestos y ejecuciones sin juicio. Se suprimieron los partidos políticos rivales, gremios obreros y periódicos independientes, y fueron reemplazados por organizaciones pro-nazis.

Control de la educación. Los niños eran indoctrinados en las ideas nazis. La radio, los periódicos y las películas proclamaban a gritos propaganda nazi. No se permitían otras fuentes de información ni organizaciones.

DICTADURA NACISTA DE HITLER

Persecución de los judíos. Los judíos alemanes perdieron la ciudadanía. Fueron expulsados de empleos gubernamentales y tenían que llevar estrellas amarillas en la ropa. Se quemaban las sinagogas y se vandalizaban las tiendas de los judíos.

Cambios económicos. Hitler usó proyectos de obras públicas, como la construcción de carreteras, y el rearme militar para asegurar empleo para todos. Con estas medidas, Alemania recuperó prosperidad económica.

Policía secreta. Los nazis usaban amenazas y violencia para controlar la sociedad. La **Gestapo** (*policía secreta*) arrestaba a los sospechados de pertenecer a la oposición y los enviaba a **campos de concentración** donde eran torturados y muertos.

SEGUNDA GUERRA MUNDIAL (1939-1945)

La guerra que comenzó en Europa en 1939 podría percibirse como la reasunción de la Primera Guerra Mundial. Hitler trató de vengarse en Gran Bretaña y Francia por la humillante derrota en 1918. Sus reclamaciones de territorios en Europa Oriental eran aparentemente destinadas a satisfacer los deseos nacionalistas alemanes. Pero en realidad, su visión iba mucho más allá de las ambiciones territoriales alemanas. Hitler planeaba aniquilar a naciones enteras y esclavizar a otras. La Segunda Guerra Mundial se volvió en lucha a muerte por la dominación del mundo. Los nuevos armamentos devastadores y la vinculación de los objetivos alemanes en Europa con las ambiciones japonesas en Asia, hicieron que esta guerra fuese la más destructiva en la historia humana. La Segunda Guerra Mundial cambió el mundo de un modo muy parecido en el que la Primera Guerra Mundial había cambiado anteriormente a Europa.

LAS RAICES DE LA SEGUNDA GUERRA MUNDIAL

El surgimiento de los dictadores fascistas en Italia, Alemania y otras partes, hizo la guerra casi inevitable. Estos jefes glorificaban la guerra y establecían planes de conquista. Sin embargo, su guerra fue postergada unos años mientras acumulaban armamentos. Entretanto el Japón había comenzado una guerra en Asia oriental en 1931. Se presenta esto en una sección más adelante.

EL RUMBO A LA SEGUNDA GUERRA MUNDIAL

Fracaso de la Liga de las Naciones. Para impedir otra guerra, la Liga dependía en la **seguridad colectiva**. Hitler, en violación del Tratado de Versalles, restableció sus fuerzas armadas. La Liga no podía hacer nada porque sus miembros se negaban a tomar acciones contra dictadores que pudiesen llevar a la guerra.

Apaciguamiento. Hitler reclamó territorios donde había población alemana. Anexó a Austria en 1938. Más tarde ese año, el primer ministro británico Chamberlain, se encontró con Hitler en Munich en intento de **apaciguamiento** (*otorgamiento de concesiones a un agresor*). Esperando evitar la guerra, Chamberlain accedió a las reclamaciones de los Sudetes en el oeste de Checoslovaquia.

Invasión de Polonia. En 1939, Hitler hizo nuevas demandas con respecto a una parte de Polonia. Inglaterra y Francia se dieron cuenta de que el apaciguamiento era ilusorio. Hitler hizo con Stalin un pacto secreto de no-agresión. Luego Alemania invadió a Polonia, y comenzó la Segunda Guerra Mundial.

LA GUERRA EN EUROPA

El Blitzkrieg y la Batalla de Gran Bretaña

Los adelantos en motores de automóvil y otras tecnologías hicieron posibles nuevas formas de combate. Los alemanes emplearon el **Blitzkrieg** —uso de aviones, tanques y transportación motorizada de tropas para avanzar rápidamente en los territorios invadidos. Con estas tácticas, los alemanes rápidamente se apoderaron de Polonia, Dinamarca, Holanda, Bélgica, Francia y una gran parte de Africa del Norte.

Para el fin de 1940, Alemania controlaba la mayor parte de Europa occidental; sólo Gran Bretaña tuvo la posibilidad de resistir. Hitler esperaba vencer esta resistencia con el bombardeo aéreo de Londres y otras ciudades. **Winston Churchill**, el nuevo primer ministro, pudo vigorizar su pueblo. El uso del radar, el valor de la fuerza aérea, y la situación insular de Inglaterra contribuyeron a la defensa contra los ataques aéreos alemanes. Las fuerzas alemanas no fueron capaces de invadir a Inglaterra.

ALEMANIA INVADE LA UNION SOVIETICA

En 1941, Hitler rompió su tratado con Stalin y atacó la Unión Soviética. El frío intenso congeló los camiones y tanques alemanes antes de que pudieran alcanzar el Moscú. Las fuerzas soviéticas, en luchas intensas, fueron rechazando a los alemanes en los años subsiguientes.

EL HOLOCAUSTO

Holocausto es el nombre dado al genocidio de los judíos en la Segunda Guerra Mundial. **Genocidio** es el intento de exterminar una raza entera de gente. Hitler tenía el plan de matar a cada hombre, mujer y niño judío en Europa. Lo llamaba la "solución final". Al principio, se hacía marchar a los judíos fuera de las ciudades y pueblos; luego eran ametrallados al lado de las fosas que tenían que cavar y en las que eran enterrados. Más tarde se construyeron campos de concentración adicionales donde se enviaba en vagones para transportar reses a los judíos de todas las partes de Europa controladas por los alemanes. Se mataba la mayoría con gas tóxico

JUDIOS MUERTOS EN LA SEGUNDA GUERRA MUNDIAL

FINLAND 11
NORWAY 900
SWEDEN None
ESTONIA 9,000
LATVIA 85,000
LITHUANIA 143,000
SOVIET UNION 1,500,000
NORTH SEA
DENMARK 500
BALTIC SEA
NETH. 90,000
GREAT BRITAIN None
BEL. 46,000
GERMANY 170,000
POLAND 3,000,000
LUX. 700
277,000 CZECHOSLOVAKIA
BESSARABIA 200,000
FRANCE 90,000
SWITZ. None
AUSTRIA 65,000
HUNGARY 200,000
ROMANIA 425,000
ITALY 15,000
YUGOSLAVIA 55,000
BULGARIA 7,000
BLACK SEA
ALBANIA 200
GREECE 69,801
MEDITERRANEAN SEA

y sus cuerpos eran quemados. Algunos judíos servían en trabajo forzado en las fábricas de municiones vecinas. Expuestos a condiciones inhumanas, sobrevivieron muy pocos individuos. Se calcula que murieron en el Holocausto seis millones de judíos. Además, fueron exterminados otros seis millones de gitanos, eslavos, prisioneros políticos, lisiados e incapacitados mentales.

LOS ESTADOS UNIDOS ENTRAN LA GUERRA

En diciembre de 1941, el Japón atacó buques estadounidenses en **Pearl Harbor**, Hawaii. Hitler declaró guerra contra los Estados Unidos. Entonces Alemania, Italia y el Japón, llamados **Potencias del Eje** se enfrentaron con Gran Bretaña, la Unión Soviética y los Estados Unidos, llamados **Potencias Aliadas**. Los Aliados decidieron concentrarse en derrotar a Alemania en Europa antes de tornarse contra el Japón.

TERMINA LA GUERRA EN EUROPA

El 6 de junio, 1944 ("**Día-D**") las tropas estadounidenses y británicas invadieron el norte de Francia desde el mar. Avanzaron a través de Francia y Alemania, mientras en el este el ejército soviético avanzaba a través de Polonia occidental y Alemania oriental. La guerra se volteó en favor de los Aliados porque la Unión Soviética tenía más tropas que Alemania, y los Estados Unidos tenían capacidad superior para fabricar material bélico. Para 1945, las tropas aliadas ocupaban todo el territorio de Alemania. Hitler prefirió permitir la destrucción de su país antes de rendirse; el 30 de abril de 1945 se suicidó y en mayo Alemania se rindió.

Varios de los jefes nazis más importantes fueron juzgados y condenados por una corte internacional en Nuremberg, Alemania, por "crímenes contra la humanidad". Los **Juicios de Nuremberg** mostraron a todo el mundo el horror completo de las atrocidades nazis —el trabajo forzado, experimentación médica bárbara con seres humanos, muertes por hambre y el genocidio.

LA GUERRA EN ASIA

Tal como el plan de conquista por los alemanes señaló el comienzo de la guerra en Europa, las ambiciones agresivas del Japón llevaron a la guerra en Asia. Para comprender las razones de la agresión japonesa, es necesario examinar los acontecimientos en el Japón en pos de la Restauración de Meiji.

JAPON SE CONVIERTE EN POTENCIA

La industrialización del Japón a fines del siglo XIX fue extremadamente lograda, pero el país necesitaba materias primas y mercados para sus industrias crecientes. Los líderes japoneses también querían reemplazar el imperialismo europeo en Asia oriental con el imperialismo de una potencia asiática. Al comienzo del siglo XX, el Japón comenzó su campaña de agresión en el continente asiático.

- ✦ **Primera Guerra Sino-Japonesa (1894-1895)** [*"Sino" se refiere a China*]. China y el Japón lucharon por el control de Corea. El Japón derrotó a China, alertando al mundo de la nueva fuerza militar que surgía en Asia. La victoria también aumentó mucho la influencia del ejército en la política japonesa.

- ✦ **Guerra Ruso-Japonesa (1904-1905).** El Japón entró en guerra porque percibía a Rusia como un obstáculo en su expansión en Manchuria. La victoria japonesa asombró al mundo. Fue la primera vez que una gran potencia europea quedó derrotada por un país no-europeo.

- ✦ **Primera Guerra Mundial (1914-1918).** Hacia el fin de la Primera Guerra Mundial el Japón se unió con los Aliados. Su premio por ese apoyo eran varias colonias alemanas en el Pacífico.

✦ **Segunda Guerra Sino-Japonesa (1931-1939).** En 1931 el Japón invadió Manchuria en el norte de China. Después de derrotar a los chinos, los japoneses establecieron un gobierno instrumental en Manchuria. Ya que la reacción mundial no era decisiva, el Japón invadió el resto de China en 1937.

EXPANSION JAPONESA, 1895-1938

EL JAPON EN LA SEGUNDA GUERRA MUNDIAL

Cuando estalló la guerra en Europa, el Japón ocupó la Indochina Francesa. Los líderes estadounidenses miraban la expansión japonesa con sospecha. Cuando los Estados Unidos amenazaron con bloquear transportes de petróleo a menos que el Japón se retirara de algunos de los territorios conquistados, los jefes japoneses optaron por la guerra. El 7 de diciembre de 1941, los japoneses lanzaron un ataque por sorpresa contra la flota estadounidense anclada en Pearl Harbor. Los jefes militares japoneses esperaban que éste sería un golpe decisivo que llevara a un tratado con los Estados Unidos que le daría al Japón control de Asia Oriental. Sin embargo, esto resultó ser un cálculo equivocado.

Al principio, los japoneses lograron victorias significativas en Asia Continental y en el Pacífico. Invadieron y ocuparon las Filipinas, Hong Kong, Borneo, las Islas Salomón, Java y Singapur. Sin embargo, en 1943 los Estados Unidos recobraron la superioridad naval en el Pacífico y sus fuerzas procedieron a "saltar de isla en isla", liberándolas una a una del control japonés. Las fuerzas japonesas se vieron obligadas a retroceder gradualmente a las islas de su país. Después de derrotar a Alemania, los Estados Unidos dirigieron toda su fuerza militar contra el Japón.

En agosto de 1945, comenzó la "era atómica". En vez de arriesgar una invasión de gran escala contra el Japón, los Estados Unidos lanzaron una bomba atómica en la ciudad de **Hiroshima**.

Tres días más tarde, la segunda bomba fue lanzada en la ciudad de **Nagasaki**. Murieron millares de japoneses, y temiendo ataques nucleares adicionales, los jefes japoneses se rindieron.

OCUPACION ESTADOUNIDENSE DEL JAPON (1945-1952)

El general estadounidense **Douglas MacArthur**, que encabezó la campaña en el Pacífico, fue encargado de la reconstrucción y reforma del Japón. Casi siete años el gobierno del país estaba bajo dominio extranjero, y durante ese tiempo se hicieron cambios importantes en el Japón:

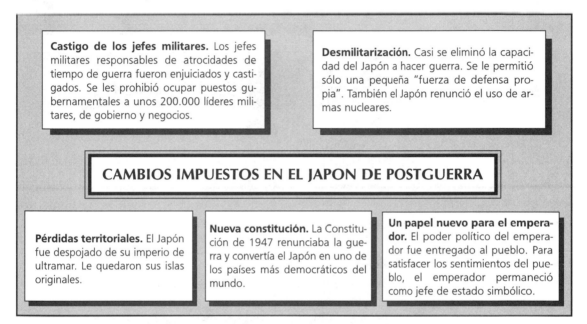

Castigo de los jefes militares. Los jefes militares responsables de atrocidades de tiempo de guerra fueron enjuiciados y castigados. Se les prohibió ocupar puestos gubernamentales a unos 200.000 líderes militares, de gobierno y negocios.

Desmilitarización. Casi se eliminó la capacidad del Japón a hacer guerra. Se le permitió sólo una pequeña "fuerza de defensa propia". También el Japón renunció el uso de armas nucleares.

CAMBIOS IMPUESTOS EN EL JAPON DE POSTGUERRA

Pérdidas territoriales. El Japón fue despojado de su imperio de ultramar. Le quedaron sus islas originales.

Nueva constitución. La Constitución de 1947 renunciaba la guerra y convertía el Japón en uno de los países más democráticos del mundo.

Un papel nuevo para el emperador. El poder político del emperador fue entregado al pueblo. Para satisfacer los sentimientos del pueblo, el emperador permaneció como jefe de estado simbólico.

EL IMPACTO UNIVERSAL DE LA SEGUNDA GUERRA MUNDIAL

La Segunda Guerra Mundial cambió el mundo de forma drástica.

DERROTA DE LAS DICTADURAS

Se desbarataron los planes de Hitler de conquistar a Europa y los planes japoneses de dominar a Asia. Después de la guerra, Alemania, Italia y el Japón estaban bajo la ocupación de los países victoriosos y se convirtieron en naciones democráticas y pacíficas.

DESTRUCCION SIN PRECEDENTES

La Segunda Guerra Mundial fue un conflicto de alcance mundial. Se luchó en Europa, norte de Africa, Asia Oriental y en el Océano Atlántico y el Pacífico. La destrucción fue incomparable: más de sesenta millones de muertos y una gran parte de Europa y Asia en ruinas.

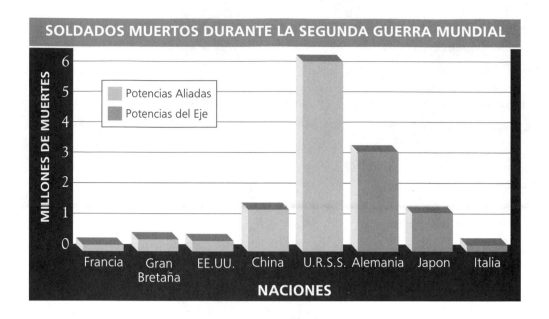

DECADENCIA DE LA POTENCIAS COLONIALES

La Segunda Guerra Mundial estimuló el deseo de autonomía nacional entre los pueblos de Africa y Asia. Las potencias coloniales europeas como Inglaterra, Francia, Holanda y Bélgica agotaron sus recursos en la guerra y ya no podían oponerse a los movimientos de independencia en sus colonias.

COSTO MATERIAL DE LA GUERRA

Según algunos cálculos, el costo directo de la guerra, tal como armamentos y combustibles fue más de dos trillones de dólares. Tales gastos enormes tan resultaron en el decaimiento económico de muchos participantes en la guerra. Aunque los Estados Unidos costearon una gran parte de los costos de producción bélica de los Aliados, su economía fue la que sufrió menos —la guerra tuvo lugar en tierras de ultramar, y el país no tuvo destrucción física ni costos de reconstrucción.

Una vista de Varsovia después de la Segunda Guerra Mundial

SURGIMIENTO DE LAS SUPERPOTENCIAS Y LA GUERRA FRIA

El derrumbe del poder europeo dejó dos **superpotencias** en el dominio del mundo: los Estados Unidos y la Unión Soviética. Las diferencias en su punto de vista y en sus intereses nacionales rápidamente llevaron a la guerra fría.

LA ORGANIZACION DE LAS NACIONES UNIDAS

A pesar del fracaso de la Liga de las Naciones, en 1945 los Aliados formaron una nueva organización para mantener la paz, conocida como la **Organización de Naciones Unidas** (O.N.U.). En el presente la O.N.U. tiene más de 180 miembros, casi todos los países del mundo.

OBJETIVOS

La Carta Constitucional de la O.N.U. declara que su propósito principal es mantener la paz en el mundo y al mismo tiempo fomentar la amistad y cooperación entre las naciones. Los miembros se comprometen a renunciar el uso de la fuerza en las disputas, excepto en defensa propia. La O.N.U. también trata de eliminar el hambre, las enfermedades y la ignorancia, y promueve derechos humanos y desarrollo económico.

ORGANIZACION

Para asegurar la participación de las potencias principales, la carta hizo a los Estados Unidos, la Unión Soviética, Gran Bretaña, Francia y China miembros permanentes del **Consejo de Seguridad**. Cada miembro permanente tiene el derecho de vetar acciones militares de la O.N.U. También hay diez miembros elegidos en el Consejo de Seguridad que es responsable de prevenir la agresión. Para resolver disputas, puede aplicar sanciones económicas o fuerza militar. Desde su

RAMAS DE LAS NACIONES UNIDAS

SECRETARIADO

CONSEJO DE SEGURIDAD

ASAMBLEA GENERAL

CONSEJO ECONOMICO Y SOCIAL

CORTE INTERNACIONAL DE JUSTICIA

UNESCO

ORGANIZACION MUNDIAL DE SALUD

FONDO INTERNACONAL MONETARIO

establecimiento, la O.N.U. había enviado fuerzas para llevar operaciones de mantener la paz en Corea, Chipre, Congo e Iraq.

Cada miembro tiene un voto en la **Asamblea General** que vota sobre las resoluciones y hace recomendaciones al Consejo de Seguridad. La mayoría de sus miembros son países en desarrollo. El **Consejo Económico y Social** coopera con la Asamblea General y con las agencias especializadas como UNESCO (*Organización Educacional, Científica y Cultural de la ONU*) y WHO (*Organización Mundial de Salud*) para promover el desarrollo económico y social, sanidad mundial y educación.

LA "DECOLONIZACION" DE ASIA Y AFRICA

Uno de los efectos más importantes de la Segunda Guerra Mundial fue el fin del imperialismo europeo en la India, Asia del sudeste, Medio Oriente y Africa. Ultimamente, los historiadores usan el término "**decolonizació**n" para designar estos acontecimientos.

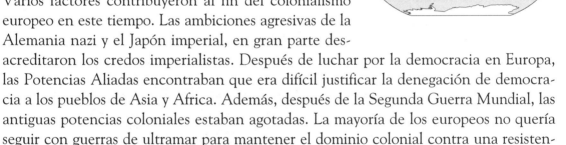

Varios factores contribuyeron al fin del colonialismo europeo en este tiempo. Las ambiciones agresivas de la Alemania nazi y el Japón imperial, en gran parte desacreditaron los credos imperialistas. Después de luchar por la democracia en Europa, las Potencias Aliadas encontraban que era difícil justificar la denegación de democracia a los pueblos de Asia y Africa. Además, después de la Segunda Guerra Mundial, las antiguas potencias coloniales estaban agotadas. La mayoría de los europeos no quería seguir con guerras de ultramar para mantener el dominio colonial contra una resistencia local determinada. Aún así, a veces hubo derrame de sangre hacia el final del colonialismo europeo.

INDIA

La India fue el primer país importante que obtuvo la independencia en el período de postguerra. Las raíces de su independencia datan desde los fines del siglo XIX.

MOVIMIENTO NACIONALISTA INDIO

Desde su establecimiento en 1885, el **Congreso Nacionalista Indio** fue la organización principal dedicada a la independencia del país. El jefe del Congreso **Mahatma Gandhi** llegó a tener muchos partidarios entre los campesinos. Resistía a los británicos usando métodos no-violentos para demostrarles la futilidad de denegar a los indios la libertad.

LUCHA POR LA INDEPENDENCIA DE LA INDIA

La "no-violencia". Gandhi estableció la práctica de **resistencia pasiva**. Aconsejaba a los indios a que resistieran pacíficamente las palizas y la violencia de los británicos; se oponía al uso de la fuerza contra los funcionarios británicos.

Desobediencia civil. Gandhi urgía a la desobediencia de leyes injustas. En 1930, encabezó la **marcha de sal** para protestar el impuesto en la sal. Muchos de sus partidarios ayunaban y se negaban a trabajar para los ingleses. En consecuencia, muchos acababan en las prisiones.

Industrias caseras. Gandhi alentó a los indios a **boicotear** los artículos de algodón de fabricación inglesa y a comprar sólo productos locales. Esperaba que esto reconstruiría las industrias caseras y elevaría el nivel de vida.

Los líderes indios esperaban lograr la independencia poco después de la Primera Guerra Mundial, pero quedaron desilusionados con la oposición británica. Cuando estalló la Segunda Guerra Mundial, Gandhi se negó a apoyar a Inglaterra. A pesar de esto, muchos soldados indios lucharon del lado británico contra Alemania y el Japón. Después de la Segunda Guerra Mundial, los líderes británicos se dieron cuenta de que eran demasiado débiles para resistir la exigencia de libertad. En 1947, los británicos otorgaron la independencia a la India.

SEPARACION DE INDIA Y PAKISTAN (1947)

Una de las razones por las que Gran Bretaña demoraba el otorgamiento de independencia a la India era el temor de violencia extensa entre hindús y musulmanes. Los líderes musulmanes, encabezados por **Mohamed Alí Jinnah**, comunicaron a los ingleses que querían tener su propio estado musulmán. Por lo tanto, cuando la India recibió la independencia en 1947, fue dividida en dos países distintos: la India y Pakistán. La India se estableció como un país hindú y Pakistán se formó como país de población islámica. Ya que había muchos musulmanes en el este y el oeste, Pakistán vino a ser un país dividido por casi mil millas de la India hindú. Con este hecho, millones de hindúes y musulmanes se mudaron de sus hogares y millares perecieron en los motines que tuvieron lugar durante esas migraciones.

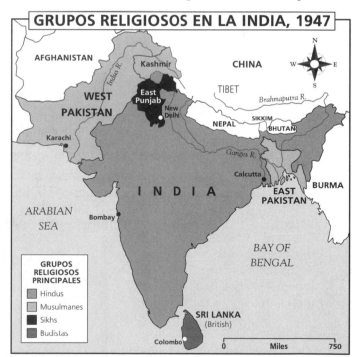

GRUPOS RELIGIOSOS EN LA INDIA, 1947

GRUPOS RELIGIOSOS PRINCIPALES
- Hindus
- Musulmanes
- Sikhs
- Budistas

ASIA DEL SUDESTE

Empezando en el siglo XVI, la mayor parte de Asia del sudeste gradualmente vino bajo control de los europeos. Estos fueron particularmente atraídos por las especias tales como pimienta y canela de las islas entre el Océano Indico y el Pacífico. España colonizó las Filipinas, y hacia el fin del siglo XVI Holanda colonizó las Indias Orientales (*Indonesia actual*). En el siglo XIX, Gran Bretaña asió a Birmania y la península Malaya, mientras que Francia tomó la mayor parte de la Indochina: Laos, Camboya y Vietnam. En 1898, las Filipinas pasaron de España a los Estados Unidos. En el sudeste de Asia, sólo Tailandia pudo mantener su independencia.

LA INDEPENDENCIA Y LA GUERRA

Igual que en la India, a principios del siglo XX las ideas nacionalistas se esparcieron a los miembros de la élite educada de las colonias del sudeste de Asia. Durante la Segunda Guerra Mundial, el Japón ocupó toda la región, desplazando a las potencias europeas. Después de la guerra, los líderes nacionalistas esperaban lograr la independencia. En algunos lugares la autonomía fue otorgada pacíficamente; en otros, tenía que alcanzarse por medio de guerra. Por ejemplo, en 1954, los franceses en Vietnam sufrieron una derrota decisiva en Dien Bien Phu. Con esto, los franceses perdieron el ánimo de luchar por su imperio y se retiraron de Vietnam. El mismo año, Laos también se independizó de Francia.

Las Filipinas son un archipiélago (*grupo de islas*) en el Pacífico. Los Estados Unidos les otorgaron la independencia en 1946.

Birmania y Malaya. Myanmar, una vez llamada Birmania, por muchos años fue parte del Imperio Británico de las Indias; recibió la independencia en 1948 al mismo tiempo que Malaya.

LAS NACIONES DEL SUDESTE DE ASIA GANAN SU INDEPENDENCIA

Indonesia. Sus líderes declararon la independencia en 1945. Sin embargo, Holanda no la reconoció, y los indonesios tuvieron que luchar contra las tropas holandesas. Finalmente en 1949 los holandeses reconocieron la autonomía de Indonesia.

Vietnam. En Vietnam, los guerrilleros encabezados por **Ho Chi Minh** ganaron la lucha contra los franceses. En una conferencia internacional el país fue dividido en dos: (1) el norte comunista bajo Ho Chi Minh; (2) el estado pro-occidental en el sur.

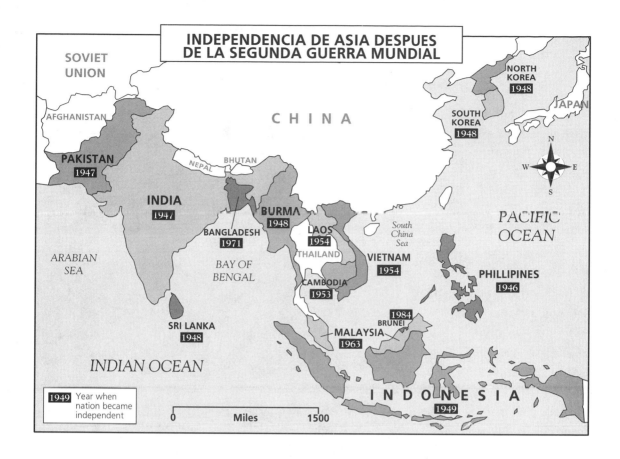

INDEPENDENCIA DE ASIA DESPUES DE LA SEGUNDA GUERRA MUNDIAL

SOVIET UNION

AFGHANISTAN

PAKISTAN
1947

INDIA
1947

CHINA

NEPAL   BHUTAN

BANGLADESH
1971

BURMA
1948

NORTH KOREA
1948

SOUTH KOREA
1948

JAPAN

LAOS
1954

THAILAND

South China Sea

PACIFIC OCEAN

ARABIAN SEA

BAY OF BENGAL

VIETNAM
1954

CAMBODIA
1953

PHILLIPINES
1946

SRI LANKA
1948

1984
BRUNEI

MALAYSIA
1963

INDIAN OCEAN

INDONESIA
1949

1949 Year when nation became independent

0   Miles   1500

EL MEDIO ORIENTE Y AFRICA DEL NORTE

Gran Bretaña había otorgado a Egipto y Arabia Saudita la independencia en 1922, sin embargo, las tropas británicas permanecieron estacionadas en Egipto para proteger el Canal de Suez. Bajo este arreglo, el rey de Egipto era poco más que un monigote, y en 1953 la monarquía fue derrocada por el Coronel **Gamal Abdel Nasser**, nacionalista árabe.

Después de la Segunda Guerra Mundial, los Franceses otorgaron la independencia a Marruecos, Tunisia y Libia en Africa del Norte, y a Líbano y Siria en el Medio Oriente. Sin embargo, la independencia de Algeria presentó dificultades más grandes. Más de un millón de franceses se habían radicado allí, y asumían que un día Algeria vendría a ser parte de Francia. Comenzando en 1954, los nacionalistas lanzaron una lucha violenta por la independencia que duró casi ocho años. Finalmente, Francia reconoció la independencia del país en 1962, y los pobladores franceses salieron de Algeria.

La "decolonización" de Palestina y Transjordania que estaban bajo dominio británico también presentaba un problema delicado. En 1917, los ingleses prometieron establecer un estado judío en Palestina, pero durante y después de la Segunda Guerra Mundial limitaron la emigración de los judíos a Palestina para prevenir sublevaciones árabes. Temían que el fin del gobierno colonial llevaría a una guerra civil total entre los judíos y los árabes. Finalmente, Gran

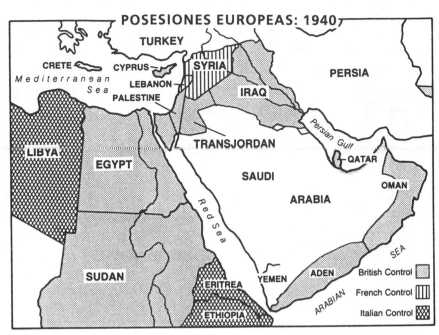

Bretaña presentó el problema ante las recién formadas Naciones Unidas. En el capítulo siguiente hay una presentación del surgimiento de Israel.

AFRICA AL SUR DEL SAHARA

El ánimo de nacionalismo también llevó a la independización de Africa al sur del Sahara después de la Segunda Guerra Mundial. Aún antes de la guerra, los ingleses y franceses habían ofrecido una educación europea a algunos africanos —los ingleses para prepararlos para la autonomía, y los franceses para convertir a sus colonias en una parte íntegra de Francia.

Los miembros de esta élite africana educada vinieron a ser los líderes de los nuevos movimientos nacionalistas. Estaban muy impresionados por la independización de Asia y por las promesas de libertad hechas por los Estados Unidos y Gran Bretaña durante la Segunda Guerra Mundial. **Kwame Nkrumah**, en la colonia inglesa conocida como Costa de Oro siguió el ejemplo de Gandhi al organizar demonstraciones y boicotear los productos británicos. Al principio, Nkrumah fue encarcelado, pero después de ser liberado pudo ganar la independencia de su país en 1957. La Costa de Oro tomó su nombre antiguo de **Ghana** y fue la primera colonia africana negra en ganar la independencia.

En la siguiente década, casi toda la región africana al sur del Sahara siguió el ejemplo de Ghana. En algunos casos hubo derrame de sangre rumbo a la independencia; en otros, había conflictos entre los pobladores europeos y los africanos indígenas. Hubo también situaciones donde ciertas tribus individuales inútilmente querían separarse de los nuevos estados. Pero en total, las antiguas colonias se convirtieron en nuevos estados sin una guerra de muy gran importancia.

MOVIMIENTOS POR LA INDEPENDENCIA EN AFRICA

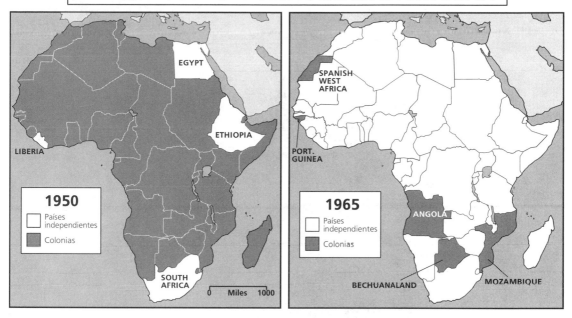

RESUMEN DE TU COMPRENSION

TERMINOS, CONCEPTOS Y PERSONAJES IMPORTANTES

Prepara una tarjeta de vocabulario para cada uno de los siguientes términos, conceptos y personajes:

Revolución Mexicana	Liga de las Naciones	Planes quinquenales	Naciones Unidas
Sun Yat-sen	Revolución Rusa	Segunda Guerra Mundial	"Decolonización"
Primera Guerra Mundial	Vladimir Lenin	Adolf Hitler	Mahatma Gandhi
Tratado de Versalles	José Stalin	Holocausto	Kwame Nkrumah

COMPLETACION DE UN DIAGRAMA

Completa el siguiente diagrama.

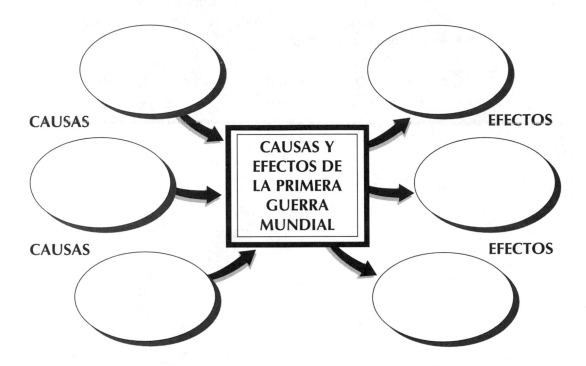

COMPLETACION DE UNA TABLA

Usa la tabla dada para organizar la información presentada en este capítulo sobre individuos importantes.

PERSONA	PAIS	SU IMPORTANCIA
Kemal Atatürk		
Sun Yat-sen		
Nicolás II		
Vladimir Lenin		
José Stalin		
Adolf Hitler		
Mahatma Gandhi		
Kwame Nkrumah		

COMPRUEBA TU COMPRENSION

Comprueba tu comprensión de este capítulo al solucionar los siguientes problemas:

PREGUNTAS DE SELECCION MULTIPLE

Basa tu respuesta a la pregunta 1 en el mapa dado y en tu conocimiento de historia universal.

1   El mapa muestra una parte de Europa en el año
    1   1813
    2   1913
    3   1943
    4   1993

2   Las condiciones rígidas impuestas por el Tratado de Versalles después de la Primera Guerra Mundial contribuyeron
    1   al surgimiento del fascismo en Alemania
    2   a la Revolución Francesa
    3   al derrumbe del dictador mexicano Porfirio Díaz
    4   a la revolución de los bolcheviques en Rusia

3   ¿Cuál condición del Tratado de Versalles mostró que la intención de las Potencias Aliadas era castigar las Potencias del Eje por su papel en la Primera Guerra Mundial?
    1   Todas las naciones mantendrán los convenios de paz.
    2   Se mantendrá la libertad de los mares.
    3   Alemania aceptará responsabilidad completa de haber causado la guerra.
    4   La determinación de asuntos territoriales se basará en las nacionalidades.

Basa tu respuesta a la pregunta 4 en la gráfica lineal y en tu conocimiento de historia universal.

4   De acuerdo a la gráfica, ¿cuál es la aseveración más acertada?

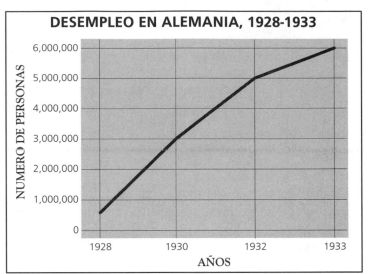

1   El desempleo en Alemania era más alto en 1932.

2   Entre 1928 y 1933 el desempleo en Alemania permaneció sin cambios.

3   Para 1933 había cerca de 6 millones de trabajadores alemanes.

4   El Partido Nazi trajo el desempleo en Alemania bajo control en 1928.

5   El fascismo en Europa durante las décadas de 1920 y 1930 puede describirse mejor como
1   una demonstración del capitalismo de laissez faire que fomentó la libertad de empresa
2   una forma de totalitarismo que ensalzaba la nación por encima del individuo
3   un tipo de sistema económico que enfatizaba una sociedad sin clases
4   un conjunto de ideales humanísticos que enfatizaban el valor y la dignidad del individuo

6   Una similitud entre el fascismo y el comunismo en la década de 1930 fue que los dos sistemas generalmente
1   proveían gobernantes hereditarios   3   apoyaban elecciones democráticas
2   promovían diversidad étnica   4   suprimían las opiniones de la oposición

7   ¿Cuál aseveración se aplica a los gobiernos de Stalin en la Unión Soviética, Hitler en Alemania y Mussolini en Italia?
1   Todos eran democracias representativas.
2   Restringían libertades civiles.
3   Permitían la existencia de varios partidos políticos.
4   Equilibraban el poder ente la rama ejecutiva, legislativa y judicial.

8   ¿Qué factor contribuyó más al surgimiento de gobiernos totalitarios en Europa antes de la Segunda Guerra Mundial?
1   mejoras en los sistemas educacionales   3   aumento de la estabilidad política
2   expansión de reformas democráticas   4   empeoramiento de la economía

Basa tu respuesta a la pregunta 9 en la gráfica de barras y en tu conocimiento de historia universal.

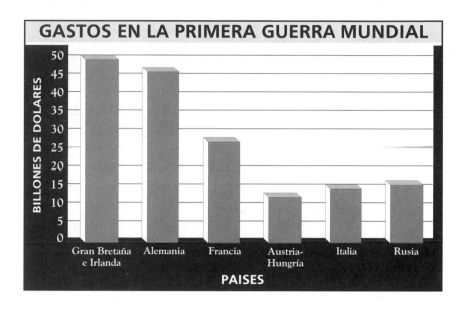

9   De acuerdo a la gráfica, ¿cuál es la aseveración más acertada?
    1 Los costos directos de la Primera Guerra Mundial estaban igualmente divididos entre los países que participaban en ella.
    2 Rusia gastó más que cualquier otra potencia en la Primera Guerra Mundial.
    3 Alemania gastó más que Austria-Hungría, Italia y Rusia juntas.
    4 Los costos de la guerra eran más altos al principio de la Primera Guerra Mundial.

10 La Revolución Francesa de 1789, la Revolución China de 1911-1912 y la Revolución Rusa de 1917 se parecían porque todas
    1 fueron encabezadas por dictadores despiadados
    2 fueron motivadas por el deseo de derribar a un monarca
    3 llevaron directamente al establecimiento del comunismo
    4 establecieron un nivel de vida más alto para la clase media

11 Tanto la Revolución Rusa como la Revolución Francesa resultaron en
    1 nuevas democracias   3 cambios políticos violentos
    2 la restauración de monarquías antiguas 4 el aumento del poder de la Iglesia

12 La jefatura de José Stalin en la Unión Soviética puede mejor caracterizarse como un período de
    1 reforma democrática y nacionalismo   3 humanismo y democracia
    2 tolerancia y libertad de religión   4 censura y terror

13 Los planes quinquenales de Stalin y su decisión de establecer fincas comunales son ejemplos de
   1 estrategias para modernizar la economía soviética por medio del comunismo obligatorio
   2 una política más amistosa hacia China
   3 métodos de tratar con los Estados Unidos durante la Segunda Guerra Mundial
   4 programas de occidentalizar, educar e ilustrar el pueblo

14 La razón principal por la que el Japón aceptó la nueva constitución después de la Segunda Guerra Mundial fue que
   1 la nueva constitución era muy parecida a la anterior
   2 el Japón recobró sus posesiones coloniales
   3 la nueva constitución fue impuesta por el gobierno militar estadounidense
   4 se permitió el restablecimiento de las fuerzas militares japonesas

15 ¿Qué acción tomó Mahatma Gandhi para atraer atención mundial a las injusticias del colonialismo británico en la India?
   1 la Marcha de Sal   3   la Sublevación Cipaya
   2 la división de la India   4   el establecimiento del parlamento indio

16 Durante el movimiento por la independencia de la India, Mahatma Gandhi inició el boicoteo de los productos de fabricación inglesa. Esto era efectivo porque para los británicos la India era importante como
   1 un centro de embarcación   3   un mercado de bienes manufacturados
   2 un centro industrial   4   una fuente de recursos minerales

17 En 1947, el Subcontinente Indio se independizó y fue dividido en India y Pakistán. Esta división reconocía
   1 la rivalidad entre grupos religiosos   3   las fronteras geográficas naturales
   2 el poder del fascismo en la India   4   las fronteras coloniales británicas

18 ¿Cuál aseveración sobre la India se refiere a un hecho más bien que opinión?
   1 La mayoría de los indios está satisfecha con la práctica de matrimonios arreglados.
   2 India es afortunada de ser un país de diversidad religiosa.
   3 Los mongoles gobernaron en la India por más de 300 años.
   4 La división de la India británica en 1947 contribuyó a la prosperidad del país.

19 En el siglo XIX, los europeos podían dominar una gran parte de Asia del sur y del sudeste principalmente porque
   1 el cristianismo era de gran interés a los pueblos de la región
   2 los europeos tenían una tecnología más avanzada
   3 la región no tenía organización política
   4 se encontraron pocos recursos naturales en la región

20 A continuación hay una lista de cuatro sucesos importantes en la historia mundial:

> A. Comienzo de la Primera Guerra Mundial
> B. El Partido Nazi llega al poder en Alemania
> C. La Revolución Rusa
> D. El Holocausto

¿Cuál es el orden cronológico correcto de estos acontecimientos?

1 A → B → C → D   3 D → B → C → A
2 A → C → B → D   4 B → D → A → C

PROBLEMAS DE RESPUESTAS REDACTADAS BREVES

Pregunta #1: Interpretación de información en una tabla.

PLANES QUINQUENALES EN LA UNION SOVIETICA
(m=millón)

Elemento	1928: Antes de los planes quinquenales	1932: Fin del 1er Plan Quinquenal	1937: Fin del 2° Plan Quinquenal
Industria	18.3m rublos	43.3m rublos	95.5 rublos
Electricidad	5.05m kilovatios	13.4m kilovatios	36.6m kilovatios
Acero	4.00m toneladas	5.90m toneladas	17.7m toneladas
Cereales	73.3m toneladas	69.9m toneladas	75.0m toneladas
Ganado	70.5m cabezas	40.7m cabezas	63.2m cabezas

1. ¿Cuánto acero se produjo en la Unión Soviética en 1928? _____

2. De acuerdo a la tabla, los primeros planes quinquenales en la Unión Soviética daban mucha importancia:

    [*indica uno*] a bienes de consumidor   a artículos industriales   a productos agrícolas

3. ¿Cuál fue el objetivo principal de Stalin al introducir los planes quinquenales en la Unión Soviética?

    _____

    _____

Pregunta #2: Interpretación de información en una gráfica de barras.

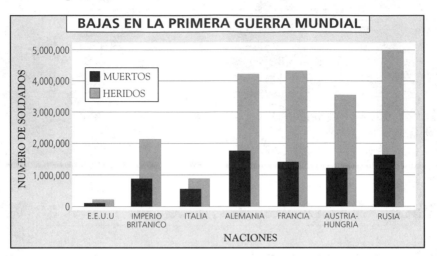

1   ¿Cuál país tuvo las más muertes en la Primera Guerra Mundial? _____

2. ¿Qué factor puede explicar el hecho que los Estados Unidos tuvieron el menor número de bajas en la Primera Guerra Mundial? _____

3. Explica cómo las bajas durante la Primera Guerra Mundial tuvieron consecuencias de gran alcance para Rusia. _____

ENSAYO TEMATICO

Tema: Individuos importantes

> Las ideas y acciones de individuos a menudo tienen un impacto importante en otros.

Desarrollo:

> Nombra **dos** individuos y explica cómo sus ideas o acciones llevaron a cambios en su propio país y en otras regiones.

Instrucciones: Escribe un ensayo bien organizado que incluya la introducción con una declaración de tema, varios párrafos según la explicación en el Desarrollo y una conclusión.

Sugerencias: Puedes usar ejemplos cualesquiera de tu estudio de historia universal. Algunos individuos que podrías considerar son: Alejandro el Grande, Mahoma, Martín Lutero, Catalina la Grande, Simón Bolívar, Mahatma Gandhi, José Stalin, Adolf Hitler y Kwame Nkrumah. **No** estás limitado a estas sugerencias.

APLICACION DE UN DOCUMENTO A LA DECLARACION DEL TEMA

En este ejercicio recuerda que tu respuesta debe apoyar la declaración del tema con la información del documento. No copies el documento; usa tus propias palabras.

DESARROLLO

Examina el siguiente documento y responde a la pregunta que lo sigue. Luego escribe un párrafo mostrando cómo la evidencia en este documento apoya la declaración temática:

El fascismo era un movimieto político basado en el nacionalismo extremo, la violencia y el odio racial.

DOCUMENTO

"Solamente un espacio adecuado en esta tierra asegura a una nación la libertad de existencia ... Nosotros los nazis debemos atenernos a nuestro objetivo en la política externa, a saber: asegurarle al pueblo alemán la tierra y el suelo al que tiene derecho ... y lo que fuese negado a medios pacíficos, queda a ser tomado por el puño. Si nuestros antepasados hubiesen dejado que sus decisiones dependieran en la misma necedad *[de apego a la paz]* de nuestros contemporáneos, tendríamos apenas sólo una tercera parte de nuestros territorios presentes."

—Adolfo Hitler, *Mein Kampf*

¿Cuál era la actitud de Hitler hacia la expansión territorial alemana? _____

APLICACION DE UN DOCUMENTO A LA DECLARACION DEL TEMA

La frase de introducción y la declaración del tema ya están escritas. En el primer párrafo, completa la frase de transición y el segundo párrafo del ensayo.

La frase de introducción p→ presenta el contexto histórico

Declaración del tema

El fascismo era un movimiento político que surgió en Europa al comienzo del siglo XX. Las ideas fascistas se basaban en parte en sentimientos nacionalistas extremos, violencia y racismo. Esto se puede ver al _____

_____

En este documento, Hitler _____

_____

_____

_____

_____

Escribe una declaración de transición que lleve a la descripción del documento

← El segundo párrafo debe vincular el documento con la declaración del tema

CAPITULO 13

Pozos petrolíferos en Kuwait incendiados
por los iraquís durante la Guerra del Golfo

DE LA GUERRA FRIA A LA INTERDEPEN-DENCIA MUNDIAL, 1945 - PRESENTE

	1945	1959	1973	1987	2001
U.R.S.S.	STALIN	KRUSCHEF	BREZNEF	GORBACHEV	C.E.I. / YELTSIN
EUROPA OCC.	PLAN MARSHALL	MERCADO COMUN; OTAN; RESISTENCIA AL COMUNISMO			UNION EUROPEA
EUROPA OR.	SATELITES DE LA UNION SOVIETICA				INDEPEN-DENCIA
CHINA		MAO TSE TUNG		DENG XIAOPING	JIANG ZEMIN
JAPON	RECONSTRUCCION DESPUES LA 2ª GUERRA MUNDIAL			SUPERPOTENCIA ECONOMICA	
VIETNAM	DOMINACION FRANCESA	DIV. EN VIETNAM DEL N. Y S.	GUERRA DE VIETNAM	GOBIERNO COMUNISTA EN VIETNAM	
SUDAFRICA	POLITICA DEL APARTHEID				FIN DEL APARTHEID
ISRAEL	GUERRAS ENTRE ISRAEL Y LOS ARABES				PAZ INQUIETA
IRAN	GOBIERNO DEL SHA			ESTADO ISLAMICO	

1945	1959	1973	1987	2001

EN QUE DEBES CONCENTRARTE

Al fin de la Segunda Guerra Mundial surgieron dos superpotencias. La Unión Soviética tenía el ejército más grande del mundo y ocupaba todo el este de Europa. Los Estados Unidos poseían fuerza económica sin rival y también la bomba atómica. Cuarenta años más tarde, el derrumbe de la Unión Soviética llevó a cambios igualmente monumentales. Paralelamente a estos sucesos, los países en vías de desarrollo se esforzaban por mejorar sus economías; Europa Occidental y el Japón gradualmente se recuperaban de la guerra; y de vez en cuando estallaban las rivalidades nacionales.

Comienzo de la guerra fría. Entre 1945 y 1950, la alianza entre los Estados Unidos y la Unión Soviética en tiempo de guerra se derrumbó y comenzó la guerra fría. Una "cortina de hierro" separó el occidente del oriente europeo, y China vino a ser un país comunista.

Balanza de poder: la guerra fría desde los años 1950 hasta los 1970. Tanto los Estados Unidos como la Unión Soviética evitaban confrontaciones directas, pero competían por influencia a través del mundo y en conflictos regionales como la Guerra de Corea y la de Vietnam.

Problemas de los países en vías de desarrollo. Mientras que las superpotencias se enfrentaban con la guerra fría, los países de Latinoamérica, Africa, Asia y el Medio Oriente se esforzaban por sobrellevar la pobreza, el analfabetismo, conflictos étnicos e inestabilidad política.

ACONTECIMIENTOS PRINCIPALES DESPUES DE LA SEGUNDA GUERRA MUNDIAL

Fin de la guerra fría. Los intentos de reforma de Gorbachev llevaron al derrumbe del comunismo en la U.R.S.S. y en Europa Oriental. En China, los comunistas retuvieron el monopolio en el poder político, pero introdujeron medidas de mercado libre en la economía.

Progreso y retroceso en el período después de la guerra fría. El esparcimiento de la democracia ayudó a llevar ciertos problemas anteriores más cerca a la solución, pero aparecieron nuevos problemas, a menudo basados en antiguas animosidades étnicas y religiosas.

Nuevas realidades económicas. En la edad de interdependencia mundial, la gente depende más que nunca de bienes, servicios e ideas procedentes de otros países. Comenzaron a eliminarse los obstáculos al comercio mundial.

Al repasar esta época, ten presente que en los exámenes te encontrarás con preguntas como las siguientes:

- ¿Cómo difería el comunismo soviético de la democracia occidental?
- ¿Cuáles fueron las causas y consecuencias de la guerra fría?
- ¿Con qué problemas se enfrentan los países en vías de desarrollo?
- ¿Qué factores llevaron al derrumbe del comunismo en Europa?
- ¿Qué desafíos hay para el mundo en la época que sigue la guerra fría?

EXAMEN DE LOS PROBLEMAS DE LOS PAISES EN DESARROLLO

¿QUE ES UN PAIS EN DESARROLLO?

Una forma de examinar un país dado es considerar el total de la producción de su economía (*producto interno bruto, o P.I.B.*) y su **ingreso per capita** (*por persona*). Los países con producción e ingresos altos se conocen como **países desarrollados**.

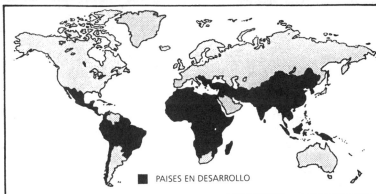

PAISES EN DESARROLLO

Los países en Africa, Asia, el Medio Oriente y Latinoamérica, que tratan de hacer un uso más eficaz de sus recursos se conocen como **países en vías de desarrollo** o **Tercer Mundo.**

PROBLEMAS ENFRENTADOS POR LOS PAISES EN DESARROLLO

Los problemas principales encontrados por los países en desarrollo a menudo son similares:

Obstáculos naturales. Muchos países en vías de desarrollo son extremadamente montañosos o carecen de suelo fértil; otros tienen climas ásperos, falta de lluvia o son demasiado húmedos.

Necesidad de inversiones. Los países en desarrollo necesitan inversión de capital para desarrollar los fundamentos elementales de una economía moderna: caminos, fábricas y sistemas de comunicación.

Fuerza trabajadora. Estos países a menudo carecen de una fuerza trabajadora adiestrada. Muchas personas son campesinos pobres que no saben leer ni escribir.

Competencia extranjera. A menudo los países en vías de desarrollo tienen dificultad en competir en los mercados mundiales. No pueden producir muchos bienes de forma económica porque carecen de fuerza trabajadora, tecnología e inversión de capital.

Aumento de población. Los índices de natalidad a menudo son altos en los países en vías de desarrollo porque tradicionalmente las familias tienen muchos hijos para ayudar en los cultivos y haceres domésticos.

ESTRATEGIAS PARA SOBRELLEVAR ESTOS PROBLEMAS

Los líderes de los países en vías de desarrollo históricamente han adoptado varias estrategias para sobrellevar los obstáculos con que se enfrentan.

✦ **Planificación centralizada.** En el pasado, muchos países en vías de desarrollo adoptaron gobiernos de un solo partido y planificación centralizada con el fin de acelerar el desarrollo económico. El gobierno nacionalizaba las industrias y construía diques, caminos, escuelas y fábricas.

✦ **Revolución verde.** En las décadas de 1960 y 1970, los países en vías de desarrollo aumentaron la producción de comestibles al aplicar la ciencia y la tecnología moderna a la agricultura. Se desarrollaron simientes "milagrosas" de arroz y trigo de alto rendimiento. Se introdujeron nuevos abonos, pesticidas y mejores métodos de irrigación.

✦ **Control de población.** Muchos países en vías de desarrollo instituyeron programas para limitar el índice de natalidad. En la India algunos líderes experimentaron con la esterilización. En China, el gobierno persiguió un plan bajo el cual a las parejas se alentaba a tener sólo un hijo.

✦ **El método de mercado libre.** A fines de los años 1980 y 1990, muchos países se volvieron al sistema de mercado libre para mejorar su desarrollo económico. Con este método, se atraen inversiones extranjeras a los países en vías de desarrollo porque el costo del trabajo es bajo. Los extranjeros invierten su capital si creen que pueden sacar beneficios. A menudo estas compañías invierten en recursos naturales como el petróleo o en la manufactura de bienes de exportación. En el presente, la adquisición de inversiones extranjeras parece ser la mejor estrategia para fomentar desarrollo económico.

COMO ESCRIBIR UN ENSAYO SOBRE EL DESARROLLO

A veces, en un examen de historia universal se te pedirá que discutas los problemas encontrados por las naciones en vías de desarrollo y que propongas soluciones posibles. A medida que lees este capítulo, sabrás más sobre los problemas específicos encontrados en las distintas regiones del mundo en vías de desarrollo. Presta atención particular a los varios métodos usados en los países de Africa, Asia, Latinoamérica y el Medio Oriente para solucionar sus problemas económicos.

SUCESOS HISTORICOS PRINCIPALES

RIVALIDAD ENTRE LAS SUPERPOTENCIAS Y EL ORIGEN DE LA GUERRA FRIA

Durante la Segunda Guerra Mundial, los Estados Unidos y la Unión Soviética estaban aliadas en la lucha contra enemigos comunes, pero sus sistemas políticos, económicos y sociales eran muy diferentes. Después de la guerra, cada superpotencia trató de extender su influencia, lo que llevó rápidamente a una "guerra fría" — primero en Europa y luego en Asia, Latinoamérica y Africa. La **guerra fría** era "fría" sólo en el sentido de que las dos superpotencias nunca se enfrentaron directamente en guerra abierta. Pero su competencia a través del mundo llevó a crisis y conflictos en cada continente, y predominó en los sucesos mundiales por cuarenta años.

RAICES DE LA GUERRA FRIA

Las raíces de la guerra fría estaban en la competencia entre los sistemas ideológicos de las democracias occidentales y del comunismo soviético. Mientras que las naciones occidentales esperaban esparcir la democracia y el capitalismo, los líderes soviéticos promovían la expansión del comunismo. Por lo tanto es esencial comprender las diferencias fundamentales entre estos dos sistemas.

	DEMOCRACIAS OCCIDENTALES	COMUNISMO SOVIETICO
SYSTEMA POLITICO	Los ciudadanos eligen representantes y jefes nacionales. La gente tiene el derecho de formar sus propios partidos políticos.	La Unión Soviética era una dictadura controlada por los jefes del Partido Comunista. El Partido Comunista era el único partido político que se permitía.
DERECHOS INDIVIDUALES	Los ciudadanos tienen derechos fundamentales, tales como la libertad de palabra, libertad de prensa y libertad de religión.	La gente tenía pocos derechos. El gobierno controlaba la radio, la TV y los periódicos. La policía secreta arrestaba a todos los críticos del gobierno. Se desalentaba la práctica de la religión.
SISTEMA ECONOMICO	Bajo el capitalismo, los individuos y las corporaciones son dueños de negocios. Proporcionan bienes y servicios para poder beneficiarse.	Se abolió la propiedad privada. Con la propiedad estatal y planificación central, el gobierno controlaba toda la producción. Las fincas privadas se convirtieron en fincas colectivas de propiedad estatal.

COMIENZA LA GUERRA FRIA

Aún antes de que terminara la Segunda Guerra Mundial, Roosevelt, Churchill y Stalin se encontraron en la **Conferencia de Yalta** en 1944 para planear el futuro del mundo de postguerra. Se pusieron de acuerdo en dividir a Alemania en cuatro zonas de ocupación separadas, controladas por los EE.UU., Gran Bretaña, Francia y la U.R.S.S. Stalin prometió permitir elecciones libres en Europa Oriental cuando terminara la guerra.

LA "CORTINA DE HIERRO" DIVIDE A EUROPA

Stalin no cumplió su promesa de elecciones libres. En vez de esto, en Europa Oriental,

el ejército soviético estableció gobiernos-instrumento encabezados por los comunistas locales; las naciones de la región vinieron a ser **satélites** soviéticos. Stalin mantenía que la U.R.S.S. tenía el derecho de controlar el este de Europa para "proteger" a los soviéticos de una invasión. En 1946, Winston Churchill declaró que una "**cortina de hierro**" había caído en medio de Europa. Se cortaron el comercio y las comunicaciones entre el oriente y el occidente de Europa. Los gobiernos de Europa Oriental fueron obligados a adoptar la economía comunista y seguir la política dictada por la U.R.S.S.

AUMENTO DE LA INVOLUCRACION ESTADOUNIDENSE

Los líderes occidentales comenzaron a temer de que Stalin fuese otro Hitler, decidido a conquistar el mundo. Los Estados Unidos eran el único país suficientemente poderoso para resistir la Unión Soviética, pero muchos estadounidenses querían reducir la involucración de los EE.UU. en los asuntos mundiales — una política de **aislamiento**. El Presidente Truman con el tiempo persuadió a los estadounidenses a tomar una parte más activa.

✦ **Ayuda militar y financiera**. En 1947, Gran Bretaña retiró sus tropas de Grecia donde los rebeldes comunistas estaban amenazando el gobierno. Truman anuncia que los Estados Unidos darían ayuda a Grecia y Turquía para impedir la dominación comunista. Ofreció apoyar a todos los pueblos libres que resistían el comunismo. Esta política, conocida como la **Doctrina Truman**, señaló el comienzo de la política estadounidense de **contención**:

Los Estados Unidos no tratarían de voltear el comunismo donde ya se encontrase arraigado, pero tomarían medidas para impedir que se siguiera esparciendo. Más tar-

de ese año, los Estados Unidos anunciaron el **Plan de Marshall**. Se dieron billones de dólares de ayuda a los países occidentales europeos en un esfuerzo de ayudarles a reconstruir sus economías destruidas por la guerra. El objetivo del Plan de Marshall era establecer futuros socios comerciales para los Estados Unidos y ayudar a los europeos a resistir el comunismo.

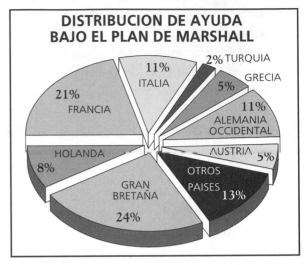

DISTRIBUCION DE AYUDA BAJO EL PLAN DE MARSHALL

- 11% ITALIA
- 2% TURQUIA
- 5% GRECIA
- 11% ALEMANIA OCCIDENTAL
- 21% FRANCIA
- AUSTRIA 5%
- HOLANDA 8%
- OTROS PAISES 13%
- GRAN BRETAÑA 24%

✦ **El puente aéreo de Berlín y la división de Alemania**. En 1948, los aliados occidentales tomaron medidas para fundir sus zonas de ocupación en Alemania. Los sovié-

ticos reaccionaron con cerrar todas las carreteras y vínculos ferroviarios a Berlín que estaba en el sector soviético. Los aliados comenzaron los transportes aéreos de gran escala para alimentar y abastecer la ciudad. Dentro de un año, los soviéticos levantaron el bloqueo. En 1949, las tres zonas de ocupación occidental se unieron en un país independiente llamado la **República Federal de Alemania** (*Alemania del oeste*). Los soviéticos respondieron al convertiendo su zona en un país llamado **República Democrática Alemana** (*Alemania del Este*).

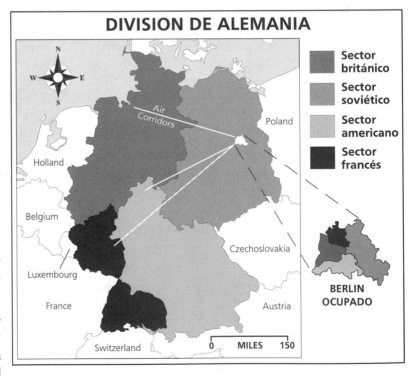

DIVISION DE ALEMANIA

- Sector británico
- Sector soviético
- Sector americano
- Sector francés

Air Corridors

Poland
Holland
Belgium
Czechoslovakia
Luxembourg
France
Austria
Switzerland

0   MILES   150

BERLIN OCUPADO

✦ **Formación de la OTAN y el Pacto de Varsovia**. En 1949, los Estados Unidos, el Canadá y diez países de Europa occidental formaron la Organización del Tratado del Atlántico del Norte, **OTAN**, para proteger la Europa occidental de la agresión comunista. Con la OTAN los Estados Unidos prometieron defender a Europa occidental con sus armas nucleares. En 1955, la Unión Soviética respondió a la formación de la OTAN con establecer con sus aliados de Europa Oriental el **Pacto de Varsovia**.

LA GUERRA FRIA LLEGA A ASIA

Precisamente cuando los hombres de estado occidentales creían haber alcanzado éxito en contener la expansión del comunismo en Europa, el país más poblado del mundo, China, se volvió comunista. Esto dio lugar a varias preguntas para los jefes occidentales: ¿cómo podrían detener el esparcimiento del comunismo a través del mundo?

LA REVOLUCION COMUNISTA EN CHINA

Aunque **Chiang Kai-chek** —el sucesor de Sun Yat-sen— había unido la mayor parte de China en 1928, se involucró en una larga lucha tanto contra los comunistas chinos como los invasores japoneses. **Mao Tse-tung** (Mao Zedong), el jefe de los comunistas, retrocedió con sus fuerzas al noroeste en lo que vino a conocerse como la **marcha**

larga (1934-1935). En 1937, cuando el Japón invadió a China, las fuerzas comunistas y las nacionalistas llegaron a una cesación de hostilidades para cooperar en la derrota de los japoneses. Cuando el Japón fue derrotada en 1945, resumieron las luchas entre los nacionalistas y los co-munistas

Poco después de la Segunda Guerra Mundial, los comunistas asieron control de la mayor parte de las regiones rurales del país al ganarse el apoyo de los campesinos con sus programas de reformas agrarias.

En 1949, Mao Tse-tung y los comunistas finalmente echaron a Chiang Kai-chek y sus partidarios de la China continental.

LA MARCHA LARGA DE LAS COMUNISTAS, 1934-35

MONGOLIA
KOREA
Yan'an
Huang He ?.
Yellow Sea
C H I N A
Yangzte R.
Sichuan Basin
PACIFIC OCEAN
Ruijin
TAIWAN
Xi Jiang R.
BURMA
VIETNAM
South China Sea
Area controlada por el Kuomintang en 1925
Ruta de la marcha larga
0 Miles 500

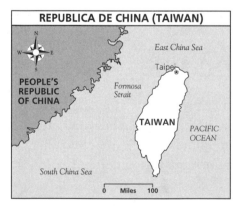

REPUBLICA DE CHINA (TAIWAN)

East China Sea
Taipei
PEOPLE'S REPUBLIC OF CHINA
Formosa Strait
TAIWAN
PACIFIC OCEAN
South China Sea
0 Miles 100

Chiang retrocedió a la isla de **Taiwan** (*Formosa*). Esto resultó en "**dos Chinas**": la China comunista de Mao y la China nacionalista de Chiang en Taiwan. Los Estados Unidos se negaron a dar reconocimiento diplomático a los comunistas en China. Usando su poder del veto en el Consejo de Seguridad, los Estados Unidos continuamente bloqueaban la admisión de la China comunista a las Naciones Unidas.

CHINA BAJO MAO TSE-TUNG

Una vez que Mao asió control de China, todos los aspectos de la vida se pusieron bajo control directo del Partido Comunista. Mao cambió drásticamente las formas tradicionales de vida.

CAMBIOS EN CHINA BAJO MAO TSE-TUNG

Re-educación. Las creencias comunistas vinieron a ser estudios obligatorios en todas las universidades y escuelas. Los periódicos y libros se controlaban por el gobierno y tenían que fomentar el comunismo. Hasta el arte y la música vinieron bajo la supervisión directa del gobierno.

Eliminación de la "clase capitalista". Los comunistas consideraban a los terratenientes, dueños de fábricas, jefes de aldeas y campesinos acomodados miembros de la "clase capitalista" que se aprovechaban de la gente más pobre. A menudo se mataba a esos "capitalistas".

La familia. La autoridad de la familia fue reemplazada por la autoridad del Partido Comunista. A los niños se enseñaba a obedecer el estado y no a sus padres. El culto a los antepasados, que fomentaba las tradiciones de la familia, fue prohibido. Esto debilitó aún más la autoridad del padre.

LA GUERRA DE COREA (1950-1953)

Después de la victoria de Mao en China, los jefes occidentales temían que el comunismo iba avanzando en Asia. Igual que Alemania, en 1945 Corea fue dividida en dos estados, uno comunista el otro no. En 1950, la Corea del Norte comunista invadió a Corea del Sur. El Presidente Truman y otros jefes occidentales creían que era necesario tomar una posición firme. Bajo una resolución de la ONU, los Estados Unidos y otros países intervinieron e hicieron retroceder a los coreanos comunistas a Corea del Norte. Las fuerzas de la ONU, encabezadas por el General **Douglas MacArthur**, procedieron a invadir a Corea del Norte. Cuando se aproximaron a la frontera china, China misma intervino. El General MacArthur pensaba usar armas nucleares, pero el Presidente Truman se negó a hacerlo. Este desacuerdo hizo que Truman relevara a MacArthur de su mando.

MAPA 1

A: Ataque norcoreano, junio 25, 1950
B: Avance norcoreano, septiembre, 1950
C: ONU desembarca en Inchón, sept. 1950
D: Avance de la ONU, octubre 27, 1950

MAPA 2

E: Avance chino, noviembre 1950
F: Avance chino, enero 1950
G: Línea de armisticio, julio 27, 1953

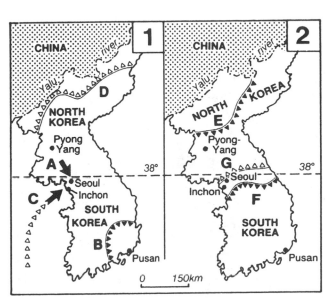

En 1953, un compromiso terminó la guerra, dejando a la Corea del Norte y del Sur dividida de un modo muy parecido al de antes, pero con una zona desmilitarizada entre los dos estados.

EL "GRAN SALTO ADELANTE"

En 1956, Mao Tse-tung comenzó a obligar a que los campesinos chinos entraran en fincas cooperativas donde las familias compartían el trabajo y dividían las cosechas. Más tarde, estas fincas se fundieron en comunidades más grandes. En 1958, Mao introdujo un **plan quinquenal** destinado a hacer de China una potencia industrial. Se usó la vasta población del país en la construcción de diques, puentes, caminos y fábricas. Pero la mala planificación y el alto costo de maquinaria extranjera llevaron a una crisis económica.

LA BALANZA DEL TERROR: GUERRA FRIA DESDE LOS AÑOS 1950 HASTA EL COMIENZO DE LOS 1970

En 1949, la Unión Soviética explotó su primera bomba atómica. Pronto cada superpotencia también había desarrollado bombas de hidrógeno aún más destructivas y cohetes que las transportaran. Los jefes estadounidenses y soviéticos pronto se dieron cuenta de que estas armas no se podían usar del todo a causa de su destructividad. En vez de eso, servían como un medio **disuasivo**, impidiendo que una superpotencia atacara a otra. Las superpotencias se encontraron inmovilizadas en una nueva "balanza de terror" que las obligaba a encontrar otras vías de competencia. Pronto se encontraron enredadas en una cantidad de conflictos regionales que a veces llevaban a guerras de escala limitada.

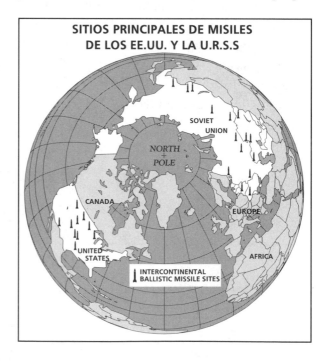

SITIOS PRINCIPALES DE MISILES DE LOS EE.UU. Y LA U.R.S.S

LOS SOVIETICOS Y EUROPA ORIENTAL

En 1953 murió Stalin. **Nikita Kruschef** con el tiempo surgió como jefe de la Unión Soviética. Kruschef censuró las atrocidades de Stalin, liberó a muchos prisioneros políticos e intentó introducir cambios en la Unión Soviética. Pero Kruschef creía firmemente que el comunismo con el tiempo triunfaría por medio de competencia pacífica con el Occidente. A pesar de sus mejores esfuerzos, Kruschef fue incapaz de aumentar drásticamente la productividad económica soviética. Sin embargo, alcanzó un éxito tremendo cuando la U.R.S.S. lanzó el **Sputnik**, su primer satélite espacial en 1957. Los jefes estadounidenses temían que los soviéticos pronto enviarían cohetes con armas nucleares a los Estados Unidos.

TENSIONES DETRAS DE LA CORTINA DE HIERRO

La censura del stalinismo por Kruschef provocó inquietud en Europa Oriental, donde las distintas naciones estaban descontentas con el dominio comunista.

Polonia. En 1956, los trabajadores se pusieron en huelga por mayor libertad. Kruschef accedió a que los reformadores polacos manejaran sus propios asuntos con tal de que el país permaneciera comunista y continuara como miembro del Pacto de Varsovia.

Hungría. Los estudiantes lanzaron demostraciones en favor de reformas. A diferencia de Polonia, los líderes húngaros amenazaron con dejar el Pacto de Varsovia. Las tropas soviéticas fueron enviadas a Hungría en 1956 y brutalmente aplastaron el gobierno de reforma.

PROBLEMAS Y PROTESTAS EN EUROPA ORIENTAL

Berlín del Este. Muchos alemanes se fugaban del sector oriental al occidental a través de Berlín. En 1961, Kruschef hizo levantar un muro en medio de la ciudad y barreras fronterizas entre las dos Alemanias. La **muralla de Berlín** se convirtió en un símbolo de la guerra fría.

Checoslovaquia. En 1968, los líderes checos proclamaron una política más liberal, llamada "comunismo con rostro humano". Los soviéticos enviaron tanques a Praga, y los líderes checos fueron reemplazados por comunistas firmes.

COMUNISMO EN LATINOAMERICA

Desde los tiempos de la **Doctrina Monroe** (1823), los Estados Unidos habían vedado intromisión extranjera en el Hemisferio Occidental. El esparcimiento del comunismo a través del mundo presentó nuevos desafíos para los Estados Unidos. La extensa pobreza y represión política hizieron que Latinoamérica estuviese lista para el esparcimiento de creencias comunistas.

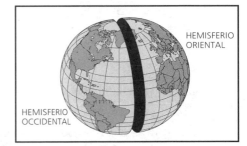

En 1959, **Fidel Castro** y sus guerrilleros derrocaron la dictadura cubana. Castro prometió democracia al pueblo cubano, pero una vez en el poder nacionalizó los negocios y mandó ejecutar a sus adversarios políticos. Los Estados Unidos reaccionaron a la **Revolución Cubana** y la nacionalización de empresas de propiedad estadounidense en Cuba con cortar el comercio. Castro se volvió a la Unión Soviética en busca de apoyo y transformó a Cuba en un estado comunista.

Luego Castro amenazó con exportar el comunismo a otras naciones latinoamericanas.

Invasión de la Bahía de Cochinos. En 1961, los exilados cubanos, entrenados por la Agencia Central de Investigaciones estadounidense, invadieron a Cuba en la Bahía de Cochinos con el fin de derribar a Castro. El Presidente Kennedy se negó a proporcionar apoyo aéreo a los rebeldes y sus esfuerzos fracasaron en el ataque.

Crisis cubana de misiles. En 1962, los líderes estadounidenses descubrieron que Cuba estaba construyendo en secreto bases para instalar misiles nucleares soviéticos. Los misiles nucleares soviéticos ahora tendrían a su alcance las ciudades principales de los Estados Unidos. En respuesta a esta amenaza, el Presidente Kennedy ordenó un bloqueo naval de Cuba, y amenazó con una invasión si los misiles no se retiraban. El mundo estaba al borde de una guerra nuclear. Kruschef finalmente accedió a retirar los cohetes a cambio de la promesa de que los Estados Unidos no invadirían a Cuba. El fracaso de Kruschef en esta empresa arriesgada contribuyó a su retiro del poder en 1964.

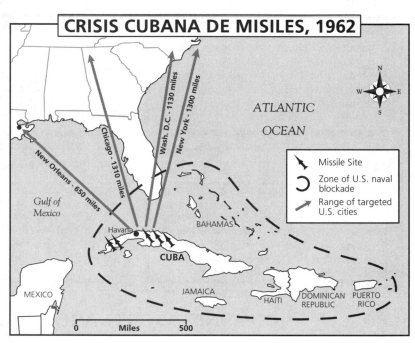

EL COMUNISMO EN CHINA

LA REVOLUCION CULTURAL CHINA

Para 1962, la censura por Mao de las reformas de Kruschef en la Unión Soviética, junto a las disputas fronterizas, llevaron a un desacuerdo abierto entre China y la Unión Soviética. Mao usó la división **sino-soviética** para exponer la candidatura para liderato mundial en el movimiento comunista. Mao también estaba preocupado por la pérdida del fervor revolucionario hacia el comunismo entre los funcionarios chinos del partido. Finalmente, Mao podría haber querido encubrir sus propios errores durante el «gran salto adelante». Ahora hizo un intento atrevido de impeler a China hacia el ideal de la sociedad comunista al anunciar una **revolución cultural**.

En 1966, Mao cerró las universidades y escuelas del país, e invitó a once millones de estudiantes a reunirse en Pekín (Beijing) como **guardias rojos**. Mao esperaba usar a esos jóvenes a revitalizar la sociedad china. Los guardias rojos viajaban a través de China atacando a los escritores, científicos, médicos, profesores, gerentes de fábricas y funcionarios del partido porque desdeñaban a la gente ordinaria y abandonaron los ideales comunistas. Los eruditos y profesionales fueron enviados a trabajar en los campos. Se destruyeron obras de arte de la China dinástica. Los adversarios de Mao dentro del partido fueron retirados y castigados.

La sociedad china finalmente quedó tan desbaratada por los excesos de los guardias rojos que Mao tuvo que usar el ejército para controlarlos. La revolución cultural causó escases de comestibles y otros bienes. En 1969, Mao envió a los guardias rojos al campo para ayudar con la agricultura. La violencia cesó cuando llegó a su fin la revolución cultural.

GUERRA EN LA INDOCHINA
Y EL COMIENZO DE LA "DETENTE"

Mientras que la revolución cultural hacía estragos en China, la guerra fría volvió a estallar en lucha abierta en la Indochina lindante.

LA GUERRA EN VIETNAM

En 1954, Vietnam quedó dividido tempore ramente cuando los franceses se retiraron de la Indochina. **Ho Chi Minh**, el líder naciona- lista popular, formó un estado comunista en Vietnam del Norte, mientras que el Vietnam del Sur estableció vínculos con el Occidente. Sin embargo, los vietnameses del norte se ne- garon a tener elecciones para reunificar el país, reclamando que no se les permitiría votar libremente de acuerdo a sus deseos.

Los comunistas de Vietnam del Sur, llamados **viet cong**, con la ayuda de Vietnam del Norte, lanzaron operaciones guerrilleras contra el go- bierno de Vietnam del Sur. Una vez más, los Estados Unidos intervinieron para resistir el comunismo. Al principio, los militares estadounidenses actuaban sólo como consejeros del ejército de Vietnam del Sur. Sin embargo, en 1964 las tropas de combate estadounidenses fueron enviadas a Vietnam. Aunque los EE.UU. recurrieron a bombardeos extensos, tenían tecnología avanzada y hasta medio millón de soldados, no fueron capaces de resistir la oleada del viet cong y vietnameses del norte. En 1973, las tropas estadounidenses se retiraron de Vietnam de acuerdo al acuerdo alcanzado en París. En 1975, Vietnam del Sur cayó al poder de las fuerzas de Vietnam del Norte y el país fue unificado bajo el régimen comunista.

MITIGACION DE LA TIRANDEZ DE LA GUERRA FRIA

Para aplicar presión en Vietnam, el Presidente Nixon de los EE.UU. introdujo la política de "**détente**"—mitigación de tirantez con la Unión soviética. Nixon firmó el **S.A.L.T.**", un acuerdo con los jefes soviéticos, cuyo propósito era la limitación de misiles atómicos. Para ejercer más presión en Vietnam del Norte, Nixon visitó la China comunista en 1972 y restableció relaciones diplomáticas con ese país. En 1973, los Estados Unidos y la Unión soviética también cooperaron para poner fin a la guerra árabe-israelí en el Medio Oriente. Estas acciones no ayudaron a los Estados Unidos a ganar la guerra en Vietnam, pero aliviaron la guerra fría.

CAMBOYA (KAMPUCHEA)

La retirada de las fuerzas estadounidenses de Vietnam también llevó al derrumbe del gobierno en la vecina Camboya. En 1975, los comunistas, conocidos allí como **Khmer Rouge**, asieron control del país. **Pol Pot**, su líder, llevó a cabo matanzas en masa de habitantes de las ciudades y de sus adversarios políticos. Entre 1975 y 1979, los Khmer Rouge mataron hasta cuatro millones de camboyanos. Finalmente fueron derribados por medio de la intervención vietnamesa.

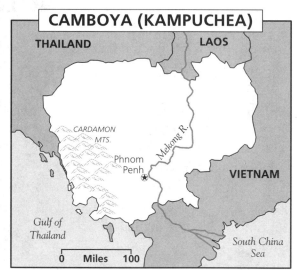

PROBLEMAS DEL MUNDO EN VIAS DE DESARROLLO

Mientras que las superpotencias estaban involucradas en el juego mortífero de rivalidad a través del mundo, los países de Asia, Africa, Latinoamérica y Medio Oriente luchaban con los antiguos problemas de inestabilidad política y subdesarrollo económico. Durante la guerra fría, estos países generalmente seguían la política de **neutralidad**. Esta política consistía en no tomar partido de ninguna de las superpotencias y de este modo podían recibir ayuda económica de las dos. La mayoría de estos países habían sido colonias hasta tiempos recientes. A pesar de sus alcances de independencia nacional, a menudo carecían de tradiciones democráticas. A menudo, sus líderes asumían poder dictatorial. En la mayoría de los países en vías de desarrollo una pequeña élite educada controlaba los recursos nacionales, mientras que la mayoría de la población permanecía pobre y sin educación.

AFRICA

Igual que la mayor parte del mundo en desarrollo, los africanos bregaban con los problemas de desunidad étnica e inestabilidad política mientras que trataban de fomentar desarrollo económico.

ESTADOS MONOPARTIDARIOS

Después de la independización, en muchos países se permitía un solo partido político. Los jefes africanos argumentaban que con este sistema se evitaban la anarquía y las divisiones tribales. En algunos estados africanos, los héroes nacionales o jefes militares establecieron dictaduras. A menudo dependían del apoyo de una tribu particular; se encarcelaba o ejecutaba a los adversarios políticos.

TRIBALISMO

Las potencias europeas establecieron colonias sin fijarse en las fronteras tribales. Cuando estas colonias llegaron a ser países independientes, a menudo contenían tribus rivales. Muchos africanos sentían más lealtad a su tribu que a su país. Esto se llama **tribalismo**. A veces el tribalismo llevó a conflictos o intentos de parte de las tribus a separarse de su estado

ESFUERZOS HACIA EL DESARROLLO ECONOMICO

La necesidad de un rápido desarrollo económico era uno de los problemas más urgentes para los estados africanos. El nivel de vida y de los ingresos estaban entre los más bajos del mundo. La mayoría de africanos eran agricultores **de subsistencia**, o sea que producían sólo lo suficiente para alimentar a sus familias y su ganado. Durante la época colonial, los europeos explotaban a los africanos para cultivar productos de exportación y en las minas, pero hicieron poco para desarrollar las industrias locales. Después de lograr la independencia, muchos africanos comenzaron a desplazarse a las ciudades en busca de oportunidades de empleo y educación. Este desarrollo urbano rápido a menudo agotaba las perspectivas de empleo y las facilidades públicas, agregando así a las dificultades.

SUDAFRICA Y EL APARTHEID

Lo que unificaba a los nuevos estados africanos era su hostilidad hacia Sudáfrica que permaneció bajo el control de una minoría europea. En 1948, los sudafricanos blancos de habla holandesa conocidos como afrikaners o boers, instituyeron el **apartheid** ("*separación" racial*). Bajo esta política, los sudafricanos eran clasificados de acuerdo a la raza.

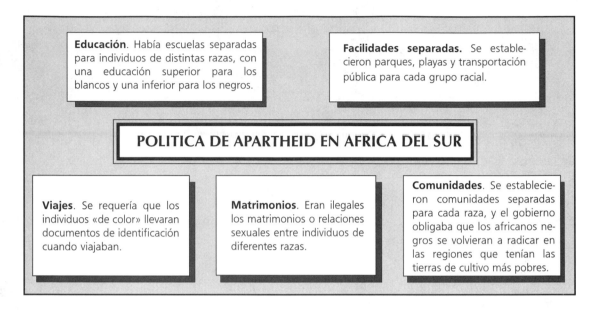

Educación. Había escuelas separadas para individuos de distintas razas, con una educación superior para los blancos y una inferior para los negros.

Facilidades separadas. Se establecieron parques, playas y transportación pública para cada grupo racial.

POLITICA DE APARTHEID EN AFRICA DEL SUR

Viajes. Se requería que los individuos «de color» llevaran documentos de identificación cuando viajaban.

Matrimonios. Eran ilegales los matrimonios o relaciones sexuales entre individuos de diferentes razas.

Comunidades. Se establecieron comunidades separadas para cada raza, y el gobierno obligaba que los africanos negros se volvieran a radicar en las regiones que tenían las tierras de cultivo más pobres.

Muchos sudafricanos negros resistían el apartheid por medios violentos y pacíficos. En la **matanza de Sharpeville** de 1960, la policía mató sesenta y nueve manifestantes. Esta atrocidad llevó a una huelga general por los africanos negros. En 1976, el gobierno trató de hacer obligatorio el uso del afrikaans (*lengua de los afrikaners*) en las escuelas de negros.

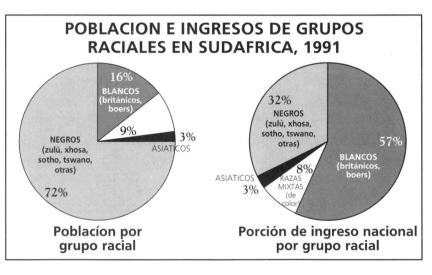

POBLACION E INGRESOS DE GRUPOS RACIALES EN SUDAFRICA, 1991

16%
BLANCOS (británicos, boers)
9%
3%
ASIATICOS
NEGROS (zulú, xhosa, sotho, tswano, otras)
72%

Poblacíon por grupo racial

32%
NEGROS (zulú, xhosa, sotho, tswano, otras)
57%
BLANCOS (británicos, boers)
8%
RAZAS MIXTAS (de color)
ASIATICOS
3%

Porción de ingreso nacional por grupo racial

Esto resultó en la **Sublevación de Soweto,** y en otras rebeliones a través del país.

Las dificultades económicas impuestas por el apartheid eran severas para los sudafricanos negros que estaban obligados a trabajar en las minas, cultivar tierras malas, aceptar empleos serviles y no tenían acceso a una buena educación.

EL MEDIO ORIENTE

La mayoría de los países en desarrollo en el Medio Oriente estaban vinculados por su cultura islámica y los rasgos geográficos específicos como el clima seco y caluroso.

LOS CAMBIOS SOCIALES DESAFIAN LA VIDA TRADICIONAL

En 1945, la mayoría de los habitantes del Medio Oriente vivían en aldeas y se dedicaban a la agricultura o ganadería. Tradicionalmente, las familias estaban bajo el control del varón de más edad. Las mujeres permanecían en casa, ocupándose de los que haceres domésticos, la crianza de niños y las tareas de campo. Se esperaba que los hijos varones siguieran la ocupación del padre. Los matrimonios eran arreglados por las familias. En la década de 1960, la vida tradicional comenzó a ser desafiada por nuevas fuerzas:

CAMBIOS EN EL ESTILO DE VIDA EN EL MEDIO ORIENTE

Modernización. La medicina moderna y las nuevas conveniencias como la electricidad, radio y televisión comenzaron a invadir la vida de aldea. Estos cambios amenazaban los fundamentos de la vida tradicional.

Urbanización. Los jóvenes comenzaron a mudarse a las ciudades en busca de nuevas oportunidades y una vida moderna. Allí a menudo venían en contacto con la clase media que tenía valores occidentales.

Papel de la mujer. La educación moderna hizo que la gente joven desafiara las funciones y creencias tradicionales. En el presente, muchas mujeres en el Medio Oriente asisten a las universidades, entran en las profesiones y en la fuerza trabajadora. Muchas adoptan indumentaria occidental.

NASSER Y EL MOVIMIENTO PANARABE

Egipto es el país con la población más grande en el Medio Oriente. En 1953, el Coronel **Gamal Abdel Nasser** tomó el poder en Egipto y trató de unir a todos los árabes bajo su liderato. La convicción de que todos los árabes deben estar unidos en un solo estado se conoce como **panarabismo**. El sueño de Nasser se derrumbó cuando las otras naciones árabes rechazaron la unión con Egipto. Nasser trató de resolver los problemas económicos de Egipto al nacionalizar las empresas, reglamentar los sueldos, precios y la producción, con asir las tierras de los terratenientes acomodados para darlas a los campesinos pobres. Estos programas se conocieron como **socialismo árabe**.

ISRAEL LUCHA POR SOBREVIVIR

El **sionismo** era un movimiento cuyo propósito era el regreso de los judíos a Israel. En 1917, los británicos hicieron la **Declaración Balfour**, anunciando el establecimiento de una patria judía en Palestina. La inmigración de los judíos a Palestina aumentó en las décadas de 1930 y 1940 a causa de la persecución nazi de los judíos en Europa. Los árabes palestinos protestaron contra la admisión de más judíos y las autoridades británicas redujeron esa inmigración a pesar de la oposición de los judíos.

En 1948, después de combatir grupos guerrilleros por varios años, los británicos salieron de Palestina. Entregaron a las Naciones Unidas la cuestión de la patria para los judíos. La O.N.U. votó por establecer el nuevo estado de **Israel**. Los árabes palestinos recibieron la Banda Occidental y la Banda de Gaza. La existencia del estado judío vino a ser un asunto político importante en el Medio Oriente.

ISRAEL 1967-1974

- Pre 1967
- Occupied territory 1967
- Territory captured in 1967 and retained after 1982

LEBANON
SYRIA
Golan Heights
Mediterranean Sea
Tel Aviv
WEST BANK
Jerusalem
Gaza Strip
ISRAEL
JORDAN
SUEZ CANAL
SINAI
Eilat
Akaba
EGYPT
SAUDI ARABIA
Sharm el Sheikh

✦ **Guerra por la independencia de Israel**. Los países árabes se negaron a reconocer el nuevo estado. Lanzaron un ataque contra Israel pero fueron derrotados. Después de la guerra, Jordania se apoderó de la Banda Occidental, Egipto tomó la Banda de Gaza e Israel tomó partes de estos territorios. Los palestinos se fugaron de Israel y tomaron refugio en los terrenos árabes vecinos.

✦ **Guerras subsiguientes**. En 1956, Israel, Gran Bretaña y Francia atacaron a Egipto para apoderarse del Canal de Suez, pero fueron detenidas por las superpotencias. En 1967, estalló la "Guerra de seis días" entre los estados árabes e Israel. Israel la ganó en esos seis días y tomó la Banda de Gaza con la Península de Sinaí de Egipto; la Banda Occidental de Jordania; y los Altos de Golan de Siria. En 1973, Egipto y Siria lanzaron un ataque de sorpresa contra Israel el día sagrado de Yom Kippur. Otra vez Israel rechazó las fuerzas árabes, tomando una parte de la Península de Sinaí de Egipto.

ACUERDO DE CAMP DAVID

En 1978, el Presidente **Anwar el-Sadat** de Egipto y el Primer Ministro **Menachim Begin** de Israel fueron invitados por el Presidente Carter de los EE.UU. a un encuentro en Camp David. Se pusieron de acuerdo de que Israel devolvería los terrenos tomados de Egipto a cambio de paz entre los dos países, y poniendo fin a treinta años de guerras. Otros países árabes censuraron el acuerdo y rompieron relaciones diplomáticas con Egipto. En 1981, Sadat fue asesinado por los extremistas árabes que percibían el acuerdo como una rendición a Israel. Sin embargo, el acuerdo fue el primer paso importante hacia la paz en el Medio Oriente.

ISRAEL Y LOS PALESTINOS

La hostilidad entre los árabes palestinos y los israelís complicó aún más las relaciones de Israel con sus vecinos árabes.

EL CONTINUO CONFLICTO ARABE-ISRAELI

La O.L.P. En 1964, los árabes palestinos bajo la jefatura de Yassir Arafat formaron la **Organización de Liberación Palestina**. Se negaron a reconocer a Israel y prometieron solemnemente a recuperar sus tierras patrias.

Terrorismo En la década de los 1960 y 1970, la O.L.P. usó el terrorismo como un arma política, convencidos que no tenían otro método de oponerse a Israel.

Intifada ("Sublevación"). En 1987, los palestinos jóvenes que se criaron bajo la ocupación Israelí de la Banda Occidental y la Banda de Gaza comenzaron una serie de manifestaciones violentas. Israel impuso duras medidas para terminar las protestas, pero no tuvo éxito.

GUERRA CIVIL EN EL LIBANO

En 1975, estalló una guerra civil en el Líbano entre los cristianos, musulmanes sunitas y musulmanes chiítas. En 1976, Siria invadió el país. En 1978 y otra vez en 1982, el ejército israelí entró en el Líbano para destruir campamentos de la O.L.P., y las fuerzas israelís ocuparon el Líbano hasta 1985.

ASIA DEL SUR

Casi tres cuartas partes de la población del mundo vive en el Subcontinente Indio. Después de lograr la independencia, esta región se encontró con los problemas típicos de regiones en vías de desarrollo. Una vasta élite educada, ayudó a los distintos países a establecer sus vías hacia el desarrollo.

INDIA

India tuvo un gobierno democrático desde su independencia en 1947. Con casi un billón de habitantes, es el país democrático más grande del mundo. Sin embargo, fue una sola familia la que encabezaba su gobierno en todo ese tiempo. **Jawaharlal Nehru** fue primer ministro por 17 años; su hija **Indira Gandhi** ocupó ese puesto por 15 años; y el hijo de ella **Rajiv Gandhi** fue primer ministro por 5 años. Tanto Indira como Rajiv Gandhi fueron asesinados.

Desarrollo económico. Al tiempo de la independización de la India, la mayoría de sus habitantes vivían en aldeas y se cultivaban la tierra a mano o con la ayuda de animales. En la década de 1960 y 1970, el gobierno trató de aumentar la productividad con la aplicación de ciencia y tecnología —conocida como la **revolución verde**. Al principio, la mayoría de los agricultores eran demasiado pobres para comprar las simientes, abonos y equipo nuevos; pero en los años 1980, esas simientes nuevas "milagrosas" rendían un 35% de la producción total de cereales en la

India. Los líderes del país también trataron de fomentar la industrialización al encontrar un sendero intermedio entre la planificación central y los mercados libres.

Problemas sociales. El rápido aumento de la población consumió los adelantos en la producción de alimentos y productividad industrial. Los habitantes rurales atestaban las ciudades al fluir a sus barrios bajos. En la India actualmente se proporcionan beneficios a las familias que se limitan a tener sólo dos hijos. Con éxito limitado, el gobierno también trató de eliminar la discriminación contra los "intocables" y las castas más bajas. La India se caracteriza por grandes diferencias culturales, lo que a veces lleva a la violencia. Los 16 idiomas oficiales son un ejemplo de esas diferencias.

CONFLICTOS RELIGIOSOS Y CULTURALES EN ASIA DEL SUR

Hindús y musulmanes. Las diferencias religiosas entre los hindús y los musulmanes continuó aún después de la separación de India y Pakistán. No todos los musulmanes se realojaron a Pakistán en el tiempo de la división; algunos siguen viviendo en la India, y continúan los choques violentos entre los musulmanes y la mayoría hindú. Además, tanto la India como Pakistán reclaman a Cachemira.

Los sikhs. El sikhismo combina las creencias hindús y musulmanas. En 1984, los extremistas sikhs que querían su propio país, ocuparon uno de sus sitios sagrados. Indira Gandhi envió el ejército que los desplazó. Ese mismo año (1984) la Primer Ministro Gandhi fue asesinada por los sikhs lo que causó sublevaciones anti-sikh a través de la India. La tirantez entre los sikhs y los hindús sigue siendo fuerte.

Los tamiles. Sri Lanka (*anteriormente Ceilán*) es una isla al sudeste de la India. Tiene una minoría de tamiles que son hindúes. La mayoría cingalesa es budista. Muchos tamiles quieren su propio país independiente y organizaron sublevaciones repetidas. Durante el primero de esos choques India envió tropas para restituir el orden. Sin embargo, las sublevaciones continúan todavía.

BANGLADESH

Cuando Pakistán fue establecido en 1947, consistía en dos partes separadas por casi mil millas. En 1971, el Pakistán Oriental se separó del Pakistán Occidental volviéndose en Bangladesh. Esto fue seguido por una sangrienta guerra civil que terminó cuando la India intervino en favor de Bangladesh. Bangladesh es uno de los países de mayor densidad de población. Sus 120 millones de habitantes están concentrados en una área cuya superficie tiene las dimensiones del estado de Nueva York. El país sufre también de inundaciones periódicas causadas por las nieves derretidas en los Montes Himalayas. En años malos, quedan inundadas tres cuartas partes del país, lo que resulta en destrucción de cosechas, pérdidas de propieda

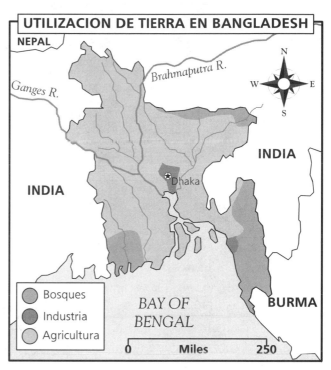

des y muerte. Casi una tercera parte de todos los niños mueren antes de cumplir los cinco años. La mayoría de la gente no puede pagar el cuidado médico fundamental. Bangladesh sigue siendo uno de los países de mayores dificultades económicas del mundo.

AMERICA LATINA

Aunque la mayoría de los países latinoamericanos lograron su independencia más de un siglo antes de la Segunda Guerra Mundial, muchos de ellos siguen enfrentando problemas parecidos a los países en vías de desarrollo en otras regiones: la brecha continua entre los acomodados y los pobres, dependencia económica del Occidente e inestabilidad política.

POLITICA LATINOAMERICANA

Igual que en el siglo XIX, durante el tiempo de la guerra fría, muchos países fueron regidos por gobiernos militares. A menudo éstos eran apoyados por la élite local acomodada que se beneficiaba con la producción de materias primas vendidas en Europa o en los Estados Unidos. Los jefes militares a menudo justificaban su régimen con su oposición al comunismo.

GOBIERNOS EN LA AMERICA LATINA, DECADAS 1940-1980

Argentina. En 1943, **Juan Perón** llegó al poder; doce años más tarde fue obligado por las fuerzas militares a rendirlo. Después de un exilio de 18 años, volvió al poder en 1972. Gobernaba por medio de los militares, y a menudo fue acusado de quebrantamiento de libertades individuales. A pesar de esto, Perón era un líder popular que favorecía un cierto grado de reforma social.

Chile. En 1970, el comunista **Salvador Allende** fue elegido presidente. Introdujo medidas de reforma agraria y nacionalizó minas de cobre, en gran parte de propiedad de estadounidenses. En 1973, Allende fue asesinado por los militares chilenos encabezados por el General Pinochet que estableció una dictadura militar represiva.

Nicaragua. En 1979, un grupo revolucionario llamado **sandinistas** tomó control de Nicaragua. Al principio tenían apoyo popular, pero luego instituyeron prácticas comunistas. Hasta 1989, hubo una guerra civil intermitente entre los sandinistas y los **contras**, un grupo contrarrevolucionario respaldado por los EE.UU.

VIOLACIONES DE DERECHOS HUMANOS

Los gobiernos militares en Latinoamérica a menudo quebrantaban los **derechos humanos** —los derechos y las libertades civiles de la gente. En la **Argentina**, desaparecieron hasta veinte mil personas durante el gobierno militar que terminó en 1984. Los parientes de los *"desaparecidos"* siguen haciendo manifestaciones en la Argentina, exigiendo información sobre la suerte de sus familiares perdidos. En **Chile**, el gobierno militar torturaba y mataba a los sospechados de oposición. En **Cuba**, Fidel Castro hacía encarcelar y matar a los adversarios de su régimen. En **El Salvador**, las "escuadras de muerte" abaleaban a los partidarios de reformas.

DESARROLLO ECONOMICO

La economía de los países latinoamericanos se encontraba estorbada por la falta de capital de inversión, una fuerza trabajadora sin destrezas y la competencia extranjera. Aunque ahora Latinoamérica se va industrializando, continúa la brecha entre los ricos y los pobres. El índice de natalidad es tan alto que la población de América Latina se duplica cada 25 a 30 años. Este aumento consume los adelantos en la productividad, obligando a muchos países latinoamericanos a importar alimentos en vez de hacer los adelantos necesarios. En las décadas de 1970 y 1980, algunos países latinoamericanos como México y Brasil tomaron grandes préstamos del extranjero para el financiamiento de adelantos. Una gran parte de este dinero fue gastada de forma imprudente y los bancos extranjeros más tarde tenían que perdonar a ciertos países una parte de su deuda.

EL TERCER MUNDO Y LA CRISIS DE PETROLEO

En los años 1970, los países en desarrollo comenzaron a denominarse **Tercer Mundo** para enfatizar su identidad aparte del Occidente y del bloque comunista. Exigían un nuevo orden económico en el que los países industrializados les restituirían las décadas del imperialismo y de adquirir sus materias primas a precios artificialmente bajos. Sólo un grupo de países en vías de desarrollo fue capaz de alcanzar lo exigido. Los países en vías de desarrollo, especialmente en el Medio Oriente, con-

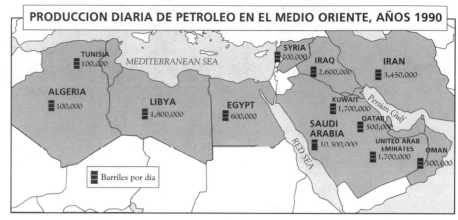

tienen una gran parte de las reservas mundiales de petróleo. Estos países productores de petróleo pudieron tomar control de sus recursos, exigiendo y recibiendo precios más altos por su petróleo.

OPEP Y LA SUBIDA DEL PRECIO DE PETROLEO

A principios de los años 1970, los países productores de petróleo formaron la **Organización de Países Exportadores de Petróleo (OPEP)**. En 1973, durante la guerra con Israel, los miembros árabes de la OPEP usaron el petróleo como "**arma política**", negándose a vender petróleo a países en amistad con Israel. Sus acciones triplicaron el precio de petróleo en el mundo.

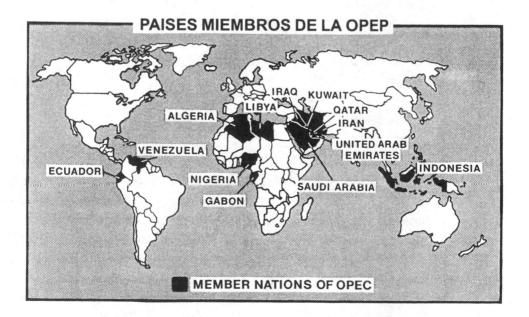

IMPACTO DEL PRECIO CAMBIANTE DE PETROLEO

A fines de la década de 1970, OPEP volvió a aumentar mucho el precio de petróleo. Esto resultó en un gran flujo de dinero al Medio Oriente, donde costeó el desarrollo económico en los países productores de petróleo. Pero a causa de ese aumento de precios de petróleo, el Occidente y los países en vías de desarrollo que no producen petróleo sufrieron gran inflación y desempleo a lo largo de la década de 1970. En el Occidente se tomaron medidas tales como conservación de energía para reducir su vulnerabilidad a la OPEP.

REVOLUCION IRANI Y EL FUNDAMENTALISMO ISLAMICO (1979)

El precio de petróleo continuó subiendo mucho a causa de los acontecimientos en Irán, uno de los productores más grandes de la OPEP. El **Sha Reza Pahlevi**, un monarca absoluto, introdujo elementos de cultura y tecnología occidental en su país, pero también fue culpable de corrupción y represiones. Los jefes religiosos y las manifestaciones públicas en masa derribaron al sha en 1979. **Ayatollah Khomeini**, un jefe religioso fundamentalista islámico vino a encabezar a Irán. El **fundamentalismo islámico** de acuerdo a sus jefes es el retorno a los valores fundamentales presentados en el Corán. Es también una reacción contra los valores y la cultura occidentales. Bajo Khomeini no había separación de religión y de estado. Irán instituyó una nueva constitución basada en el Corán; respaldó actos de terror en el Medio Oriente y tomó en rehenes por más de un año al personal de la embajada estadounidense en la ciudad capital de Teherán.

GUERRA IRANI-IRAQUI (1980-1988)

Iraq atacó a Irán en 1980 para apoderarse de territorios en disputa situados a lo largo del Golfo Pérsico. La guerra amenazaba con impedir el transporte de petróleo que necesitaba Europa del Oeste y el Japón. Las luchas duraron ocho años antes de que finalmente se llegara a una cesación de hostilidades en 1988.

FIN DE LA GUERRA FRIA

En 1989 comenzaron a tener lugar sucesos extraordinarios en la Unión Soviética, Europa Oriental y otras partes del mundo. La guerra fría terminó con el derrumbe de la Muralla de Berlín y de la Unión Soviética. Surgieron nuevas democracias y los distintos países abandonaron la planificación central en favor de economías de mercado libre. La última década del siglo XX vino a ser un tiempo de inmenso optimismo. Los filósofos y políticos audazmente anunciaron el "fin de la historia" y el nacimiento de "un orden nuevo en el mundo". Aunque sus pronósticos pueden haber sido excesivamente optimistas, no hay duda de que nuestro siglo parece terminar en una nota llena de promesa para el próximo milenio.

DISOLUCION DE LA UNION SOVIETICA

Uno de los sucesos más dramáticos de este tiempo ocurrió en la U.R.S.S. El repentino e inesperado derrumbe del comunismo soviético llevó directamente al final de la guerra fría. Para comprender cómo sucedió esto, debemos regresar a los años 1965-1991.

ESTANCAMIENTO BAJO BREZNEF (1965-1982)

Después de la caída de Kruschef, **Leonid Breznef** surgió con el tiempo como el jefe de la Unión Soviética. En los años de su jefatura la economía estaba estancada. Faltaban incentivos para que los empleados trabajaran más duro. Los planificadores centrales no podían prever apropiadamente las necesidades económicas. La economía no producía suficientes artículos de consumo. Las industrias de alta tecnología, dependientes del libre fluir de información, no podían desarrollarse. Las fincas no producían lo suficiente, y la U.R.S.S. estaba obligada a importar comestibles.

Breznef persiguió una **détente** (*mitigación de tirantez*) con los Estados Unidos, pero al mismo tiempo hizo arrestar a los disidentes y restringió los viajes. En 1979, Breznef ordenó que las tropas soviéticas entraran en Afganistán para apoyar un gobierno pro-soviético contra los rebeldes musulmanes. La intervención soviética en Afganistán se mostró ser costosa y divisiva, muy parecida a la involucración estadounidense en Vietnam que tuvo lugar antes.

GORBACHEV TRAE CAMBIOS (1985-1991)

Tres años después de la muerte de Breznef, **Mijail Gorbachev** vino a ser el jefe del Partido Comunista de la Unión Soviética. Gorbachev trató de conservar el comunismo, pero trató de llevar a cabo reformas por medio de varias nuevas prácticas:

✦ **Glasnost** introdujo más "franqueza" en la sociedad soviética. Se levantaron las restricciones en la palabra y prensa. Se liberó a los disidentes de las prisiones y los campos de labor forzada. Se dio mayor respeto a los derechos humanos. Se levantaron las res-

tricciones en la emigración de judíos soviéticos a Israel y al Occidente. Se dio la bienvenida a los contactos con el Occidente y se puso fin a las restricciones en los viajes al extranjero. Para sobrellevar la crítica por los funcionarios del partido, Gorbachev estableció un **Congreso de diputados del pueblo,** que lo eligió presidente del país.

✦ **Perestroika** quiere decir "restructuración". Gorbachev introdujo reformas para desplazar la economía de la planificación centralizada hacia la iniciativa individual y mercados más libres. Se permitió a que la gente estableciera pequeños negocios; a los gerentes de fábricas se les dio más control sobre la producción; y se invitó a las compañías extranjeras a hacer inversiones en la Unión Soviética.

✦ **Nueva política extranjera.** Gorbachev cambió drásticamente la política externa soviética anterior. Retiró las tropas soviéticas del Afganistán, permitió la disolución del Pacto de Varsovia y negoció con los Estados Unidos la reducción de armas nucleares. Con el tiempo, permitió que los estados del este de Europa introdujeran gobiernos no-comunistas democráticos.

FRACASAN LAS REFORMAS DE GORBACHEV

A pesar de los muchos cambios, la política de Gorbachev fracasó en la solución de los problemas económicos soviéticos. Los ciudadanos no estaban acostumbrados al sistema de mercado libre. Los burócratas del partido se oponían a la reforma. Los gerentes de fábricas no tomaron iniciativas. La inestabilidad política sólo profundizó la crisis. Los programas se anunciaban un día y se retiraban al día siguiente. Temiendo inflación y desempleo, el gobierno siguió controlando precios y demorando la "privatización" de empresas de propiedad estatal. La productividad industrial efectivamente disminuyó.

PROBLEMA DE LAS NACIONALIDADES

La Unión Soviética consistía en quince repúblicas de población rusa y otros grupos nacionales. Muchas regiones no rusas fueron anexadas por la fuerza. Los grupos no-rusos comenzaron a exigir independencia de la Unión Soviética. En 1990, Lituania declaró la independencia a pesar de los esfuerzos soviéticos de limitar el movimiento nacional con acción militar. En 1991, **Boris Yeltsin** fue elegido presidente de la República Rusa y comenzó a afirmar autoridad rusa sobre el gobierno soviético de Gorbachev. Gorbachev no podía detener estos movimientos nacionalistas sin regresar a la política de represión.

DISOLUCION DE LA UNION SOVIETICA (1991)

A medida que el ánimo nacionalista se esparcía a las otras repúblicas soviéticas, Gorbachev trató de poner fin al conflicto creciente. Comenzó negociaciones hacia un nuevo **Tratado de Unión** con los jefes de las repúblicas. Sin embargo, en la víspera de firmarse el tratado, en agosto de 1991, los comunistas conservadores organizaron un

golpe de estado —un intento de derribar el gobierno y detener las reformas. Los conspiradores trataron de hacer que la Unión Soviética volviera a las condiciones anteriores a Gorbachev, cuando el gobierno comunista estaba en control y se usaba el ejército para aplastar movimientos de independencia. Sin embargo, el golpe no tenía apoyo popular y pronto decayó. El Partido Comunista, que apoyaba el golpe, quedó completamente desacreditado.

Gorbachev reconoció la independencia de Lituania y los otros estados del Báltico. En diciembre de 1991, Rusia, Bielorrusia y Ucrania declararon su independencia y establecieron la nueva **Comunidad de Estados Independientes**. Cada miembro iba a ser completamente independiente mientras que la estructura de comunidad llevaría a cabo sólo funciones limitadas. Pronto otras repúblicas se unieron a la comunidad.

La antigua Unión Soviética estaba difunta, y Gorbachev dimitió al fin de 1991.

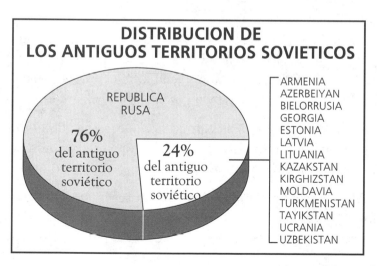

RUSIA BAJO YELTSIN

El Presidente Boris Yeltsin pronto tomó medidas drásticas para reformar la economía de la República Rusa. Introdujo el sistema de mercado libre, puso fin al control de precios en la mayoría de artículos, y comenzó la privatización de empresas de propiedad estatal. A pesar de estos cambios, la economía rusa no llegó a mejorar. Los rusos seguían enfrentando alto desempleo, declive en la sanidad, desnutrición e inflación. Para 1993, el parlamento ruso temía que Yeltsin se movía con demasiada rapidez hacia la economía de mercado. Yeltsin suspendió el parlamento, que luego trató de residenciarlo. Usando fuerza militar, Yeltsin dispersó el parlamento e hizo que se eligiera otro. Yeltsin también usó fuerza contra los chechenios, un grupo nacional distinto que trató de declarar su independencia.

Los observadores occidentales temen la creciente influencia del ejército y los intentos rusos de dominar a otros países de la comunidad. Algunos dudan si Rusia jamás podrá a ser un país verdaderamente democrático. Sin embargo, Rusia llegó a tener un fuerte desarrollo económico. El futuro de la Comunidad de Estados Independientes permanece incierto: no se sabe si las democracias pueden sobrevivir en medio de la confusión económica y falta de tradiciones democráticas.

LIBERACION DE EUROPA ORIENTAL Y LA UNIFICACION DE ALEMANIA

Los cambios en la Unión Soviética también tuvieron efectos drásticos en Europa Oriental. Gorbachev no podía reformar la sociedad soviética mientras continuaban las represiones en Europa Oriental. Así, aún antes del derrumbe de la U.R.S.S., Gorbachev permitió que se levantara la cortina de hierro y que se establecieran nuevas democracias en el este de Europa.

✦ **Polonia**. En la década de 1980, **Lech Walesa** y otros líderes laborales formaron un sindicato independiente de trabajadores, **Solidaridad**, a pesar de los intentos gubernamentales de prohibirlo. Cuando Gorbahev tomó el poder, se levantó la prohibición. En las elecciones libres de 1989, Solidaridad ganó y estableció el primer gobierno no comunista en Europa Oriental desde la Segunda Guerra Mundial.

✦ **Hungría, Bulgaria y Checoslovaquia**. En 1989, se permitieron elecciones libres en estos países y los comunistas las perdieron. En 1990, Checoslovaquia se dividió pacíficamente en dos países: la República Checa y Slovaquia.

✦ **Rumania**. El dictador comunista por mucho tiempo, **Nicolae Ceausescu**, trató de usar la fuerza para resistir cambios. Murieron millares de rumanos antes de que fuese derribado por una revolución. Ceausescu fue juzgado y luego ejecutado por un tribunal militar.

✦ **Alemania del Este**. En 1989, miles de alemanes del este comenzaron a salir hacia Alemania del Oeste. Ante la sorpresa de todos, el gobierno comunista de Alemania del Este dimitió. Un nuevo gobierno levantó todas las restricciones de viajes. La Muralla de Berlín, el símbolo más grande de la guerra fría, fue derribada en medio de alegre celebración. Las elecciones libres resultaron en un gobierno no comunista que estaba inclinado a cooperar con Alemania del Oeste.

Después de lograr la liberación de décadas de control soviético, los europeos del este ahora se encuentran con muchos problemas tales como la transición a economías de mercado, democracias frágiles y tremenda contaminación ambiental. Además, con el derrumbe de las dictaduras comunistas, resurgieron las rivalidades entre grupos nacionalistas resultando en conflictos y violencia.

REUNIFICACION DE ALEMANIA

Las elecciones libres en Alemania del Este resultaron en un gobierno no comunista que estaba inclinado a la reunificación con Alemania del Oeste. El Canciller **Helmut Kohl** de Alemania del Oeste, ayudó en las negociaciones de la reunificación de Alemania, que vino a ser oficial al fin de 1990. En una serie de rápidos acontecimientos, las tropas soviéticas salieron de Alemania del Este; se unificó la moneda; y la legislatura alemana votó por mudar la capital de la Alemania reunificada de vuelta a Berlín. Se establecieron programas especiales para ayudar a los alemanes del este a hacer la transición.

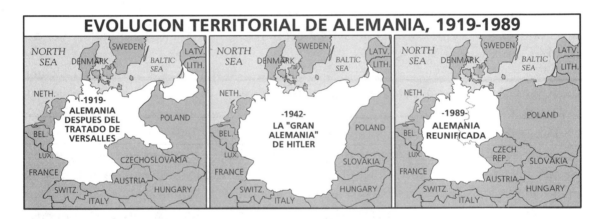

EVOLUCION TERRITORIAL DE ALEMANIA, 1919-1989

LA REFORMA ECONOMICA DE CHINA

Mientras que Europa Oriental y la antigua Unión Soviética bregaban con cambios drásticos, la China comunista se movía gradualmente hacia la economía de mercado libre conservando al mismo tiempo el poder político del Partido Comunista. En el presente, la economía china se va desarrollando con rapidez.

MAS LIBERTAD BAJO DENG XIAOPING

Después de la muerte de Mao en 1976, **Deng Xiaoping** vino a ser el líder de China. Aunque Deng era comunista, su objetivo era la "modernización" de China por medio de reformas económicas. En 1980 entró en vigencia una constitución y un nuevo código legal que dieron derechos limitados al pueblo chino.

Reforma agraria. Dispersadas las comunidades, los campesinos podían arrendar tierras comunales lo que llevó a un auge de productividad. China se volvió autosuficiente en comestibles y se eliminó el hambre.

Bienes de consumidor. Bajo Mao la gente tenía poca selección de artículos de consumidor. Ahora China comenzó a producir más bienes de consumo, tales como radios y televisores.

CAMBIOS ECONOMICOS BAJO DENG XIAOPING

Gerencia. Se eliminó parte de control central. Se permitió a los gerentes locales la venta parcial de la producción a compradores privados. Las bonificaciones rindieron trabajo más intenso de los obreros.

Capitalismo limitado. Se permitió propiedad privada de pequeños negocios y la contratación de unos cuantos empleados. Estas empresas ahora alcanzan una gran parte de la productividad industrial del país.

Las inversiones y el comercio con el extranjero acabaron con el aislamiento económico de China. Hay zonas económicas especiales con impuestos reducidos y fábricas construidas por los extranjeros.

Las reformas introducidas por Deng eran extremadamente logradas. Para la mitad de la década de 1990, China tuvo el desarrollo económico más rápido del mundo y vendía muchos productos en el Occidente.

LA PLAZA TIANANMEN Y LOS LIMITES DE REFORMAS

En 1989, los estudiantes organizaron manifestaciones pacíficas en la Plaza Tiananmen en Pekín (Beijing), exigiendo más libertad y democracia. Cuando los manifestantes se negaron a dispersar, Deng ordenó que los tanques abriesen fuego contra los manifestantes, matando centenares de ellos. Los líderes de los estudiantes fueron arrestados y encarcelados o ejecutados. Esto escandalizó a los jefes occidentales, y por un breve tiempo hubo reducción de comercio con China. También hubo negativa de concesiones con respecto a **Tibet**, un país budista en los Montes Himalayas, que China invadió y anexó en 1950 gobernándolo desde entonces como otra de sus provincias. En 1959, una sublevación fue aplastada con gran derrame de sangre.

CHINA BAJO CHANG ZEMIN

Deng Xiaoping murió en 1997. Su sucesor, **Chang Zemin** (Jiang Zemin), generalmente continuó la política de Deng. En 1997, la ciudad de Hong Kong, un centro industrial y financiero importante fue devuelto a China por Gran Bretaña. Hong Kong continúa gozando de un alto grado de autonomía a pesar de su transferencia a la China comunista.

SURGEN NUEVAS DEMOCRACIAS EN ASIA, AFRICA Y LATINOAMERICA

Ya antes del fin de la guerra fría, comenzaron a ocurrir cambios notables en Asia, Africa y Latinoamérica donde varios países tomaron pasos en la dirección de la democracia.

LAS FILIPINAS SE DEMOCRATIZAN

En un tiempo una posesión de los EE.UU., las Filipinas se independizaron precisamente después de la Segunda Guerra Mundial. **Fernando Marcos** fue presidente desde 1965 hasta 1986. Al regir como dictador, Marcos se volvía cada vez más corrupto, usando fondos del estado para enriquecer a su familia y amistades. En 1986, al tratar de ser elegido otra vez, fue derrotado por **Corazón Aquino**. Al principio, Marcos se negó a aceptar su derrota electoral, pero las manifestaciones en masa dentro del país y la presión de los Estados Unidos lo obligaron a salir del país. El éxito de Aquino se percibió como un triunfo de la democracia. Después de la expiración del plazo de Aquino, en las elecciones subsiguientes **Fidel Ramos** fue elegido presidente.

LATINOAMERICA Y AFRICA SE APARTAN DE LAS DICTADURAS

A fines de los años 1980 y 1990, los dictadores y gobiernos militares alrededor del mundo entregaron su poder a los líderes elegidos democráticamente. Muchos países latinoamericanos se volvieron democráticos:

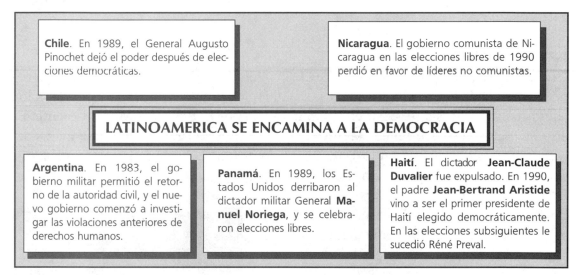

Chile. En 1989, el General Augusto Pinochet dejó el poder después de elecciones democráticas.

Nicaragua. El gobierno comunista de Nicaragua en las elecciones libres de 1990 perdió en favor de líderes no comunistas.

LATINOAMERICA SE ENCAMINA A LA DEMOCRACIA

Argentina. En 1983, el gobierno militar permitió el retorno de la autoridad civil, y el nuevo gobierno comenzó a investigar las violaciones anteriores de derechos humanos.

Panamá. En 1989, los Estados Unidos derribaron al dictador militar General **Manuel Noriega**, y se celebraron elecciones libres.

Haití. El dictador **Jean-Claude Duvalier** fue expulsado. En 1990, el padre **Jean-Bertrand Aristide** vino a ser el primer presidente de Haití elegido democráticamente. En las elecciones subsiguientes le sucedió Réné Preval.

En Africa, fueron despojados de poder los dictadores de Somalia, Liberia y Etiopía. Varios otros países africanos abandonaron sus gobiernos monopartidarios y adoptaron sistemas de varios partidos. Los jefes de Sudáfrica acabaron con el apartheid y otorgaron el derecho del voto a ciudadanos de todas las razas.

PROGRESO Y REGRESION DESPUES DE LA GUERRA FRIA

El fin de la guerra fría trajo a luz algunos de los problemas más persistentes del mundo. Quizás fue el ejemplo audaz de Gorbachev en la Unión Soviética el que llevó a los enemigos acerbos a reunirse para resolver sus diferencias, o simplemente el hecho de que ya no podían contar con el apoyo externo de las potencias rivales. Sin embargo, a pesar del progreso sorprendente en ciertas regiones del mundo, hay todavía bastantes lugares problemáticos en el mundo para recordarnos de que no se alcanzó el fin de conflictos entre los humanos. Muchas de estas disputas se deben tanto a los odios antiguos como al conflicto de intereses económicos.

PROGRESO EN LA RESOLUCION DE DISPUTAS ANTIGUAS

CAMBOYA

Después de derribar al jefe comunista Pol Pot y el khmer rouge, las tropas vietnamesas permanecieron en Camboya hasta 1989, año en el que finalmente se retiraron. En 1991, los grupos adversarios en Camboya firmaron un acuerdo de paz bajo la supervisión de las Naciones Unidas, y establecieron un gobierno de coalición. Hubo elecciones en 1993 y el antiguo monarca de Camboya el **Príncipe Sihanouk**, vino a encabezar el gobierno.

ISRAEL Y EL MEDIO ORIENTE

Uno de los sucesos más notables que sucedió al fin de la guerra fría fue el progreso repentino en las relaciones árabe-israelís. En 1991, los Estados Unidos presionaron a los jefes israelís y árabes a negociar en la **Conferencia por la Paz en el Medio Oriente**. El año siguiente, el nuevo Primer Ministro **Yitzak Rabin** de Israel adoptó una nueva dirección en las relaciones con los palestinos y los vecinos árabes de Israel. Su gobierno tuvo negociaciones secretas con **Yassir Arafat**, jefe de la O.L.P.

En 1993, Israel y la O.L.P. llegaron a un acuerdo. Israel accedió a reconocer la O.L.P. y otorgar autonomía a los palestinos en la Banda de Gaza y Jericó, una ciudad en la Banda Occcidental. El retiro israelí con el tiempo se extendería a toda la Banda Occidental. En cambio, la O.L.P. accedió a poner fin a su oposición a la existencia de Israel. En 1994, Israel también firmó un tratado de paz con Jordania. Entonces, en 1995, Rabin fue asesinado por un estudiante judío opuesto a las concesiones hechas a los palestinos. El sucesor de Rabin prometió a respetar el acuerdo. Las

fuerzas israelís continúan su paulatina retirada de las ciudades de la Banda Occidental. Entretanto, Arafat fue elegido presidente de la nueva **Autoridad Palestina**.

Israel es un país pequeño, con una población de 5.8 millones rodeada de 100 millones de árabes en las otras partes del Medio Oriente. Los israelís obviamente están preocupados por su seguridad después de cincuenta años de guerras con los países árabes vecinos. Del otro lado, los palestinos se sienten como una minoría perseguida, sin una patria propia. A pesar de estas dificultades, el proceso de hacer la paz entre los israelís y los árabes va progresando paulatinamente.

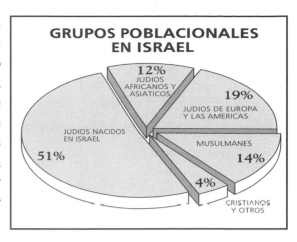

SUDAFRICA Y EL FIN DEL APARTHEID

Igualmente sorprendente fue el derrumbe repentino del apartheid en Africa del Sur. Cuando los jefes sudafricanos blancos aumentaron las represiones contra grupos opuestos al apartheid, los Estados Unidos y otros países adoptaron sanciones económicas contra Sudáfrica, que incluían la prohibición de comercio, préstamos e inversiones. Las sanciones internacionales y la resistencia interior resultaron en el apremio por cambios en los líderes sudafricanos. En 1989, los sudafricanos blancos eligieron a **F.W. De Klerk** como presidente. De Klerk prometió mejorar la economía y las relaciones extranjeras al compartir el poder con los sudafricanos negros.

A poco tiempo de ocupar el puesto, De Klerk tomó medidas para anular toda legislación de apartheid. También relevó de la prisión a **Nelson Mandela** y otros líderes políticos prominentes. Luego, De Klerk negoció con Mandela y otros líderes negros por una constitución nueva y transición pacífica a un país multiracial. En 1994, se celebraron en Sudáfrica las primeras elecciones en que se permitía el voto a la gente de todas las razas, y Nelson Mandela fue elegido como el primer presidente negro de Sudáfrica. Como líder de Africa del Sur, Mandela se encuentra ante muchos problemas, inclusive la cuestión de la posible redistribución de los recursos del país y la finalización de las disputas entre los distintos grupos de sudafricanos negros.

IRLANDA Y SU CONFLICTO RELIGIOSO

El tercer lugar donde se hicieron grandes pasos hacia la resolución de conflictos antiguos fue en Irlanda, una gran isla al oeste de Inglaterra. Aunque vinieron bajo control inglés en el siglo XVI, los irlandeses conservaron su propia identidad y cultura. Durante la Reforma, cuando Inglaterra se volvió protestante, los irlandeses permanecieron católicos. En un intento de mantener control, los ingleses enviaron a Irlanda pobladores protestantes en el siglo XVII. Los protestantes se radicaron principalmente en el norte. En 1922, Irlanda fue otorgada la independencia de Gran Bretaña. Sin embargo,

en Irlanda del Norte, la mayoría protestante optó por permanecer como parte del Reino Unido con Gran Bretaña. Algunos católicos se opusieron a la división de Irlanda, y formaron el Ejército Republicano Irlandés ("**I.R.A.**"). Los protestantes irlandeses en la región, opuestos a la unificación, formaron sus propios grupos paramilitares.

En 1969, estallaron las luchas en Irlanda del Norte. Los ingleses enviaron tropas para restablecer el orden. Desde ese tiempo, había violencia y terror frecuente en Irlanda del Norte. Sin embargo, en 1993, los jefes británicos entraron en negociaciones con los jefes irlandeses y el I.R.A. para llegar a un compromiso. Se declaró una cesación de hostilidades y en 1995 se acordó establecer una armazón general de solucionar el problema irlandés. En 1998, se llegó a otro acuerdo para elecciones de la primera asamblea local en Irlanda del Norte en más de 25 años, y el establecimiento de varias autoridades translimítrofes.

ODIOS ANTIGUOS EN FRASCOS NUEVOS

Yugoslavia y la Guerra de Bosnia

Con la liberación de Europa volvieron a despertar las rivalidades étnicas antiguas en Yugoslavia. Las luchas más amargas ocurrieron entre los servios ortodoxos, los croatas católicos y los bosnios musulmanes. Con el derrumbe del comunismo, Croacia y Slovenia declararon su independencia. Yugoslavia, dominada por los servios, respondió con atacar a Croacia. Luego estalló en Bosnia la lucha entre los musulmanes y los servios. Yugoslavia intervino en favor de los servios bosnios. Algunos servios bosnios comenzaron a matar a personas civiles musulmanas que se encontraban en las regiones controladas por los servios, dando el nombre de **purificación étnica** a esta forma de genocidio. Después de varios años de guerra civil, intervinieron los Estados Unidos y otras potencias de la O.N.U. Esto resultó en

una tregua inquieta. Bosnia fue dividida en dos repúblicas —una musulmana y la otra servia.

Iraq y la Guerra del Golfo

Iraq ocupa las tierras de la antigua Mesopotamia, una de las cunas de la civilización. Kuwait es un pequeño país con menos de un millón de habitantes que se encuentra en-

tre Iraq y el Golfo Pérsico. A pesar de su redu-cida superficie y población, sus grandes depósi-tos de petróleo lo hacen extremadamente rico. En 1990, **Saddam Hussein**, el dictador de Iraq, invadió y anexó a Kuwait. Los jefes políti-cos a través del mundo temían de que trataría de asir también la Arabia Saudita. Las Nacio-nes Unidas censuraron la invasión e impusie-ron un embargo comercial en Iraq. Cuando Arabia Saudita pidió protección, los EE.UU. y otras naciones respondieron con enviar tropas. Cuando Hussein se negó a retirar de Kuwait, una coalición multinacional, encabezada por los Estados Unidos, emprendió el ataque. La fuerza aérea superior de los Estados Unidos y la tecnología avanzada pronto destruyeron la ma-

yor parte de las fuerzas iraquís. Las tropas iraquís incendiaron los pozos petroleros de Kuwait, causando tremendos daños al ambiente. Derrotado, Iraq accedió a retirarse de Kuwait y pagar **reparaciones** por la destrucción que había causado, y se declaró una tregua..

Después de la derrota de Hussein, se rebelaron los **curdos** en el norte de Iraq. Los curdos son un pueblo con lengua, tradiciones y cultura propias. Hussein intentó aplastar la rebelión curda. Temiendo un posible genocidio, los Es-tados Unidos enviaron tropas al norte de Iraq para proteger a los curdos.

Sin embargo, los jefes aliados permitieron que Hussein permaneciese en poder. De mala gana, Hussein accedió a que los inspectores de las Naciones Unidas a controlar su país para asegurar de que no almacenaba armas nuclea-res, biológicas o químicas. En 1997 y a princi-pio de 1998 se negó a permitir que los equipos de la O.N.U. continuaran sus inspecciones.

En la primera parte de 1998, después de una gran acumulación de fuerzas estadounidenses y británicas en la región, el Secretario General **Kofi Annan** de la O.N.U. se encontró con Hussein en Bagdad y lo convenció a firmar un acuerdo que permitía inspecciones libres. Sin embargo, aún no es cierto si los iraquís cumplirán con las condiciones del acuerdo.

GUERRAS CIVILES EN AFRICA

Después del fin de la guerra, la renovada tirantez estalló en Rwanda y Burundi, mientras que Somalia sufría de hambruna y escasez.

✦ **Rwanda y Burundi** son países pequeños, densamente poblados, situados en Africa Central. Los dos tienen una mayoría hutu y una minoría tutsi. En 1972, había luchas amargas entre los hutus y los tutsis. En 1994, el presidente de Rwanda, un

hutu, murió en una explosión misteriosa de su avión. Este suceso provocó un renovado derrame de sangre. Las tropas hutu, respaldadas por el gobierno, comenzaron a vengarse contra la minoría tutsi que fue culpada por el asesinato. Las Naciones Unidas calculan que en la guerra civil murieron entre 250.000 y 500.000 personas, tutsis en su mayoría.

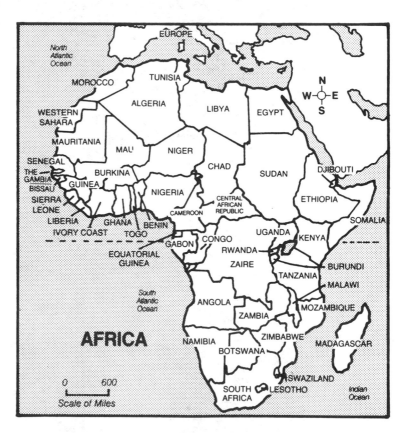

✦ **Somalia**, en el "cuerno" de Africa, sufre a causa de sequías, destrucción de ganado y de hambrunas. Las hostilidades entre los jefes guerreros locales impidieron la entrega de provisiones al pueblo de Somalia, amenazando a millones de personas con muerte de hambre. En 1992, los Estados Unidos y otros países enviaron tropas a Somalia por un tiempo limitado para restablecer el orden y proteger el abastecimiento de comestibles.

LAS NUEVAS REALIDADES ECONOMICAS

Los adelantos tecnológicos del siglo veinte, desde el avión a la computadora, volvieron a los distintos países más dependientes unos de los otros con respecto a productos, servicios e ideas. Esta condición a veces se denomina como **interdependencia mundial**.

El fin de la guerra fría otra vez puso énfasis en la economía. El comunismo se volvió impopular en la Unión Soviética y Europa Oriental en parte porque no podía proporcionar a sus habitantes con el mismo nivel de vida que había en el Occidente capitalista. Los jefes chinos y hasta Fidel Castro en Cuba tomaron estas lecciones en serio al introducir gradualmente los mercados libres. Sin la amenaza militar soviética, muchos países pueden concentrar sus energías en el desarrollo económico, la producción de bienes de consumidor y el desarrollo de nuevas tecnologías. El comercio y la riqueza nacional ahora parecen ser para muchos países más importantes que el poder militar y la gloria nacional.

EL "MILAGRO ECONOMICO" JAPONES

Una nación que se benefició mucho por esta interdependencia mundial es el Japón — un país que abandonó la potencia militar y concentró su energía nacional en el desarrrollo económico. Al fin de la Segunda Guerra Mundial, muchas industrias en el Japón se encontraban destruidas. Pero para la década de 1970, el Japón fue otra vez una de las potencias económicas principales del mundo, aunque el país carece de muchos recursos naturales fundamentales. Hay varios factores que explican este resurgimiento económico:

Factores históricos. A lo largo de su historia, el Japón había tomado y adoptado de otras culturas, tales como China y el Occidente.

Fuerza trabajadora adiestrada. La fuerza laboral del Japón es bien instruida y muy adiestrada. Los trabajadores japoneses enfatizan la autodisciplina, educación y lealtad a la empresa.

RAZONES PARA EL EXITO ECONOMICO JAPONES

Apoyo del gobierno. El gobierno coordena los recursos naturales, proporciona dinero, préstamos, alivio en impuestos y fomenta la investigación. Los gobiernos anteriores también habían impuesto altos aranceles para impedir la entrada de competidores en el Japón.

Gerencia eficaz. Las compañías japonesas adoptaron y mejoraron las técnicas estadounidenses de administración para producir bienes de alta calidad a precios bajos. Los gerentes a menudo cooperan con los empleados para mejorar las técnicas de producción.

Como resultado de estos factores, el Japón vino a la cabecera en muchos campos de tecnología avanzada como las microfichas y las computadoras. El país vende más productos de los que compra de otros países industrializados como los Estados Unidos. Este éxito resultó en demandas de que el Japón limite su exportación y abra sus mercados internos a más productos importados

DEL MERCADO COMUN A LA UNION EUROPEA

Igual que el Japón, Europa Occidental surgió de la destrucción de la Segunda Guerra Mundial como gigante económico. La cooperación entre los países del oeste europeo

ayudó a acelerar el desarrollo económico. En 1951, Alemania y Francia comenzaron a compartir sus reservas de hierro y hulla. En 1957, esta cooperación llevó al establecimiento de la **Comunidad Económica Europea (C.E.E.)** o **mercado común**. En 1973, Gran Bretaña, Irlanda y Dinamarca se afiliaron con el "MERCOMUN"; en los años 1980 les siguieron Grecia, España y Portugal. El objetivo del mercado común es eliminar los derechos de aduana entre sus miembros. Esto formó una enorme zona de mercado libre en el que los bienes, el dinero y la gente se pueden mover con libertad. En 1991, los miembros de la C.E.E. acordaron a reemplazar el mercado común con la **Unión Europea**. La mayoría de los miembros con el tiempo fundirán sus monedas en una sola moneda europea.

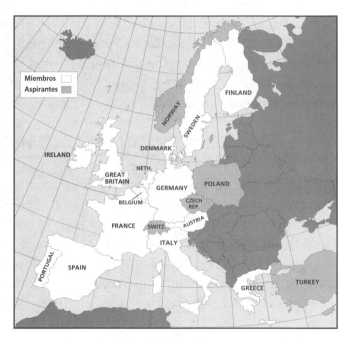

ACUERDO NORTEAMERICANO DE COMERCIO LIBRE

El éxito económico del mercado común llevó a los Estados Unidos a negociar con sus vecinos en Norteamérica a establecer un bloque económico similar. En 1989, los Estados Unidos y el Canadá firmaron un acuerdo de comercio libre. **Comercio libre** quiere decir que ninguno de los países impondrá **aranceles** (*tarifas de importación*) en los productos que lleguen del otro país. El comercio libre hace mucho más fácil el movimiento de bienes y de capital de inversión de un país a otro.

En 1990, México propuso que los EE.UU. y el Canadá conviertan a su tratado en el Acuerdo Norteamericano de Comercio Libre (**NAFTA**), que fue firmado en 1992. Se van eliminando gradualmente los aranceles entre los tres países, y con el tiempo establecerán una zona de comercio libre a través de América del Norte. Comisiones trinacionales especiales vigilan la implementación de los acuerdos. En 1994, en una conferencia cumbre de líderes latinoamericanos, se discutió la expansión de NAFTA que incluyera otros países latinoamericanos.

RESUMEN DE TU COMPRENSION

PARA RECORDAR TERMINOS, CONCEPTOS Y PERSONAJES IMPORTANTES

Prepara tarjetas de vocabulario para cada uno de los siguientes términos, conceptos y personajes:

Países en desarrollo	Mao Tse-tung	Revolución verde	Deng Xiaoping
Guerra fría	Revolución cultural	Mijail Gorbachev	Ayatollah Khomeini
Plan de Marshall	Fidel Castro	Apartheid	Nelson Mandela
OTAN	Guerra de Vietnam	OPEP	Mercado común

COMPLETACION DE UN DIAGRAMA

Completa el siguiente diagrama sobre las causas y los efectos de la guerra fría.

Causa _____	Efecto _____
Causa _____	Efecto _____

LA GUERRA FRIA

Causa _____	Efecto _____
Causa _____	Efecto _____

COMPLETACION DE UNA TABLA

Usa la tabla dada para organizar información contenida en este capítulo.

SUCESO	AÑOS	CAUSAS PRINCIPALES	RESULTADOS PRINCIPALES O IMPACTO
División de Alemania			
Revolución China			
Conflicto árabe israelí			
Revolución Cubana			
Revolución Iraní			
Fin del comunismo soviético			

COMPRUEBA TU COMPRENSION

Comprueba tu comprensión de este capítulo al solucionar los siguientes problemas:

PREGUNTAS DE SELECCION MULTIPLE

1   ¿Cuál declaración refleja mejor el punto de vista de Fidel Castro en la década de 1960?
   1 La expansión del comunismo es el peligro más grande para Latinoamérica.
   2 Una fuerte presencia militar estadounidense es el factor clave a la defensa de Latinoamérica.
   3 El progreso de la América Latina puede lograrse sólo por medio del comunismo.
   4 El sistema de mercado libre mejorará las economías de la América Latina.

Basa tu respuesta a la pregunta 2 en la tabla dada y en tu conocimiento de historia universal.

PAISES QUE RECIBIAN AYUDA ECONOMICA BAJO EL PLAN DE MARSHALL
(en millones de dólares)

País	Cantidad recibida	País	Cantidad recibida
Gran Bretaña	$2.826	Austria	$561
Francia	$2.445	Bélgica	$547
Italia	$1.316	Dinamarca	$257
Alemania del Oeste	$1.297	Noruega	$237
Holanda	$877	Turquía	$153

2   ¿A qué década de la historia europea se refiere la tabla?
    1   1901-1910   3   1941-1950
    2   1931-1940   4   1971-1980

---

3   Una similitud entre China bajo el antiguo dominio dinástico y el comunismo del presente es que en los dos hay énfasis en la
    1   la religión apoyada por el estado
    2   importancia de la mujer en la sociedad
    3   lealtad a los jefes
    4   limitación del aumento de la población

4   El "gran salto hacia adelante" maoista en China y los planes quinquenales stalinistas en la Unión Soviética eran intentos de aumentar
    1   inversiones de capital privado   3   la disponibilidad de bienes de consumo
    2   propiedad individual de tierras   4   productividad industrial

5   "Creemos en la no-agresión y no-intromisión de un país en los asuntos de otro, en el desarrollo de tolerancia entre los dos y en la capacidad de coexistencia pacífica. Nosotros, por lo tanto, nos empeñamos en mantener relaciones amistosas con todos los países, aunque no estemos de acuerdo con ellos en cuanto a su política."
    —*Jawaharlal Nehru, primer ministro de la India*

    Esta declaración describe la política extranjera conocida como
    1   imperialismo   3   aislacionismo
    2   mercantilismo   4   neutralismo

6   ¿Cuál es el problema enfrentado por Argentina, Brasil y México en la segunda parte del siglo XX?
    1   sublevaciones comunistas   3   grandes deudas con países extranjeros
    2   exceso de capital   4   falta de obreros sin destrezas

7   En Africa, el sur de Asia y Latinoamérica la gente se muda de aldeas rurales a regiones urbanas para
    1   evitar el alto costo de vida en las regiones rurales
    2   escapar los climas malos de las regiones rurales
    3   encontrar nuevas oportunidades de empleo en las ciudades
    4   vivir entre personas de distinto origen étnico en las ciudades

8   Desde la Segunda Guerra Mundial, los países en vías de desarrollo pasaron por grandes cambios en sus economías principalmente a causa
    1   de más tolerancia hacia las minorías   3   del uso de la tecnología moderna
    2   del movimiento hacia el fascismo   4   de la expansión de nuevas religiones

Basa tu respuesta a la pregunta 9 en la gráfica y en tu conocimiento de historia universal.

9   De acuerdo a la gráfica, ¿cuál es la declaración más acertada?
    1 OPEP controla la mayor parte de petróleo en el mundo.
    2 Algeria, Libia y Kuwait producen la mayoría del petróleo en el Medio Oriente.
    3 Arabia Saudita produce más petróleo que cualquier otro país del Medio Oriente,
    4 La producción de petróleo en la Arabia Saudita va aumentando.

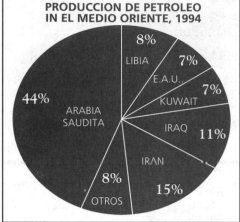

PRODUCCION DE PETROLEO IN EL MEDIO ORIENTE, 1994

10 Un resultado importante de la urbanización creciente en los países africanos
    1 es el adelanto en las oportunidades culturales
    2 es el rechazamiento de la tecnología occidental
    3 es la enfatización de la vida en familia
    4 es la eliminación de vínculos étnicos y tribales

11 Los tamiles, sikhs y árabes palestinos todos trataron de
    1 establecer colonias en Asia   3 lograr estados independientes
    2 practicar la resistencia pasiva   4 fomentar el mercantilismo

12 Las distintas repúblicas de la antigua Unión Soviética formaron nuevos estados. Esto es un ejemplo del concepto
    1 de autonomía nacional   3 del imperialismo
    2 del neutralismo   4 del comunismo

13 Un factor importante que contribuye a las actividades terroristas en el Medio Oriente ha sido
    1 la caída de los precios de petróleo crudo en el mercado mundial
    2 los esfuerzos de los palestinos de establecer una patria
    3 la presencia en la región de las fuerzas de la ONU para mantener la paz
    4 la repudiación mundial de la violencia como medio para finalizar conflictos

Basa tu respuesta a la pregunta 14 en la tabla y en tu conocimiento de la historia universal.

Nombre anterior	Fecha del cambio	Nombre actual	Nombre anterior	Fecha del cambio	Nombre actual
Birmania	1948	Myanmar	Pakistán Oriental	1971	Bangladesh
Palestina	1948	Israel	Ceilán	1972	Sri Lanka

14 Un factor importante que explica los cambios en estos nombres fue
   1 la "decolonización"
   2 el capitalismo
   3 el socialismo
   4 el nacionalismo

15 Una razón para el derrumbe del sistema económico comunista en Europa Oriental al comienzo de la década de 1990 fue que
   1 no tenía incentivos para los trabajadores
   2 aplicaba los principios del mercantilismo
   3 fomentaba las prácticas de laissez faire
   4 dependía en las leyes de abastecimiento y demanda

16 Un alcance importante de la Unión Europea (UE) fue
   1 la formación de una sola fuerza militar
   2 el rechazamiento de la soberanía nacional
   3 la adopción de un solo idioma
   4 la eliminación de obstáculos al comercio

17 El final de la guerra fría queda mejor simbolizado por
   1 el establecimiento de la Doctrina Truman y el Plan de Marshall
   2 la formación de la OTAN y del Mercado Común Europeo
   3 la retirada de las fuerzas de la ONU de Somalia y Kuwait
   4 la destrucción de la Muralla de Berlín y la reunificación de Alemania

18 La guerra civil en el Líbano y las luchas en Irlanda del Norte en las décadas de 1970 y 1980 mostraron
   1 la incapacidad de una economía de mando de satisfacer las necesidades de los ciudadanos
   2 la influencia de una organización para mantener la paz en resolver cuestiones nacionales
   3 el aislamiento de estos países de las influencias internacionales
   4 la incapacidad de la gente y de los gobiernos a resolver diferencias religiosas

19 Pol Pot y el Khmer Rouge se asocian con
   1 Corea
   2 Iraq
   3 Camboya (Kampuchea)
   4 Myanmar (Birmania)

20 A continuación hay una lista de cuatro sucesos importantes:
   A. La ONU aprueba la formación del estado de Israel
   B. Disolución de la Unión soviética
   C. Fidel Castro llega al poder en Cuba
   D. Los Estados Unidos firman un acuerdo de paz con Vietnam del Norte
   ¿Cuál es el orden cronológico correcto de esos acontecimientos?
   1 A → C → D → B
   2 B → C → A → D
   3 C → B → D → A
   4 B → D → A → C

PROBLEMAS CON RESPUESTAS REDACTADAS BREVES

PROBLEMA #1: INTERPRETACION DE UNA CARICATURA

1   ¿Cuál es la idea principal de la carica-
    tura?

    _____

2   Indica el nombre del jefe que estaba a
    cargo del gobierno chino en el tiempo
    presentado en la caricatura:
    Emperador Manchú   Sun Yat-sen
    Mao Tse-Tung   Deng Xiaoping

3   Citando evidencia histórica explica
    por qué escogiste a ese líder,

    _____

PROBLEMA #2:
INTERPRETACION DE MAPAS

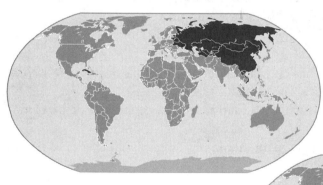

**AUGE DEL COMUNISMO
EN EL MUNDO**

**DECADENCIA DEL
COMUNISMO EN EL MUNDO**

1   Indica el año al que se refiere el mapa de abajo:
    1905   1925   1975   1992

2   Presenta evidencia histórica específica para apoyar tu selección del año.

    _____

    _____

ENSAYO TEMATICO

Tema: Problemas económicos de países en vías de desarrollo

> Desde la Segunda Guerra Mundial, los países en desarrollo se encuentran con problemas importantes en el adelanto de sus economías.

Desarrollo

> Describe **dos** problemas de adelantos en la economía enfrentados por los países en vías de desarrollo; muestra cómo se tratará **cada uno** por un país particular

Sugerencias: Puedes usar cualquier ejemplo de tus estudios de historia universal. Algunos ejemplos de problemas encontrados por los países en desarrollo que podrías considerar son: economías de monocultivo, inestabilidad de gobiernos, intervención extranjera, falta de capital de inversión, aumento de población y analfabetismo. **No** tienes que limitarte a estas sugerencias.

Instrucciones: Escribe un ensayo bien organizado que incluya una introducción con declaración del tema, párrafos según la explicación del Desarrollo y una conclusión.

APLICACION DEL DOCUMENTO A LA DECLARACION DEL TEMA

En este ejercicio tienes que vincular un documento a la declaración del tema. En tu respuesta debes apoyar la declaración del tema con la información contenida en el documento.

DESARROLLO
Examina el documento siguiente y responde a la pregunta clave que lo sigue. Luego escribe un párrafo mostrando cómo la evidencia en el documento apoya la declaración del tema

En los conflictos entre países hostiles a veces se emplean métodos económicos.

DOCUMENTO

> "Creo que los Estados Unidos deben aplicar la política de apoyo a las naciones libres que resisten los intentos [de dominación] por las minorías armadas o por presión externa. Si no ayudamos a Grecia y a Turquía en este momento crítico, el efecto tendrá gran alcance para el Occidente … Debemos tomar acción inmediata. Las semillas de regímenes totalitarios se fomentan con la miseria y carestía. Se esparcen y crecen en el suelo malvado de la pobreza y del conflicto. Alcanzan su dimensión completa cuando muere la esperanza que la gente tiene para una vida mejor. Por lo tanto, propongo que a Grecia y Turquía se otorgue una ayuda de $400 millones."
>
> *—Presidente Harry Truman, Discurso ante el Congreso, 12 de marzo, 1947*

¿A qué "minorías armadas" y "presión externa" se refería el Presidente Truman?

APLICACION DEL DOCUMENTO
A LA DECLARACION DEL TEMA

En el espacio dado escribe la frase de introducción, la declaración del tema, una frase de transición y el segundo párrafo del ensayo.

En este discurso del Presidente Truman —————————————————

CAPITULO 14

Destrucción de la selva húmeda tropical en Brasil

CUESTIONES DE ALCANCE MUNDIAL

SUCESOS SOBRESALIENTES TECNOLOGICOS EN EL SIGLO XX

1903	Los hermanos Wright hacen el primer vuelo motorizado
1928	Alexander Fleming descubre la penicilina, el primer antibiótico
1933	Vladimir Zworkin crea imágenes de televisión
1939	Pabst von Ohain construye un motor de propulsión para aviones
1945	Los Estados Unidos usan la primera bomba atómica
1953	El primer transplante de riñón
1958	El primer circuito integrado en una ficha de silicio
1969	El primer humano llega a la luna
1971	Introducción de la calculadora de bolsillo
1985	Se inicia el uso de rayos láser para despejar arterias
1996	Ficha de computadora hace 1 billón de calculaciones por segundo

EN QUE DEBES CONCENTRARTE

En el planteo de ensayos en los exámenes de historia universal hay un enfoque en problemas, controversias y tendencias. En esta sección se proporciona una vista de lo que necesitas saber para escribir este tipo de ensayo.

PROBLEMAS/DIFICULTADES

Una parte del desafío en el futuro son los problemas encontrados por el mundo entero. En los ensayos a menudo se trata de problemas como los siguientes:

SOBREPOBLACION	TERRORISMO INTERNACIONAL	CONTAMINACION AMBIENTAL
DESFORESTACION	DESERTIFICACION	CARESTIA

MODO GENERAL DE TRATAR EL TEMA

Aunque estos problemas tienen muchos aspectos, en el planteo de la mayoría de los ensayos se pide lo siguiente

1. Definición del problema. Tendrás que describir la naturaleza del problema. Al definir el problema, conviene repasar mentalmente la lista — *quién, qué, dónde, cuándo*.

3. Explicación de los efectos. Debes explicar los efectos de un problema en el mundo. Por ejemplo, ¿Cómo influye la deforestación en la vida de los habitantes de la Amazonia?

2. Determinación de las causas. Debes presentar las causas del problema. Por ejemplo: ¿Por qué aumenta la contaminación ambiental? ¿Por qué las armas atómicas amenazan la seguridad del mundo?

4. Discusión de posibles soluciones. Debes escribir qué pasos tomaron las agencias gubernamentales o privadas, o lo que recomendarías tú para remediar la situación dada.

CONTROVERSIAS

A diferencia de un problema donde la mayoría de la gente está de acuerdo sobre su existencia y necesidad de remedio, en una **cuestión controversial** generalmente hay dos o más puntos de vista diferentes. Las siguientes controversias podrían ser tema de ensayo (1) el papel de las Naciones Unidas, (2) la situación de las mujeres, (3) las mejores estrategias para desarrollo económico y (4) límitación de migración en el mundo.

MODO GENERAL DE TRATAR EL TEMA

Aunque estos asuntos tienen muchos aspectos, con más frecuencia tendrás que hacer lo siguiente:

Definir la cuestión. Primero haz el repaso mental — *quién, qué, dónde, cuándo.* Por ejemplo, ¿Cuál es el papel más importante de la ONU, castigar los países agresivos o resolver disputas pacíficamente?

Explicar los puntos de vista opuestos. Escribe sobre los distintos lados de la cuestión controversial. Cita uno o más argumentos usados por cada partido en la controversia.

Presentar el trato del asunto. Discute o explica algunas acciones recientes emprendidas por las agencias gubernamentales o grupos privados con el objeto de resolver el asunto.

TENDENCIAS

Una **tendencia** es un modelo de cambio que toma una cierta dirección. En el presente hay varias tendencias que pueden influir en nuestro futuro. En los ensayos se comprueba tu comprensión de los cambios que ocurren en los siguientes campos:

TECNOLOGIA	SITUACION DE LA MUJER	URBANIZACION
MODERNIZACION	EXPLORACION DEL ESPACIO	AUMENTO DE POBLACION

MODO GENERAL DE TRATAR EL TEMA

Aunque estas tendencias tienen muchos aspectos, en los ensayos generalmente tendrás que hacer lo siguiente

Definir la tendencia. Describe el acontecimiento. Repasa mentalmente la lista —quién, qué, dónde, cuándo— al definir la tendencia. Por ejemplo, ¿Cómo cambió el papel de la mujer en el hogar y en el sitio de trabajo en muchas sociedades?

Pronosticar los efectos. Discute los efectos que ha tenido o puede tener la tendencia. Por ejemplo, en tu opinión, ¿Qué impacto tendrá el aumento de la población en la agricultura y en los recursos tales como el agua potable?

UN EXAMEN DE TECNOLOGIA

La **tecnología** se refiere a los utensilios y métodos de hacer cosas. A lo largo de los tiempos, la gente hacía uso de las técnicas existentes y trataba de mejorarlas. Recientemente, el progreso técnico aceleró muchísimo; hizo surgir nuevas esperanzas pero también acarreó problemas nuevos.

ACONTECIMIENTOS SOBRESALIENTES EN LA HISTORIA DE LA TECNOLOGIA

REVOLUCION NEOLITICA (CERCA DE 8.000 A. DE J. C.)
La revolución neolítica ocurrió en Mesopotamia y Egipto hace unos 10.000 años cuando se descubrieron métodos de cultivar plantas y domesticar animales. Esto permitió que la gente se radicara en un solo sitio estableciendo poblados fijos.

SURGIMIENTO DE LAS CIVILIZACIONES (CERCA DE 3.000 A. DE J.C.)
Los miembros de las primeras civilizaciones inventaron el velero y la rueda, minaron metales e irrigaron campos, construyeron ciudades y desarrollaron calendarios y formas de escritura.

ALCANCES DE LOS HINDUES Y MUSULMANES (SIGLOS VIII-IX D. DE J.C.)
El concepto del cero se desarrolló en la India hindú. Los musulmanes desarrollaron los números arábigos y álgebra. También introdujeron el astrolabio usado en la navegación.

ALCANCES DE LA CIVILIZACION CHINA (SIGLOS I-XIII D. DE J. C.)
Los chinos llegaron a inventar muchos artículos que se usan aún en el presente. Usaron vasijas de agua para medir tiempo y fueron los primeros en desarrollar papel, porcelana, seda, el compás magnético, imprenta de bloques y pólvora.

ADELANTOS EUROPEOS (SIGLO XIV - PRINCIPIOS DE XVIII)
En este tiempo tuvieron lugar en Europa muchos adelantos técnicos como armas de fuego, telescopios, microscopios y buenos barcos. Un invento importante fue la prensa: los libros y periódicos llevaron a una verdadera explosión de información. Durante la revolución científica y la Ilustración se desarrolló el método científico y el cálculo.

REVOLUCION INDUSTRIAL (FINES DEL SIGLO XVIII Y EL XIX)

La revolución industrial comenzó en Inglaterra. Una serie de inventos se aplicó la fuerza del vapor para activar maquinaria de hilado y tejido; esto permitió la producción de más tela a precios más bajos. Luego la energía del vapor se usó para activar barcos y locomotoras de ferrocarriles. La etapa postrera de la revolución industrial produjo acero, industria química, petróleo y electricidad.

EDAD DE CAMBIOS RAPIDOS (SIGLO XX)

Al comenzar el siglo XX, había un esfuerzo consciente de fomentar tecnología e investigación científica. Esto resultó en una corriente continua de inventos importantes: el automóvil (*a fines del siglo XIX*) y el avión; la radio y la televisión; el radar, los antibióticos, la energía nuclear, los cohetes y la computadora. Cada uno de ellos influyó mucho en el desarrollo social y cultural.

LOS FACTORES EN EL DESARROLLO DE LA TECNOLOGIA

Según los sociólogos, los siguientes son factores principales que afectan el paso del desarrollo tecnológico:

Importancia de la tradición. En algunas sociedades la conservación de tradiciones es una fuente de gran orgullo, y no hay ningún interés en adelantos tecnológicos. Cuando la gente trata de seguir haciendo las cosas tal como antes, el adelanto resulta muy lento.	**Intercambio de pensamiento y expresión.** El libre intercambio de ideas es esencial al desarrollo técnico. Este es lento en las sociedades donde no hay libertad de palabra y de prensa. Es más rápido cuando se fomenta y recompensa el trabajo de científicos e inventores.	**Difusión cultural.** A través del tiempo hubo intercambio de productos, ideas e información: entre cristianos y musulmanes en las cruzadas; entre europeos e indígenas con las colonias. Pedro el Grande de Rusia occidentalizó su país un poco. También lo hicieron los japoneses en pos de la Restauración de Meiji.

EL DESAFIO DE LA CIENCIA Y TECNOLOGIA MODERNA

Los adelantos técnicos no siempre se aplican de forma positiva. Por ejemplo, los adelantos hicieron las armas más destructivas. Así, la tecnología puede compararse a un martillo: podemos usarlo en la construcción de una casa o para infligir daños en la casa del vecino. La decisión es nuestra, no del martillo.

PROBLEMAS, CUESTIONES Y TENDENCIAS PRINCIPALES

Los rápidos cambios del presente hacen que haya más **interdependencia** entre los diferentes países que en cualquier otro tiempo. El mundo se "encogió" hasta el punto de ser una **aldea mundial**, y los sucesos en una región tienen ahora una influencia más grande en otras partes del globo. Los efectos de la contaminación o destrucción ambiental no se detienen en las fronteras nacionales. Hasta la pobreza de algunas regiones tiene efecto en otras con la migración y sus consecuencias en la economía mundial. En este capítulo se examinan algunos de los problemas, controversias y las tendencias actuales.

EXCESO DE POBLACION

En 1798, el economista inglés **Thomas Malthus** declaró que la producción de víveres siempre estaría retrasada con respecto a la población creciente. La humanidad estaría condenada a un ciclo de aumento de población y el subsiguiente declive causado por el hambre. En 1800 el mundo tenía un billón de habitantes. En el presente tiene más de 5 billones, y este número casi se duplica cada 60 años. Esto amenaza la capacidad de los países en desarrollo de proporcionar suficientes viviendas, combustibles y alimento. Muchos países promueven la planificación de familia, sin embargo la gente tiene muchos hijos donde éstos son mano de obra y mantienen a los padres en su vejez. En varios grupos religiosos hay oposición al control de natalidad, y hay mucha gente que no tiene conocimiento ni acceso a métodos modernos de planificación de familia.

EL AUMENTO DE LA POBLACION DEL MUNDO, 1990

RAZON DE AUMENTO ANUAL
- MAS DE 3 %
- 2.0 A 3.0%
- 1.0 A 1.9%
- MENOS DE 1.0%

Soluciones posibles. Muchos países en vías de desarrollo adoptaron medidas para limitar el aumento de población, como la "política de un solo hijo" en China. Las Naciones Unidas y otras agencias también intensifican sus esfuerzos de instrucción en métodos de control de natalidad y ofrecen incentivos a los que tengan familias más pequeñas. Unos cuantos países grandes son los que tienen la posibilidad de reducir el aumento de la población del mundo: China, India, Pakistán, Bangladesh, Indonesia, Brasil y Nigeria.

 # EL HAMBRE Y LA DESNUTRICION

Sólo unos cuantos países son capaces de producir más víveres de lo que necesitan sus habitantes. Para el resto del mundo, el hambre y la desnutrición son parte de la vida diaria: en los países en vías de desarrollo unos 150 millones de niños menores de 5 años se acuestan hambrientos. La erosión del suelo y los cambios en el clima agudizaron el problema en algunas partes como Somalia. Además, tal como lo pronosticaba Malthus, los adelantos en la producción de comestibles a menudo se contrapesan con el aumento correspondiente en la población.

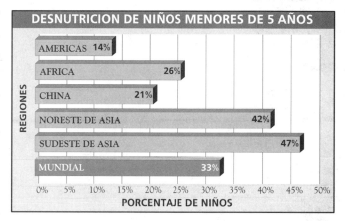

Soluciones posibles. A medida que avanza la tecnología hay adelantos en producir más víveres en tiempo más breve. La **revolución verde** resultó en plantas de alto rendimiento, mejores abonos y pesticidas menos peligrosos. Sin embargo, la carestía es inevitable a menos que llegue a contenerse el aumento de la población.

 # TERRORISMO INTERNACIONAL

El **terrorismo** se define como uso de la violencia contra personas civiles para lograr objetivos políticos. Muchos grupos radicales llaman atención a sus agravios y tratan de presionar a los gobiernos a hacer concesiones. El E.R.I. (Ejército Republicano Irlandés) recurrió al terror contra los ingleses en un intento de reunificar a Irlanda; y en las décadas de 1960 y 1970 la OLP (Organización de Liberación Palestina) usó la fuerza contra Israel en lo que percibía como defensa contra el terrorismo israelí —la ocupación de sus tierras. Los gobiernos de Irán, Iraq, Siria y Libia, no sólo ayudaban a los terroristas palestinos, sino que usaban el terror para silenciar a sus adversarios. Los terroristas se servían de las siguientes tácticas:

Toma de rehenes como en el caso de atletas israelís en los Juegos Olímpicos de Munich en 1972. En 1979-1980, Irán detuvo 52 estadounidenses por 15 meses. Iraq tomó rehenes al principio de la Guerra del Golfo, pero los liberó en poco tiempo.

Bombardeos bastante frecuentes por el E.R.I. contra los ingleses. En 1983 fueron atacados los cuarteles de la infantería marina de los EE.UU. en Beirut, Líbano. Algunos grupos colocan bombas en aviones, como en el vuelo 103 de la Panamericana en Lockerbie, Escocia.

Asesinatos políticos. Los extremistas militares egipcios, opuestos al acuerdo de paz hecho con Israel por el Presidente Sadat, lo asesinaron en 1981. En Israel un estudiante israelí, opuesto al proceso de paz en el Medio Oriente, asesinó al Primer Ministro Rabin en 1995.

Soluciones posibles. Los gobiernos tienen distintos modos de responder al terrorismo: negociaciones, fuerza y represalias. Muchos creen que es incorrecto entrar en negociaciones con los terroristas porque esto los alienta a cometer más actos de terrorismo. Algunos gobiernos tienen fuerzas especialmente entrenadas que toman acción directa en casos de terrorismo. Los gobiernos también pueden responder con presión económica, o inclusive ataques contra los países que apoyan el terrorismo. Otros gobiernos, con el fin de salvar las vidas de rehenes, pueden hacer concesiones a las exigencias de los terroristas.

CONTAMINACION DEL AMBIENTE

Nuestro ambiente se encuentra en peligro debido al aumento de la población y el desarrollo industrial que contaminan el aire, agua y suelo.

✦ **Contaminación de aire.** El desarrollo industrial produce materias contaminadoras de aire que a menudo resultan en **lluvia ácida** y enfermedades del sistema respiratorio. El desgaste de la **capa de ozono** que protege contra los rayos solares y la acumulación de emisiones de materias contaminantes resultan en el calentamiento del aire. Este

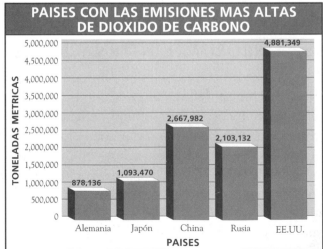

calentamiento, llamado **efecto de invernadero**, puede tener consecuencias muy dañinas. Si llegan a derretirse las capas de hielo en los polos, subirá el nivel de las aguas en los océanos con la consiguiente inundación de regiones costaneras bajas.

✦ **Contaminación de agua.** Con el atestamiento de las ciudades se hace muy difícil deshacerse de los desperdicios y de las aguas inmundas. A menudo éstas se vacían en las aguas cercanas a las ciudades, contaminando el agua potable y amenazando la salud.

✦ **Contaminación del suelo.** A medida que se trata de producir más víveres se usan abonos y pesticidas tóxicos que tienen efectos nocivos.

✦ **Desperdicios.** Los millones de toneladas de basura, envases de todo tipo y otros desperdicios a menudo tóxicos, en su mayoría acaban en los escoriales. Estos se van llenando con rapidez, y la incineración y descarga en océanos y ríos también producen contaminación.

✦ **Riesgos nucleares.** Las armas y centrales atómicas de energía presentan un peligro especial al ambiente terrestre; sus desechos pueden contaminar una región por millones de años. El accidente de 1986 en la central de **Chernobyl** causó muertes y enfermedades en una región muy grande y sigue teniendo efectos nocivos.

Soluciones posibles. La contaminación es un problema mundial, y a medida que fue haciéndose más grave surgió más consciencia de la necesidad de conservar el ambiente. En junio de 1992, los representantes de 178 países fueron a la **Conferencia cumbre en Rio de Janeiro** donde se comprometieron al objetivo de desarrollo industrial sin contaminación o destrucción ambiental. Firmaron un tratado para reducir el calentamiento del globo.

En 1997 hubo una conferencia sobre este asunto en Kyoto, Japón. Se trata de encontrar fuentes alternas de energía para reducir el uso de petróleo y hulla que causan la mayor parte de la contaminación.

DEFORESTACION

Las selvas de Sudamérica, Mesoamérica, Africa y de Asia del sur y del sudeste producen una gran parte del oxígeno del mundo. En esas regiones se talan bosques para producir madera y despejar terrenos de cultivo. Sin embargo, las abundantes lluvias erosionan los valores nutritivos y las tierras se vuelven yermas. La tala también presenta un riesgo para muchas **especies en peligro de extinción.**

Las selvas húmedas tropicales del mundo

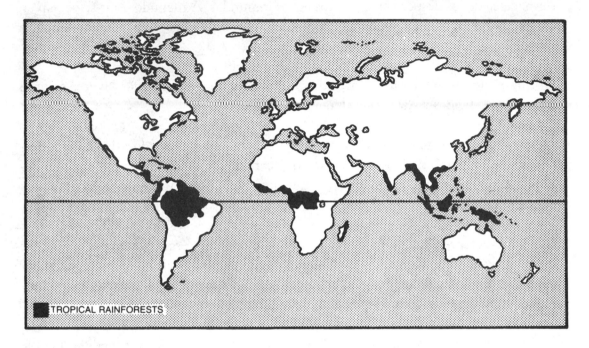

TROPICAL RAINFORESTS

Soluciones posibles. Existe una campaña internacional para salvar las selvas del mundo. Se tomaron las medidas de plantar árboles, restringir el apacentamiento del ganado e instruir a los agricultores sobre la erosión.

DESERTIFICACION

En algunas partes, especialmente en Africa, se despejaron grandes extensiones de tierra para aumentar la producción de víveres. Esto, seguido de varios años de sequía llevó a la **desertificación,** o conversión en desierto. En regiones como **Sahel** al sur del Sahara el problema se agrava con el apacentamiento excesivo; se calcula que sólo en Africa, se convierten en desierto tierras de dimensiones del estado de Nueva York, y millones de personas están a riesgo de hambre y desnutrición.

Soluciones posibles. Es necesario encontrar las formas de poner alto a este proceso. Entre las medidas posibles están la **reforestación,** restricciones de apacentamiento, educación sobre la erosión y hasta el realojamiento de algunos habitantes.

DIVISION NORTE/SUR

Más de tres cuartos de la población del mundo viven en los países en desarrollo, o Ter-

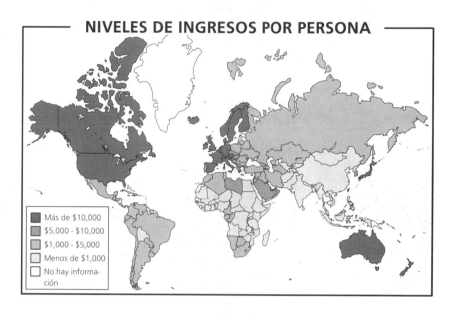

cer Mundo. Aumenta la brecha entre las naciones prósperas y las pobres; esto se conoce como "División Norte/Sur". El "Norte" representa a los países prósperos ya que su mayoría está en el Hemisferio Norte; el "Sur", en vías de desarrollo, al ver los recursos y la prosperidad del Norte quisiera hacer un salto al desarrollo completo.

Alternativas. Los países industrializados envían ayuda y consejeros para adelantar la educación, modernizar la economía y elevar el nivel de vida en los países en vías de desarrollo. Pero muchos de sus líderes exigen más, en parte alegando los abusos del pasado. Uno de los obstáculos a la prosperidad del Tercer Mundo son sus deudas: más de $1,2 trillones. Algunos argumentan que el "Norte" debería cancelarlas. Entretanto, en las últimas dos décadas las naciones en vías de desarrollo hicieron notable progreso principalmente con introducir mercados libres, contener la inflación y establecer condiciones estables para la inversión extranjera. El **Banco Mundial** ofrece crédito cuando se toman medidas para establecer economías más sólidas.

SITUACION DE LA MUJER

A lo largo de la historia la mayoría de las sociedades estaban organizadas en sistemas **patriarcales**: los hombres tenían el poder y las mujeres se consideraban inferiores. Generalmente no tenían derecho a la propiedad, no podían participar en el gobierno y tenían que obedecer a sus esposos.

En los siglos XIX y XX, la situación de la mujer comenzó a cambiar. Con la revolución industrial muchas más mujeres entraron en la fuerza trabajadora. Después de la Primera Guerra Mundial, las mujeres en muchos países industrializados ganaron el derecho al voto. Sin embargo, en el presente, las mujeres siguen teniendo una posición inferior en muchas partes del mundo. En algunos países en Africa y Asia las mujeres sufren mutilaciones de su cuerpo cuando alcanzan la adolescencia. En algunos países islámicos, las mujeres tienen que llevar velo, no aparecer en público y no se les permite manejar automóviles. Hasta en los países occidentales no tienen representación adecuada en la política, en los altos puestos de las corporaciones y tienen un promedio de sueldos más bajo que los hombres. A menudo, las mujeres que tienen una carrera, también tienen que encargarse del hogar y de los hijos.

Alternativas. En la década de 1960 surgió el **Movimiento por la liberación de la mujer**. Se aprobaron leyes de igualdad, pero en muchas regiones del Tercer Mundo la miseria continúa con la excusa de tradición cultural. Algunas organizaciones tratan de acabar con los peores abusos; en 1995 hubo una conferencia internacional en Pekín con el objetivo de adelantar la causa de derechos femeninos en el mundo.

MIGRACION MUNDIAL

La desigualdad económica y conflictos políticos llevan a la migración de escala mundial. Después de la Segunda Guerra Mundial los obreros turcos e italianos migraron a Alemania del oeste; los norafricanos a Francia; los pakistanis a Inglaterra. Más recientemente los europeos del este se refugiaban en Europa del oeste; los latinoamericanos y asiáticos vienen a los Estados Unidos.

Alternativas. En tiempos de desempleo, los grupos locales se oponen, y a veces atacan, a los emigrantes y refugiados; algunos hasta exigen expulsión por la fuerza. Por el otro lado, muchos afirman el principio de derechos iguales para todos. En ciertos casos se han tomado medidas para moderar los números de emigrantes.

URBANIZACION Y MODERNIZACION

La **urbanización** es el movimiento de la población a las ciudades. En 1850 sólo en Inglaterra más de la mitad de sus habitantes vivían en pueblos y ciudades. Para el año 2000, tres cuartos de la población del mundo vivirán en centros urbanos. Los adelantos en la agricultura y la pobreza causan esa migración en busca de trabajo y educación. Los recién llegados tienen empleos mal pagados. Las ciudades no alcanzan a proporcionar servicios adecuados para la creciente población y el atestamiento lleva a la contaminación ambiental. Además, hay choques y conflictos psicológicos entre los valores tradicionales y la **modernización** que a menudo es una característica de la vida de ciudad.

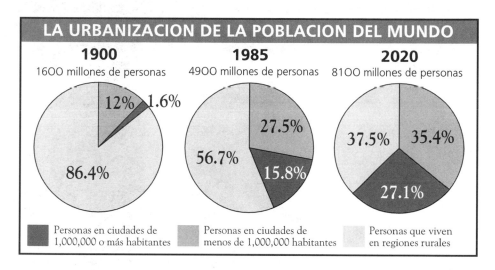

LA URBANIZACION DE LA POBLACION DEL MUNDO

1900
1600 millones de personas
12% 1.6%
86.4%

1985
4900 millones de personas
27.5%
56.7%
15.8%

2020
8100 millones de personas
37.5% 35.4%
27.1%

■ Personas en ciudades de 1,000,000 o más habitantes

▨ Personas en ciudades de menos de 1,000,000 habitantes

□ Personas que viven en regiones rurales

Efectos futuros. En el Tercer Mundo los gobiernos tienen que mejorar las condiciones en las zonas rurales para reducir la migración a las ciudades, y al mismo tiempo cumplir con las necesidades de la población urbana; una reducción en el aumento de la población aliviaría el atestamiento de las ciudades. La adaptación a cambios crea problemas sociales y conflictos culturales; en algunos sitios, como en Irán gobernado por fundamentalistas islámicos, hay mucha oposición a la modernización y particularmente la influencia occidental.

CAMBIOS CIENTIFICOS Y TECNOLOGICOS

Vivimos en un tiempo de cambio constante debido a los continuos adelantos en la ciencia y tecnología. La rapidez de estos cambios hace que muchas destrezas caigan en desuso antes de que la gente llegue a ajustarse.

✦ **La revolución en las computadoras.** Un rasgo importante del fin del siglo XX, las computadoras al principio eran tan grandes que se requerían edificios enteros para alojarlas. Pero con la invención de la **ficha de silicio**, los aparatos capaces de un billón de calculaciones por segundo son pequeños y portátiles. Hay quienes no pueden ajustarse a la presencia de las computadoras, y otros que temen que la cantidad de información que almacenan presenta un riesgo a la intimidad personal.

✦ **Mecanización.** Los robots dirigidos por computadoras a menudo reemplazan a obreros adiestrados, llevando a productos más baratos pero reduciendo el empleo en las fábricas. Algunos creen que los nuevos empleos surgen con rapidez pero en diferentes campos y que requieren entrenamiento.

✦ **Revoluciones en la medicina.** Las vacunaciones y los antibióticos eliminaron muchas enfermedades. Los adelantos médicos ahora parecen ocurrir casi a diario. Hace sólo unos años los transplantes de órganos eran gran noticia; ahora son comunes. El próximo desafío en la medicina es encontrar remedios para el cáncer, el SIDA y la pérdida de memoria entre los ancianos. Pero los costos médicos suben rápidamente. Los países en desarrollo no pueden costear sanidad adecuada; 40.000 niños menores de cinco años mueren a diario de enfermedades evitables.

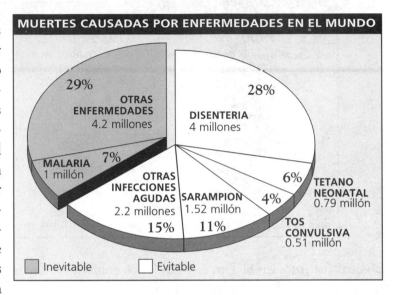

MUERTES CAUSADAS POR ENFERMEDADES EN EL MUNDO

29% OTRAS ENFERMEDADES 4.2 millones

28% DISENTERIA 4 millones

MALARIA 1 millón 7%

OTRAS INFECCIONES AGUDAS 2.2 millones 15%

SARAMPION 1.52 millón 11%

6% TETANO NEONATAL 0.79 millón

4% TOS CONVULSIVA 0.51 millón

☐ Inevitable   ☐ Evitable

✦ **Adelantos en el transporte.** El motor de combustión interna usado en los autos, barcos y aviones influyó mucho en la vida de la gente que tiene la posibilidad de viajar con rapidez donde quiera. Al mismo tiempo, sus grandes números producen atestamiento, humo y contaminación, especialmente en las grandes ciudades del mundo.

✦ **Adelantos en las comunicaciones.** El teléfono, la radio y televisión, especialmente con el uso de satélites, permiten comunicaciones casi instantáneas, convirtiendo el mundo en una "aldea". La **Internet** por medio de computadoras permite comunicaciones y acceso a tremendas cantidades de información de modo rápido y económico.

✦ **Exploración del espacio.** En 1957 los soviéticos lanzaron el **Sputnik I** y comenzó la competencia en el espacio entre la Unión Soviética y los Estados Unidos. Los proyectos vinieron a ser cada vez más numerosos y complejos; en 1969 el primer ser humano pisó la superficie de la luna. La exploración del espacio resulta en prestigio nacional, ventajas militares y aumenta la capacidad en las comunicaciones, pero requiere muchísimo dinero.

Efectos futuros. Nadie puede pronosticar todos los efectos de cambios tecnológicos. Lo importante es asegurarse de que sirvan a la humanidad, y ofrecer a la gente ayuda en el ajuste a las condiciones cambiantes.

RESUMEN DE TU COMPRENSION

TERMINOS, CONCEPTOS Y PERSONAJES IMPORTANTES

Prepara tarjetas de vocabulario para los siguientes términos, conceptos y personajes:

Thomas Malthus	Capa de ozono	Conferencia en Rio	Terrorismo
Banco Mundial	Efecto de invernadero	Deforestación	Urbanización
Lluvia ácida	Chernobyl	Desertificación	Revolución de computadoras

COMPLETAMIENTO DE UNA TABLA

Usa la tabla dada para organizar la información presentada en este capítulo.

Cuestión	Describe el problema	Presenta una solución posible
Sobrepoblación		
Contaminación del ambiente		
Deforestación		
Desertificación		
Situación de la mujer		
Migración mundial		
Urbanización		

COMPRUEBA TU COMPRENSION

Comprueba tu comprensión de este capítulo al resolver los siguientes problemas:

PREGUNTAS DE SELECCION MULTIPLE

1   Los problemas de desarrollo económico desigual, la contaminación del ambiente y el hambre indican la necesidad de
    1 volver a la política de mercantilismo económico
    2 aumentar los gastos militares
    3 reducir ayuda al extranjero ofrecida por los países industrializados
    4 aumentar la cooperación internacional

2   Una declaración válida sobre la tecnología del siglo XX es que
    1 eliminó el hambre y las enfermedades
    2 postergó el progreso económico de los países en vías de desarrollo
    3 llevó a la aceptación de la política de comercio libre
    4 aceleró la difusión cultural

3   Los cambios tecnológicos en los países en vías de desarrollo con más frecuencia resultaron en
    1 gran migración desde las regiones urbanas a las rurales
    2 reducción en las oportunidades de educación y empleo
    3 debilitación de valores tradicionales y vínculos familiales
    4 uso reducido de recursos naturales

4   Un examen del accidente en la planta nuclear en Chernobyl y la contaminación severa del aire en la Ciudad México pueden llevar a la conclusión que
    1 la tecnología puede causar problemas de alcance mundial
    2 el comercio internacional es más ventajoso que el comercio interno
    3 la ciencia moderna no puede resolver la mayoría de los problemas políticos
    4 la revolución verde resultó en la mayoría de los problemas ambientales en el mundo

5   Los daños causados por la lluvia ácida, la contaminación por accidentes nucleares y el desgaste de la capa de ozono indican que se necesita
    1 eliminar el uso de combustibles fósiles
    2 más cooperación internacional
    3 tener aranceles más altos y un balance comercial favorable
    4 nacionalizar las industrias principales

6   Una razón importante para la alta natalidad en muchos países en vías de desarrollo es
    1 la necesidad de numerosa fuerza obrera en las ciudades
    2 el deseo de contrarrestar el aumento en la mortalidad
    3 la necesidad de reemplazar a los muertos en las guerras civiles
    4 el apego a las tradiciones y la ignorancia de métodos de control de natalidad

7   "La gente mira el cielo y sus contornos con cautela —la radioactividad no necesita visas y no respeta fronteras nacionales."

    Izvestia, mayo 9, 1986

    Esta cita con más probabilidad se refiere
    1 al accidente nuclear en Chernobyl
    2 la sequía en la región africana de Sahel
    3 la deforestación causada por la lluvia ácida
    4 los monzones inundantes del sudeste de Asia

8   La compra de cereales estadounidenses por los rusos, la venta de autos japoneses en Latinoamérica y la importación de petróleo del Medio Oriente por los europeos son ejemplos de
    1 establecimiento de zonas de comercio libre
    2 naciones económicamente autosuficientes
    3 aumento de la interdependencia económica
    4 ánimo mundial de imperialismo

9   La destrucción de las selvas húmedas en Brasil y Africa al sur del Sahara causa preocupación porque puede causar
    1 gran atestamiento en las ciudades
    2 reducción de oxígeno en la atmósfera
    3 mayores ingresos por persona en los países en desarrollo
    4 reducción en la cantidad de agua en esas regiones

10 ¿Cuál declaración describe mejor la situación de las mujeres en el presente?
    1 Las mujeres lograron igualdad completa con los hombres.
    2 Las mujeres tienen más libertad en los países en vías de desarrollo que en los desarrollados.
    3 En los últimos 50 años aumentaron las oportunidades de trabajo en los países desarrollados.
    4 Desde 1945 las mujeres no progresaron en lograr igualdad social.

PROBLEMAS DE RESPUESTAS REDACTADAS BREVES

PROBLEMA #1: La siguiente ilustración representa varios problemas mundiales.

1. ¿Cuál es la idea principal de la ilustración?_____
    _____
    _____

2. Escoge **un** asunto y explica por qué se lo considera un problema._____
    _____
    _____

3. Describe una solución posible. _____
    _____
    _____

PROBLEMA #2: Examina las siguientes palabras de Thomas Malthus.

> "Mantengo que la potencia de la población es infinitamente más grande que la potencia que tiene la tierra para producir sustento para la humanidad. La población no refrenada aumenta a una razón geométrica. El sustento aumenta sólo a razón aritmética. Ya que por su naturaleza el hombre necesita comida para vivir, los efectos de estas dos potencias han de mantenerse iguales."

1. ¿Cuál es la idea principal presentada por Thomas Malthus? _____
2. ¿Qué problema muestra esta situación? _____

PLANTEO DE ENSAYO TEMATICO

Tema: Cuestiones de alcance mundial

> En el mundo del presente, las cuestiones de alcance mundial son un desafío para las acciones nacionales e internacionales.

Desarrollo:

> Nombra **dos** dificultades de alcance mundial en el presente; muestra cómo cada una presenta un problema y cómo podría solucionarse cada uno de ellos.

Instrucciones: Escribe un ensayo bien organizado que incluya una introducción con la declaración del tema, varios párrafos presentados en el Desarrollo y una conclusión.

Sugerencias: Puedes usar cualquier ejemplo de la historia universal. Algunas posibilidades que podrías considerar son: contaminación ambiental, terrorismo, desertificación, sobrepoblación o deforestación. **No** tienes que limitarte a estas sugerencias.

APLICACION DE UN DOCUMENTO
A LA DECLARACION DEL TEMA

Tu respuesta debe apoyar la declaración del tema con la información en el documento.

Desarrollo:

Examina el documento en la página siguiente y responde a la pregunta. Luego escribe un breve párrafo mostrando cómo la evidencia en el documento apoya la declaración temática.

Los adelantos en la ciencia y en la medicina a veces llevan a cambios inesperados en el mundo.

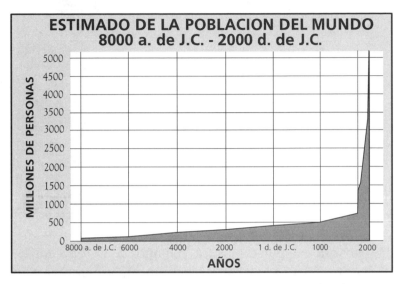

¿Cuáles son algunos de los sucesos que pudieron haber causado el aumento drástico de la población del mundo? _____

APLICACION DEL DOCUMENTO A LA DECLARACION DEL TEMA

En el espacio provisto escribe la frase de introducción, la declaración temática, la oración de transición y el segundo párrafo del ensayo.

CAPÍTULO 15

REPASO FINAL

¡Felicitaciones! Acabas de examinar unos tres mil años de historia universal. Para ayudarte a recordar acontecimientos, fechas y conceptos importantes, en este capítulo se presentan tres secciones de repaso final:

✦ **Conceptos importantes**: la sección contiene un brevísimo glosario de conceptos claves.

✦ **Lista de verificaciones de términos importantes**: sirve para identificar lo que necesites repasar. Cada elemento tiene el número de la página donde se encuentra la explicación del término. Los nombres de personajes de mayor importancia están en la página 241.

✦ **Guía de estudio por regiones**: con la división en regiones, podrás repasar los acontecimientos en las distintas partes del mundo.

SECCION 1: GLOSARIO DE CONCEPTOS IMPORTANTES

Absolutismo: control completo del monarca sobre sus súbditos; se asocia con la teoría del derecho divino. Luis XIV de Francia fue un rey cuyas órdenes eran ley.

Capitalismo: sistema económico donde hay propiedad privada. Se invierte el capital con la esperanza de lograr beneficios para el empresario que arriesga el dinero.

Comunismo: sistema económico, político y social que enfatiza el bienestar del grupo más bien que el del individuo. Los comunistas creían que la eliminación de la propiedad privada llevaría a una sociedad ideal. En práctica, el comunismo se caracterizaba por el control estatal de todos los aspectos de la economía.

"Decolonización": nombre dado corrientemente al proceso en el que las colonias europeas en Africa y Asia vinieron a ser estados independientes (1945-1955).

Difusión cultural: esparcimiento de ideas y productos de una cultura a otra.

Democracia: sistema en el que los ciudadanos participan en las decisiones del gobierno, sea votando directamente sobre las cuestiones que se les presentan o eligiendo representantes a la legislatura. La democracia se estableció primero en Atenas cerca del siglo V a. de J. C.

Dictadura: sistema en el que los ciudadanos tienen pocos derechos y el gobierno es controlado por un individuo o un grupo pequeño.

Fascismo: movimiento político surgido en 1919-1939. El líder absoluto expresaba las necesidades del estado y los ciudadanos debían hacer sacrificios por el país.

Interdependencia mundial: condición en la que los distintos países dependen de otros en el proceso de comprar y vender bienes y servicios.

Imperialismo (*colonialismo*): control de una región o país por otro país. A fines del siglo XIX, el imperialismo resultó en el control de grandes partes de Africa y Asia por los europeos.

Mercantilismo: teoría económica según la que la riqueza del país se mide por la cantidad de metales preciosos en su posesión. En el siglo XVII y XVIII los mercantilistas urgían a los monarcas europeos a adquirir colonias.

Nacionalismo: convicción de que cada grupo étnico o nacional tiene derecho a tener su patria y autonomía en el gobierno.

Occidentalización: política en que se adoptaban costumbres y tecnología de Europa occidental. Pedro el Grande trató de "occidentalizar" a Rusia en el siglo XVIII; el Japón adoptó esa política a fines del XIX.

Totalitarismo: sistema en el que el gobierno controla todos los aspectos de la vida — educación, ideas, economía, artes — y los ciudadanos no tienen derechos individuales. Se estableció por Stalin en la URSS y por Hitler en Alemania.

Urbanización: migración de las regiones rurales a las ciudades en busca de empleo y nuevas oportunidades.

SECCION 2: LISTA DE VERIFICACION DE TERMINOS IMPORTANTES

- ❏ Antisemitismo 255
- ❏ Apartheid 296
- ❏ Apaciguamiento (Appeasement) 258
- ❏ Aztecas 145
- ❏ Balanza de poder 209
- ❏ Bolcheviques 251
- ❏ Budismo 99
- ❏ Calentamiento atmosférico 335
- ❏ Castas 95
- ❏ C.E.E. (E.E.C.) 318
- ❏ Civilización del Indo 70
- ❏ Código de Hammurabi 68
- ❏ Código Justiniano 120
- ❏ Colectivización 253
- ❏ Comunismo 246
- ❏ Conferencia de Berlín 225
- ❏ Confucianismo 99
- ❏ Congreso de Viena 209
- ❏ Concilio de Trento 158
- ❏ Crisis cubana de misiles 292
- ❏ Cristianismo 100
- ❏ Cruzadas 127
- ❏ Chernobyl 335
- ❏ Darwinismo social 255
- ❏ Deforestación 335
- ❏ Derecho divino 182
- ❏ Desertificación 336
- ❏ Desobediencia Civil 267
- ❏ Dinastía Chu 97
- ❏ Dinastía Manchú (Qing) 192
- ❏ Dinastía Ming 190
- ❏ Dinastía Qin 98
- ❏ Dinastía Sung 129
- ❏ Dinastía T'ang 128
- ❏ Dinastía Yuan 152
- ❏ Doctrina Truman 285
- ❏ Edad de oro 115
- ❏ Edad Media 123
- ❏ E.R.I. (I.R.A.) 314
- ❏ Encomiendas 178
- ❏ Esferas de influencia 226
- ❏ Estepas 150
- ❏ Feudalismo 126
- ❏ Fundament. islám 304
- ❏ Genocidio 260
- ❏ Glasnost 305
- ❏ Gran salto adelante 290
- ❏ Guerra del Golfo 315
- ❏ Guerra fría 284
- ❏ Hinduísmo 100
- ❏ Hiroshima 262
- ❏ Holocausto 260
- ❏ Hunos 94
- ❏ Imperio Bizantino 118
- ❏ Imperio Gupta 96
- ❏ Imperio Incaico 173
- ❏ Imperio Maurya 95
- ❏ Imperio Otomano 187
- ❏ Imperio Romano 90
- ❏ Intifada 299
- ❏ Islamismo 84
- ❏ Judaísmo 84
- ❏ Juicios de Nuremberg 261
- ❏ Korán 121
- ❏ Laissez-faire 215
- ❏ Liga de las Naciones 248
- ❏ Lluvia ácida 334
- ❏ Mandato del cielo 97
- ❏ Mayas 171
- ❏ Medialuna fértil 67
- ❏ Mesopotamia 67
- ❏ Mongoles 150, 188
- ❏ Monoteísmo 74
- ❏ Naciones en desarrollo 282
- ❏ Naciones Unidas 265
- ❏ NAFTA 318
- ❏ Nazismo 257
- ❏ Neutralismo 294
- ❏ Noventa y cinco tesis 157
- ❏ Nubia (Kush) 72
- ❏ Nueva Política Económica (N.E.P.) 252
- ❏ O.L.P. (P.L.O.) 299
- ❏ OPEP (OPEC) 303
- ❏ OTAN (NATO) 287
- ❏ Pacto de Varsovia 287
- ❏ Perestroika 306
- ❏ Plan de Marshall 286
- ❏ Planes quinquenales 253
- ❏ Política de libre acceso 226
- ❏ Primera Guerra Mundial 245
- ❏ Protestas de la Plaza Tiananmen 310
- ❏ Racismo 255
- ❏ Rebelión de Bóxers 227
- ❏ Reforma 157
- ❏ Reino de Ghana 148
- ❏ Reino de Mali 148
- ❏ Reino de Songhai 149
- ❏ Renacimiento 155
- ❏ Restauración de Meiji 228
- ❏ Revolución científica 185
- ❏ Revolución comercial 180
- ❏ Revolución Cubana 291
- ❏ Revolución cultural 292
- ❏ Revolución Francesa 205
- ❏ Revolución industrial 213
- ❏ Revolución Iraní 304
- ❏ Revolución Mexicana de 1910 243
- ❏ Revolución neolítica 66
- ❏ Revolución Rusa 251
- ❏ Revolución verde 300
- ❏ Rusificación 220
- ❏ Sabana 147
- ❏ Segunda Guerra Mundial 258
- ❏ Shogunado de Tokugawa 227
- ❏ Sublevación cipaya 223
- ❏ Tercer Mundo 302
- ❏ Terrorismo 333
- ❏ Trata transatlántica de esclavos 179
- ❏ Tribalismo 295
- ❏ Turcos jóvenes 242

EL MEDIO ORIENTE Y NORTE DE AFRICA

PRINCIPIOS DE CIVILIZACION 10,000 a. de J.C. - 500 d. de J.C.	NUEVO CENTRO DE CULTURA 330 - 1453	EXPANSION ISLAMICA 570 - 1770	IMPERIO OTOMANO 1453 - 1918	MEDIO ORIENTE EN EL SIGLO XX 1900 - PRESENTE
PRIMERAS SOCIEDADES HUMANAS • Revolución neolítica **CIVILIZACIONES DE VALLES FLUVIALES** • Mesopotamia —Medialuna fértil —Ríos Tigris and Eufrates —Sumerios —Código de Hammurabi • Egipto antiguo —Pirámides —Faraones —Jeroglíficos • Israel —Judaísmo —Monoteísmo —Diez Mandamientos —Exodo • Fenicios —Primer alfabeto **PERSIA** (550–100 a. de .. C.) • Gran imperio que unía muchos pueblos • Ciro el Grande • Zoroastrismo • Intento de conquistar las ciudades-estados griegas	**IMPERIO BIZANTINO** • Continuación del Imperio Romano del este —Emperador Constantino —Constantinopla • Legado de Bizancio —Código Justiniano —Cristianismo ortodoxo oriental —Hagia Sophia	**SURGIMIENTO DE ISLAMISMO** • Oriundo de Arabia • Mahoma —Alá —Korán —Hégira and jihad • Cinco puntales de fe —Confesión de fe —Oración cinco veces al día —Caridad —Ayuno durante Ramadán —Pilgrimaje a Meca • Edad de Oro del dominio islámico —Califatc de los Abasidas **CRUZADAS** (1096) • Turcos selyúcidas • Intento de reconquistar la Tierra Santa • Difusión cultural	**AVANCES DE LOS TURCOS OTOMANOS** • Toma de Constantinopla • Solimán el Magnífico • Tolerencia de judaísmo y cristianismo **IMPERIO SAFARIDA** • Persia —Gobierno de los shas —Alfombras persas **DECADENCIA DEL IMPERIO OTOMANO** • Desunión • Guerras de Persia, Austria, Rusia • Falta de modernización • Pérdida de territorios (Balcanes, Egipto) **TRANSFORMACION EN UN ESTADO TURCO MODERNO** • Turcos jóvenes • Imperio Otomano tomc la parte de Alemania en la Primera Guerra Mundial • Modernización de Turquía bajo Kemal Atatürk	**SURGIMIENTO DEL NACIONALISMO** • Mandato británico y francés • Surgen los estados independientes • Movimiento Panárabe **CONFLICTO ARABE-ISRAELI** • Sionismo —Declaración de Balfour • Guerra por la independencia (1948) • Guerras subsiguientes (1956, 1967, 1973) —OLP —Intifada • Paz inquieta —Acuerdo de Camp David —Sadat y Begin • Conferencia por la Paz en Medio Oriente —Rabin —Arafat —Autonomía palestina **OTROS PUNTOS CRITICOS** • OPEP y el petróleo • Revolución Iraní —Derribo del Sha Pahlevi —Fundamental. islámico —Ayatolla Khomeini • Guerra entre Irán e Iraq • Guerra del Golfo —Saddam Hussein —Curdos

ASIA

PRIMERAS CIVILIZACIONES 2500 a. de J.C. - 500 d. de J.C.	ESTABILIDAD Y CAMBIO 500 - 1900	SIGLO XX 1900 - PRESENT

CHINA
• Valle del Huang He (200-1027 a. de J.C.)
• Dinastía Chang (1750-1027 a. de J.C.)
• Dinastía Chu (1027-221 a. de J.C.)
  —Mandato del cielo
  —Confucio
  —Lao Tzu y daoísmo
• Dinastía Qin (221 a. de J.C.-206 d. de J.C.)
  —Chi-Huangdi, primer emperador
  —Construcción de la Gran Muralla China
• Dinastía Han (206 a. de J.C.-220 d. de J.C.)
  —Camino de la seda
  —Exámenes para servicio imperial
• Época de desunión
  —Reinos guerrean por control de China
  —Período de desunión más largo en la
  historia china
 	
INDIA
• Valle del Indo (2500-1500 a. de J.C.)
  —Harappas
• Invasiones de los arios
  —Hinduísmo
  —Sistema de castas
  —Budismo
• Imperio Maurya (321 a. de J.C.-232 d.
  de J.C.)
  —Asoka
• Imperio Gupta (320-535)
  —Edad de Oro de la cultura hindú
  —Invasiones de los hunos
	CHINA
	• Dinastía T'ang (618-907)
	  —Edad de Oro: imprenta de bloques
	  —Expansión hacia Corea y Manchuria
	• Dinastía Sung (960-1279)
	  —Edad de Oro: compás, pólvora
	• Dinastía Yuan (1279-1368)
	  —Conquista por los mongoles
	  —Kublai Khan
	  —Visita de Marco Polo
	• Dinastía Ming (1368-1644)
	  —"Reino del Centro"
	• Dinastía Manchu (Qing) (1644-1912)
	  —Guerra del Opio
	  —Rebelión de Taiping
	  —Rebelión de los Bóxers (1899)
	
	JAPON
	• Influencia china en el Japón
	  —Alfabeto, confucianismo, budismo
	• Período de Heian (794-1185)
	  —Edad de Oro; La historia de Genji
	• Shogunados (1200-1550)
	  —Feudalismo japonés
	  —Los shogún, daimio y samurai
	  —Shogunado de Tokugawa
	• Restauración de Meiji (1868-1912)
	  —Influencia occidental
	
	INDIA
	• Invasiones de los musulmanes
	• Imperio mongol (1526-1837)
	  —Akbar el Grande
	  —Sha Jahan, Taj Mahal
	• Dominio británico (siglo XVIII-1947)
	  —Compañía Británica de las Indias
		CHINA
		• Período republicano (1912-1949)
		  —Sun Yat-sen y Los tres principios
		  —Chang Kai-Chek y el Kuomintang
		  —Invasión por el Japón (1937-1945)
		• Período comunista (1949-presente)
		  —Dos Chinas: China continental y Taiwan
		  —Mao Tse-tung
		  —La guardia roja y la revolución cultural
		  —Deng Xiaoping
		  —Jiang Zemin
		
		JAPON
		• Desarrollo de la potencia (1900-1939)
		  —Guerra Ruso-Japonesa
		  —Guerra Sino-Japonesa
		  —Primera Guerra Mundial
		• Segunda Guerra Mundial (1939-1945)
		  —Pearl Harbor
		  —Hiroshima y Nagasaki
		  —Ocupación del Japón por los EE.UU.
		  —Constitución de 1947
		• Desarrollo del poder económico (1970-presente)
		  —Superpotencia económica
		
		INDIA/ASIA DEL SUDESTE
		• Movimientos por la independencia
		  —Mahatma Gandhi, India
		  —Ho Chi Minh, Vietnam
		• Partición de la India (1947)
		  —Pakistán e India
		  —Independencia de Bangladesh (1971)
		• Guerra fría en Asia
		  —Guerra de Corea (1951-1952)
		  —Guerra de Vietnam (1965-1974)

LAS AMERICAS

CIVILIZACIONES INDIGENAS: 30,000 a. de J.C. - 1546 d. de J.C.

MIGRACIONES DESDE ASIA (30,000 –10,000 a. de J.C.)
- Los pobladores cruzan el Estrecho de Bering

OLMECAS
- Una de las primeras civilizaciones mexicanas

CIVILIZACION MAYA (1500 a.de J.C.-1546 d.de J.C.)
- Guatemala, luego Yucatán
- Agricultores, cultivo de maíz
- Perfección del calendario
- Sacrificios humanos

IMPERIO AZTECA (1200-1521)
- Control de México central
- Estructura social rígida
- Sacrificios humanos al dios del sol

IMPERIO INCAICO (1200–'535)
- Situado en los Andes
- Estructura social rígida
- Cultivo de papas, otros tubérculos
- Caminos y edificios de piedra
- Sistema de escritura y números
- Grandes ciudades con pirámides, palacios
  - *Machu Pichu*

COLONIALISMO EUROPEO 1500 - 1850

CONQUISTA EUROPEA (1492–1542)
- Los conquistadores
- Cortés derrota a los aztecas (1521)
  - *Moctezuma*
- Pizarro derrota a los incas (1535)

EFECTOS DE LA CONQUISTA
- Introducción de nuevos comestibles en Europa
- Devastación de los indígenas por las enfermedades
- Esparcimiento del cristianismo
- Arraigo de cultura peninsular en Latinoamérica

LA EPOCA COLONIAL
- Dominio por España y Portugal
- Sistema de encomiendas
- Clases sociales coloniales
  - *Peninsulares*
  - *Criollos*
  - *Mestizos, mulatos*
  - *Indígenas y africanos*
- Mercantilismo

HISTORIA RECIENTE 1800 - PRESENTE

MOVIMIENTOS POR LA INDEPENDENCIA
- Causas
  - *Ejemplo de la Revolución Francesa y la Estadounidense*
  - *Debilitación de España*
- Jefes de liberación
  - *Haití: Toussaint L'Ouverture*
  - *Venezuela, Colombia: Simón Bolívar*
  - *México: Miguel Hidalgo*

SIGLO XIX
- Doctrina Monroe (1823) detuvo nueva colonización
- Gobiernos caudillistas

SIGLO XX
- Revolución Mexicana, 1910
  - *Díaz and Pancho Villa*
  - *Constitución Mexicana*
- Revolución Cubana (1959)
  - *Castro y comunismo*
  - *Bahía de los Cochinos*
  - *Crisis de misiles*
- Revolución Nicaragüense
  - *Sandinistas vs. Contras*
- Dictaduras militares
- Deudas con bancos extranjeros
- Problemas de desarrollo económico

AFRICA AL SUR DEL SAHARA

TIEMPOS ANTIGUOS Y MODERNOS 750 a. de J.C. - 1800 d. de J.C.

NUBIA (KUSH) (750 a. de J. C. - 350 d. de J. C.)
- Gran productora de hierro
- Rica en marfil y ébano
- Influencia cultural egipcia
- Escritura propia

REINO DE GHANA (750-1200)
- Comercio de sal y oro
- Esclavitud de cautivos

REINO DE MALI (1240-1400)
- Prosperó con comercio de sal
- Reyes adoptaron el islamismo
  - *Mansa Musa*
  - *Timbuktu: centro de erudición*

REINO DE SONGHAI (1464-160C)
- Fundado por Sultán Sunni Alí
- Reino islámico
- Prosperó con el comercio

OTROS ESTADOS AFRICANOS
- Benín
- Gran Zimbabwe
- Ciudades costaneras del este
- Etiopía

TRATA DE ESCLAVOS
- Trata de esclavos aumenta
- Cerca de 15 millones esclavizados en 300 años
- Muchos muertos en la travesía
- Disrupción del desarrollo africano

HISTORIA RECIENTE 1800 - PRESENTE

CAUSAS DEL NUEVO IMPERIALISMO
- Adelantos tecnológicos
- Motivos económicos
- Vanidad nacional
- Balanza del poder
- Darwinismo social

COMPETENCIA POR AFRICA
- Gran Bretaña toma a Egipto
- Conferencia de Berlín, 1884-85
- Guerra de los Bóers en Sudáfrica

INDEPENDIZACION
- Surgimiento del nacionalismo
- Debilitación del control europeo por la Segunda Guerra Mundial
- Movimientos por la independencia
  - *Kwame Nkrumah*
  - *Yomo Kenyatta*
- Estados monopartidarios
- Problemas de desarrollo económico

AFRICA MODERNA
- Sudáfrica
  - *Apartheid*
  - *Nelson Mandela*
  - *F.W. DeKlerk*
- Tribalismo
  - *Rwanda y Burundi*
- Hambre y escasez
  - *Somalia*
- Movimiento hacia gobiernos democráticos

EUROPA

CIVILIZACIONES CLASICAS 1000 a. de J. C. - 500 d. de J. C.	EDAD MEDIA Y RENACIMIENTO 500 - 1500	SURGE EL MUNDO MODERNO 1500 - 1770	CORRIENTES NUEVAS 1770 - 1900	EL MUNDO EN GUERRA 1900 - 1945	EDAD ATOMICA 1945 - Present

GRECIA
• Ciudades-estado
  –Esparta
  –Atenas
• Guerras con Persia
• Edad de Oro
  –Pericles
  –Democracia
  –Partenón
• Alcances
  –Filosofía
  –Escultura
  –Drama
  –Historia
• Período helénico
  –Alejandro Magno
 	
ROMA
• República Romana
  –12 Tablas de Ley Romana
  –Julio César
• Imperio Romano
  –Augusto
  –Paz Romana
  –Surgimiento del cristianismo
• Decadencia
  –Esclavitud
  –Problemas económicos
  –División en Imperio Occidental y Oriental
  –Invasiones de los bárbaros
	IMPERIO BIZANTINO
	• Imperio Romano Oriental
	• Constantinopla
	• Cristianismo ortodoxo oriental
	• Conservación de erudición clásica
	
	EL OCCIDENTE EN CAOS
	• Invasiones de los bárbaros
	• Ascenso de los francos
	• Carlomagno
	• Invasiones de los vikingos
	
	SOCIEDAD FEUDAL
	• Señores/vasallos
	• Siervos/señoríos
	• Edad de la fe
	  –Iglesia Católica
	  –Cruzadas
	
	DECLIVE DEL FEUDALISMO
	• Peste bubónica
	• Desarrollo de ciudades
	• Uso de dinero
	
	RENACIMIENTO
	• Ciudades-estado italianas
	• Humanistas
	• Personajes principales:
	  –Leonardo da Vinci
	  –Miguel Angel
	  –Maquiavelo
	  –Gutenberg
		REFORMA
		• Corrupción en la Iglesia
		• Martín Lutero
		• Guerras religiosas
		• Contrarreforma
		  –Jesuitas
		  –Concilio de Trento
		
		EDAD DE DESCUBRIMIENTOS
		• Exploradores
		  –Colón
		  –Magallanes
		
		CONQUISTA DE LAS AMERICAS
		• Cortés/aztecas
		• Pizarro/incas
		
		REVOLUCION COMERCIAL
		• Mercantilismo
		• Capitalismo
		
		EDAD DE MONARCAS
		• Surge el poder real
		• Derecho divino
		  –Absolutismo
		
		MONARQUIA LIMITADA
		• Carta Magna
		• Surge el parlamento
		  –Revolución Inglesa
		• Declaración de derechos (1689)
			REVOLUCION CIENTIFICA
			• Método científico
			  –Galileo y Newton
			
			ILUSTRACION
			• Fe en la ley natural
			  –Locke y Voltaire
			  –Rousseau
			
			REVOLUCION FRANCESA
			• Causas
			• Sucesos principales
			  –Estados Generales
			  –Asamblea Nacional
			• Reinado del Terror
			• Ascenso de Napoleón
			• Congreso de Viena
			
			REVOLUCION INDUSTRIAL
			• Comienzos en Inglaterra
			• Movimiento de reforma
			• Comunismo
			  –Marx/Engels
			
			NACIONALISMO
			• Revoluciones de 1848
			• Unificación italiana
			  –Conde de Cavour
			• Unificación alemana
			  –Otto von Bismarck
			
			IMPERIALISMO
			• India, Africa, China, Indochina
				PRIMERA GUERRA MUNDIAL
				• Causas
				  –Nacionalismo
				  –Sistema de alianzas
				  –Militarismo
				• Sucesos principales
				  –Guerra de trincheras
				• Consecuencias
				  –Tratado de Versalles
				  –Liga de las Naciones
				
				TIEMPO DE ENTREGUERRA
				• Prosperidad y depresión
				• Origen del fascismo
				  –Hitler/nazis
				  –Mussolini
				
				SEGUNDA GUERRA MUNDIAL
				• Causas
				  –Agresión nazi
				• Sucesos principales
				  –Blitzkrieg
				  –Batalla de Gran Bretaña
				  –Invasión de Rusia
				  –Holocausto
				  –Bomba atómica
				• Consecuencias
				  –Juicios de Nuremberg
				  –Formación de ONU
				  –División de Alemania
					RIVALIDAD ENTRE SUPERPOTENCIAS
					• EE.UU. contra U.R.S.S.
					• Guerra fría
					  –Doctrina Truman
					  –Plan de Marshall
					  –Muralla de Berlín
					• OTAN vs. Pacto de Varsovia
					
					ACABA LA GUERRA FRIA
					• Contención
					• Europa del este libre
					  –Lech Walesa
					  –Solidaridad
					• Reunificación de Alemania
					  –Derribo de la muralla de Berlín
					  –Helmut Kohl
					• Disolución de U.R.S.S.
					
					EUROPA HOY DIA
					• Del Mercado Común a Unión Europea
					• Conflictos étnicos y religiosos
					  –Bosnia
					  –Irlanda del Norte
					• Política de inmigración
					• Contaminación ambiental
					• Problemas económicos en Europa del este

352

RUSIA Y LA ANTIGUA UNION SOVIETICA

ORIGENES DEL ESTADO Y EL IMPERIO 800 - 1917	ESTADO COMUNISTA 1917 - 1991	MOVIMIENTO HACIA LA DEMOCRACIA 1991 - PRESENTE
ESTADO DE KIEV (siglo IX-1240) • Los vikingos organizan el reino eslavo **DOMINIO MONGOL** (1240-1480) **PROMINENCIA DE MOSCOVIA** (1480–1598) **GOBIERNO DE LOS ROMANOVS** (1613–1917) • Pedro el Grande (1682–1725) 　—Occidentalización 　—Expansión • Catalina la Grande (1762–1796) 　—Continúa la occidentalización 　—Adquisición de terrenos polacos y turcos 　—Empeoran las condiciones de los siervos • Autocracia rusa 　—Monarcas absolutos 　—Derrota de Napoleón 　—Guerra de Crimea 　—Zar Alejandro II 　—Emancipación de los siervos 　—Rusificación 　—Pogromos contra los judíos **REVOLUCION DE 1905** • Nicolás II concede reformas limitadas	**REVOLUCION RUSA DE 1917** • Rusia no preparada para la Primera Guerra Mundial • Derribo del Zar Nicolás II • Los bolcheviques toman el poder • Retiro de la Primera Guerra Mundial **GOBIERNO DE LENIN** (1917–1924) • Introducción del Comunismo 　—Guerra civil: rojos contra blancos 　—Nuevo plan económico (N.E.P.) **REGIMEN DE STALIN** (1924–1953) • Totalitarismo: reinado de terror, purgas, gulags • Cambios económicos: 　—Colectivización 　—Planes quinquenales: de agricultura a industrialización • Segunda Guerra Mundial 　—Alemania rompe el tratado de no-agresión 　—Unión con los aliados contra Alemania **GUERRA FRIA** (1945–1991) • Democracia vs. comunismo • Ocupación de Europa oriental 　—Gobiernos satélites de U.R.S.S. 　—Cortina de hierro • Reacción de EE.UU.: Plan Marshall y Doctrina Truman • División de Alemania • OTAN vs. Pacto de Varsovia • Kruschef (1953–1965) 　—Censura el stalinismo 　—Crisis cubana de misiles • Brezhnev (1965–1982) 　—Estancamiento de la economía 　—Détente ("coexistencia")	**GORBACHEV** (1985–1991) • Política de reformas 　—Glasnost (franqueza) 　—Perestroika (restructuración) 　—Nueva política extranjera • Fracaso de reformas de Gorbachev 　—Falta de familiaridad con el sistema de mercado libre 　—Oposición por los burócratas del partido comunista 　—Inestabilidad política 　—Declive en la productividad industrial • Problemas con distintos grupos nacionales 　—Estados del Báltico 　—Rusia 　—Tratado de la Unión • Golpe de agosto de 1991 • Disolución de la Unión Soviética, diciembre de 1991 **COMUNIDAD DE ESTADOS INDEPENDIENTES** (1991–Presente) • Asociación de estados independientes • Importancia de la República Rusa • Yeltsin introduce cambios 　—Democracia 　—Sistema de mercado libre

CAPITULO 16

COMPROBACION FINAL

Ahora que repasaste las estrategias de tomar exámenes y los capítulos de reseñas históricas, debes medir tu progreso por medio del siguiente examen. Primero considera algunas sugerencias para tomar pruebas:

✦ **No dejes preguntas sin contestar**. Ya que no pierdes nada con adivinar, asegúrate de contestar todas las preguntas —aunque sea adivinando.

✦ **Usa el proceso de eliminación** en las preguntas con respuestas múltiples. Aunque no sepas cuál es la respuesta acertada, tiene que ser obvio que algunas son incorrectas, sea porque se refieren a un tiempo o lugar diferente, no tienen relación con la pregunta, o simplemente son aseveraciones incorrectas. Después de eliminar las selecciones incorrectas, escoge la mejor de las que quedan.

✦ **Subraya las palabras claves** en la pregunta. Si aparece una palabra desconocida, trata de dividirla en partes que son familiares. Fíjate si el prefijo (*parte que precede la palabra*), raíz o sufijo (*parte que sigue la palabra*) te ayudan en la comprensión de la palabra.

Este examen te ayudará a ver lo que necesitas volver a estudiar. ¡Buena suerte!

EXAMEN EJEMPLAR DE HISTORIA UNIVERSAL

Este examen tiene cuatro partes:

> **Parte I** tiene 50 preguntas con respuestas de selección múltiple;
> **Parte II** tiene cuatro problemas con respuestas redactadas breves;
> **Parte III** tiene un ensayo temático;
> **Parte IV** tiene un ensayo basado en documentos.

PARTE I: PREGUNTAS CON RESPUESTAS MULTIPLES

1   ¿Con cuál declaración estaría más de acuerdo un historiador?
1   Las fuentes secundarias no tienen ningún valor en la investigación del antiguo Egipto.
2   Sólo las fuentes secundarias deben usarse al investigar el antiguo Egipto.
3   Sólo las fuentes primarias escritas son útiles en el estudio del Egipto de la antigüedad.
4   Las fuentes primarias sobre el Egipto antiguo son sujetas a distintas interpretaciones.

2   La ganadería y agricultura fueron adelantos que surgieron durante
1   la revolución comercial   3   la era paleolítica
2   la dinastía Chang   4   la revolución neolítica

3   ¿Qué aspecto de las sociedades que las produjeron reflejan las pirámides egipcias, el Partenón en Grecia y el Coliseo romano?
1   su situación estratégica   3   la fe en la democracia
2   los valores culturales   4   el poder militar

4   Los Diez Mandamientos y los Cinco Puntales de la Fe se parecen porque
1   establecen una sociedad sin clases
2   consisten en oraciones para la salvación
3   son guías de conducta moral
4   prometen una vida fácil y feliz

5   ¿Cuál fue el elemento esencial en el desarrollo del arte del Renacimiento?
1   clases sociales rígidas   3   énfasis en el realismo
2   uniformidad religiosa   4   educación universal

6   ¿Cuál fue una contribución importante de la cultura musulmana a la civilización universal?
1   el desarrollo de la perspectiva y del realismo en la pintura
2   nuevos adelantos en la ciencia y las matemáticas
3   la invención de pólvora, seda y porcelana
4   la separación entre la religión y el estado

7   El mandato del cielo en China durante los Chu se parece más
1   al derecho divino de los monarcas europeos
2   al concepto de la libertad en la Revolución Francesa
3   a la dictadura del proletariado bajo el comunismo
4   a la doctrina nazi de superioridad racial

8   ¿Cuál cita refleja mejor las creencias del confucianismo en China antigua?
    1 "Ojo por ojo y diente por diente".
    2 "La lealtad a la familia es una de las obligaciones principales del individuo".
    3 "La naturaleza funciona por medio de situaciones opuestas".
    4 "El fin justifica los medios".

Basa tu respuesta a la pregunta 9 en el mapa que sigue y en tu conocimiento de historia universal.

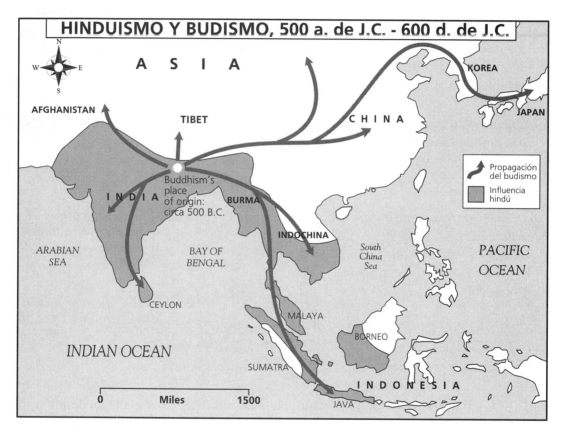

9   ¿Cuál concepto queda mejor ilustrado con la información en el mapa?
    1 el esparcimiento de la democracia   3 difusión cultural
    2 Pax Romana   4 sistema de castas

10 ¿Cuál declaración describe mejor el resultado de las Cruzadas?
    1 Los europeos establecieron control duradero en la mayoría del Medio Oriente.
    2 Los guerreros musulmanes conquistaron a España.
    3 Los europeos se volvieron más tolerantes de las religiones no-cristianas.
    4 Aumentó el comercio entre Europa y el Medio Oriente.

11 Un efecto duradero del Imperio Bizantino fue el
    1 desarrollo del islamismo   3 surgimiento del budismo
    2 esparcimiento del cristianismo ortodoxo   4 declive del zoroastrianismo

12 ¿Cuál fue una característica compartida por el feudalismo japonés y el europeo?
    1 Se intercambiaban obligaciones y servicio militar por la tierra.
    2 El gobierno estaba a cargo de una burocracia central de funcionarios civiles.
    3 Los candidatos tomaban exámenes escritos para poder servir en gobierno imperial.
    4 Los funcionarios religiosos administraban el gobierno.

13 A continuación hay cuatro sucesos importantes en la historia universal.

> A. La caída del Imperio Romano
> B. El derrumbe de la dinastía Manchú (Qing)
> C. El declive del Imperio de Songhai
> D. La caída de Constantinopla

¿Cuál es el orden cronológico de estos acontecimientos?

1 B → A → C → D   3 C → A → D → B
2 A → D → C → B   4 D → B → C → A

14 ¿Cuál titular está correctamente pareado con la persona asociada con el suceso?
    1 "Monarca de Malí visita a Egipto" - Miguel Angel
    2 "Artista pinta la cúpula de la capilla Sixtina" - Martín Lutero
    3 "Mongoles invaden el norte de China" - Genghis Khan
    4 "Clérigo recusa la Iglesia Católica Romana" - Mansa Musa

15 El éxito de los reinos africanos de Ghana, Malí y Songhai dependía
    1 de su control del comercio de oro y sal en la sabana
    2 de las fortificaciones macizas de sus ciudades
    3 del uso de pólvora y cañones
    4 de su dominación de la trata transatlántica de esclavos

16 Los turcos selyúcidas y los mongoles se parecían porque
    1 procedían de Asia Central
    2 fueron derrotados por el Imperio Bizantino
    3 comerciaban con Roma a lo largo de la Ruta de Seda
    4 desarrollaron formas específicas de cristianismo

Basa tu respuesta a la pregunta 17 en el cuadro mostrado a la derecha y en tu conocimiento de historia universal.

17 La pintura representa el estilo artístico
    1 de la China de los T'ang   3 de Italia renacentista
    2 del Imperio Romano   4 del Reino de Songhai

18 Isaac Newton fomentó la idea que el conocimiento científico se basa en
    1 la sabiduría de las civilizaciones del pasado
    2 las emociones y los sentimientos
    3 la observación, experimentación y las matemáticas
    4 la doctrina de la Iglesia Católica

19 Un capitalista al estilo de laissez faire probablemente estaría en favor de
    1 una política colonial mercantilista
    2 distanciamiento completo del gobierno de la economía
    3 la reglamentación gubernamental de los grandes negocios
    4 una sociedad sin distinción de clases

20 El examen de las culturas de los mayas, incas y aztecas muestra que estos pueblos indígenas
    1 establecieron civilizaciones ricas y complejas
    2 tenían contactos extensos con Grecia y Roma antigua
    3 hablaban idiomas parecidos
    4 eran pacíficos antes de su contacto con los europeos

21 Un efecto duradero del encuentro de los europeos con las civilizaciones indígenas de América Central y del Sur era
    1 la introducción de nuevos alimentos a Africa, Asia y Europa
    2 el fin de la esclavitud en Africa
    3 la introducción de pólvora a Europa y Africa
    4 el surgimiento de las primeras democracias del mundo

22 Una característica principal de la revolución comercial en el occidente de Europa fue el
    1 surgimiento del capitalismo
    2 desarrollo de la artesanía local
    3 respeto por los derechos de los pueblos indígenas
    4 surgimiento del sistema señorial

23 Tanto el sistema de encomiendas en Hispanoamérica como el sistema señorial de la Europa medieval se basaba en
  1 una clase media próspera
  2 el trabajo forzado de las clases humildes
  3 un gobierno central fuerte
  4 una economía capitalista

24 ¿Cuál declaración queda mejor apoyada por un examen de la trata de esclavos?
  1 Desanimó las guerras entre tribus africanas.
  2 Destruyó una gran parte de la herencia cultural de Africa.
  3 La esclavitud de africanos en el Nuevo Mundo se limitaba a los Estados Unidos.
  4 Los gobernantes españoles en Sudamérica se oponían a la importación de esclavos.

25 ¿Qué dos individuos establecieron grandes imperios en Asia?
  1 Akbar el Grande y Solimán el Magnífico
  2 Mansa Musa y Pedro el Grande
  3 Hernán Cortés y Shah Jahan
  4 Carlomagno y Montezuma

26 Una política importante del shogunado de Tokugawa fue la
  1 destrucción de la clase de los samurai
  2 restauración del poder completo al emperador
  3 exclusión de extranjeros del Japón
  4 apertura del Japón a la influencia occidental

Basa tu respuesta a la pregunta 27 en la tabla y en tu conocimiento de historia universal.

LOS CENTROS URBANOS DE POBLACIONES MAS GRANDES DEL MUNDO
(en miles)

1350 A. DE J. C.		1600 D. DE J. C.	
Tebas, Egipto	100	Pekín, China	706
Menfis, Egipto	74	Constantinopla, Turquía	700
Babilonia, Iraq	54	Agra, India	500
Chengchow, China	40	Cairo, Egipto	400
Hattushash, Turquía	40	Osaka, Japón	400

27 Tanto en 1350 a. de J. C. como en 1600 d. de J. C. los centros urbanos más grandes estaban situados en
  1 Europa oriental y occidental
  2 Asia oriental y Medio Oriente
  3 América Central y del Norte
  4 América Central y del Sur

28 ¿Cuál fue una tendencia importante en Latinoamérica a fines del siglo XIX?
    1 el establecimiento de nuevas colonias por Inglaterra y Francia
    2 el control del gobierno por caudillos poderosos
    3 el establecimiento de monarquías locales
    4 los movimientos de independencia contra el dominio español, portugués y francés

29 En un bosquejo, uno de los siguientes es el tema principal y los otros son secundarios.
    ¿Cuál es el tema principal?
    1 La toma de la Bastilla
    2 El reinado de terror
    3 La Declaración de los Derechos del Hombre
    4 La Revolución Francesa

30 El objetivo de Alejandro Magno y de Genghis Khan fue
    1 resistir la introducción de nueva tecnología
    2 establecer nuevos gobiernos basados en principios democráticos
    3 liberar sus naciones de la dominación extranjera
    4 extender los límites de sus imperios

31 El propósito principal de los hombres de estado reunidos en el Congreso de Viena era
    1 satisfacer las aspiraciones nacionalistas en Italia, Polonia, Grecia y Bélgica
    2 establecer una balanza de poder entre los estados europeos
    3 fomentar gobiernos democráticos en Europa
    4 establecer la Liga de las Naciones

32 ¿Cuál acontecimiento fue la causa de los otros tres en Europa occidental?
    1 aumento en la población urbana
    2 aumento en la contaminación del aire y agua
    3 surgimiento del sistema de fábricas
    4 reducción de precios de tejidos

33 ¿Cuál es la aseveración más acertada con respecto al nacionalismo?
    1 El nacionalismo puede fomentar o desalentar la unidad de estados específicos.
    2 El nacionalismo siempre se basa en una lengua común.
    3 El nacionalismo impide el surgimiento del militarismo.
    4 El nacionalismo promueve el gobierno por los monarcas.

34 Giuseppe Garibaldi y Simón Bolívar se parecían porque los dos
    1 fomentaron el ánimo nacionalista en su pueblo
    2 negaron el derecho al voto a los ciudadanos cuando tomaron control de la nación
    3 se oponían a la expansión territorial de sus países
    4 siguieron las ideas de Marx al establecer sistemas de gobierno

Basa tu respuesta a la pregunta 35 en la gráfica dada y en tu conocimiento de historia universal.

35 ¿Cuál es la declaración más acertada de acuerdo a la gráfica?
   1 En promedio, los hombres vivían más tiempo que las mujeres.
   2 El imperialismo europeo se eparció entre 1850 y 1910.
   3 La sanidad decayó durante la revolución industrial.
   4 Hubo aumento gradual en la expectativa de vida en las regiones industriales.

EXPECTATIVA DE VIDA EN LAS REGIONES INDUSTRIALIZADAS, 1850-1910

---

36 El imperialismo europeo del siglo XIX fue principalmente motivado por
   1 el deseo de esparcir la democracia
   2 el deseo de oportunidades económicas más extensas
   3 la admiración hacia las culturas de otras regiones
   4 el deseo de proteger los derechos políticos de los indígenas

37 La Sublevación Cipaya (1857) y la rebelión de los Boxers (1899) fueron reacciones contra
   1 la industrialización rápida   3 el dominio mongol
   2 el imperialismo europeo   4 la Primera Guerra Mundial

38 Kemal Atatürk, Sun Yat-Sen y Kwame Nkrumah se asocian más estrechamente con
   1 el mando de ejércitos en guerras principales   3 reforma económica
   2 la jefatura de movimientos nacionalistas   4 alcances culturales

39 ¿Cuál fue un resultado directo de la Revolución Rusa de 1917?
   1 Rusia vino a ser el primer país comunista del mundo.
   2 Aumentó el comercio entre Rusia y los Estados Unidos.
   3 Se adoptó el cristianismo como religión oficial de Rusia.
   4 Rusia entró en la Primera Guerra Mundial del lado de los Aliados.

40 En las décadas de 1930 y 1940, los regímenes fascistas en Alemania e Italia enfatizaban
   1 la simpatía hacia las naciones africanas
   2 la protección de los derechos humanos
   3 la guerra como instrumento de política externa
   4 el apoyo a la libertad de expresión

Basa tu respuesta a la pregunta 41 en la caricatura y en tu conocimiento de historia universal.

"Supongo que esto es todo."

41 ¿Qué concepto de política externa se muestra en el dibujo?
  1 détente
  2 apaciguamiento
  3 perestroika
  4 contención

42 Las estepas rusas se parecen más a
  1 las montañas de Suiza
  2 los desiertos del Medio Oriente
  3 las selvas húmedas de Sudamérica
  4 las sabanas de Africa

43 ¿Cuál actividad es el mejor ejemplo de la política externa de contención?
  1 resolución de una disputa internacional por medio de arbitraje
  2 envío de tropas por los EE.UU. para defender a Corea del Sur de la invasión norcoreana
  3 suspensión del apoyo financiero estadounidense a la ONU si ésta actúa en desventaja de los EE.UU.
  4 fracaso de los EE.UU. en resistir la ocupación comunista de China en 1949

44 Un problema importante para el Imperio Austro-Húngaro, el Imperio Otomano y la Unión Soviética fue
  1 la migración a las ciudades
  2 el monopolio de la iglesia tradicional
  3 la incapacidad de producir nuevas armas
  4 la tirantez entre los grupos étnicos

45 ¿Cuál generalización queda apoyada por el hecho de que los japoneses hacen inversiones en el Sudeste de Asia y los europeos dependen del petróleo del Medio Oriente?
  1 La mayoría de los países adoptan sistemas económicos socialistas.
  2 Los países que controlan recursos vitales ya no tienen influencia en los mercados mundiales.
  3 El objetivo de la mayoría de planificadores económicos es aumentar la autosuficiencia nacional.
  4 Los países del mundo llegaron a ser económicamente interdependientes.

46 El surgimiento de los países independientes en Asia y Africa después de la Segunda Guerra Mundial indica
  1 la extensión de la guerra fría al Tercer Mundo
  2 la resolución de conflictos étnicos en esas regiones
  3 el declive de la dominación política europea
  4 el fracaso de movimientos nacionalistas

47 Los canales de Suez y de Panamá, y el Estrecho de los Dardanelos se parecen porque
    1 son pasajes marítimos estratégicos para el comercio
    2 fueron una vez parte del Imperio Mongol
    3 son extensiones de agua artificiales
    4 se construyeron en tiempos del Imperio Romano

48 La experiencia francesa en Vietnam y la soviética en Afganistán indican que
    1 el comunismo es una fuerza creciente en el mundo
    2 las fuerzas guerrilleras no pueden ganar guerras sin ayuda de otros países
    3 para ganar guerras se necesita industria de gran escala
    4 los países fuertes no siempre pueden imponer su voluntad en otros

49 ¿Cuál región cuenta con una situación estratégica, grandes yacimientos petrolíferos e
    importancia histórica por ser cuna de tres religiones principales?
    1 Latinoamérica   3 Europa occidental
    2 Asia del sudeste   4 Medio Oriente

Basa tu respuesta a la pregunta 50 en la tabla dada y en tu conocimiento de historia
universal.

ESTIMADO DE LA POBLACION DEL MUNDO, 1650-1850
(en millones)

CONTINENTE	1650	1750	1850
Africa	100	95	95
Asia	327	475	741
América del Sur	12	11	33
América del Norte	1	1	26
Europa (incl. Rusia)	103	144	274
Australia	2	2	2

50 La población de Africa no aumentó en estos dos siglos probablemente porque había
    1 fracaso en las cosechas causado por el mal clima
    2 migración voluntaria de africanos a Europa y Asia
    3 migración forzada de esclavos africanos a América
    4 enfermedades introducidas a Africa desde América

PARTE II: PROBLEMAS CON RESPUESTAS REDACTADAS

PROBLEMA #1: PREPARACION DE UN BOSQUEJO

Los investigadores se fijan en la presencia de ciertos rasgos que determinan si un grupo ha de considerarse civilizado.

Una de esas características es el desarrollo de ciudades, que son mucho más que lugares donde vive mucha gente. Para que una ciudad pueda existir, sus habitantes en parte tienen que depender del comercio. Los campesinos llevan sus cosechas al mercado para cambiarlas por ollas, utensilios, joyas y otros productos ofrecidos por los mercaderes que viven en la ciudad.

Otra característica de cada sociedad civilizada es su capacidad de producir alimentos de sobra, lo que permite a algunos individuos dedicarse a ocupaciones fuera de la agricultura. Así, el agricultor puede adquirir una olla o pagar con víveres al escribano por una carta.

Finalmente, un rasgo de cada civilización es la existencia de un sistema de escritura, que permite llevar registros de sus mercancías y comercio. También permite mantener crónicas de sucesos importantes.

En una hoja aparte, reorganiza esta información para mostrar el tema, los puntos sobresalientes abarcados por ese tema y los ejemplos usados para mostrar cada uno de estos puntos importantes. Esta reorganización puede ser en forma de bosquejo, diagrama u otra forma de apuntes.

PROBLEMA #2: ANALISIS DE UNA FOTOGRAFIA

1. ¿Qué religión siguen las personas que se bañan en el Río Ganges?

   _____

2. Nombra **dos** otras costumbres, creencias o prácticas de los miembros de este grupo religioso.

   A. _____

   _____

   B. _____

   _____

PROBLEMA #3: INTERPRETACION DE INFORMACION ESCRITA

CUARTA CONFERENCIA MUNDIAL DE MUJERES PATROCINADA POR LA ONU

En septiembre de 1995, las mujeres de 185 países se reunieron en Pekín en una conferencia. Se sostuvo que a través del mundo, había discriminación contra las niñas en las culturas que aprecian más a los varones. La asamblea se puso de acuerdo sobre un programa de adelantos en las condiciones económicas de las mujeres, protección contra la creciente violencia y mejoras en la situación posición de las niñas. El objetivo de la conferencia fue dar más poder a las mujeres a través del mundo al asegurarles todos los derechos humanos y las libertades fundamentales.

---

1. ¿Es ésta una fuente primaria o secundaria? _____
2. Escoge **un** tema del programa de la conferencia y explica por qué se lo considera un asunto importante para las mujeres. _____

PROBLEMA #4: INTERPRETACION DE DISCURSOS

Discursante A: Los aranceles y las asociaciones exclusivas restringen el comercio mundial y retrasan el progreso económico. Estoy convencido de que el comercio libre es la mejor alternativa para todo.

Discursante B: Nuestra experiencia muestra que una asociación económica de naciones con intereses similares puede ser muy eficaz. Usamos nuestra coalición para aumentar a través del mundo el precio de nuestro recurso más valioso, el petróleo.

Discursante C: En nuestra parte del mundo, firmamos un acuerdo para eliminar gradualmente todos aranceles con los vecinos contiguos. Esperamos que esto nos ayude a mantener nuestro poder económico con respecto a otras comunidades comerciales.

Discursante D: Nosotros también llegamos a formar una coalición comercial muy lograda de estados vecinos. Otros países quieren asociarse como miembros. Esperamos reemplazar pronto las monedas nacionales con una sola moneda para todos.

1. ¿A qué organización se refiere el Discursante D? _____

2. Indica cuál discursante es ciudadano de un país-miembro de OPEP.
   Discursante B   Discursante C   Discursante D

3. Enumera los objetivos de **una** organización de la que hablan los discursantes.

_____

_____

PARTE III: ENSAYO TEMATICO

Tema: Revoluciones

> El objetivo de las revoluciones generalmente es la reforma de condiciones políticas, económicas y sociales, pero estas revoluciones a menudo llevan a la represión.

Desarrollo:

> Discute **dos** revoluciones importantes en la historia del mundo cuyo objetivo era reformar condiciones políticas, económicas o sociales, pero que resultaron en represión.

Instrucciones: Escribe un ensayo que contenga una introducción con la declaración del tema, varios párrafos de acuerdo al Desarrollo y una conclusión.

Sugerecias: Puedes usar ejemplos cualesquiera de tu estudio de historia. Entre las posibilidades que podrías considerar están: la Revolución Inglesa (1649), Revolución Francesa (1789), Revolución Rusa (1917), Revolución China (1949), Revolución Cubana (1959) y la Revolución Iraní (1979). **No** tienes que limitarte a estas sugerencias.

PARTE IV: ENSAYO BASADO EN DOCUMENTOS

Contexto histórico: **En el siglo XX, la introducción de nuevas tecnologías acarreó muchos cambios en nuestro modo de vivir.**

Problema: **Haz una evaluación de algunos aspectos positivos y negativos de la tecnología del siglo XX.**

Parte A — Documentos

Documento 1:

VALOR DE LA MANUFACTURA MUNDIAL, 1900-1980
(1900=100)

AÑO	PRODUCCION TOTAL	AÑO	PRODUCCION TOTAL
1900	100.0	1953	567.7
1913	172.4	1963	950.1
1928	250.8	1973	1,730.6
1938	311.4	1980	3,041.6

1. ¿Qué sucedió en la productividad de bienes manufacturados en los 80 años entre 1900 y 1980? _____

Documento 2:

"En 1914, 13.000 empleados de Ford produjeron 260.720 autos. Por comparación, en el resto de la industria, 66.350 obreros produjeron 286.770 automóviles. Los críticos sostenían que en la línea de montaje, la división del trabajo en tareas repetitivas volvía a los empleados de Ford en figuras mecánicas, sin inteligencia; y la manipulación del ritmo de la línea era como esclavitud con control remoto. Los individuos que producían autos ya no tenían que tener inclinación mecánica...eran meros labradores."

—Daniel Gross, *Cuentos de negocios más grandes de todo tiempo*

2. De acuerdo a Gross, ¿qué influencia tiene la producción en línea de montaje sobre la sociedad? _____

Documento 3:

PRODUCCION DE AVIONES POR LAS GRANDES POTENCIAS, 1939 Y 1944

Potencias aliadas	1939	1944	Potencias del eje	1939	1944
Estados Unidos	5,856	96,318	Alemania	8,275	39,807
Unión Soviética	10,383	40,300	Japón	4,467	28,180
Gran Bretaña	7,940	4,575	Italia	1,800	1,600

3. ¿Cuál país tuvo el porcentaje más alto de aumento en la producción de aviones?

Documento 4: Esta fotografía muestra las ruinas de un templo sintoísta en Nagasaki, Japón, después del bombardeo atómico de la ciudad en agosto de 1945.

4. Describe las circunstancias que llevaron al bombardeo atómico del Japón en 1945.

Documento 5:

"El trabajo de producir un avión nuclear comenzó en 1948, pero fue abandonado en 1961 después de que se hubiesen gastado en el proyecto millones de dólares. El obstáculo más grande era que no se podía construir un aeroplano que proporcionara a los pilotos protección adecuada contra la radiación del reactor. También se abandonó la idea de un cohete con motor nuclear a causa de la contaminación atmosférica que produciría ese motor."
Bryan Bunch y Alexander Hellemans
El itinerario de la tecnología

5. ¿Por qué fue necesario abandonar la idea de producir un avión y un cohete nuclear?

Documento 6:

"Se conoce bien...la rapidez con la que se esparcieron las computadoras. El precio bajó con tanta rapidez y la capacidad aumentó de forma tan espectacular que, de acuerdo a un especialista, 'Si la industria automóvil hubiese alcanzado lo que se logró en las computadoras en los últimos 30 años, un Rolls-Royce costaría $2.50 y rendiría 2.000.000 de millas por galón [de gasolina].'"

Alvin Toffler, *La tercera oleada*

6. Según Toffler, ¿cuál es uno de los alcances importantes de la industria de computadoras?

Documento 7:

7. ¿Qué países causan casi una tercera parte de la contaminación en el mundo?

PAISES QUE CAUSAN MAS CONTAMINACION, 1990

Parte B — Ensayo

Evalúa algunos de los efectos positivos y negativos de la tecnología del siglo XX.
Tu ensayo debe ser bien organizado y tener un párrafo de introducción que declare tu posición. Presenta tu posición en los párrafos subsiguientes y luego escribe una conclusión. En el ensayo, incluye detalles históricos específicos y haz referencia a los documentos analizados en la Parte A. Puedes incluir información adicional de tus conocimientos de historia.

INDICE ALFABETICO